# LIBERDADE VERSUS IGUALDADE

Demétrio Magnoli e Elaine Senise Barbosa

# O LEVIATÃ DESAFIADO

VOL. 2  1946-2001

# LIBERDADE VERSUS IGUALDADE

Demétrio Magnoli e Elaine Senise Barbosa

# O LEVIATÃ DESAFIADO

VOL. 2  1946-2001

EDITORA RECORD
RIO DE JANEIRO • SÃO PAULO
2013

CIP-BRASIL. CATALOGAÇÃO NA FONTE
SINDICATO NACIONAL DOS EDITORES DE LIVROS, RJ

M176L
v.2

Magnoli, Demétrio, 1958-
O leviatã desafiado: [1946-2001], vol. 2 / Demétrio Magnoli e Elaine Senise Barbosa. – Rio de Janeiro: Record, 2013.
(Liberdade versus igualdade; v.2)

ISBN 978-85-01-09901-3

1. Guerra Fria. 2. Guerras – História – Século XX. 3. História moderna – Século XX. I. Barbosa, Elaine Senise. II. Título. III. Série.

12-5890

CDD: 909.82
CDU: 94(100)"1946/2001"

Copyright © 2013 by Demétrio Magnoli e Elaine Senise Barbosa.

Projeto gráfico de miolo e capa: Sérgio Campante
Texto revisado segundo o novo Acordo Ortográfico da Língua Portuguesa.

Direitos exclusivos desta edição reservados pela
EDITORA RECORD LTDA.
Rua Argentina, 171 – 20921-380 – Rio de Janeiro, RJ – Tel.: 2585-2000

Impresso no Brasil

ISBN 978-85-01-09901-3

Seja um leitor preferencial Record.
Cadastre-se e receba informações sobre nossos lançamentos e nossas promoções.

Atendimento e venda direta ao leitor:
mdireto@record.com.br ou (21) 2585-2002.

# SUMÁRIO

# Liberdade versus Igualdade
## VOLUME II
O Leviatã desafiado (1946-2001)

Introdução: À sombra da guerra .......................................... 9

Da "Guerra Quente" à Guerra Fria [1946-1949] ............. 15

F. D. Roosevelt, arquiteto do pós-guerra .......................................... 17

Um telegrama de Mr. X e um discurso de Mr. Churchill .................. 37

Berlim, entre dois mundos .......................................................... 57

[Os direitos humanos e a humanidade universal] ...................... 77

## Cortina de Ferro [1950-1959] ............................................ 89

"Eu sou um berlinense" ........................................... 91

Jean Monnet e Charles De Gaulle .............................. 109

URSS: o 20º Congresso do PCUS ............................... 129

[O mercado, a cultura pop e os *teenagers*] ........................... 149

## O mundo do avesso [1960-1974] ...................................... 161

Uma ponte em Selma ............................................... 163

Barricadas no Quartier Latin .................................... 183

É primavera em Praga ............................................. 205

Revolução Cultural ................................................. 223

A invenção do Terceiro Mundo ................................ 243

O manifesto da Irmandade Muçulmana ...................... 261

[As mulheres e o feminismo] ........................................ 277

## Uma nova estratégia e uma revolução econômica [1975-1988] .......................................................... 289

A "coexistência pacífica" ........................................ 291

Nixon em Pequim .................................................. 311

Friedrich Hayek e a servidão ...... 331

Margaret Thatcher e o "capitalismo popular" ...... 349

Ronald Reagan contra o Estado ...... 367

[Os cem anos da morte de Karl Marx] ...... 387

## O muro caiu! [1989-2000] ...... 401

Mikhail Gorbatchov: vitória na derrota ...... 403

Nós, o povo ...... 425

[Estátuas derrubadas: O fim da história?] ...... 445

## É meia-noite no século [2001] ...... 457

Onze de Setembro ...... 459

Um "choque de civilizações"? ...... 481

[Terror global: a liberdade e a segurança] ...... 499

## Bibliografia ...... 513
## Créditos das imagens ...... 527
## Índice Onomástico ...... 531

# Introdução

*De fato, não há algo como "as leis da História", no sentido de verdadeiras e justificáveis afirmações que nos diriam que, em determinadas, bem-definidas condições, certos fenômenos precisos invariavelmente ocorreriam. A crença em leis da história foi uma ilusão hegeliana e marxista. A história humana é uma coleção de acidentes imprevisíveis — e todos nós poderíamos facilmente citar inúmeras situações nas quais um evento que foi claramente decisivo para moldar o destino da humanidade pelas décadas ou séculos subsequentes poderia ter tomado rumo diverso do que tomou [...]*[1]

O filósofo Leszek Kolakowski não anunciava nada de novo ao proferir essas palavras, na Livraria do Congresso, em Washington, que lhe conferia um prêmio acadêmico. Ele sabia perfeitamente que enunciava algo mais ou menos banal, em meio a um raciocínio dedicado a fornecer respostas para o intrincado problema da utilidade do passado. Mas o filósofo havia sido comunista na juventude — e, além disso, era polonês. As duas circunstâncias faziam suas palavras soarem como um testemunho qualificado.

---

1 KOLAKOWSKI, Leszek. "What the past is for?" Library of Congress Information Bulletin, vol. 62, nº. 12, dezembro de 2003.

A queda do Muro de Berlim, em 9 novembro de 1989, foi um evento "claramente decisivo para moldar o destino da humanidade pelas décadas ou séculos subsequentes". Naquele momento, encerrou-se o ciclo aberto pela Revolução Russa de 1917, que continha a promessa — e a profecia — de substituição do capitalismo pelo socialismo em escala planetária. A suposta inevitabilidade do socialismo revelou-se, no terreno factual, nada mais que uma "ilusão hegeliana e marxista". As proclamadas "leis da História" eram subvertidas pela história: no lugar da transição do capitalismo ao socialismo, a URSS e a Europa Oriental transitavam de volta do socialismo — ou, ao menos, de sua versão "real" — para o capitalismo.

O próprio evento que simbolizou a subversão da profecia "científica" pode ser classificado como um "acidente imprevisível". Muitos, entre os quais notadamente George Frost Kennan, previram com larga antecedência que o socialismo soviético ruiria sob o peso de sua colossal ineficiência, corporificada num Estado burocrático consagrado ao imperativo único de conservar o poder da casta comunista. Mas tais profecias não provam, de modo nenhum, a inevitabilidade da derrocada.

Qual seria o rumo da URSS se radicais xiitas não houvessem destruído as chances de reeleição de Jimmy Carter pela tomada de reféns na embaixada americana em Teerã, praticamente entregando as chaves da Casa Branca a Ronald Reagan, que inaugurou uma renovada corrida armamentista? Como saber se a URSS e seu bloco geopolítico não teriam ainda uma longa sobrevida se a morte súbita de Konstantin Tchernenko, em março de 1985, não houvesse aberto caminho para a improvável ascensão de Mikhail Gorbatchov à chefia do Estado soviético? Que tipo de evolução decorreria na hipótese de que o fracassado golpe burocrático contra Gorbatchov de agosto de 1991 se realizasse antes da eleição direta de Boris Yeltsin à presidência da Rússia, em junho daquele ano? Cada um tem a liberdade de imaginar diversos cenários alternativos, pois não existem, obviamente, respostas a indagações contrafactuais dessa ordem.

O 9 de novembro de 1989 talvez tenha começado a se tecer em junho de 1979, durante a visita de Karol Wojtyla, eleito papa João Paulo II meses antes, à sua Polônia natal. Foram as multidões extasiadas que o ouviram as protagonistas da revolução pacífica iniciada com as greves nos estaleiros navais de Gdansk, em agosto de 1980, e completada pela criação do sindicato Solidariedade. A revolução polonesa não cessou, embora tenha sofrido uma interrupção brutal, até o ano do colapso geral dos regimes comunistas na Europa Oriental. Os poloneses em revolta inspiraram os tchecoslovacos, os húngaros, os alemães do leste, os búlgaros e os romenos.

As profecias marxistas sobre o desenvolvimento histórico não se confirmaram, registrou Kolakowski. As classes médias não se reduziram, mas cresceram cada vez mais. O proletariado não conheceu um processo de pauperização, mas se diferenciou e, em parte, se mesclou às classes médias. O mercado não se comportou como obstáculo à inovação tecnológica, mas a impulsionou sem cessar. Nunca ocorreu a revolução proletária. A Revolução Russa não representou o esperado conflito entre operários industriais e capitalistas — e, ironicamente, o fenômeno que mais se aproximou desse modelo foi o movimento Solidariedade, "dirigido contra o Estado socialista, conduzido sob o signo da cruz e abençoado pelo papa".

O pós-guerra pode ser narrado como a história do conflito bipolar entre as duas superpotências nucleares, que dividiram a Europa em blocos militares antagônicos e estabeleceram esferas de influência rivais na Ásia, na África e na América Latina. Contudo, atrás da cortina da geopolítica, os dilemas entre liberdade e igualdade continuaram a atormentar as sociedades e a vincar o pensamento político. Na URSS e no Leste Europeu, em nome de uma igualdade largamente fantasiosa, suprimiram-se as liberdades públicas e individuais. Fruto disso, os sindicatos perderam sua independência e o movimento dos trabalhadores escorregou para os subterrâneos da clandestinidade. Quando emergiu à superfície, na Polônia, expressou-se na forma de uma revolução proletária, única alternativa viável de ação política autônoma dos trabalhadores industriais no regime comunista de partido único.

Algo muito diferente se desenrolou na Europa Ocidental, no ambiente de confrontação da Guerra Fria e de construção do grande projeto da unidade europeia. Sob a vigência das liberdades políticas, os social-democratas concluíram a ruptura com os comunistas deflagrada na hora da Revolução Russa. O predomínio da esquerda reformista reorientou o movimento sindical para um terreno de reivindicações circunscritas à lógica da economia de mercado. Dessa confluência, emanaram sistemas abrangentes de proteção social que apagaram as chamas revolucionárias remanescentes.

O imenso bloco de gelo do stalinismo experimentou uma fratura inicial pouco após a morte de Stalin, no Vigésimo Congresso do PCUS, com as tardias e parciais denúncias de Nikita Kruschev. Naquele mesmo ano de 1956, a invasão da Hungria pelas forças do Pacto de Varsóvia evidenciou que o *iceberg* se reconstituía no ritmo da consolidação de um novo grupo dirigente no Kremlin. Enquanto Kruschev discursava para os delegados silenciosos do partido soviético e, meses mais tarde, enquanto os tanques rolavam pelas ruas de Budapeste, na cidade sulista de Montgomery, no Alabama, sob a liderança do jovem pastor Martin Luther King, persistia o boicote popular aos ônibus racialmente segregados. Era o ato inaugural do movimento pelos direitos civis nos Estados Unidos, uma campanha de massas que se desenrolaria até um clímax, em Washington, em 1963, e culminaria com as abolições legislativa e judicial das chamadas "Leis Jim Crow".

Leis e lutas sociais são elementos inseparáveis nas democracias. Os sistemas totalitários tendem a esvaziar as duas de qualquer sentido preciso: as leis mudam ao sabor da vontade exclusiva do poder; as lutas sociais não são mais que expressões teatralizadas do conflito entre facções do aparelho de Estado. A China da Revolução Cultural, separada da URSS pela lógica da geopolítica, estendeu a operação do totalitarismo até limites inéditos. Durante uma década, em nome da igualdade comunista, o confronto faccional provocado pelos maoístas envolveu no seu turbilhão o país inteiro, destroçando os farrapos de uma institucionalidade já precária.

No Ocidente, as lutas sociais jamais cessaram, mas a revolução proletária nunca ocorreu. Em Paris, no maio de 1968, inscrições zombeteiras nos muros anunciavam a morte de Marx, em meio a uma revolta sem programa, que se esvaneceu tão rápido como começou. Na sequência, ao lado dos embriões dos partidos verdes, brotaram outras árvores, consagradas à violência. A ausência do levante geral dos trabalhadores fermentou um terreno de radicalização entre jovens militantes alemães e italianos desgarrados dos partidos oficiais de esquerda. Bem longe da opressiva Revolução Cultural chinesa, mas inspirados pela mistura de um maoísmo imaginário com os ecos distorcidos da Guerra do Vietnã, os terroristas do Baader-Meinhof e das Brigadas Vermelhas ergueram uma caricatura da bandeira da ditadura do proletariado.

Um ciclo econômico se fechou nos anos 1970. O esgotamento do impulso de crescimento do pós-guerra, sinalizado pela ruptura da paridade entre o dólar e o ouro e pelos choques de preços do petróleo, quebrou o encanto do consenso keynesiano. Do exílio universitário, ouviram-se as vozes de Friedrich Hayek e Milton Friedman, os representantes de uma economia neoclássica que experimentara a glória e o ocaso no distante entreguerras. O grito de guerra liberal fez seu caminho até o palco da política, nos dois lados do Atlântico.

Margaret Thatcher e Ronald Reagan chegaram aos governos britânico e americano prometendo libertar as forças empreendedoras do capitalismo das teias envolventes do Estado de Bem-Estar. "Não existe essa coisa de sociedade", exclamou Thatcher, para não deixar dúvidas sobre seu credo exclusivo no indivíduo. "O governo não é a solução, mas o próprio problema", disse Reagan, delineando uma extensa plataforma de ação política. O impacto das "revoluções liberais" não fez o ponteiro do relógio retroagir até a véspera do *crash* da Bolsa de Nova York nem produziu algo como um "Estado mínimo", mas estabeleceu um novo parâmetro para o debate doutrinário. Entre as ruínas do antigo consenso destroçado, os partidos conservadores, liberais e social-democratas tiveram que encarar indagações inesperadas — e, em alguns casos, reinventar suas identidades. A velha tensão entre liberdade e igualdade, aparentemente dissipada, voltou à tona com uma inaudita virulência e, no cenário da globalização, invadiu o século XXI.

O Ocidente dominou o campo do debate de ideias políticas desde as revoluções Francesa e Industrial. No pós-guerra, com a descolonização em marcha na Ásia e na África, a paisagem ideológica adquiriu maior diversidade. As lutas de libertação das colônias se fizeram sob o signo do nacionalismo, uma invenção europeia, e geralmente por intermédio de elites políticas nativas fortemente influenciadas por doutrinas oriundas da Europa. Contudo, os nacionalismos anticoloniais tinham colorações singulares e, em geral, mesclavam-se a ideias socialistas. Eles também articulavam os temas paralelos da igualdade e do repúdio ao racismo.

Na tenda do terceiro-mundismo, abrigaram-se projetos políticos contrastantes. A Índia ergueu uma democracia de massas, enquanto a Indonésia percorreu o caminho entre a "democracia dirigida" e uma ditadura implacável; o Egito combinou o autoritarismo militar interno com o sonho de uma nação pan-árabe, enquanto Gana e outros países africanos cobriram com a fantasia do pan-africanismo a realidade de regimes elitistas de partido único. Entretanto, nada disso representava uma genuína novidade num mundo que conhecia o nacionalismo, o socialismo e variadas modalidades de fascismo. A dissonância, de fato, surgiu no Cairo, mas pela palavra de um subversivo, que seria executado: Sayyd Qutb, o fundador do jihadismo contemporâneo.

Uma linha indireta, tortuosa, liga o manifesto da *jihad*, escrito por Qutb em 1964, aos atentados de 11 de setembro de 2001. Os atentados encerraram um curto período de júbilo aberto pela queda do Muro de Berlim e pareceram dar razão aos arautos ocidentais do "choque de civilizações". O manifesto jihadista proclamava o declínio dos valores do Ocidente e pregava um retorno às verdades eternas da religião. Os arautos do "choque de civilizações", que se tornaram as principais fontes intelectuais da política global americana, retrucaram acusando o Islã de ser impermeável à mudança e à liberdade. No fundo, os dois lados se encontraram num pátio ideológico sombrio que renega a ideia da universalidade dos direitos humanos. Dez anos mais tarde, como se dispostos a provar o engano dessa premissa, multidões de árabes tomaram as praças da Tunísia e do Egito para reivindicar liberdade e direitos políticos, não o governo do Livro.

A história das ideias políticas no século XX não serve como comprovação de nenhuma teoria geral sobre a história, não aponta para um destino inelutável nem atesta a verdade absoluta de alguma doutrina ideológica. Contudo, ela não é inútil pois, nas palavras de Kolakowski, "a história das coisas que realmente aconteceram, tecida por inúmeros acidentes singulares, é a história de cada um de nós, seres humanos, enquanto a crença em leis da História é uma ficção produzida pela imaginação".

# I

## DA "GUERRA QUENTE" À GUERRA FRIA

### 1946-1949

# F. D. Roosevelt, arquiteto do pós-guerra

O encouraçado *Bismarck*, maior navio militar construído pela Alemanha no esforço armamentista que precedeu a Segunda Guerra Mundial, só participou de uma operação. No 19 de maio de 1941, levantou âncora do porto de Gdynia, na Polônia ocupada, com destino ao Atlântico Norte, onde devia interceptar comboios na rota entre Estados Unidos e Grã-Bretanha. A caminho, no estreito da Dinamarca, foi descoberto por navios britânicos e engajado em batalha, durante a qual afundou o *HMS Hood*, a maior embarcação de guerra já lançada ao mar até 1946. Então, Winston Churchill emitiu uma ordem concisa: "Afundem o *Bismarck*." Seguiu-se uma perseguição tenaz, que terminou com o cumprimento da ordem, no dia 27 de maio.

Na batalha do estreito da Dinamarca, ao lado do infeliz *HMS Hood*, estava o *HMS Prince of Wales*, que atingiu o *Bismarck* com três disparos mas foi avariado por sete canhonaços inimigos e salvou-se desaparecendo em meio a pesado nevoeiro. Meses depois, em agosto, o *Prince of Wales* transportou Churchill até as águas de uma enseada protegida na Terra Nova, que hoje pertence ao Canadá, onde se realizou a Conferência do Atlântico. O encouraçado serviu, junto com o menor e mais antigo *USS Augusta*, para os encontros entre o primeiro-ministro britânico e o presidente ame-

17

ricano Franklin Roosevelt, nos quais, pela primeira vez, delineou-se o projeto das Nações Unidas.

O esboço original da declaração que ficaria conhecida como Carta do Atlântico, preparado por Churchill, continha o compromisso anglo-americano de buscar "uma paz que não apenas sepulte para sempre a tirania nazista mas, através de uma organização internacional eficiente, proporcione a todos os Estados e povos os meios de viver em segurança".[2] Temendo a reação dos isolacionistas, ainda muito influentes nos Estados Unidos, Roosevelt riscou o trecho que mencionava a "organização internacional". Ele não pretendia avivar a memória de Woodrow Wilson e da Liga das Nações num momento em que se engajava no apoio logístico e material aos britânicos e se preparava para dar sustentação ao esforço de guerra soviético.

Churchill simulou aceitar o veto de Roosevelt, mas manobrou para circundá-lo, persuadindo o assessor presidencial Harry Hopkins a interferir. A pressão surtiu efeito, pois reforçava as convicções prévias do presidente, um homem que não nutria nenhuma simpatia pelo isolacionismo. Na linha sugerida por Hopkins, o ponto oito da Carta do Atlântico conectou a ideia de desarmamento das potências do Eixo à de segurança coletiva, utilizando-a para fazer uma referência oblíqua àquilo que viria a ser a ONU:

> *[...] todas as nações do mundo, por motivos realistas e morais, devem evoluir para a renúncia ao uso da força. Como a paz futura não poderá ser conservada se armas terrestres, marítimas ou aéreas continuarem a ser empregadas por nações que ameaçam, ou possam ameaçar, atacar fora de suas fronteiras, [os Estados Unidos e a Grã-Bretanha] creem que, com base no estabelecimento de um amplo e permanente sistema de segurança coletiva, o desarmamento de tais nações é essencial.*[3]

A organização de segurança coletiva esboçada nos encouraçados *Augusta* e *Prince of Wales* começou a ganhar um nome na manhã do primeiro dia de 1942. Os Estados Unidos estavam oficialmente em guerra há menos de um

---

2   SHERWOOD, Robert E. *Roosevelt e Hopkins — Uma história da Segunda Guerra Mundial*. Nova Fronteira/UnB/Faculdade da Cidade, Rio de Janeiro-Brasília, 1998, p. 378.

3   "The Atlantic Conference : Joint Statement by President Roosevelt and Prime Minister Churchill, August 14, 1941." The Avalon Project. Yale Law School.

mês. Churchill era hóspede na Casa Branca e desenrolava-se a Primeira Conferência de Washington (Arcadia, segundo a denominação codificada). Horas antes da sessão que aprovaria um documento de resolução, Roosevelt abordou o britânico propondo-lhe que a coligação militar anti-Eixo utilizasse a expressão "Nações Unidas". A ideia foi adotada e o texto, firmado pelas quatro grandes potências aliadas (Estados Unidos, Grã-Bretanha, URSS e China) e por 22 outras nações, recebeu o título de "Declaração das Nações Unidas".

Roosevelt afrontou, pouco a pouco, mas sistematicamente, o isolacionismo predominante no seu país. Bem antes do ataque japonês a Pearl Harbor, ele já se engajara na ajuda à URSS. Quando os Estados Unidos entraram na guerra, o presidente formulava o desenho geral do sistema internacional que pretendia erguer após o triunfo sobre o Eixo. Ele tinha plena ciência da extensão da repressão interna do regime stalinista, mas estava convencido de que a URSS seria uma parceira indispensável na ordem do pós-guerra. Por isso, esforçou-se para obter o compromisso formal de Moscou com a futura organização internacional, o que se deu na declaração final da Terceira Conferência de Moscou, no outono de 1943, firmada pelos chanceleres dos "Big Four".

A "Declaração das Quatro Nações", como foi intitulada, proclamou as decisões de prosseguir a guerra até a rendição incondicional das potências do Eixo e de estabelecer uma organização internacional assentada no princípio da soberania dos Estados, aberta à adesão de todos e voltada para a manutenção da segurança e da paz. Nos dois anos cruciais que se seguiram à entrada dos Estados Unidos na guerra, Roosevelt não se importou em contrariar Churchill e tomar o partido de Stalin em questões de grande estratégia. Havia controvérsia sobre a atitude do presidente e não faltaram críticos da iniciativa de transferir vastas quantidades de material bélico para auxiliar as forças soviéticas. Contudo, a aliança com a URSS refletia o ambiente predominante nos Estados Unidos e a *Time* escolheu Stalin como Homem do Ano de 1942. O texto da revista, ecoando um sentimento difuso, qualificava os soviéticos como sócios no pós-guerra e detentores de "muitas das chaves para uma paz bem-sucedida".[4]

A aliança de guerra entre os Estados Unidos e a URSS foi mais que um acordo de necessidade, em virtude da ligação pessoal que se formou entre o

---

4   "Die, but do not retreat." *Time*, 4 de janeiro de 1943.

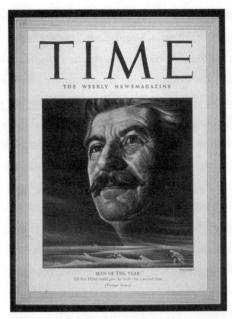

Na campanha pela aliança militar com a URSS, o gigante soviético, desconhecido do grande público americano, era apresentado como mais um alvo do poderio militar alemão, dotado porém de capacidade férrea de resistência graças à liderança de Stalin.

presidente americano e o ditador soviético. Stalin e Churchill nunca superaram a animosidade básica que os separava. Mas a relação com Roosevelt era coisa diferente. No dia 13 de abril de 1945, todos os jornais soviéticos circularam com tarjas pretas nas capas, que noticiavam a morte do presidente americano. Logo em seguida, como uma homenagem especial, Stalin reverteu sua decisão anterior e determinou que o ministro do Exterior Vyacheslav Molotov representasse pessoalmente a URSS na Conferência de São Francisco, de fundação da ONU. "O presidente Roosevelt morreu, mas sua causa deve continuar...", explicou na ocasião.[5]

A rendição alemã só foi anunciada em Moscou na manhã de 10 de maio, com um dia de atraso, provavelmente porque Stalin queria confirmar a notícia emanada de Washington e Londres. Então, uma imensa e festiva multidão se dirigiu para a praça em frente da embaixada americana, furou o cerco policial e espremeu-se junto aos muros do edifício. Alguém hasteou uma bandeira soviética nas proximidades da bandeira americana. A celebração atravessou o dia

---

5   BUTLER, Susan (org.). *Prezado sr. Stalin*. Rio de Janeiro, Jorge Zahar, 2008, p. 50.

e a noite, segundo um relato de George Frost Kennan, o jovem conselheiro da missão diplomática em Moscou.

# Os "Quatro Policiais"

A fisionomia da ordem do pós-guerra estava claramente delineada na mente de Roosevelt já nas semanas seguintes a Pearl Harbor. Num gesto significativo, mas pouco conhecido, o presidente americano rearranjou a sequência das assinaturas na "Declaração das Nações Unidas" aprovada pela Primeira Conferência de Washington. Estados Unidos, Grã-Bretanha, URSS e China aparecem no alto do campo de signatários, seguidos pelas demais nações, listadas em ordem alfabética. Ali estava o conceito dos "Quatro Policiais", uma expressão que ele utilizaria com frequência em conversas privadas nos anos seguintes.

John McCrea, assessor naval de Roosevelt, organizou a Sala de Mapas da Casa Branca logo após a conferência. A sala funcionava como gabinete de guerra presidencial, o núcleo de comunicações que centralizava as informações provenientes dos teatros de combate. As paredes estavam forradas por mapas e gráficos ilustrativos, sempre atualizados. Situada perto do serviço médico da Casa Branca, era visitada pelo presidente, a bordo de sua cadeira de rodas, antes das consultas médicas obrigatórias, que aconteciam após o entardecer. Naquela sala, de acordo com a "vontade do presidente", encontrava-se o arquivo integral das mensagens trocadas com Churchill, Stalin e o chinês Chiang Kai-Shek.[6] Mas nenhuma comunicação com outros governos seguia para o gabinete de guerra. Além disso, todas as comunicações com os três líderes eram codificadas na saída e na entrada. Na saída, os telegramas seguiam pelo serviço de codificação do Departamento da Marinha; na entrada, pelo Departamento de Guerra. O arranjo evitava que os secretários de Estado, da Marinha e de Guerra tivessem acesso pleno ao intercâmbio de mensagens entre os "Big Four".

O cadáver da Liga das Nações assombrava o sono do presidente americano. Ele sabia que estava tentando refazer a obra de Wilson — e pretendia construir

---

6   BUTLER, Susan (org.). *Prezado sr. Stalin*. Rio de Janeiro, Jorge Zahar, 2008, p. 23.

um edifício mais sólido. O Conselho da Liga jamais conseguira erguer-se como autoridade de segurança internacional. O órgão dirigente da futura ONU precisava emergir como árbitro da paz e da guerra. Roosevelt imaginou as Nações Unidas de cima para baixo, concentrando seus esforços na configuração do diretório de potências que supervisionariam a ordem geopolítica global.

Molotov visitou Washington no final de maio de 1942, menos de dois meses antes do início da decisiva Batalha de Stalingrado. Roosevelt aproveitou a ocasião para discutir com o chanceler soviético a sua proposta dos "Quatro Policiais". Numa carta a Churchill, Hopkins explicou o que imaginava o presidente, sintetizando o conceito do diretório de potências de um modo um tanto brutal, em linguagem completamente direta: "Roosevelt falara a Molotov de um sistema que permitiria somente às grandes potências — a Grã-Bretanha, os Estados Unidos, a URSS e, possivelmente, a China — terem armas. Estes 'policiais' trabalhariam em conjunto para preservar a paz".[7]

O conceito dos "Quatro Policiais" ganhou um corpo provisório na Terceira Conferência de Moscou, no outono de 1943. O encontro reuniu os ministros do Exterior dos "Big Four", durante três semanas e uma dúzia de reuniões, no Kremlin e no Palácio Spiridonovka. Entre as suas decisões, estava a criação da Comissão Europeia de Consultas (EAC), um órgão permanente destinado à articulação estratégica entre os ministros do Exterior americano, britânico e soviético.

Na Conferência de Teerã, em novembro de 1943, Roosevelt, Stalin e Churchill confirmaram a criação da EAC. Sediada em Londres, ela começou a funcionar em janeiro do ano seguinte, formulando as recomendações que orientariam a ocupação das potências europeias do Eixo. Ali começou a surgir o Conselho de Segurança da ONU. Eram "Três Policiais", faltando a China, que não se envolveria, por razões óbvias, naqueles assuntos específicos. A Conferência de Ialta, em fevereiro de 1945, baseou-se nos trabalhos da EAC para deliberar sobre as futuras zonas de ocupação aliadas na Alemanha e na Áustria. A mudança mais relevante foi a inclusão da França como potência ocupante, uma sinalização eloquente de que o país se tornaria o quinto "policial".

Sob a perspectiva de Roosevelt, a cooperação entre Estados Unidos e URSS seria a plataforma insubstituível da ação dos "Quatro Policiais". O presi-

---

7   KISSINGER, Henry. *Diplomacia*. Rio de Janeiro, Francisco Alves, 1997, p. 468.

dente americano não tinha nenhuma simpatia pelo bolchevismo ou pelo stalinismo, mas também, à diferença de britânicos e franceses, que se envolveram muito de perto com a Guerra Civil na Rússia, não nutria uma hostilidade visceral à URSS. A sua visão do pós-guerra foi exposta com nitidez num discurso de campanha eleitoral no salão de baile do Waldorf-Astoria, em Nova York, perante a Associação de Política Externa, no outono de 1944.

Naquele discurso, ouviu-se em público, pela primeira vez, o nome Nações Unidas. Roosevelt disse que o conselho da nova organização "deve ter o poder para agir rápida e decisivamente na manutenção da paz pela força, se necessário". Enfrentando o desafiante republicano Thomas Dewey, que acusava seu governo de encorajar a "religião pagã" do comunismo, invocou o realismo político para enfatizar a necessidade de conservar as boas relações com Moscou:

> *Ele rememorou uma sala de aula que Eleanor ("uma certa dama que está sentada à mesa à minha frente") visitara em 1933; na parede, "havia um mapa do mundo com um grande espaço em branco sobre ele", a URSS; Roosevelt reivindicou ter preenchido aquele espaço.*[8]

O lugar da China na ordem do pós-guerra era um tema delicado, pois envolvia divergências entre Roosevelt e Churchill. O britânico sonhava com a restauração da influência global de Londres e tendia a enxergar o arranjo dos "policiais" como um expediente para contrabalançar o poder soviético na Europa. Não via a China como uma grande potência e não entendia a ideia de incluí-la em discussões concernentes ao Oriente. O americano, por seu lado, imaginava a China como um parceiro fundamental na Ásia do pós-guerra, funcionando como contrapeso à URSS num cenário de desmilitarização do Japão. De mais a mais, ele desconfiava profundamente da capacidade britânica de reconquistar o estatuto de potência mundial depois da convulsão geral provocada pela guerra.

Havia uma contradição de fundo na visão rooseveltiana sobre a ordem do pós-guerra. De um lado, seu projeto da paz universal suprimia qualquer ordenamento baseado em esferas de influência. De outro, as realidades geo-

---

8  DALLAS, Gregor. *1945: The war that never ended.* New Haven, Yale University Press, 2005, p. 284.

políticas exigiam uma ação permanente na Europa, que ele atribuía à enfraquecida Grã-Bretanha.

Como ressaltou Henry Kissinger, o presidente era fiel à tradição americana e rejeitava a ideia de reconstituição de sistemas de equilíbrio de poder na Europa. "A paz seria preservada através de um sistema de segurança coletiva, mantido pelos Aliados do período da guerra agindo em concerto e sustentado pela vigilância e boa-fé mútuas."[9] Como decorrência, ele determinou que as forças americanas voltariam para casa após a derrota da Alemanha. Uma mensagem presidencial privada explicita o seu ponto de vista: "Não desejo que os Estados Unidos assumam a responsabilidade pós-guerra de reconstituir a França, a Itália e os Bálcãs. Esta não é nossa tarefa natural a uma distância de 5.600 quilômetros ou mais. Trata-se definitivamente de uma tarefa britânica, na qual os britânicos estão muito mais vitalmente interessados que nós."[10]

A contradição desenvolveu-se com o tempo, para desassossego de Churchill. Roosevelt sempre interpretara o objetivo da guerra na Europa como a derrota e a desmilitarização da Alemanha. Mas isso deixaria um vácuo estratégico entre a URSS e a Europa Ocidental, que não seria preenchido por uma presença militar americana. Sem muitas opções, o primeiro-ministro britânico passou a defender a ideia da restauração de uma França poderosa, que funcionaria como escudo para a própria Grã-Bretanha. Em Ialta, Churchill insistiu na concessão do estatuto de potência ocupante à França, contrariando um Roosevelt que não escondia seu desprezo pelo poderio francês.

## "Como as lâminas de uma tesoura"

Os Estados Unidos nasceram por meio de um gesto de ruptura com o Velho Mundo. O gesto tinha um conteúdo político profundo: nas palavras de John Dos Passos, "o repúdio à Europa é, afinal de contas, o principal pretexto

---

9  KISSINGER, Henry. *Diplomacia*. Op. cit., p. 466.

10  KISSINGER, Henry. *Diplomacia*. Op. cit., p. 467.

Soldados americanos chegam a Nova York em junho de 1945 e mostram orgulhosamente a bandeira do inimigo derrotado. Pela segunda vez em meio século, a Europa devia à liderança dos Estados Unidos o retorno à paz em seu próprio território.

dos Estados Unidos para sua própria existência".[11] A Doutrina Monroe, de 1823, representou a primeira explanação completa desse impulso, que era isolacionista em relação à Europa e hegemonista em relação às Américas.

O "repúdio à Europa" traduzia a crença no excepcionalismo americano. A "república dos iguais" rejeitava as monarquias e suas tradições nobiliárquicas. No núcleo do conceito do excepcionalismo, encontrava-se a pretensão de uma superioridade moral. A "cidade brilhante no alto da colina" enxergava o Velho Mundo como um berço de privilégios e uma mola da exploração e da pobreza.

---

11 SPANIER, John. *La política exterior norteamericana a partir de la Segunda Guerra Mundial*. Buenos Aires, Grupo Editor Latinoamericano, 1991, p. 18.

A rejeição estendia-se à esfera da política internacional. A política da força, o realismo cínico, a *realpolitik* — como quer que se denominasse o padrão de relações externas das potências europeias, ele constituía uma expressão doentia do comportamento das nações. Os Estados Unidos seriam um farol para o mundo, iluminando a possibilidade de um modelo distinto de política internacional. Os povos são racionais e tendem a se guiar por valores morais, imaginavam os fundadores da república americana. A persuasão baseada na razão e na moral deveria ser, portanto, o instrumento mais eficaz de política externa. A paz universal dependeria do exercício conjunto da razão, que quebraria o tronco do egoísmo nacional.

Sob a abóbada do excepcionalismo, os Estados Unidos desenvolveram um estilo de política externa que oscila, paradoxalmente, entre as propensões ao isolacionismo e à cruzada. Na tradição da *realpolitik* europeia, paz e guerra são momentos distintos de um *continuum* das relações internacionais. Para os Estados Unidos, uma coisa é o oposto direto da outra: a paz é a virtude; a guerra é o mal. Confrontada com um mundo de guerras, a nação americana tende a responder com o isolamento. Contudo, quando a guerra não podia ser evitada, pois tocava num nervo crucial do interesse nacional, emergia uma reação paroxística, pautada não apenas pelo objetivo de derrotar o inimigo, mas pelo desejo de extirpar de uma vez por todas as sementes da agressão. O espírito de cruzada, a ambição de reforma do mundo espreitam atrás do isolacionismo.

Thomas Paine, o mais radical entre os "Pais Fundadores" dos Estados Unidos, lançou as sementes do isolacionismo no seu célebre panfleto *Common sense*, de 1776. A nação que surgia extraía sua força do comércio e, portanto, não deveria se comprometer com alianças exclusivas:

> *Nosso plano é o do comércio — e isso [...] nos assegurará a paz e a amizade com toda a Europa; porque é do interesse de toda a Europa ter os Estados Unidos como um porto livre. [...] Como a Europa é nosso mercado para o comércio, não devemos estabelecer conexão parcial com nenhuma parte dela. É o verdadeiro interesse dos Estados Unidos permanecer à margem das contendas europeias [...].*[12]

---

12　PAINE, Thomas. *Common sense*. Forgotten Books, 2010, p. 26.

A história das proclamações de neutralidade americana começa com a Lei de Neutralidade de 1794, uma reação de George Washington contra os que procuravam alinhar o país com a França revolucionária na guerra europeia, e chega até as leis de neutralidade de 1935, 1936 e 1937, pelas quais o Congresso limitou ao extremo as opções de Roosevelt diante da guerra iminente na Europa. Da confortável segurança proporcionada por sua insularidade geopolítica, os Estados Unidos exprimiam a repulsa à "política da força" e reafirmavam uma acalentada superioridade moral sobre as potências do Velho Mundo.

A face complementar do isolacionismo foi, sempre, a cruzada. A 19 de agosto de 1914, Wilson dirigiu-se ao Congresso para fazer a proclamação de neutralidade americana diante da Grande Guerra que se iniciava: "Todas as pessoas que realmente amam os Estados Unidos agirão e falarão no verdadeiro espírito de neutralidade, que é o espírito de imparcialidade, equidade e amizade com todas as partes envolvidas."[13] A 2 de abril de 1917, o mesmo Wilson pronunciou no Congresso a sua Mensagem de Guerra, assegurando que os Estados Unidos não perseguiam "fins egoístas", mas "uma paz definitiva no mundo" e uma reforma virtuosa do sistema internacional: "O mundo deve se tornar seguro para a democracia. A sua paz deve ser plantada sobre as fundações testadas da liberdade política."[14]

Ao contrário de Wilson, Roosevelt nunca promoveu o isolacionismo. Num artigo de 1928 para a *Foreign Affairs*, ele defendeu o engajamento externo como instrumento para o país "reconquistar a confiança e a amizade do mundo", abaladas pela decisão de ficar fora da Liga das Nações.[15] Anos depois, já na presidência, nadando contra a corrente, procurou evitar que as leis de neutralidade o deixassem sem alternativas de ação. Na hora exata da declaração de guerra, o presidente pensava numa estrutura da paz futura que impedisse o retorno do pêndulo americano à posição tradicional. "Qualquer um que pense que o isolacionismo esteja morto neste país perdeu a razão. Assim que a guerra terminar, ele estará mais forte do que nunca", afirmou numa conversa privada.[16]

---

13  WILSON, Woodrow. U. S. Declaration of Neutrality, 19 de agosto de 1914. The World War I Document Archive.

14  WILSON, Woodrow. *War message*, 2 de abril de 1917. American Rethoric.

15  BUTLER, Susan (org.). *Prezado sr. Stalin*. Op. cit., p. 10.

16  BUTLER, Susan (org.). *Prezado sr. Stalin*. Op. cit., p. 11.

O comércio livre, tão crucial para Paine, era um pilar da ordem de paz imaginada por Roosevelt. Em agosto de 1941, o secretário de Estado Cordell Hull pediu a Roosevelt que, nas discussões sobre a Carta do Atlântico, obtivesse dos britânicos compromissos com um sistema comercial não discriminatório. A ideia da ONU surgiu junto com a concepção de uma nova arquitetura financeira internacional. A 11 de dezembro de 1941, quatro dias depois de Pearl Harbor, o secretário do Tesouro Henry Morgenthau solicitou a seu secretário-assistente, Harry Dexter White, um esboço para o sistema monetário que se criaria no pós-guerra.

"O planejamento era altamente abstrato", como registrou Henry Nau, pois àquela altura "ninguém sabia se a guerra seria ganha, quanto mais o tipo de mundo que ela deixaria em sua esteira". As circunstâncias não estimulavam a produção de planos detalhados, mas a articulação de princípios políticos gerais:

> A irrealidade de tudo isso facilitou o desenho de uma visão integrada e ideal da ordem no pós-guerra. As propostas de segurança (Nações Unidas) e econômicas (Bretton Woods) caminharam lado a lado, "tão interdependentes quanto as lâminas de uma tesoura", como as descreveria depois Morgenthau. Em conjunto, as propostas americanas projetavam a visão abrangente de uma comunidade política compartilhada no pós-guerra, baseada em valores liberais de liberdade política (lei) e competição econômica (comércio). "A segurança econômica", conforme observa Robert Pollard, significava que "os interesses americanos seriam servidos por um sistema econômico aberto, em contraste com um grande sistema militar em tempo de paz".[17]

Trilhando o caminho do internacionalismo, os Estados Unidos deram forma à "visão abrangente", ao longo dos dois últimos anos da guerra. A Conferência de Hot Springs, em maio de 1943, estabeleceu as bases para a criação da Organização das Nações Unidas para a Alimentação e a Agricultura (FAO). Na Conferência de Bretton Woods, New Hampshire, em julho de 1944, delegados de 44 nações aliadas moldaram uma nova arquitetura

---

17 NAU, Henry R. *O mito da decadência dos Estados Unidos*. Rio de Janeiro, Zahar, 1992, pp. 97-8.

financeira e monetária internacional. Nos encontros de Dumbarton Oaks, em Washington, entre agosto e outubro, diplomatas americanos, britânicos, soviéticos e chineses delinearam a estrutura das Nações Unidas. Em Chicago, em dezembro desse ano, 52 nações firmaram a Convenção sobre Aviação Civil Internacional, uniformizando as regras de uso do espaço aéreo para fins comerciais.

Dean Acheson, o coordenador do programa de Lend-Lease para o rearmamento britânico durante a guerra, foi um dos raros altos funcionários do governo a criticar a visão rooseveltiana, que qualificou como "o planejamento singularmente estéril [...], platônico, de uma Utopia".[18] Ele tocava no ponto dolorido do internacionalismo de Roosevelt, que jamais escapou à armadilha do estilo americano de política externa.

O presidente pretendia retirar as forças americanas da Europa no final da guerra, preenchendo o vácuo pela introdução da organização de segurança (ONU) e de amplos consensos monetários e financeiros (Bretton Woods). A comunidade política mundial que imaginava que se equilibraria apenas em relações jurídicas e econômicas, amparadas pelo sonho da cooperação entre os "Quatro Policiais". No fim das contas, tudo se passava como se a ordem internacional não estivesse vincada pelo abismo entre a economia de mercado do capitalismo ocidental e o sistema totalitário de economia centralizada da URSS.

O isolacionismo americano tradicional abominava as políticas de equilíbrio de poder e de esferas de influência, mas confiava a segurança americana ao funcionamento continuado da *realpolitik* europeia. Roosevelt golpeou a política de poder, sublimando o imperativo estratégico de pôr um freio à URSS. O retorno das tropas americanas era uma homenagem à tradição isolacionista. A "visão integrada", expressa nas instituições econômicas e de segurança, era uma homenagem ao projeto wilsoniano de reforma do mundo. A Guerra Fria demonstraria a natureza idealista do planejamento rooseveltiano do pós-guerra.

---

18  NAU, Henry R. *O mito da decadência dos Estados Unidos*. Op. cit., p. 98.

## White *versus* Keynes

A crise e o colapso do padrão-ouro haviam posto na ordem do dia a criação de uma nova ordem monetária internacional. Já nas suas propostas para a malograda Conferência Econômica de Londres, de 1933, John Maynard Keynes acalentava a ideia de algo como um banco central internacional: "Deve ser criada uma autoridade internacional para a emissão de notas de ouro, cujo valor de face seria expresso em termos do conteúdo em ouro do dólar americano."[19] O conceito básico adotado em Bretton Woods foi esse — com a diferença muito importante de que a "moeda mundial" seria o próprio dólar e o Federal Reserve americano funcionaria, de certo modo, como um banco central internacional.

A história de Bretton Woods costuma ser narrada como um embate entre o Plano Keynes, defendido pela Grã-Bretanha, e o Plano White, apresentado pelos Estados Unidos. Há algo de verdadeiro nessa narrativa, mas não convém exagerar as diferenças entre os dois projetos.

Keynes produziu quatro versões de seu plano, entre 1941 e 1942. Elas evidenciam oscilações significativas em relação ao poder de interferência da autoridade monetária internacional sobre as políticas econômicas nacionais. A versão final propunha o estabelecimento de uma União de Compensação que emitiria uma moeda internacional (*bancors*). Os países participantes teriam direito de fazer saques a descoberto sobre vastas reservas de *bancors*, imaginadas em 26 bilhões de dólares. Os níveis de tais saques seriam regulados pela participação média de cada país no comércio internacional.

No esquema de Keynes, as taxas de câmbio flutuariam pouco, abaixo de um teto de 5% ao ano. Mudanças cambiais maiores dependeriam do aval da União de Compensação, na qual Estados Unidos e Grã-Bretanha disporiam dos direitos de voto decisivos. Os países conservariam liberdade de ação relativamente ampla no tocante a tarifas comerciais. No fim das contas, a proposta britânica permitia a adoção de políticas domésticas de estímulo ao crescimento por meio da expansão da oferta monetária, com algum nível de protecionismo comercial e moderadas depreciações da moeda. Era um modelo adaptado à sua visão sobre a reconstrução britânica no pós-guerra.

---

19  KEYNES, John M. *The means to prosperity*. Londres, Macmillan, 1933, p. 23.

Harry Dexter White (esquerda) e John Maynard Keynes buscaram construir uma nova ordem monetária internacional que superasse o obsoleto padrão-ouro e garantisse o crescimento da economia mundial, mas eles divergiam sobre o grau de autonomia dos Estados em relação ao conjunto do sistema. De certo modo, esse debate pontuava as diferentes perspectivas entre a velha potência hegemônica e sua inegável sucessora.

O primeiro esboço do Plano White, de 1942, enfatizava a relação entre um sistema cambial estável e um comércio aberto. As taxas de câmbio deveriam obedecer a uma rígida disciplina, com a exclusão do recurso a desvalorizações competitivas, de modo a propiciar a eliminação das barreiras comerciais e a progressiva redução das tarifas de importação. A disciplina cambial também evitaria bruscos movimentos de fugas de capitais e contribuiria para conservar um ambiente de baixas taxas de inflação.

White propunha a criação de um Fundo de Estabilização das Nações Unidas, que fixaria as taxas de câmbio no interior de uma banda estreita, cuja alteração dependeria de autorização de 80% dos países integrantes. Os direitos de voto no Fundo obedeceriam à ponderação ditada pelas cotas de cada país, mas cada participante teria um voto em decisões referentes às taxas cambiais. Era uma surpreendente sugestão de abdicação da soberania americana num domínio crucial, pois o valor do dólar também ficaria sujeito a esse processo coletivo de deliberação.

A principal diferença entre os planos era de ênfase. Numa tentativa de impedir o ressurgimento dos capitalismos nacionais de comando, com suas estratégias de comércio administrado e manipulação do câmbio, o projeto americano impunha restrições maiores às políticas econômicas domésticas. O Fundo de Estabilização ofereceria apenas um financiamento modesto para países afetados por desequilíbrios no balanço de pagamentos, num total de 5 bilhões de dólares, menos de um quinto do valor preconizado por Keynes. Os ajustes econômicos ficariam essencialmente dependentes das políticas domésticas, que não poderiam recorrer a expedientes de expansão inflacionária.

No fim das contas, Keynes e White refletiam interesses nacionais distintos e até certo ponto divergentes. A Grã-Bretanha sabia que, durante a etapa de reconstrução, seria um país devedor — e, coerentemente, o Plano Keynes favorecia os devedores, conferindo maior autonomia às autoridades econômicas nacionais. Os Estados Unidos se imaginavam como permanentes credores — e, também coerentemente, o Plano White favorecia os países credores, impondo uma disciplina internacional mais rígida sobre as políticas monetárias e cambiais. A política orientava o planejamento econômico das duas potências ocidentais aliadas.

Há um paradoxo de fundo no plano americano. White estava determinado a estimular o comércio livre e limitar as oportunidades de dirigismo econômico estatal. Para a consecução dessas metas liberais, ele preconizava o estabelecimento de uma autoridade supranacional com o "caráter de um ministério econômico em um governo mundial", nas palavras de Richard Cooper.[20] O diagnóstico está correto, mas oculta um elemento crucial do projeto americano: os emissores da "moeda mundial" seriam os Estados Unidos, que assim conservariam um poder decisivo sobre o conjunto do sistema.

De acordo com a lenda corrente, Keynes foi derrotado em Bretton Woods. A realidade é mais complexa. Os Acordos de Bretton Woods representaram um compromisso entre os dois planos, baseado no intercâmbio entre financiamento internacional e flexibilidade de políticas internas. Os britânicos aceitaram a criação do Fundo Monetário Internacional (FMI) com recursos totais modestos, de 8,8 bilhões de dólares, não muito mais do que receitava o Plano White. Os americanos, por sua vez, aceitaram mais autonomia para as políticas monetárias nacionais: no acordo definitivo, admitiu-se uma alteração única de até 10% na taxa cambial de um país-membro, sem consulta ao FMI, e uma nova

---

20  NAU, Henry R. *O mito da decadência dos Estados Unidos.* Op. cit., p. 102.

alteração, aprovada pelo Fundo, para corrigir "desequilíbrios fundamentais" no balanço de pagamentos.

# O fracasso de Bretton Woods

O compromisso gerou críticas de todos os lados. De um lado, muitos ortodoxos viram na expressão "desequilíbrios fundamentais" uma ambiguidade que abriria as portas para incessantes manipulações cambiais. De outro, keynesianos convictos deploraram um sistema que não assegurava financiamentos generosos para os países devedores. White e Keynes se revelaram, contudo, satisfeitos. O americano definiu o novo sistema como "estável" e comparou a flexibilidade cambial à oscilação normal do Empire State Building.[21] O britânico, apesar de frustrado por não conseguir evitar a substituição do padrão-ouro por um padrão-dólar, saudou os resultados da conferência como um ponto de partida virtuoso para a nova ordem econômica internacional.

De Bretton Woods, emanou um sistema de taxas de câmbio semifixas, que não era radicalmente distinto do antigo padrão-ouro. O dólar funcionaria como a nova referência de toda a constelação de moedas, refletindo a posição dos Estados Unidos de grande credor do mundo. A moeda americana manteria uma paridade fixa em relação ao ouro e seria a única lastreada em reservas de ouro. Nas palavras de Keynes, o "controle dos movimentos de capital" figuraria como "característica permanente do sistema pós-guerra".[22]

O FMI e o Banco Mundial nasceram como instituições gêmeas, guar diãs da nova ordem monetária e financeira internacional. O FMI tinha a missão de supervisionar o sistema cambial, conservando os grandes equilíbrios no balanço de pagamentos. O Banco Mundial, que surgiu como Banco Internacional para a Reconstrução e o Desenvolvimento, deveria financiar a reconstituição das economias devastadas pela guerra. No edifício das instituições de Bretton Woods, uma lacuna não foi preenchida: a regulamentação do comércio internacional.

---

21  NAU, Henry R. *O mito da decadência dos Estados Unidos.* Op. cit., p. 105.

22  FERGUSON, Niall. *A ascensão do dinheiro.* São Paulo, Planeta do Brasil, 2009, p. 285.

Antigo edifício do US Bullion Depository, em Fort Knox, Kentucky. A condição de maior detentor das reservas de ouro do mundo não deixava dúvidas sobre quem controlaria o sistema monetário internacional.

Não faltou uma tentativa. Já sob a presidência de Harry Truman, em dezembro de 1945, os Estados Unidos convidaram os aliados da guerra para negociações destinadas à redução das tarifas comerciais. Em fevereiro do ano seguinte, o Comitê Econômico e Social da ONU convocou uma conferência para a criação de uma Organização Internacional de Comércio (OIC). A carta da nova organização só ficou pronta dois anos mais tarde, numa conferência realizada em Havana. Mas o Congresso americano a rejeitou por várias vezes, até a desistência de Truman, em 1950.

A Carta de Havana estabelecia uma organização baseada na igualdade de direitos de voto. No Congresso, uma maioria parlamentar sabotou o acordo, argumentando que ele feria a soberania americana. O vácuo resultante foi preenchido pelo Acordo Geral de Tarifas e Comércio (GATT), negociado com sucesso durante o processo de discussão da OIC como forma de prevenir a restauração das práticas protecionistas dos anos 1930. O GATT era um acordo provisório mas, na ausência de uma instituição consagrada ao comércio, transformou-se aos poucos num foro permanente de negociações comerciais, uma quase-organização amparada na regra do consenso.

Não houve dificuldades para a aprovação dos Acordos de Bretton Woods no Congresso. Contudo, os parlamentares votaram uma contribuição americana ao FMI de apenas 2,75 bilhões de dólares e, em agosto de 1945, o governo Truman extinguiu abruptamente os empréstimos privilegiados do Lend-Lease para a Grã-Bretanha e a URSS. Como registrou Nau, "os Estados Unidos elaboraram um grande desenho para a paz e a reconstrução no pós-guerra e, em seguida, deixaram de financiá-lo".[23] Na segunda metade de 1945, após a rendição japonesa e diante de um crescimento das tensões com a URSS, a tradicional inclinação ao isolacionismo parecia dissolver os ambiciosos projetos rooseveltianos.

O FMI e o Banco Mundial, carentes de recursos, desempenharam papéis marginais no financiamento internacional do pós-guerra. Apesar de toda a retórica sobre o livre-comércio, as exportações americanas experimentaram retração no ano seguinte ao fim da guerra, pois os países destruídos pelo conflito não dispunham de recursos financeiros para sustentar importações. Em dezembro de 1945, num atestado do fracasso do sistema multilateral que se edificava, os Estados Unidos decidiram conceder um grande empréstimo à Grã-Bretanha. O empréstimo se destinava a persuadir o Parlamento britânico a aceitar os Acordos de Bretton Woods. Um ano mais tarde, a libra retornou à plena conversibilidade, mas apenas durante um mês dramático. Diante da forte especulação contra a sua moeda, e em meio à renitente estagnação econômica, o Banco da Inglaterra foi obrigado a suspender a conversibilidade.

O sistema não funcionava, pois os dólares se encontravam imobilizados nos Estados Unidos. O compromisso internacionalista de Roosevelt revelou-se incapaz de abrir as comportas que represavam a riqueza monetária. Mas as comportas seriam estouradas pelo advento da Guerra Fria.

---

23  NAU, Henry R. *O mito da decadência dos Estados Unidos.* Op. cit., p. 107.

# Um telegrama de Mr. X e um discurso de Mr. Churchill

"Deixe-os ter sopões para os pobres! Deixemos a sua economia submergir!", replicou Roosevelt, em timbre metálico. O genro e assessor insistiu: "Você não quer que eles morram de fome." "Por que não?", fulminou o presidente.[24]

Era o dia 20 de março de 1945. A rendição alemã tardaria menos de dois meses. Roosevelt discutia com um preocupado John Boettiger as consequências da Ordem 1067 dos Chefes de Estado-Maior (JCS 1067), concebida para substituir um esboço de Manual para o Governo Militar na Alemanha. O Manual, de agosto de 1944, preconizava a reconstrução econômica do país e a restauração de uma vida civil normal. A JCS 1067, escrita pelo secretário da Guerra Henry L. Stimson e pelo seu secretário-assistente John J. McCloy, determinava que a Alemanha "não será ocupada com propósitos de libertação mas como uma nação derrotada", e estabelecia o objetivo central de "impedir que a Alemanha jamais se torne novamente uma ameaça para o mundo". Nessa linha, o comando militar de ocupação "não adotará medidas destinadas" à reabilitação econômica do país e as responsabilidades relati-

---

24 BESCHLOSS, Michael R. *The conquerors — Roosevelt, Truman and the destruction of Hitler's Germany, 1941-1945*. Nova York, Simon & Schuster, 2002, p. 141.

vas à alimentação, habitação e transporte "permanecerão com o povo alemão e as autoridades alemãs".[25]

A tese da culpa coletiva estava na base da JCS 1067. Quando a aprovou, Roosevelt comentou com o secretário do Tesouro Morgenthau que era preciso afastar a ideia de responsabilidade exclusiva do regime nazista. Toda a nação alemã era culpada pela guerra de agressão e pelas atrocidades nazistas. O pós-guerra seria uma longa, penosa, expiação de culpa.

A JCS 1067 só foi formalmente assinada após a morte de Roosevelt, na hora da rendição, em maio de 1945, por Truman. Quando entrou em vigor, ela já era uma recordação vaga. Expressava o planejamento de pós-guerra elaborado por Morgenthau no verão de 1944, que estava sendo abandonado. O secretário do Tesouro comemorou com os assessores a assinatura da diretiva, manifestando a esperança de que "alguém não a reconheça como o Plano Morgenthau".[26] Ela não era uma réplica daquele Plano, e McCloy tomara o cuidado de introduzir ambiguidades no texto, mas trazia impressas algumas de suas marcas características.

As cópias encadernadas do relatório intitulado "Programa para evitar que a Alemanha deflagre a Terceira Guerra Mundial" pousaram na mesa de Morgenthau numa manhã do início de setembro de 1944. O plano que ficaria conhecido pelo nome do secretário do Tesouro sintetizava a política de Roosevelt para a Alemanha derrotada. "O regime nazista é, essencialmente, o auge de uma imutável orientação da Alemanha no sentido da agressão", dizia o texto.[27] Atrás do conceito de culpa coletiva, emergia uma função instrumental decisiva de tal política: tratava-se de convencer a URSS de que os Estados Unidos perseguiam efetivamente uma cooperação sólida no pós-guerra.

De acordo com o relatório, a Alemanha sofreria extensiva desindustrialização. Fábricas e equipamentos industriais seriam transferidos para a URSS e outras nações vítimas da agressão nazista, a título de reparações de guerra. Destituído de suas indústrias pesadas, o vale do Ruhr ficaria sob controle internacional, e a força de trabalho qualificada da região seria encorajada a emi-

---

25  BESCHLOSS, Michael R. *The conquerors*.... Op. cit., p. 123.

26  BESCHLOSS, Michael R. *The conquerors*.... Op. cit., p. 165.

27  BESCHLOSS, Michael R. *The conquerors*.... Op. cit., p. 89.

grar. A economia alemã retornaria à agricultura e à criação, especializando-se na exportação de bens primários. A nova Alemanha "pastoril" ficaria dividida permanentemente num Estado setentrional organizado em torno da antiga Prússia e num Estado meridional polarizado pela Baviera. A Alemanha do sul se conectaria à Áustria por meio de uma união aduaneira.[28] A Prússia Oriental seria desmembrada e repartida entre a URSS e a Polônia. A Polônia receberia também a Alta Silésia. A França ganharia o Sarre.

O Plano Morgenthau nunca representou um consenso no governo Roosevelt. O presidente se inclinava a acatá-lo quase inteiramente, mas recusava a ideia de partição geopolítica da Alemanha. Eleanor Roosevelt alinhava-se com o secretário do Tesouro e exercia pressão sobre o marido. No lado oposto, Hull, do Departamento de Estado, e Stimson, do Departamento da Guerra, objetavam contra a "paz cartaginesa", o "super-Versalhes" que geraria uma "nação de inimigos".[29]

Dias depois de ficar pronto, o relatório foi levado pelo presidente à Segunda Conferência de Quebec, servindo de base para as discussões com Churchill. O britânico não gostou do projeto, que criaria um vazio geopolítico entre a URSS e a Europa Ocidental, mas quase nada conseguiu fazer. A Grã-Bretanha precisava de um novo empréstimo de 6 bilhões de dólares, no marco do programa de Lend-Lease, e não estava em posição de confrontar Washington. Churchill limitou-se a modificar partes do texto, amenizando-o um pouco. Mesmo assim, os documentos finais da conferência confirmavam o objetivo de "converter a Alemanha num país de caráter basicamente agrícola e pastoril".[30]

O documento de Quebec não previa uma partição da Alemanha em entidades geopolíticas distintas. A Alemanha permaneceria como um Estado único, mas destituída de indústrias pesadas e bélicas, desaparecendo como fator estratégico no cenário europeu. Durante uma longa fase de pós-guerra, o país ficaria submetido ao regime de ocupação. Um primeiro esboço delineava três zonas de ocupação, correspondentes à Grã-Bretanha, aos Estados Unidos e à URSS.

---

28  MORGENTHAU, Henry. "Suggested Post-Surrender Program for Germany", setembro de 1944. German Diplomatic Files, Box 31. Franklin D. Roosevelt Presidential Library and Museum.

29  "The policy of hate." *Time*, 2 de outubro de 1944.

30  U. S. Department of State. Foreign Relations of the United States. The Conference at Quebec, 1944. U. S. Government Printing Office, 1972, p. 467.

Tropas americanas ocupam a parte que lhe foi destinada em Berlim, após a divisão de Potsdam. O Portão de Brandenburg, ao fundo, marcava o início do setor soviético. Nos próximos anos o Estado alemão desapareceria como ente jurídico soberano. O destino dos alemães ficou subordinado ao desenvolvimento das relações entre EUA e URSS.

## O "espírito de Ialta"

Roosevelt foi a Ialta, no início de fevereiro de 1945, para coroar seu projeto de cooperação entre os "Três Grandes". O espírito que o guiava pode ser vislumbrado numa passagem quase casual do arquivo de correspondência diplomática americana e num diálogo curioso travado entre o presidente e Stalin durante a conferência.

Um mês antes da Conferência de Ialta, a Comissão Europeia de Consultas (EAC) discutia a configuração das zonas de ocupação na Áustria. Informado sobre a proposta soviética, o secretário de Estado americano Edward Stettinius Jr. enviou um telegrama de instruções ao embaixador em Londres. Em linhas gerais, a proposta podia ser aceita, pois "não ampliará o número de forças dos Estados Unidos na Europa pelo menos durante o primeiro ano após o fim das hostilidades, já que a disponibilidade de embarcações impedirá uma retirada antecipada".[31] Desse modo, a maior potência do mundo participaria da ocupação da Áustria em virtude de uma carência temporária de navios para acelerar a repatriação das tropas engajadas no Velho Mundo...

Igualmente significativo é o diálogo entre Roosevelt e Stalin, que incidia sobre o tema crucial do futuro político dos países libertados pelas tropas soviéticas. O presidente americano enfatizou o imperativo de que as primeiras eleições na Polônia fossem tão puras quanto "a esposa de César". Recebeu uma piada como resposta: "É o que se diz sobre ela. Mas, na verdade, tinha lá seus pecados."[32]

Churchill, Stalin e Roosevelt negociaram os Acordos de Ialta sob o influxo direto do cenário da guerra. Durante os sete dias da conferência, entre 4 e 11 de fevereiro, as forças anglo-americanas esforçavam-se para alcançar a margem esquerda do rio Reno, enquanto as forças soviéticas rompiam a resistência alemã no rio Oder, ocupando a Silésia e avançando rumo a Danzig, Stettin e Berlim. A capital alemã estava a apenas 56 quilômetros da ponta de lança soviética no dia 15 de fevereiro. Atrás da extensa linha do fronte, sob o controle militar da URSS, encontravam-se Varsóvia, Budapeste e Belgrado.

Stalin queria restaurar para a URSS os territórios europeus do antigo Império Russo. Na conferência, recuperou praticamente tudo o que fora perdido na Primeira Guerra Mundial: os Estados Bálticos, o leste polonês até a Linha Curzon, a Bessarábia romena. As fronteiras de 1914 só não foram reconstituídas inteiramente porque a Finlândia sobreviveu como país independente. Pagou, contudo, a independência com a renúncia à soberania: em Ialta, atribuiu-se ao país o estatuto de Estado neutro, uma decisão formalizada em 1948 por meio de um Tratado de Amizade fino-soviético. O termo "finlandização", nascido naquelas circunstâncias, converteu-se em eufemismo para a limitação da soberania de uma nação situada em faixa de fronteira entre blocos geopolíticos antagônicos.

---

31  U. S. Department of State. Foreign Relations of the United States: diplomatic papers, 1945. European Advisory Comission, Austria, Germany. U. S. Government Printing Office, 1945, p. 3.

32  GADDIS, John Lewis. *We now know — rethinking Cold War history*. Oxford, Clarendon Press, 1997, p. 16.

A Declaração de Ialta, citando os princípios da Carta do Atlântico, proclamava a cooperação entre os Três Grandes para ajudar os povos libertados a "destruir os últimos vestígios do nazismo e do fascismo e para criar instituições democráticas de sua própria escolha". A meta seria atingida em duas etapas. Na primeira, seriam formados governos provisórios "amplamente representativos de todos os elementos democráticos na população". Na segunda, por meio de "eleições livres", convocadas "o mais cedo possível", se constituiriam "governos representativos da vontade do povo".[33]

A diferença entre os tempos presente e futuro é a chave para compreender o ambíguo consenso de Ialta. No presente, os governos provisórios representariam os "elementos democráticos na população" na exata medida do desejo da potência ocupante — ou seja, no caso dos países libertados pela URSS, segundo as determinações de Stalin. No futuro, as projetadas "eleições livres" refletiriam uma correlação de forças geopolíticas, como Stalin fez notar a um Molotov preocupado com a insistência de Roosevelt sobre esse ponto.

A natureza dos governos provisórios tinha sido definida previamente, nas conversações entre Churchill e Stalin durante a Conferência de Moscou, em outubro do ano anterior. Segundo as memórias de Hull, o britânico rabiscou sobre um pedaço de papel uma sugestão de partilha de influências, expressa em termos percentuais. A URSS teria influência de 90% sobre a Romênia, em troca de influência ocidental equivalente na Grécia, e ficaria com um controle de 80% sobre a Hungria e a Bulgária. A Iugoslávia seria compartilhada *fifty-fifty*. Stalin selou o acordo por meio de uma rubrica no papelucho.

Em Moscou, nada se discutiu sobre o espinhoso tema da Polônia. Na Conferência de Ialta, consumiu-se um longo tempo para a conclusão de um acordo que pouco mais tarde se revelaria inútil. O governo provisório instalado em Varsóvia sob controle comunista seria reorganizado, de modo a incluir representantes do governo exilado em Londres. O novo governo unitário convocaria eleições gerais livres e democráticas. Churchill suspeitava de que a URSS não tinha a menor intenção de afrouxar as rédeas na Polônia — e

---

33  U. S. Department of State. Foreign Relations of the United States. Conferences at Malta and Yalta, 1945. U. S. Government Printing Office, 1945, p. 972.

Roosevelt, embora encantado com o clima de concórdia, também nutria suas suspeitas. Mas, naquele cenário, não havia muito o que fazer.

O "espírito de Ialta" prolongou-se na Conferência de São Francisco, aberta a 25 de abril, sob o impacto da morte de Roosevelt, 13 dias antes. No final da segunda semana de conferência, representantes de meia centena de nações aliadas se comoveram com a notícia da rendição alemã. Movidos pela sensação de que erguiam um mundo novo, livre do espectro da guerra, os delegados reescreveram os acordos de Dumbarton Oaks e produziram a Carta das Nações Unidas. O Partido Republicano fora persuadido no outono de 1943 a dar seu apoio à nova organização, cuja sede ficaria em Nova York. O fantasma de uma reprodução do fracasso de Wilson se desfez por completo no 28 de julho, quando o Senado aprovou a Carta por uma maioria de 89 a 2.

A constituição do Conselho de Segurança de cinco membros permanentes com direito a veto conferiu forma definitiva à visão rooseveltiana dos "policiais". No discurso de inauguração da conferência, Truman atribuiu o surgimento da ONU a seu antecessor e falou como ele falaria — e como falaria Wilson:

> *Nós precisamos assegurar, pelo trabalho de vocês, aqui, que outra guerra será impossível. [...] Não é o propósito desta Conferência redigir um tratado de paz no antigo sentido da expressão. [...] Esta Conferência devotará suas energias e esforços exclusivamente ao problema singular de estabelecer a organização essencial para conservar a paz. [...] Nós temos o dever de evitar — se a mente, o espírito e a esperança humanas podem fazê-lo — a repetição do desastre que fará o mundo inteiro sofrer ainda pelos anos à frente. [...] A justiça continua a ser o maior dos poderes na Terra. Apenas a esse poder tremendo nos submeteremos.*[34]

A linguagem da "perene força moral da justiça", uma melodia repetida pela segunda vez, duraria pouco.

---

34   U. S. Department of State Bulletin. President Truman's address to opening session of United Nations Conference on international organization at San Francisco, 25 de abril de 1945.

# O "espírito de Potsdam"

Os chefes de Estado e governo dos "Três Grandes" se reuniram em conferência, pela última vez, entre 17 de julho e 2 de agosto de 1945, no palácio de Cecilienhof, construído durante a Grande Guerra pelo imperador Guilherme II, em Potsdam, nos arredores de Berlim. As minutas e os memorandos do longo encontro, um calhamaço de quase 5 mil páginas, detalham decisões tomadas antes, em Teerã, Moscou e Ialta. Não há novidades verdadeiras na reunião que organizou a Alemanha em quatro zonas de ocupação — a não ser no tom empregado pelos antigos aliados.

A discórdia crepitou em torno dos temas da Alemanha e da Polônia. Churchill não aceitava a solução encontrada para o governo provisório polonês, que deixara os líderes do antigo governo do exílio em franca minoria, mas nada podia fazer sobre o assunto. Em compensação, podia reclamar das transferências forçadas de populações que os soviéticos impunham. A Polônia fora deslocada para ocidente. No novo oeste polonês, que antes era Alemanha, mais de 8 milhões de alemães estavam sendo jogados em trens e depositados como gado na Alemanha ocupada. Algo similar acontecia com mais de 2 milhões de poloneses do antigo leste polonês, agora parte da URSS, transferidos para a Polônia.

As coisas logo assumiram ares surreais. Stalin negava a existência do problema com argumentos fantásticos. Dizia que não existiam alemães no oeste da Polônia, pois todos teriam fugido diante da aproximação do Exército Vermelho. Churchill insistia na presença de milhões deles — e alertava para as consequências das deportações forçadas: "nós faremos face, em nossa zona de ocupação, a condições semelhantes às dos campos de concentração nazistas, mas numa escala mil vezes maior". Stalin retrucava jocosamente que aquilo tudo não passava de "contos de fadas".[35]

O teste da bomba atômica, no deserto do Novo México, se deu dois dias antes da abertura da Conferência de Potsdam. Stalin não deixou transparecer nenhuma preocupação especial com o advento de uma nova realidade estra-

---

35  DALLAS, Gregor. *1945: The war that never ended*. New Haven, Yale University Press, 2005, p. 559.

No novo mapa da Europa projetado por Stalin as questões territoriais seriam solucionadas pelo deslocamento de populações no leste, especialmente na Polônia. A guerra estava encerrada no campo de batalha mas continuava a produzir grande número de vítimas entre os civis, arrancados de seus lugares e memórias entre 1945 e 1947. E havia também a expulsão do "inimigo ocupante", como os alemães da foto, que estavam deixando a Tchecoslováquia.

tégica, e disse a Truman que esperava que fosse feito bom uso da arma contra os japoneses. Em Washington, desde a morte de Roosevelt, aumentava a descrença na cooperação com a URSS e alguns assessores presidenciais depositaram esperanças numa diplomacia baseada no monopólio nuclear. "As bombas lançadas sobre o Japão não tinham como destino o Japão, mas a URSS", anotou Molotov nas suas memórias.[36] A interpretação não estava correta, pois o principal objetivo de Truman era, de fato, acelerar a rendição japonesa, mas refletia acuradamente o diagnóstico do Kremlin.

Nos países ocupados pelas forças soviéticas, multiplicavam-se as dissonâncias entre os comunistas e as lideranças políticas pró-ocidentais. Moscou operava no quadro dos acordos de porcentagens acertados com Churchill, mas deixava claro, em cada oportunidade, que o seu conceito de democracia excluía

---

36  GADDIS, John Lewis. *We now know — rethinking Cold War history*. Op. cit., p. 96.

qualquer desafio à sua hegemonia. Logo depois de Potsdam, Stalin alertou Molotov que não se deixasse pressionar pelo controle americano sobre a arma atômica — e determinou que se acelerasse a produção da bomba soviética. A conferência de ministros do Exterior dos "Três Grandes", em setembro, em Londres, foi palco de exercício de uma retórica envenenada pela desconfiança. O americano Acheson saiu do encontro convencido de que os soviéticos agiam mais desafiadoramente — e não menos — como reação calculada à posse da bomba pelos Estados Unidos.

A Alemanha ocupada funcionava como um laboratório da Guerra Fria. Na zona soviética, os comunistas davam as cartas, respaldados pelos comissários enviados por Moscou, enquanto fábricas e equipamentos produtivos eram transportados para a URSS. Nas zonas ocidentais, em contraste, afrouxavam-se os controles políticos. O general Lucius D. Clay, governador militar da zona de ocupação americana, jamais obedeceu realmente às orientações da JCS 1067. Aceitar a ruína da Alemanha entrava em conflito com as necessidades práticas da ocupação e implicaria aumentar o fardo financeiro imposto aos Estados Unidos. Segundo um assessor de Clay, a Ordem tinha sido "produzida por idiotas econômicos".[37] Por decisão própria, sem consultar Washington, o general abriu caminho para o surgimento de uma imprensa livre e não reagiu quando apareceram críticas a iniciativas do regime de ocupação.

No fundo, tacitamente, os Estados Unidos substituíam o Plano Morgenthau por algo muito diferente, contribuindo para um início de reconstrução alemã. Entre os pioneiros defensores de uma reorientação política, destacou-se Allen W. Dulles, um dos chefes do Escritório de Serviços Estratégicos (OSS), a agência de inteligência precursora da CIA. Dulles operou durante a guerra reunindo informações sobre a Alemanha nazista e criando uma valiosa rede de contatos no país. Entre maio e agosto de 1945, ele dirigiu a missão do OSS na zona americana de ocupação. Rapidamente, descobriu que exilados social-democratas e centristas desapareciam ao retornar para suas cidades, na zona soviética, desiludindo-se com a linha oficial de cooperação com os soviéticos. No final do ano, já fora do OSS, coordenando um grupo

---

37  WALA, Michael. *The Council on Foreign Relations and american foreign policy in the early Cold War*. Providence, Berghahn Books, 1994, p. 88.

de trabalho do Conselho de Relações Exteriores para a Alemanha, começou a sugerir que a paz na Europa só seria alcançada pelo "insulamento dos dois sistemas" — ou seja, por meio da separação entre as esferas de influência ocidentais e soviética.[38]

Todo o edifício imaginado por Roosevelt se assentava sobre a integração da URSS a um sistema de instituições multilaterais. Os soviéticos estavam no Conselho de Segurança da ONU, mas vacilavam sobre a participação no FMI e no Banco Mundial. Os Acordos de Bretton Woods seriam ratificados até o final de 1945 e alguns incidentes sinalizavam dificuldades. Na conferência de 1944, Washington acenara para a hipótese de um empréstimo de reconstrução de 6 bilhões de dólares, a ser gasto na compra de bens de capital americanos. A oferta era um incentivo para a URSS aderir ao sistema econômico internacional que se construía. Meses depois, Molotov respondera, dizendo que seu país aceitaria o empréstimo com a finalidade de auxiliar a adaptação da economia americana ao ambiente da paz. O embaixador W. Averell Harriman, um banqueiro experiente, comentaria mais tarde que, na sua vida, se acostumara a ouvir curiosas justificativas para pedidos de empréstimo, mas "a solicitação de Molotov era a mais estranha que já recebera".[39]

Um segundo incidente aconteceu no verão de 1945, quando Truman ordenou o encerramento unilateral do Lend-Lease, frustrando os soviéticos. O gesto, que acelerou a transferência de máquinas e equipamentos da Alemanha ocupada para a URSS, também contribuiu para acentuar as desconfianças de Stalin. Em dezembro, contrariando as recomendações dos ministérios do Exterior e do Comércio, o ditador vetou a adesão soviética ao FMI e ao Banco Mundial. Era um veto tático, sujeito a revisão posterior, explicou aos altos círculos do governo. Ele não imaginava que, em Washington, a decisão seria interpretada de modo completamente diferente.

---

38  WALA, Michael. *The Council on Foreign Relations and american foreign policy in the early Cold War*. Op. cit., p. 93.

39  GADDIS, John Lewis. *We now know — rethinking Cold War history*. Op. cit., p. 192.

# Oito mil palavras

George Kennan servia, à época, como conselheiro na embaixada americana em Moscou e já era reconhecido como um expert em assuntos soviéticos. Bem mais tarde, ele rememorou as indagações que lhe chegavam da Casa Branca — "o grito angustiado de perplexidade", "em tons de meiga inocência" — sobre as motivações do Kremlin para recusar a adesão às instituições de Bretton Woods. "Eles pediram isso. Agora, por Deus, eles terão isso", decidiu o conselheiro, que não se conformava com a linha rooseveltiana de cooperação quase ilimitada com a URSS.[40]

No 22 de fevereiro de 1946, Kennan disparou para a Casa Branca seu célebre telegrama de 8 mil palavras, assinado em código por "Mr. X". O texto, brilhante, buscava na história russa e no sistema político totalitário da URSS as "fontes da conduta soviética". Stalin e seu círculo se moviam não apenas em função de uma doutrina, mas também sob o impulso do fanatismo e da insegurança. "Do mundo russo-asiático do qual emergiram, traziam consigo o ceticismo acerca das possibilidades de coexistência permanente e pacífica de forças rivais."[41] Os dirigentes soviéticos, na busca da segurança para seu próprio poder, entregavam-se à obsessão permanente de consolidação da ditadura absoluta, um empreendimento que se desdobrava nas frentes interna e externa.

Numa fase inicial da revolução bolchevique, a violência repressiva dirigiu-se contra o inimigo interno, que expressaria os vestígios remanescentes do capitalismo. Contudo, desde a proclamação stalinista da eliminação completa do capitalismo na URSS, a manutenção da ditadura passou a ser legitimada pelo espectro do inimigo externo. Fruto dessa tese, as oposições internas, reais ou imaginárias, começaram a ser descritas como agentes do capitalismo envolvente — ou seja, das forças estrangeiras sempre dispostas a destruir a pátria do socialismo.

O conceito do antagonismo inato entre socialismo e capitalismo, herdado da doutrina marxista-leninista, servia aos propósitos práticos de perenização

---

40 GADDIS, John Lewis. *We now know — rethinking Cold War history*. Op. cit., p. 193.

41 KENNAN, George Frost. *Las fuentes de la conducta soviética y otros escritos*. Buenos Aires, Grupo Editor Latinoamericano, 1991, p. 130.

George Frost Kennan, o misterioso Mister "X", autor das oito mil palavras que redefiniram a política externa americana no pós-guerra.

das estruturas repressivas internas. A conduta internacional soviética refletia esse conceito, mesmo quando o Kremlin recorria a manobras táticas que poderiam ser interpretadas, ingenuamente, como uma mudança de fundo. A confrontação, inevitável, não assumiria a forma de uma batalha cataclísmica, mas de uma contenda de longo prazo. Os soviéticos não se engajavam "em um programa de vida ou morte tendente a destruir nossa sociedade numa data determinada", pois "a teoria da inevitabilidade da eventual derrocada do capitalismo abrange a afortunada conotação de que não há urgência para provocá-la".[42]

Stalin não se parecia com Napoleão ou Hitler, que tentaram mudar o curso da história por meio de lances ousados, dramáticos. Cautela, paciência e flexibilidade eram componentes cruciais da postura estratégica soviética — comparável à da Igreja, com seus "conceitos ideológicos que têm validade de longo prazo", e influenciada pelas lições de "séculos de obscuras batalhas entre forças nômades em torno das extensões de uma vasta planície" que constituí-

---

42  KENNAN, George Frost. *Las fuentes de la conducta soviética y otros escritos*. Op. cit., p. 135.

ram a história russa. "Nessas circunstâncias, é claro que o principal elemento de qualquer política americana relativa à URSS deve ser uma contenção paciente mas firme, vigilante no horizonte de longo prazo, das tendências expansionistas russas."[43]

Depois de tudo dito e feito, é uma experiência notável reler o diagnóstico presciente de "Mr. X". O tempo jogava do lado ocidental, não do lado soviético: "se a ideologia convence os governantes russos de que a verdade está de seu lado e de que, em consequência, podem permitir-se esperar, aqueles entre nós para quem tal ideologia não tem nenhum valor somos livres para examinar objetivamente [...] essa premissa". Os soviéticos imaginavam que prevaleceriam inevitavelmente, em virtude das "leis da História". Mas estavam errados. O rígido sistema político da URSS não se sustentaria por um tempo indefinido, pois a economia planificada não conseguia proporcionar um progresso material comparável ao da economia de mercado. Os "comunistas russos", sempre prontos a oferecer pareceres sobre o "desenvolvimento desigual do capitalismo", deveriam "enrubescer ao contemplar sua própria economia", incapaz de introjetar nos trabalhadores "aquela cultura geral da produção e o respeito pela própria técnica que caracterizam o operário especializado do Ocidente".[44]

No telegrama, encontravam-se as sementes de uma estratégia geopolítica:

> [...] se verá claramente que a pressão soviética contra as instituições livres do mundo ocidental é algo que se pode conter por meio da adequada e vigilante aplicação de uma contraforça em uma série de pontos geográficos e políticos em constante mudança, correlativamente às mudanças e manobras da política soviética [...].[45]

Na hora em que o longo telegrama foi enviado de Moscou para Washington, Churchill se encontrava havia mais de um mês nos Estados Unidos, numa viagem que misturava lazer, política e interesses pessoais. Não viajava como chefe de governo, mas apenas na qualidade de líder da oposição. Apesar da aura de heroísmo que o cercava, ele perdera por larga margem as eleições par-

---

43  KENNAN, George Frost. *Las fuentes de la conducta soviética y otros escritos*. Op. cit., pp. 138-9.

44  KENNAN, George Frost. *Las fuentes de la conducta soviética y otros escritos*. Op. cit., pp. 142-3.

45  KENNAN, George Frost. *Las fuentes de la conducta soviética y otros escritos*. Op. cit., p. 139.

lamentares de julho de 1945, um resultado chocante para os conservadores e surpreendente para o resto do mundo. Sem compromissos oficiais, aproveitava a estada para pintar, reencontrar amigos, nadar nas praias de Cuba e negociar com editores a publicação de suas memórias de guerra. Contudo, a política internacional, sua obsessão permanente, nunca desaparecia do cenário.

O velho estadista tinha os olhos fixos na URSS e, desde as rusgas sobre o governo provisório polonês, procurava meios para imprimir um novo rumo à política europeia de Washington. Uma primeira tentativa, um tanto desajeitada, se dera pouco depois da rendição alemã, quando se iniciavam os preparativos para a Conferência de Potsdam. O plano, concebido no Gabinete da Guerra, recebeu o apropriado nome de código de Operação Inconcebível: o projeto de um ataque de surpresa de forças anglo-americanas e polonesas, apoiadas por 100 mil soldados rendidos alemães, contra as tropas soviéticas na Polônia. O ataque começaria no primeiro dia de julho. A meta consistia em obter uma rápida vitória no teatro polonês. No caso de insucesso, previa-se o início de uma Terceira Guerra Mundial, que se desenrolaria por um longo período na Europa e no Oriente Médio.

Churchill e Truman durante a viagem do ex-primeiro ministro britânico aos EUA, em 1946. Mesmo longe do Parlamento britânico, o velho Winston não deixava de fazer política. Ao denunciar a "cortina de ferro" que caía sobre os países do leste europeu, ele ajudou a consolidar o conceito de contenção, logrando seu maior objetivo: levar os Estados Unidos de volta à Europa.

O "objetivo político" definido para a Operação Inconcebível era "impor à URSS a vontade dos Estados Unidos e do Império Britânico", sendo tal "vontade" descrita pela exigência de um "acordo justo" sobre a Polônia.[46] O plano acabou sendo descartado pelo Ministério da Guerra, que o julgou militarmente inviável. Mas a ideia de restaurar a autonomia dos países ocupados pelo Exército Vermelho não saiu da mente de Churchill. As tensões crescentes entre os Três Grandes e a divergência entre as políticas conduzidas pelos aliados ocidentais e pela URSS na Alemanha ocupada o animaram a dirigir um apelo direto à opinião pública americana. Ele o fez como um "visitante privado", durante a viagem de múltiplos propósitos aos Estados Unidos.

A ocasião escolhida foi a homenagem oferecida pelo centenário Westminster College, em Fulton, no Missouri. No dia 5 de março, o presidente americano acompanhou o britânico à universidade e o apresentou à plateia acadêmica. Segundo uma versão jamais confirmada, teve acesso antecipado ao discurso que ele proferiria.

## Cortina de Ferro

Churchill falou da unidade de propósitos "dos povos anglo-saxônicos, na paz como na guerra", destacou a circunstância de que os Estados Unidos se encontravam "no pináculo do poder mundial" e identificou, ao lado do "sentimento do dever cumprido", uma "ansiedade de não se descer abaixo do patamar atingido". O pós-guerra não poderia frustrar a vitória alcançada contra a ameaça nazista. Mas era exatamente isso que se delineava numa Europa parcialmente submetida ao domínio soviético:

*Uma sombra projetou-se sobre os cenários há pouco iluminados pela vitória aliada. [...] De Stettin, no Báltico, a Triestre, no Adriático, uma cortina de ferro desceu em todo o continente. Atrás daquela linha se encontram todas as capitais dos antigos Estados da Europa Central e Oriental. [...] todas essas famosas cidades e as populações ao redor*

---

46 British War Cabinet, Joint Planning Staff. "Operation Unthinkable: Russia, threat to western civilization", 22 de maio de 1945. Public Record Office, 2004.

*delas repousam no que devo denominar a esfera soviética — e estão sujeitas [...] não apenas à influência soviética mas a um bastante intenso e, em certos casos, crescente controle de Moscou.*[47]

O alerta de Churchill não se restringia aos países situados atrás da linha "de Stettin a Trieste". Ele apontava indícios da criação de uma autoridade comunista na zona de ocupação soviética na Alemanha, o crescimento das pressões de Moscou sobre a Turquia e o Irã, o fortalecimento dos partidos comunistas na Itália e na França. Em face do desejo de "expansão indefinida" do "poder e das doutrinas" da URSS, os Estados Unidos e a Grã-Bretanha tinham o dever de formar uma frente unida "em estrita aderência aos princípios das Nações Unidas".

Naquele março de 1946, não existia, ainda, um bloco soviético no Leste Europeu. Embora, de fato, Moscou operasse para reforçar os comunistas em todos os países ocupados, os governos provisórios eram plurais, tal como se tinha acordado na Conferência de Ialta. A "cortina de ferro" mencionada no discurso de Fulton só desceria sobre a metade leste da Europa nos anos seguintes. Mas o grito de guerra de Fulton, somado ao longo telegrama de Kennan, simbolizou a dissolução das esperanças no programa de cooperação deflagrado por Roosevelt.

Os presságios de Churchill pareciam confirmar-se, em cada país e em cada episódio, em meio à prolongada estagnação econômica, à carência e ao desemprego. Na Tchecoslováquia, presidida pelo cauteloso Edvard Benes, um líder pró-ocidental que almejava conservar as boas relações com a URSS, o Partido Comunista saltara de 40 mil filiados para mais de um milhão, no intervalo de um ano. As eleições parlamentares de maio deram-lhe a vitória, com 38% dos votos, e seu chefe, Klement Gottwald, foi convidado por Benes a formar um governo de coalizão. Os comunistas não ficaram com maioria no gabinete, mas ocuparam os principais ministérios, inclusive as pastas das forças armadas e da polícia.

A Itália não parecia mais segura do que a Tchecoslováquia. Em junho, um referendo popular aboliu a monarquia graças à torrente de votos republicanos do norte industrial, que se inclinava pelos partidos de esquerda. Junto com

---

47 CHURCHILL, Winston. "The Sinews of Peace", 5 de março de 1946.

o referendo, realizaram-se eleições para a Assembleia Constituinte, com uma enganosa vitória da democracia cristã. O partido majoritário obteve 35% dos votos e Alcide De Gasperi conservou a chefia do governo. Contudo, os socialistas conseguiram 21% e os comunistas de Palmiro Togliatti, 19%.

O chão também se movia na França, abalada por greves e manifestações de rua. Os comunistas haviam emergido como o maior partido nas primeiras eleições do pós-guerra, em outubro de 1945, seguidos de muito perto pelo Movimento Republicano Popular (MRP), de centro-direita, e pelos socialistas. Os três partidos conservaram a aliança firmada na hora da Libertação e, depois da renúncia de Charles De Gaulle, decorrente de sua repulsa ao projeto de Constituição parlamentarista, assinaram um pacto de coalizão. As eleições gerais de junho de 1946 não alteraram o panorama geral. Nas novas eleições de novembro, contudo, depois da aprovação da Constituição em referendo, os comunistas triunfaram, alcançando 29% dos votos. O resultado estimulou o líder comunista Maurice Thorez a candidatar-se à chefia do gabinete, o que só foi evitado por um acordo entre os socialistas e o MRP.

Dos Bálcãs, foco da fagulha que iniciara o incêndio de 1914, ecoou o som agudo da sirene de alarme. Na Bulgária, um referendo aboliu a monarquia e formou-se um governo comunista, que declarou o país uma república popular. Na Romênia, fraudes e intimidações generalizadas cercaram as eleições parlamentares que deram 80% dos votos aos comunistas. Na Grécia, um baluarte ocidental segundo o papelucho rubricado por Churchill e Stalin em Moscou aumentava a pressão da guerrilha comunista, que contava com apoio logístico da Iugoslávia de Josip Broz Tito. A Turquia, por sua vez, enfrentava com dificuldades as demandas soviéticas pela partilha do controle sobre o estreito de Dardanelos.

Em Fulton, Churchill oferecera o bastão a Truman, que não tinha condições de agir imediatamente, pois esbarrava na força das correntes isolacionistas no Congresso. Quase um ano mais tarde, em fevereiro de 1947, o ministro do Exterior britânico, Ernest Bevin, jogou o bastão para o alto, anunciando que seu país não era capaz de continuar auxiliando financeiramente os governos grego e turco. Truman não podia deixá-lo cair, sob pena de entregar à URSS muito mais que se havia cedido em Ialta.

No 12 de março, o presidente dirigiu-se ao Congresso, solicitando recursos para assistência à Grécia e à Turquia. Mas ele foi muito mais longe do que

O avanço da guerrilha comunista na Grécia foi interpretado como prova do "expansionismo soviético" pelo governo americano o que o levou a agir para fazer da doutrina de contenção um fato real.

esperavam Bevin ou o primeiro-ministro britânico Clement Attlee e proclamou uma nova orientação de política externa:

> O governo dos Estados Unidos apresentou frequentes protestos contra a coerção e a intimidação, em violação do Acordo de Ialta, na Polônia, Romênia e Bulgária. [...] Nesse momento da história mundial, quase todas as nações estão postas diante de alternativos modos de vida. A escolha, muitas vezes, não é livre. Um modo de vida se baseia na vontade da maioria e se caracteriza por instituições livres, governo representativo, eleições livres, garantias de liberdade individual, liberdade de expressão e religião, ausência de opressão política. O segundo modo de vida se baseia na vontade de uma minoria imposta à maioria. Ele se ancora no terror e na opressão, no controle da imprensa e do rádio, em eleições manietadas e na supressão das liberdades individuais. Eu creio que deva ser a política dos Estados Unidos apoiar os povos livres

*que resistem contra tentativas de subjugação por minorias armadas ou pressões externas.*[48]

A Doutrina Truman era quase o contrário exato da orientação definida por Roosevelt. A URSS se transfigurava, de um dos "policiais", à principal ameaça ao "modo de vida" que os Estados Unidos se comprometiam a defender. As Nações Unidas se reduziam à memória da aliança dos tempos de guerra. A Europa se tornava um teatro de enfrentamento.

Quase simultaneamente à mensagem de Truman, o ex-presidente Herbert Hoover assinou um relatório condenando a política de "pastoralização" da Alemanha, que já não existia senão no papel. No início de junho, o secretário de Estado George Marshall anunciou, em discurso na Universidade de Harvard, o ambicioso plano americano de reconstrução da Europa. O Plano Marshall consumiria 13 bilhões de dólares — algo como 5% do PIB americano à época — em ajuda financeira e técnica para os países da Europa Ocidental, ao longo de cinco anos.

Não era um plano incondicional. Seu pressuposto consistia na cooperação entre os países beneficiários, com o abandono das antigas rivalidades nacionais. A JCS 1067 foi oficialmente suprimida em julho, pois a reconstrução da indústria alemã era um dos objetivos do Plano de Reconstrução Europeia (ERP). Naquele momento, estava clara a decisão, ainda não anunciada, de formação de um Estado alemão integrado à Europa Ocidental nas zonas de ocupação americana, britânica e francesa.

Marshall, no lugar de Morgenthau. Começava a Guerra Fria.

---

48 TRUMAN, Harry. President Harry S. Truman's adress before a joint session of Congress, 12 de março de 1947.

# Berlim, entre dois mundos

No início de 1945, Stalin acreditava que o futuro da Europa Oriental seria decidido por quem tivesse a maior força militar. Ele tinha 10 milhões de soldados ocupando essas terras. Ele mesmo contava uma anedota após a guerra que revela sua visão de Ialta:

> *Churchill, Roosevelt, Stalin foram caçar. Finalmente mataram o urso. Churchill disse: "Fico com a pele do urso. Roosevelt e Stalin dividem a carne." Depois, Roosevelt disse: "Não, eu fico com a pele. Que Churchill e Stalin dividam a carne." Stalin ficou em silêncio, então Churchill e Roosevelt perguntaram: "Senhor Stalin, o que diz?" Stalin simplesmente retrucou: "O urso me pertence — afinal, eu o matei." O urso era Hitler; a sua pele, a Europa Oriental.*[49]

A carne do urso — a Alemanha — acabou dividida em quatro partes, com a entrada da França nas operações militares e negociações de paz. O banquete se deu em Potsdam. Mas havia um clima estranho na festa: os convivas não eram exatamente os imaginados. Para começar, Roosevelt morrera em abril e os Estados Unidos estavam representa-

---

49 MONTEFIORE, Simon S. *Stalin, a corte do czar vermelho*. São Paulo, Companhia das Letras, 2006, p. 538.

dos por Harry Truman. Segundo o biógrafo de Stalin, Simon Montefiore, o ditador soviético ficou sentido com a perda de um interlocutor que ele considerava muito mais tratável que o sempre desconfiado Churchill.

O primeiro-ministro britânico, porém, deixou Potsdam poucos dias depois da abertura da conferência, quando saiu o resultado da eleição britânica que desfez o governo de coalizão instalado desde 1940. Com a derrota do Partido Conservador, o novo primeiro-ministro passou a ser o trabalhista Clement Attlee, que não tinha o carisma e a astúcia do velho Winston. Apenas Stalin, o caçador que matou o urso, permanecia. E, certamente, ele esperava levar o máximo possível de sua presa, encorajado pelos ganhos anteriores em Ialta. Infelizmente para Stalin, o presidente americano anunciou a posse da bomba atômica no transcorrer do banquete, tornando as coisas um pouco indigestas e moderando o apetite do chefe do Kremlin.

Desde Ialta estava mais ou menos acertada a ocupação da Alemanha, mas o gesto de Stalin de ordenar o recuo das tropas que tomaram Berlim para o leste, a fim de permitir a divisão da cidade que era o coração do urso, revelava uma nova percepção. O caçador, prudente, não queria brigar de fato com o colega que ostentava uma nova e poderosa arma. Além disso, o Kremlin acreditava que, cedo ou tarde, Berlim cairia integralmente nas mãos da URSS, apostando nas dificuldades que os ocidentais teriam para controlar um enclave na zona soviética.

O documento final assinado em Potsdam conferia a autoridade suprema na Alemanha aos comandantes das forças armadas dos Estados Unidos, da Grã-Bretanha, da URSS e da França, cada um em sua própria zona de ocupação, e ao Conselho de Controle Interaliado, constituído pelos quatro comandantes, para as questões que afetavam o país ocupado como um todo. O texto também detalhava as medidas que orientariam a ação dos Aliados, sintetizadas nos chamados "cinco D": desnazificação, desmilitarização, desarmamento, descartelização e desracialização. As potências ocupantes se comprometiam com a liberdade política e partidária (exceto para os grupos radicais de direita), a reorganização sindical e a restauração das instâncias de poder local.

Berlim, dividida em quatro setores, seria administrada diretamente pelo Conselho de Controle Aliado, que ficava responsável pela reorganização das atividades produtivas e pelo gerenciamento da infraestrutura urbana, além de

Stalin ficou com quase todo o urso, mas não pode evitar que o coração fosse divido entre os caçadores. Berlim, 1946, zona britânica.

zelar pela realização de eleições livres. A manutenção da ordem, o controle do abastecimento, a organização dos trabalhos de limpeza e reconstrução ficaram a cargo de cada potência ocupante. Em pouco tempo, a disparidade na interpretação dos tratados começou a ficar evidente. Stalin subscrevera aqueles acordos, mas não pensava seriamente em cumpri-los.

## Os sátrapas do império

Enquanto permaneceu em Potsdam, Churchill reclamou de dificuldades provocadas por agentes soviéticos para impedir o trabalho de agentes britânicos em Bucareste. Ele disse: "Uma cerca de ferro caiu ao redor deles", provavelmente a primeira vez em que foi usada a expressão.[50]

Desde 1941, a URSS vinha agindo para conquistar maior influência no Leste Europeu. O instrumento eram os movimentos de resistência ao nazifas-

---

50  MONTEFIORE, Simon S. *Stalin, a corte do czar vermelho.* Op. cit., p. 554.

cismo, frequentemente encabeçados por chefes comunistas locais e criados a partir de orientações de Moscou. Desse modo, no final da guerra os vínculos entre os movimentos de resistência nos países vizinhos à URSS e os generais do Exército Vermelho permitiram a Stalin dispor de "sátrapas para governar seu novo império", ampliando ou, na maior parte das vezes, impondo o alinhamento com Moscou.[51] Na Finlândia, o papel coube ao general Andrei Jdanov; na Hungria, a Kliment Voroshilov, o primeiro marechal da história soviética; na Polônia e na Romênia, os indicados foram Nikolai Bulganin e Andrei Vichinski, respectivamente.

Na Iugoslávia, Albânia e Grécia, o cenário era diferente. A luta dos *partisans* surgira espontaneamente, com destaque para os grupos esquerdistas que haviam exercido importante cooperação junto às tropas Aliadas. Na Tchecoslováquia, Hungria e Polônia, a resistência fora organizada desde o início sob a liderança dos governos refugiados em Londres, que retornaram aos seus países com a expulsão dos nazistas. Nesses casos, os soviéticos promoveram massacres, prisões e depurações a fim de garantir que seus partidários tivessem a votação esperada nas "eleições livres" previstas nos tratados.

A guerra acabava e tinha início a "sovietização" do Leste Europeu. Uma nova geografia começava a organizar a Europa, não mais com a clássica divisão entre norte, sul, oeste, leste e centro, mas sob uma divisão binária contrapondo leste e oeste. Oriente e Ocidente se converteram, de pontos cardeais, em rótulos ideológicos e geopolíticos.

Stalin pensava em termos mais defensivos que ofensivos. A devastação provocada pela invasão nazista o convencera definitivamente de que sua "ilha comunista" precisava de uma faixa de segurança circundando as fronteiras soviéticas ocidentais. Isso seria obtido por meio da ingerência na política interna desses países lindeiros. Em linguagem geopolítica, a Europa Oriental seria o "exterior próximo" soviético.

E ele começou a ser erguido a partir de 1944. Primeiro, foram reincorporadas ao território soviético as terras a leste da Finlândia e da Polônia, depois os territórios de Lituânia, Letônia, Estônia e Moldávia (a antiga Bessarábia romena) foram transformados em Repúblicas Socialistas Soviéticas.

---

51  MONTEFIORE, Simon S. *Stalin, a corte do czar vermelho.* Op. cit., p. 546.

Em 1945 foi a vez da Bulgária, onde as eleições serviram apenas para conferir uma película de legitimidade a um fato consumado. O pleito trouxe uma lista única de candidatos da Frente Patriótica, que era controlada pelos comunistas e recebeu 85% dos votos. Em setembro do ano seguinte, um plebiscito oficializou a deposição da monarquia e o governo instituiu a República Popular. Em novembro, Georgi Dimitrov, fiel seguidor de Stalin desde os anos 1930, foi alçado à chefia do governo.

Na Romênia, o rei Miguel I conseguiu unir a população e derrubar o regime pró-nazista em 1944. No entanto, no quadro da guerra, o país foi ocupado pelo Exército Vermelho e organizou-se um governo de coalizão subordinado aos comunistas. Nas eleições de novembro de 1946, em meio a fraudes generalizadas, os comunistas reivindicaram 80% dos votos enquanto agentes soviéticos intimidavam os opositores. No ano seguinte, acusados de terem colaborado com o fascismo ou de agir de forma impatriótica, os partidos centristas foram expurgados do governo. As correntes políticas remanescentes foram obrigadas a se integrar ao Partido Comunista e forçou-se a renúncia do rei Miguel I. Em abril de 1948, a Romênia também se tornou uma República Popular.

A Iugoslávia era uma monarquia — e um país marcado por profundas diferenças internas, inventado no final da Primeira Guerra Mundial pelas potências vitoriosas. Ali, a resistência foi organizada pelos comunistas de Josip Broz Tito e pelos monarquistas *tchétniks* ligados à Sérvia. Na hora da entrada das tropas aliadas, os britânicos julgaram as forças de Tito mais bem colocadas para ajudá-los, pois elas tinham pontos de apoio espalhados em direção à Bósnia, à Croácia e à Dalmácia. Enquanto isso, monarquistas e outros opositores eram massacrados aos milhares — sem ajuda externa. Em 1945, agindo sob orientação soviética, Tito aceitou entregar um quinto das pastas ministeriais para líderes iugoslavos pró-ocidentais, enquanto ele era nomeado primeiro-ministro, cargo que ocuparia até 1953, quando se tornou presidente.

Tito entendia a coleção de fragmentos que governaria. Para centralizar o poder no seu Partido Comunista, criou um Estado de tipo federal, ao mesmo tempo que adotava a planificação econômica estatal. A velha anedota, que por tanto tempo descrevera o Império Austro-Húngaro e suas dificuldades políticas internas, acabou adaptada para a Iugoslávia: "Seis repúblicas, cinco etnias, quatro línguas, três religiões, dois alfabetos e um Partido". Na vizinha Albânia, as coisas ocorreram de forma parecida, mas com desfecho diferente: o líder comunista Enver Hoxha combateu igualmente fascistas e inimigos internos, formando desde 1944 um governo integralmente comunista. Sem concessões.

Na Hungria, porta de entrada para os Bálcãs, Stalin não se preocupou muito com a divisão de influência fixada em Moscou com Churchill — nem com a vontade dos eleitores. As eleições de novembro de 1945 deram ao Partido Comunista Húngaro (PCH) apenas 17% dos votos, mas o marechal Vorochílov não permitiu que se estabelecesse o novo governo, impondo uma coalizão liderada pelos comunistas. Na sequência, a recém-criada polícia de segurança AVH começou a prender e perseguir os líderes de oposição. Novas eleições, realizadas em 1947, ampliaram a presença dos comunistas que, até o final do ano seguinte, assumiram o controle integral do Estado. O primeiro-ministro Mátyás Rákosi, líder do PCH, era o homem de Moscou.

Na Tchecoslováquia, o país destroçado em Munique por Hitler, sob a complacência de britânicos e franceses, o forte partido comunista participava destacadamente do governo de coalizão de Edvard Benes, que tomava todos os cuidados para não se indispor com Moscou. O delicado equilíbrio se rompeu

No clima de confraternização do pós-guerra, cartaz de propaganda tcheco celebra a "libertação" como resultado das boas relações entre Stalin e Edward Benes, seus exércitos e os civis. Em pouco tempo os tchecos perceberam que os soviéticos se comportavam como os novos senhores.

após a deflagração do Plano Marshall. Benes recuou na sua intenção original de aderir ao programa americano de reconstrução, mas isso não foi suficiente para salvá-lo. Em fevereiro de 1948, os comunistas organizaram um golpe de Estado, convocando manifestações de rua para fantasiá-lo com as roupagens de uma verdadeira revolução. Benes resistiu, oferecendo concessões e manobrando em desespero por algumas semanas, até capitular. Sua renúncia abriu caminho para a ascensão do primeiro-ministro Klement Gottwald à presidência.

O maior dos dramas transcorreu no palco da Polônia, que estava nos planos de conquista de Stalin desde o pacto de 1939 com Hitler. Enquanto Moscou estabelecia o controle comunista sobre o governo provisório, uma ala dissidente da antiga resistência nacionalista se decidia pela luta contra os ocupantes soviéticos. O movimento da Associação Militar Nacional (NZW) chegou a reunir entre 50 mil e 70 mil homens, precariamente armados. Uma guerra civil surda se prolongou até 1948, fazendo cerca de 100 mil vítimas fatais. Paralelamente, mais de 200 mil poloneses, em geral antigos resistentes, fugiam para os países ocidentais.

Naquela atmosfera, as eleições de janeiro de 1947 não foram "tão puras como a esposa de César", como desejara Roosevelt. O bloco comandado pelo Partido Operário Polonês (PPR), como se denominava o partido comunista no país, recebeu de fato algo como metade dos votos, mas as apurações lhe deram 80%. Em menos de dois anos, estabeleceu-se um sistema de partido único dirigido por Wladyslav Gomulka, o sátrapa de Moscou.

A implantação dos novos regimes foi acompanhada de reformas econômicas socialistas: nacionalização de indústrias, coletivização agrícola, restrições às pequenas empresas e atividades liberais, adesão "voluntária" a ampliações da jornada de trabalho. Os regimes comunistas logo limitaram os direitos de greve e organização sindical, criaram polícias políticas, implantaram a censura e engajaram-se no dirigismo cultural.

O anúncio do Plano Marshall provocou o enrijecimento do controle soviético. Quatro meses depois do discurso de George Marshall, Stalin decidiu recriar a Internacional Comunista, sob a nova denominação de Coordenação de Informação Comunista (Kominform). Não era uma internacional mundial, mas exclusivamente europeia. Na verdade, agrupava apenas os comunistas do Leste Europeu, mais os grandes partidos da França e da Itália. A sede inicial

Churchill e Tito na embaixada iugoslava, Londres, março de 1953. O general iugoslavo enviou claros sinais de independência em relação à Moscou apenas duas semanas após a morte de Stalin. Nos anos seguintes Tito se tornaria uma das estrelas do Movimento dos Países Não Alinhados.

era Belgrado, na Iugoslávia, e a primeira reunião serviu como palco para Tito atacar a política "conciliatória" conduzida pelos partidos francês e italiano.

O general Jdanov, designado sátrapa de Stalin no Kominform, formulou a diretriz geral da etapa que se abria com o Plano Marshall. Segundo essa linha de análise, o mundo estaria dividido em dois grupos, os democráticos, antifascistas e anti-imperialistas, liderados pela URSS, e os imperialistas, antidemocráticos, capitaneados pelos Estados Unidos. Em tal moldura, a neutralidade não era possível: cada país teria que se alinhar a uma das superpotências. O plano de reconstrução europeia não passava de uma expressão circunstancial do imperialismo americano.

Era a senha para os expurgos. Os comunistas que não se subordinassem estritamente às ordens do Kremlin passavam a ser rotulados como traidores —

peões do imperialismo americano, "trotskistas" ou as duas coisas juntas. Tito, o iugoslavo incendiário, seria a primeira vítima da nova ordem jdanovista.

Tudo começou no início de 1948, quando Tito e o búlgaro Dimitrov entabularam negociações para estabelecer um acordo geopolítico sobre os Bálcãs, sem nenhuma consulta a Moscou. Enfurecido, Stalin convocou os dois para uma reunião, com o objetivo de censurá-los publicamente e humilhá-los. Dimitrov recuou prudentemente, mas Tito retrucou, cioso de sua autonomia. Stalin, Molotov e Jdanov partiram para o ataque e ensaiaram acusar o iugoslavo de "trotskismo". Como o epíteto não teve efeito, o czar vermelho decidiu esmagar o impenitente. Em junho de 1948, na segunda reunião do Kominform, Tito foi classificado como espião imperialista e a Iugoslávia foi lançada fora do barco comunista.

Na sempre imprevisível, mutável linguagem do totalitarismo soviético, a palavra "titoísmo" transfigurou-se em um estigma definitivo. No anos seguintes, até a morte de Stalin, as sucessivas campanhas de expurgos nos partidos comunistas desvelaram milhares, dezenas de milhares de "titoístas". De imediato, porém, o cisma iugoslavo precipitou a decisão de Moscou de cortar pela raiz a crise que se desenhava na Alemanha ocupada.

## Inimigos cara a cara

A Berlim arrasada de 1945 não contava com mais de 2,5 milhões de habitantes (pouco mais de metade da população registrada nos censos anteriores à guerra), e seus sistemas de transporte, energia e saneamento haviam deixado de existir. O Exército Vermelho, única autoridade até a chegada das forças anglo-americanas, assegurou o abastecimento de víveres e organizou as primeiras equipes de trabalho para a limpeza e reconstrução. Ao mesmo tempo, ferozmente, as tropas praticaram milhares de estupros contra mulheres de todas as faixas etárias, em Berlim e em inúmeras outras cidades, deixando um rastro de 2 milhões de abortos e de incontáveis casos de doenças venéreas.

Os soviéticos trataram de retirar rapidamente tudo o que tinha valor produtivo nas áreas alemãs sob seu controle. Supervisionados pelo general Ivan Serov, um homicida que dedicou a vida às polícias políticas soviéticas, os soldados despacharam para a URSS 11,8 mil quilômetros de trilhos ferroviários, além de fábricas inteiras, com seu maquinário e seus equipamentos. Serov também cumpriu uma missão especial, organizando o Ministério para a Segurança do Estado (Stasi), o serviço de segurança fundamental para a imposição da nova ordem.

No dia 1º de maio de 1945, uma semana antes da rendição alemã, chegou a Berlim Walter Ulbricht. Militante de primeira hora do Partido Comunista Alemão (KPD), ele fugira do nazismo para a URSS, onde se aproximara dos altos círculos do Kremlin. Sua nova missão era reorganizar o KPD e trabalhar para criar um governo de coalizão controlado pelos comunistas. Nas palavras de Ulbricht, "deve parecer democrático, mas precisamos ter tudo nas mãos".[52]

O SPD, venerável partido dos social-democratas, ressurgiu logo depois, com parte de seus membros retornando de Londres e parte saindo dos campos de concentração nazistas. Prontamente, delinearam-se duas facções: os defensores de uma linha próxima ao Partido Trabalhista britânico, claramente antissoviéticos, e os seguidores de Otto Grotewohl, que propunha a unificação com os comunistas. Por decisão própria, Grotewohl fez a proposta ao KPD, mas a resposta só veio em outubro, depois das eleições na Áustria, nas quais os socialistas ficaram em segundo lugar e os comunistas obtiveram votação humilhante.

O recado austríaco orientou Ulbricht, que passou a trabalhar intensamente pela fusão, recorrendo sempre a pressões e intimidações. Todavia, a proposta foi rejeitada pela maioria do SPD no início de 1946, o que degenerou numa cisão. Em abril, a facção de Grotewohl uniu-se ao KPD para formar o Partido Socialista Unificado da Alemanha (SED), que na prática sempre foi controlado pelos stalinistas Ulbricht e Wilhelm Pieck. No outono, o SED triunfou em eleições para assembleias regionais na zona soviética, mas colheu menos de metade dos votos do SPD em Berlim. No leste da cidade, setor de ocupação soviético, acusações políticas, prisões arbitrárias e assassinatos, acompanhados de crescente censura, prepararam o cenário para a ascensão final do partido de Ulbricht.

---

52  TAYLOR, Frederick. *Muro de Berlim: um mundo dividido 1961-1989*. Rio de Janeiro, Record, 2009, p. 68.

As tensões entre as potências ocupantes eclodiram em meados de 1947, com o lançamento do Plano Marshall. Americanos e britânicos acreditavam que o poder econômico das zonas ocidentais, impulsionadas pelo programa de reconstrução, acabaria provocando a absorção da zona soviética. Stalin, contudo, não admitia a hipótese de sair da Alemanha e, pelo contrário, pretendia controlar toda Berlim. O francês Charles De Gaulle, por seu lado, não fazia segredo de sua preferência por uma Alemanha repartida definitivamente em quatro entidades políticas.

O impasse foi rompido pela decisão anglo-americana de reunificar as zonas ocidentais da Alemanha. O projeto, que deveria ser precedido por uma reforma monetária, preparava a aplicação do Plano Marshall no país ocupado. Apesar de alguma vacilação, a França, sem alternativas, aceitou se unir às duas potências e formar a "Trizona". A reação soviética, prevista pelo general Lucius Clay, seria o bloqueio do acesso ocidental a Berlim. De fato, nos primeiros meses de 1948, quando se avolumavam os boatos sobre a iminente reforma monetária, o jornal da Autoridade Militar Soviética na Alemanha publicou uma nota que não deixava margem a maiores especulações:

> *Uma ruptura monetária significaria que uma parte da Alemanha se tornaria irrevogavelmente uma potência estrangeira para a outra. Uma fronteira monetária com rigoroso controle teria que ser erigida [...]. Como a exploração de diferenças de câmbio por parte de especuladores deve ser evitada, as fronteiras seriam fechadas hermeticamente.*[53]

A decisão de aplicar a reforma que substituiria o depreciado Reichsmark pelo novo Deutsch Mark foi tomada após a reunião do Conselho de Controle Aliado, de março de 1948, quando os representantes soviéticos recusaram a formação de uma "Quadrizona" e se retiraram denunciando o plano para criar um governo alemão ocidental. O plano, na verdade, era aquele mesmo. Os governadores militares das três potências marcaram a data de 20 de junho para a realização da troca da moeda circulante, com o anúncio previsto para a sexta-feira, dia 18, após o expediente bancário. Todas as medidas seriam notificadas à autoridade soviética, o general Vassily Sokolovsky, por meio de cartas.

---

53  *Taegliche Rundschau*, 30 de maio de 1948. Harry S. Truman Library & Museum.

A resposta não se fez esperar. Sokolovsky anunciou que a reforma monetária não seria aplicada à zona soviética alemã ou a Berlim. Avisou que a posse da nova moeda seria considerada crime. Para evitar que ela entrasse na cidade, ficava proibida a circulação de carros, trens e veículos de carga provenientes das zonas ocidentais. Os governadores militares ocidentais contestaram o direito soviético de tomar decisões unilaterais referentes a Berlim, que continuava, em tese, a ser administrada pelo Conselho de Controle Aliado. Tentativas de encontrar uma solução negociada foram empreendidas no dia 22 de junho, sem sucesso.

Estabelecida a crise, o comando soviético decidiu avançar com a sua própria reforma monetária, em estudos havia alguns meses. A nova moeda, o marco oriental, começou a circular no dia 23 de junho na zona soviética. Dois dias depois, os ocidentais estabeleceram a Trizona na cidade, para implantar o Deutsche Mark. As vias de comunicação terrestre que ligavam as zonas ocidentais a Berlim já tinham sido fechadas. Começava o Bloqueio de Berlim. Diante da ruptura, era a hora das apostas e dos blefes.

O motivo para permanecer numa posição militarmente indefensável foi exposto pelo general Clay, em telegrama enviado a Washington uma semana antes. A antiga capital alemã se tornara muito mais que uma cidade:

> *Não há viabilidade em manter nossa posição em Berlim, mas isso não deve ser avaliado nessas bases. Estamos convencidos de que nossa permanência em Berlim é essencial para o nosso prestígio na Alemanha e na Europa. Para o bem ou para o mal, ela se tornou símbolo das intenções americanas.*[54]

Analisadas as opções de abastecimento da cidade, atravessar pelo ar foi considerado mais seguro que por terra. Os estrategistas imaginavam uma crise aguda, mas necessariamente breve, e não pretendiam causar uma confrontação bélica. Os primeiros voos começaram no 26 de junho de 1948, mas os últimos aviões pousaram apenas em outubro de 1949. Para a guerra de propaganda que a Guerra Fria alimentaria, a ponte aérea metaforizou a resistência da liberdade ao cerco da tirania, tornando-se o símbolo de uma Europa antissoviética.

---

54  GIANGRECO, D. M. & GRIFFIN, Robert E. *Airbridge to Berlin. The Berlin Crisis of 1948 — Its origins and aftermath*. Harry S. Truman Library & Museum, 1988.

Pequenos gestos que fazem história: preocupado com o moral das crianças berlinenses em uma época de tantas privações, o coronel Gail Halvorsen tomou a iniciativa de lançar doces pela janela de seu avião. O gesto foi muito bem recebido e logo outros pilotos começaram a fazer o mesmo, a imprensa noticiou e civis fizeram doações que permitiram ampliar a "operação" até o final do bloqueio. Os aviões bombardeiros envolvidos na ponte aérea foram chamados de *Candy Bomber.*

Logo, os berlinenses da Trizona tiveram que aprender a gostar de batatas desidratadas, leite em pó e comida enlatada. A brutal redução da energia elétrica e do gás fechou lojas e escritórios, provocando aumento imediato do desemprego. O sistema de transporte passou a funcionar em horários reduzidos. Para não perder a piada, os berlinenses diziam que ninguém se preocupasse com a chegada do Natal, pois logo os americanos estariam trazendo árvores desidratadas para todos. Aliás, os programas de humor da RIAS, a rádio americana em Berlim, tiveram uma audiência muito maior naqueles meses.

A experiência involuntária modificou a relação entre alemães e americanos, marcada pelos traumas recentes da guerra. Para os que viviam sob o temor de se tornar alvos de um novo conflito armado, a ponte aérea revelava que, de fato, os Estados Unidos os protegeriam. No sentido inverso, sob o ponto de vista dos protetores, os berlinenses transitavam da condição de nazistas para a de heróis da resistência ao comunismo.

Sob o bloqueio, em dezembro de 1948 realizaram-se eleições para a assembleia municipal da Trizona de Berlim. O SED recusou-se a participar, iniciando uma campanha de propaganda e ameaças mais ou menos veladas para desestimular o comparecimento dos eleitores. Seu mais forte argumento: os ocidentais estariam para suspender a ponte aérea e se retirar da cidade a qualquer momento, um boato favorecido pela redução do número de voos durante o final do outono em função das condições meteorológicas. Mas os berlinenses quiseram deixar claro que estavam dispostos a resistir, e a votação contou com ampla participação popular. Dessa vez, por razões óbvias, as autoridades soviéticas não puderam impedir a formação do novo governo, embora não lhe reconhecessem a legitimidade. O fato é que a cidade estava sendo efetivamente dividida.

No início de 1949, foi a vez de os orientais começarem a sentir os efeitos das reações ocidentais ao bloqueio, especialmente o corte do fornecimento de insumos industriais vitais para a zona soviética. Então, durante uma entrevista a um jornalista americano, Stalin sinalizou com a possibilidade de suspender o bloqueio se os ocidentais fizessem o mesmo simultaneamente. De modo sintomático, ele não tocou na questão monetária que, enfim, tinha sido o elemento detonador da crise.

Em abril, enquanto corriam negociações secretas entre Washington e Moscou, os Estados Unidos constituíram, com seus aliados da Europa Ocidental, a Organização do Tratado do Atlântico Norte (Otan). O item crucial da aliança militar estava na garantia explícita de proteção americana. A URSS tinha larga superioridade em forças convencionais no teatro europeu. Em tese, poderia ocupar Berlim Ocidental em algumas horas, dias no máximo. Mas os Estados Unidos ainda tinham o monopólio das armas atômicas. O compromisso da Otan equivalia a um blefe: se os blindados soviéticos avançassem além da linha de demarcação, Washington retrucaria com bombardeios nucleares. Truman apostou que Stalin não pagaria para ver.

Ganhou a aposta. Os tanques soviéticos não se moveram e a artilharia conservou-se muda diante do incessante tráfego de aviões que operavam na ponte aérea de Berlim. A primeira experiência de crise aguda na Guerra Fria ensinou as virtudes da prudência aos dois contendores. Finalmente, no início de maio, chegou-se a um acordo, anunciado em um comunicado dos Quatro Grandes: bloqueio e contrabloqueio seriam levantados no dia 12 de maio. A questão monetária permanecia sem solução. Por orientação de Clay, os voos prosseguiram até outubro, para garantir estoques altos para o caso de uma ressurgência da crise.

O acordo trazia implícita a bipartição do país ocupado. A URSS, conformada com a derrota tática, desistia de brigar por toda a Alemanha, engajando-se na consolidação do poder nas áreas que controlava efetivamente. Quando, em maio, os ocidentais aprovaram uma constituição provisória para o novo Estado alemão, a resposta soviética foi anunciar a criação de outro Estado, na zona oriental. Berlim Ocidental figuraria como enclave no território do Estado comunista.

A República Federal da Alemanha, estabelecida nos territórios da Trizona, teria sede na pequena cidade universitária de Bonn — com o que se queria dizer que era um Estado provisório. A Carta Fundamental de Bonn, como ficou batizada a constituição, estabelecia como objetivo número um a reunificação alemã. Os governadores militares deram lugar a um Alto Comissariado Aliado, que continuava a ter poder máximo sobre o novo Estado. Nos Estados Unidos, o governo da Alemanha saiu da alçada do Ministério do Exército e passou para o controle do Departamento de Estado. O general Clay fez sua última aparição pública em Berlim Ocidental no dia 15 de maio. Era uma despedida e a população tomou as ruas da cidade para homenageá-lo. Segundo Ernest Reuter, o novo prefeito, ele "entrou em Berlim como vencedor. Partiu como nosso amigo".[55]

As primeiras eleições parlamentares da República Federal da Alemanha, em agosto, deram maioria à coalizão liderada pela União Democrata-Cristã (CDU) e a chefia do gabinete a Konrad Adenauer. O SPD foi, isoladamente, o partido mais votado, recebendo 29% do total dos sufrágios. Os comunistas do KPD obtiveram menos de 6% dos votos. A divisão da Alemanha representou a bipartição de uma nação segundo as linhas do cisma histórico entre social-democratas e comunistas. A República Federal da Alemanha, fundada sob o princípio da pluralidade política, tinha no SPD seu maior partido. O KPD, pela vontade do povo, foi alijado para uma posição periférica na constelação partidária do novo Estado. Na zona soviética, com capital em Berlim Leste, constituiu-se em outubro a República Democrática Alemã, um Estado fundado sob o princípio do monopólio de poder político pelo SED.

---

55  GIANGRECO, D. M. & GRIFFIN, Robert E. *Airbridge to Berlin. The Berlin Crisis of 1948 — Its origins and aftermath*. Op. cit.

Os comunistas jamais foram majoritários na esquerda alemã. A República Democrática Alemã não poderia ter existido, ao lado da República Federal da Alemanha, sem a incorporação de uma importante corrente da social-democracia pelos comunistas. A Áustria, também submetida a um regime de ocupação pelos Quatro Grandes, teve destino diferente. Em 1955, após a assinatura do Tratado do Estado Austríaco, que definiu um estatuto de neutralidade para o país, a Áustria foi desocupada. O tratado impediu que ela aderisse ao bloco ocidental, mas não evitou que fosse governada pelos partidos democráticos. A divergência na trajetória dos dois países decorreu, essencialmente, da recusa dos social-democratas austríacos de se dissolver num partido controlado por Moscou. A partir de 1950, durante 16 anos, o governo austríaco repousou sobre a coalizão entre o Partido Socialista e os conservadores do Partido do Povo.

## Espasmos de liberdade

De repente, um curto-circuito. A URSS acordou no dia 5 de março de 1953 com a notícia da morte de Stalin. Enquanto manifestações de histeria tomavam conta do país, uma luta surda se desenrolava nos corredores do Kremlin. Quem seria o sucessor? Laurentiy Beria? Georgiy Malenkov? Viacheslav Molotov? Nikita Kruschev?

A crise interna combinava-se com o desafio externo de conservar o controle sobre os países do Leste Europeu, abalado pelo sucesso do Plano Marshall. Desde o bloqueio de Berlim, a corrente liderada por Kruschev acalentava a ideia de reformas econômicas para priorizar a produção de bens de consumo e alimentos, de modo a melhorar a vida das pessoas e reduzir a oposição ao modelo soviético. Mas o projeto não seria nem mesmo enunciado antes da morte de Stalin.

Na Alemanha Oriental, Ulbricht afligia-se com a fuga incessante de cidadãos de seu Estado para o lado ocidental e pedia apoio aos chefões de Moscou para adotar medidas rigorosas de repressão, se possível fechando as fronteiras internas em Berlim. A existência da República Democrática Alemã se tornou mais precária à medida que a economia da República Federal da Alemanha adquiria vitalidade e tomava forma o projeto do rearmamento alemão-ocidental.

A Otan abrangia a Alemanha Ocidental desde 1949, mas ainda permanecia de pé o interdito à constituição de um exército alemão. As coisas mudaram após a eclosão da Guerra da Coreia, em 1950, que reativou o temor do expansionismo soviético. Naqueles anos, entrou em pauta a questão do rearmamento alemão, desejado pelos Estados Unidos, mas temido pela França. A solução de compromisso foi a criação de um Exército Europeu controlado por um Ministério de Defesa Europeu. O arranjo propiciaria a existência de tropas alemãs em uniformes europeus. Em maio de 1952, foi assinado um tratado criando a Comunidade Europeia de Defesa (CED). A CED não vingaria, mas serviria para dissolver o dogma que impedia o rearmamento alemão.

A perspectiva de união militar da Europa ocidental alarmou Stalin, levando-o a propor um acordo de paz para a Alemanha, nos moldes do acordo que seria aplicado à Áustria: unificação, eleições livres e neutralidade. Mas a exigência de que uma comissão da ONU inspecionasse as condições políticas na Alemanha Oriental provocou o recuo do Kremlin, e a tentativa de acordo naufragou. Adenauer figurou como o principal opositor da ideia de reunificação. Ele simplesmente não acreditava nas intenções russas, defendendo a manutenção da divisão e o projeto de rearmamento. Sua inflexibilidade atrairia críticas inclementes até o fim da vida. Ele a justificou com o argumento de que sua maior preocupação era evitar a conclusão de um novo pacto germano-soviético.

Sem alternativa, Stalin dobrou-se à realidade e liberou Ulbricht para combater a fuga de cidadãos de Berlim Oriental. O exército e a Stasi iniciaram a fortificação da linha de fronteira que dividia a cidade, estabelecendo uma "terra de ninguém" de 5 quilômetros de largura. Na calada da noite, removeram-se os moradores dessa faixa de segurança. A operação, contudo, teve escasso sucesso e as fugas continuaram a aumentar. Na República Federal da Alemanha, a economia deslanchava e o consumo crescia; na República Democrática Alemã, o nível de vida na Alemanha Oriental permanecia inferior ao patamar de 1947, enquanto o governo apertava os parafusos da ditadura.

A morte de Stalin representou uma reviravolta. A ala reformista de Kruschev e Molotov assumiu o comando do Kremlin e um acabrunhado Ulbricht recebeu instruções que desautorizavam a escalada da repressão, sugeriam reformas econômicas e até mesmo insinuavam a concessão de algumas liberdades limitadas. Em Moscou, o próprio Beria, o temido chefe da polícia política, falou abertamente em abandonar a Alemanha, que não valeria os riscos e os custos. Contrariado, Ulbricht cedeu e sinalizou reformas, gerando expectativas que não se materializariam.

Se o Kremlin vacilava, o bloco de gelo do Leste Europeu exibia fissuras, e surgiam divisões internas antes impensáveis nos círculos dirigentes comunistas. A ambiguidade nos anúncios de reformas dava lugar a interpretações variadas, produzindo esperanças um tanto exageradas. Da cúpula à base, abriam-se perigosas rachaduras. Os operários, submetidos a condições econômicas cada vez mais difíceis e solicitados a contribuir "voluntariamente" com o socialismo por meio da extensão das jornadas de trabalho, retomaram o velho hábito dos protestos de rua. Em junho de 1953, manifestações públicas eclodiram na Tchecoslováquia e na Polônia. Berlim Oriental logo se converteu no núcleo dos protestos.

Confronto entre berlinenses orientais e forças soviéticas, em 19 de junho de 1953. As manifestações daquele ano nos países comunistas mostraram aos poderosos do Kremlin que seria impossível manter o mesmo grau de repressão política sem algum tipo de avanço econômico ou social. Para Walter Ulbricht, provaram que a única chance da Alemanha Oriental existir seria separando-se completamente da outra metade.

No 16 de junho, trabalhadores da construção civil da República Democrática Alemã convocaram uma paralisação geral para o dia seguinte. Os relatos testemunhais descrevem a cena como uma espécie de sonho, com as pessoas aderindo instantaneamente às manifestações, que se espalharam por mais de setecentas cidades e povoados. As reivindicações econômicas logo deram lugar a gritos por eleições livres e pela reunificação do país. Na sequência, pipocaram assaltos a prisões, resgates de prisioneiros e acertos de contas com os agentes da Stasi. Em Berlim Oriental, dois homens arrancaram a bandeira vermelha que tremulava na Porta de Brandemburgo e a rasgaram, para delírio da multidão.

Acuado, o SED solicitou apoio aos tanques soviéticos. À noite, Beria chegou à cidade para comandar pessoalmente a repressão. Cerca de 25 mil soldados soviéticos e centenas de tanques avançaram sobre as multidões, deixando um saldo de dezenas de mortos e centenas de feridos. Nas semanas seguintes, fizeram-se milhares de prisões. Sob o estado de emergência, o SED retomou sua política de "implantação do socialismo", enquanto Ulbricht reafirmava sua liderança interna e dizimava as lideranças comunistas que haviam ousado defender a flexibilização.

Kruschev consolidaria seu poder na URSS no vigésimo Congresso do PCUS, em 1956. O novo chefe do Kremlin deflagrou e esmagou reformas em quase todos os domínios soviéticos do Leste Europeu. Os sátrapas de Stalin perderam seus cargos na Tchecoslováquia, na Polônia, na Hungria e na Bulgária. Mas não Ulbricht: a República Democrática Alemã não podia — não devia! — se mover. Na noite de 12 de agosto de 1961, ele comandou em Berlim Oriental a "Operação Rosa". Exatamente à meia-noite, agentes do exército, da polícia e das forças de segurança, somados a um batalhão de operários, desenrolaram centenas de quilômetros de rolos de arame farpado, fechando 193 ruas, incluindo a maioria dos pontos de trânsito entre os setores oriental e ocidental da cidade. Ao mesmo tempo, túneis de metrô, pontes e linhas de trem foram fechados por paredes de tijolos. Às 6 horas da manhã, a barreira provisória estava erguida. Nas semanas seguintes, levantou-se o Muro de Berlim.

## Os direitos humanos e a humanidade universal

O delegado das Filipinas tomou a palavra para pedir que o texto não abrisse uma porta para justificações "culturais" da tortura. Um jovem paquistanês se levantou para denunciar o casamento de crianças. O representante da Polônia insistiu em acrescentar a frase "sob todas as formas" ao artigo proibindo a escravidão: ele pensava na escravidão de mulheres. O chinês Chang Peng-chun, dirigindo-se tanto ao canadense John P. Humphrey quanto ao libanês Charles Malik, solicitou atenção para o pluralismo: tanto quanto São Tomás de Aquino, era preciso consultar a tradição confucionista. Hernán Santa Cruz, do Chile, um homem de esquerda, empenhou-se em assegurar uma presença destacada para os direitos econômicos e sociais. O francês René Cassin, redator da versão principal, substituiu o termo "internacional" por "universal" — uma alteração filosófica de fundo.

A Declaração Universal dos Direitos Humanos da ONU é o marco de um novo paradigma na esfera do pensamento humano e do Direito Internacional. O texto foi aprovado dia 10 de dezembro de 1948, na terceira sessão da Assembleia Geral da ONU, em Paris, com representantes de 58 países. Na sala do teatro de Chaillot, Eleanor Roosevelt discursava, chamando a atenção para o momento histórico.

Viúva de Franklin Roosevelt e sua parceira política na obra da promoção dos direitos humanos, Eleanor foi a maior defensora da Declaração. Naquele momento, ela representava o lado moderno da sociedade americana, que escolhera uma mulher para chefiar a delegação responsável pela elaboração do documento. Ao mesmo tempo, essa sociedade moderna se via confrontada pelo Bloqueio de Berlim e percebia a guerra como um fato muito mais próximo que a paz universal. Nas décadas seguintes, a maior democracia do mundo iria se militarizar e tornar mais fluidas suas interpretações sobre os direitos humanos.

Desde 1946, o comitê trabalhava na elaboração da Declaração — e Eleanor comentara em mais de uma ocasião as dificuldades impostas pelos soviéticos, que adotavam como tática básica enviar representantes sem poder de decisão para os encontros de trabalho, alegando não poder votar o texto incompleto. Além disso, eles brigavam pelos direitos econômicos e sociais, mas não tinham interesse nos políticos, culturais e religiosos. Mais tarde, ela comentaria laconicamente: "E para quê, se a URSS se absteve de votar o documento final?"

Delegação americana na terceira sessão da Assembleia Geral das ONU, dia 22 de setembro de 1948, Palais de Chaillot, Paris. Da esquerda para a direita: Eleanor Roosevelt, John Foster Dulles, Warren Austin e George Marshall. A Declaração Universal dos Direitos Humanos trouxe a marca do idealismo americano para a política internacional.

Naquelas semanas em Paris, Eleanor sabia que a janela de oportunidade estava se fechando. A situação internacional caminhava para a bipolaridade explícita e as negociações se tornavam cada vez mais difíceis. Daí o empenho dos principais elaboradores e delegados em aprovar a Declaração ainda durante aquele encontro. Felizmente, o entusiasmo tomou conta da sala do teatro e os "sim" se multiplicaram, totalizando 48 votos a favor e oito abstenções — naturalmente, ninguém votou contra.

A URSS se absteve, de acordo com a Sra. Roosevelt, em oposição à liberdade de ir e vir — singularmente representada pela situação em Berlim. A Declaração afirma: "Todos têm o direito de mudar livremente de residência, inclusive para outro país. Todos têm o direito de sair de qualquer país, incluindo o seu, e retornar a esse país." Os soviéticos queriam: "Todos têm o direito de deixar qualquer país, incluindo o seu, e retornar a esse país de acordo com as leis desse país."[56] Na prática, significava só permitir o retorno de quem tivesse autorização para sair.

Com o avanço da Guerra Fria, a postura soviética perante os direitos humanos relacionados à liberdade foi rotulá-los de "burgueses". Eles eram enfáticos nas questões econômicas e sociais, ou seja, na defesa das necessidades básicas, mas nunca na liberdade de consciência e expressão, inclusive no campo religioso. A abstenção soviética foi acompanhada pela Polônia, Tchecoslováquia, Iugoslávia, Ucrânia e Belarus.

A África do Sul se absteve contra a igualdade dos homens, no momento em que o *apartheid* se oficializava como política de Estado. A Arábia Saudita declarou, em nome dos princípios islâmicos, não poder aprovar o direito de mudar de religião. Mas o Paquistão, também muçulmano, usou o mesmo Corão para declarar voto a favor, afirmando que a hipocrisia é considerada um erro pior. Na véspera da votação, Eleanor Roosevelt disse:

> *Ao dar a nossa aprovação para a declaração de hoje, é de primordial importância termos clareza sobre o caráter fundamental do documento. Não é um tratado, nem um acordo internacional. Não é e*

---

56 ROOSEVELT, Eleanor. "Making Human Rights Come Alive." Franklin and Eleanor Roosevelt Institute. Speech to the Second National Conference on Unesco, Cleveland, 1º de abril de 1949.

*não pretende ser uma declaração de princípios básicos do Direito ou uma obrigação legal. É uma declaração de princípios básicos dos direitos humanos e das liberdades, para ser carimbado com a aprovação da Assembleia Geral pelo voto formal de seus membros, e para servir como um ideal comum a ser atingido por todos os povos de todas as nações.[57]*

## A FORÇA E A LEI

O conceito de humanidade é uma construção do intelecto humano, desenvolvida ao longo de pelo menos dois milênios, na esteira do universalismo religioso que formatou tanto o cristianismo quanto o islamismo. Em ambos os casos, e no Islã em particular, pertencer à comunidade religiosa torna possível superar diferenças aparentes em nome de uma ética baseada na fraternidade espiritual. Muitos séculos depois, foi a vez de os iluministas trazerem para o campo da filosofia e do direito a reflexão sobre a natureza do ser humano e sobre a existência de direitos que lhe são intrínsecos, como a vida, a liberdade e a igualdade.

Ao admitir, sob o impacto de uma "era das revoluções", a existência de direitos inerentes à pessoa, evoluímos do conceito de súdito para o de cidadão, ou seja, de mero cumpridor de ordens a portador de direitos civis. O reconhecimento dessa nova condição ocorria no âmbito do Estado, instituição criada para ordenar a sociedade através das leis. De acordo com Thomas Hobbes, a criação do Estado refletia a passagem do direito natural, baseado na força, para o direito positivo, apoiado nas leis, as quais se efetivavam tanto pelo monopólio da violência quanto pela soberania do Estado sobre seu território e população.

Mantido esse pressuposto, mesmo com a passagem do Estado Absolutista para o Estado Nacional, os direitos civis dependiam do "contrato" po-

---

57 ROOSEVELT, Eleanor. "Adoption of the declaration of human rights", 9 de dezembro de 1948. Department of State. "Human Rights and Genocide: Selected Statements; United Nations Resolution Declarations and Conventions", 1949.

lítico entre governados e governos em cada país. Em outras palavras, para que o direito exista não basta que a multidão grite por ele nas ruas: é indispensável a sua judicialização. Ao mesmo tempo, nesse Estado hobbesiano, o Direito Internacional não reconhecia nenhuma força ou instrumento que pudesse imiscuir-se na relação entre os Estados e seus habitantes. O "contrato" circunscrevia-se ao espaço limitado pelas fronteiras nacionais.

As declarações de direitos emanadas das revoluções liberais tinham por alicerce a universalidade dos direitos naturais. Estavam em consonância com as ideias de Immanuel Kant, precursor na defesa de uma ordem jurídico-política fundada no pressuposto de uma humanidade comum a todos os seres humanos. Para o filósofo alemão, o traço mais relevante da condição humana é a dignidade, que não pode ser medida ou matizada, figurando como valor moral absoluto: um fim em si mesmo, não um meio ou uma ferramenta.

Na *Paz perpétua*, de 1795, Kant sugeria a criação de um *jus cosmopoliticum* que "diria respeito aos seres humanos e aos Estados em suas relações de interdependência como cidadãos de um Estado universal da humanidade".[58] O ponto revolucionário estava na defesa da dignidade humana como valor superior à soberania dos Estados. Por extensão, haveria que se criar um novo tipo de instituição com poder para interferir em qualquer território em nome desse bem comum.

Profeticamente, Kant afirmou que o passo de ruptura só ocorreria quando a violação da condição humana, em algum ponto da Terra, fosse sentida em todos os lugares como um problema de interesse geral. A trajetória da invenção dos direitos humanos tem seus marcos de memória: a luta abolicionista; a criação da Cruz Vermelha e a assinatura da Convenção de Genebra para regular as guerras; o surgimento da Liga das Nações, sob o impacto da Grande Guerra. A Liga das Nações iniciou o processo de judicialização dos direitos humanos na esfera do Direito Internacional. Um de seus principais frutos foi a criação da Organização Internacional do Trabalho (OIT), instituição que sobreviveu à Segunda Guerra Mundial e à dissolução da própria Liga.

---

58 LAFER, Celso. "Declaração universal dos direitos humanos (1948)." In: MAGNOLI, Demétrio (org.). *História da paz*. São Paulo, Contexto, 2008, p. 300.

Criada logo após a Primeira Guerra, a Organização Internacional do Trabalho tinha por objetivo promover a paz internacional por meio da justiça social. De certo modo, a OIT refletia a mobilização e luta dos trabalhadores por direitos desde o século XIX, mas também a crescente divergência entre "reformistas" e "revolucionários" uma vez que a instituição estava integrada à Liga das Nações controlada pelas grandes potências.

Pouco menos de trinta anos após o surgimento da Liga das Nações, o mundo despertava do pesadelo da Segunda Guerra Mundial assombrado pelos fantasmas de milhões de mortos, vítimas das máquinas e burocracias criadas por outros homens para gerar mais mortes. Muitas das vítimas não eram combatentes — simplesmente pertenciam à "raça", religião ou etnia marcada como "errada" pelos governantes de plantão. Hannah Arendt foi a primeira voz, naqueles tempos, a identificar o surgimento de um novo paradigma político, o Estado totalitário, e sua maior vítima, o apátrida.

Para Arendt, o Estado totalitário seria a resultante das experiências imperialistas e racistas do século XIX, somadas ao horror da "morte aleatória" nas trincheiras da guerra. O totalitarismo supervalorizava o poder humano tanto para criar como para destruir e acreditava compreender o movimento da história a ponto de dirigi-la. O cumprimento do destino histórico, interpretado pelo Líder, imporia a eliminação dos "indesejáveis", em um processo contínuo de mudanças de regras, de chefes, de nomenclaturas e padrões, dos quais resultava sempre um novo grupo de vítimas.

Embora os despossuídos de direitos tenham começado a se multiplicar após o final da Primeira Grande Guerra, como resultado da reorganização político-territorial da Europa centro-oriental, foi com a ascensão dos totalitarismos que o processo de cassação de direitos atingiu o ápice. Nas palavras da filósofa:

> *A desnacionalização tornou-se uma poderosa arma da política totalitária, e a incapacidade constitucional dos Estados-nações europeus de proteger os direitos humanos dos que haviam perdido os seus direitos nacionais permitiu aos governos opressores impor a sua escala de valores até mesmo sobre os países oponentes. [...] a incrível desgraça do número crescente de pessoas inocentes demonstrava na prática que eram certas as cínicas afirmações dos movimentos totalitários de que não existiam direitos humanos inalienáveis, enquanto as afirmações das democracias em contrário revelavam a hipocrisia e covardia ante a cruel majestade de um mundo novo. A própria expressão "direitos humanos" tornou-se para todos os interessados — vítimas, opressores e espectadores — uma prova de idealismo fútil ou de tonta e leviana hipocrisia.*[59]

Apátridas, indesejáveis ou minorias — todos estavam sujeitos à perda de direitos pela exclusão da tríade território-povo-nação, fundadora do Estado contemporâneo.

"Os *displaced people*, por conta da dissociação entre os direitos dos povos e os direitos humanos, acabaram destituídos dos benefícios do princípio da legalidade por falta de vínculo efetivo com qualquer ordem jurídica nacional. Tornaram-se indesejáveis *erga omnes* (em relação a todos) e desempossados da condição de sujeitos de direitos, privados de valia e, por isso, no limite, supérfluos e descartáveis."[60]

---

59  ARENDT, Hannah. *Origens do totalitarismo*. São Paulo, Companhia das Letras, 1990, p. 302.

60  LAFER, Celso. "Declaração universal dos direitos humanos (1948)." Op. cit., p. 302.

## De Hobbes a Kant

Confrontado com o extermínio de inocentes em larga escala, o governo dos Estados Unidos não negou sua tradição diplomática idealista ao fazer do resgate dos direitos humanos um dos principais objetivos da reorganização mundial do pós-guerra. Onze meses antes do ataque a Pearl Harbor, Roosevelt proferia o célebre discurso das "Quatro Liberdades" perante o Congresso, reafirmando a importância da liberdade para a felicidade humana e comprometendo-se com uma nova ordem internacional apoiada nas liberdades de expressão, de religião, de viver ao abrigo de necessidades e de viver sem medo.

Em agosto de 1941, na Conferência do Atlântico, o presidente fez desse um ponto fundamental na negociação de apoio à Grã-Bretanha — e Churchill, um crítico contundente das propostas de emancipação da Índia ou de qualquer coisa que ameaçasse o império de Sua Majestade, teve que se curvar à força moral da situação. Não era mais possível pronunciar uma defesa integral dos impérios coloniais se o que estava em jogo na Europa era exatamente isto — o direito de um povo subjugar outros. A partir de então, a ordem do pósguerra começou a ser pensada também em termos de descolonização, pois a universalidade dos direitos humanos não podia admitir a negação da autodeterminação dos povos. O tema foi incluído na Carta do Atlântico, embora com circunlóquios destinados a contemplar as sensibilidades britânicas:

> Em 14 de agosto de 1941, o presidente Roosevelt e o primeiro-ministro Churchill, como conclusão de sua conferência oceânica, fazem a seguinte declaração conjunta de "certos princípios comuns às políticas nacionais de seus respectivos países nos quais eles baseiam suas esperanças de um futuro melhor para o mundo".
>
> Primeiro, seus países não buscam o engrandecimento, territorial ou outro;
>
> Segundo, eles não desejam ver mudanças territoriais que não estejam de acordo com a livre expressão dos desejos dos povos interessados;

*Terceiro, eles respeitam o direito de todas as pessoas escolherem a forma de governo sob a qual desejam viver; e eles desejam ver os direitos soberanos e o autogoverno restaurados para os que foram privados pela força [...].*[61]

O primeiro fruto desse compromisso foi a Declaração das Nações Unidas contra o Eixo, de janeiro de 1942. O documento reafirmava o direito de todos os seres humanos às "Quatro Liberdades". Em abril de 1945, na Conferência de São Francisco que deu vida oficialmente à ONU, o tema dos direitos humanos foi claramente inserido por insistência dos países pequenos, sobretudo latino-americanos, que em fevereiro haviam se reunido na Cidade do México para uma conferência pan-americana na qual o tema tinha sido longamente debatido. Segundo a Carta da ONU, a comunidade internacional deixava de ser apenas a expressão dos Estados, para refletir, também, valores comuns a toda a humanidade. A Carta internacionalizava os direitos humanos procurando reduzir o poder discricionário dos governos sobre seus governados.

Na Alemanha, enquanto isso, era instituído o Tribunal de Nuremberg. O tribunal era uma "corte dos vencedores", sem dúvida, mas agia na moldura do devido processo legal. O lugar escolhido, Nuremberg, era o símbolo das leis do nazismo, ou seja, da violação codificada dos princípios de justiça. O Tribunal Militar Internacional, criado pelo Acordo de Londres, tinha competência para julgar crimes de guerra, crimes contra a paz e crimes contra a humanidade. Os dois últimos inovavam as práticas do Direito Internacional. Outra inovação foi a decisão de julgar indivíduos por violação às leis internacionais, uma vez que o Direito Internacional, tal como entendido até aquele momento, tinha como objeto apenas as relações entre os Estados. É um momento de ruptura de paradigmas:

*(...) transita-se de uma concepção "hobbesiana" de soberania, centrada no Estado, para uma concepção "kantiana" de soberania, centrada na cidadania universal. Cristaliza-se a ideia de que o*

---

61 ROOSEVELT, Franklin D. & CHURCHILL, Winston S. "Atlantic Charter", 14 de agosto de 1941. Yale Law School. The Avalon Project.

Tribunal de Nuremberg, novembro de 1945: a restauração da lei como último ato da guerra.

*indivíduo deve ter direitos protegidos na esfera internacional, na condição de sujeito de direitos.*[62]

## Uma utopia morta?

A janela de oportunidade para a afirmação do paradigma kantiano se abriu com a revelação de Auschwitz e fechou-se com a instalação da Guerra Fria. Aquilo que aconteceu em 1945 não seria possível apenas uns poucos anos mais tarde.

No pensamento de esquerda, sob o influxo do discurso soviético, as liberdades políticas passaram a ser descritas como "direitos burgueses": princípios "abstratos" que recobririam um sistema de opressão das maiorias. Em raciocínio análogo, o movimento terceiro-mundista começou a relativizar os direitos humanos sob o argumento de que eles seriam expressão dos valo-

---

62 PIOVESAN, Flávia. *Direitos humanos e justiça internacional: Um estudo comparativo dos sistemas regionais europeu, interamericano e africano.* São Paulo, Saraiva, 2006, p. 12.

res das antigas potências imperiais, carentes do direito moral de condenar os países do Terceiro Mundo por violações de direitos de seus cidadãos.

A Declaração de 1948 provavelmente não teria uma aprovação quase unânime meio século mais tarde. Com o fim da Guerra Fria, no início dos anos 1990, parecia que os direitos humanos finalmente triunfariam. O Muro de Berlim caiu no mesmo ano em que se começava a desmontar o regime do *apartheid* na África do Sul. Todavia, a realidade se mostrou mais complexa. A emergência da China reativou a condenação terceiro-mundista dos direitos humanos, que é uma contestação de sua universalidade. A maré montante do fundamentalismo religioso, especialmente no universo do Islã, gerou uma nova frente de rejeição do caráter universal dos direitos humanos. Na ONU, as duas frentes operam juntas, paralisando o Conselho de Direitos Humanos.

Os direitos humanos estão de volta ao campo da luta ideológica, ameaçados por argumentos de soberania nacional e tradições culturais. No fundo, a ofensiva mira a ideia de unidade da humanidade, alicerce geral da política proclamada no pós-guerra:

> *Hoje, os Estados evocam suas "circunstâncias nacionais" na ONU para não aplicar a Declaração de 1948. Em nome da resistência ao imperialismo, grupos tratam o universalismo como forma de neo-colonialismo. Para a luta contra a discriminação, surgem categorias, etnorraciais. Em nome da diversidade, cultua-se o que divide. Em nome da "autenticidade", retoma-se a ideia do outro como exótico, objeto de curiosidade, não como semelhante em potencial. Em nome da tolerância, toleramos os intolerantes. [...] a "guetização" cultural avança, enquanto as liberdades individuais recuam. Tomadas isoladamente, as concessões parecem esparsas e isoladas. Postas lado a lado, elas formam o quadro de uma renúncia massiva.[63]*

---

63 FOUREST, Caroline. *La dernière utopie — Menaces sur l'universalisme*. Paris, Bernard Grasset, 2009, pp. 8-9.

**CORTINA DE FERRO**

**1950-1959**

## "Eu sou um berlinense"

Bertrand Russell escolheu o *The Guardian*, uma publicação de inclinações social-democratas, para divulgar, em março de 1956, sua carta de protesto contra a prisão do engenheiro americano Morton Sobell, acusado de operar junto com Julius Rosenberg, transmitindo segredos nucleares para a URSS. Sobell era culpado, mas só sua tardia confissão, em 2008, aos 91 anos, desfez a teia de desconfiança que cercou o processo judicial. Na carta do *The Guardian*, o filósofo britânico apontou o clima de histeria anticomunista como causa da condenação e, não sem exagero, comparou o comportamento do FBI às "atrocidades" de tipo "familiar em outros Estados policiais como a Alemanha nazista e a Rússia de Stalin".[64]

O evento não teria consequências, exceto impulsionar a campanha de opinião em favor de Sobell, se Russell não ocupasse um posto honorífico no Congresso para a Liberdade da Cultura (CCF), uma organização internacional dedicada à denúncia da repressão à vida intelectual e artística na URSS e no bloco soviético. A carta provocou uma reação pública irada do comitê americano do CCF — e a resposta produziu amargas controvérsias, até a renúncia do filósofo a seu posto, algo que por certo não fez bem para a imagem da organização.

---

64 WILFORD, Hugh. *The CIA, the British left and the Cold War*. Londres, Frank Cass Publishers, 2003, p. 212.

O CCF contava com inúmeros intelectuais de alto prestígio. Tinha sido fundado em 1950, em Berlim Ocidental, no dia seguinte ao ataque norte-coreano à Coreia do Sul, numa conferência à qual atenderam figuras como Karl Jaspers, Raymond Aron, Ignazio Silone, Tennessee Williams, Benedetto Croce, Arthur Koestler, Jacques Maritain, John Dewey, além do próprio Russell. Quase certamente, nenhum deles conhecia um segredo muito bem guardado: a organização era financiada, indiretamente, pela CIA. Entre os integrantes do CCF, só quem conhecia o segredo era Michael Josselson, um americano de origem estoniana, dublê de intelectual e agente dos serviços de inteligência, que funcionou durante 16 anos como intermediário entre a CIA e os intelectuais.

Se Russell soubesse o que fazia Josselson, nem mesmo teria aparecido na conferência fundadora. E os demais, como agiriam? Aron aborda o tema delicado, na sua autobiografia:

*"(...) deveríamos ter sabido ou pelo menos adivinhado? À (...) pergunta, inclino-me a responder que nos faltou curiosidade, que múltiplos sinais deveriam ter-nos alertado. Mas o financiamento por tais fundações era plausível e, de qualquer maneira, quando participei de colóquios ou escrevi artigos (...), dizia ou escrevia o que pensava. Não fui remunerado pelo Congresso, que me deu a oportunidade de defender e elucidar ideias que, na época, careciam de defensores."*[65]

A CIA financiava o Congresso por meio da Fundação Ford (FF). A FF passara em 1947 à presidência de Henry Ford II e começara a operar como um tentáculo da política americana no cenário da Guerra Fria. Paul G. Hoffman, um dos arquitetos do Plano Marshall, saiu do governo em 1950 para assumir a direção da FF. Richard M. Bissell Jr., espião durante a guerra e administrador do Plano Marshall na Alemanha, também se incorporou à Fundação antes de ingressar na CIA. Em 1958, o comando da FF passou às mãos do ex-secretário-assistente da Guerra John McCloy, que já passara pela presidência do Banco Mundial e pelo conselho curador da Fundação Rockefeller. Aron e os outros tiveram, de fato, "múltiplos sinais" sobre a origem do dinheiro.

---

65  ARON, Raymond. *Memórias*. Rio de Janeiro, Nova Fronteira, 1986, p. 260.

Depois da *razzia* nazista, a defesa da liberdade de expressão tornou-se muito cara aos intelectuais europeus e a total censura soviética foi a causa da ruptura de alguns com os partidos de esquerda. Mas a que preço fariam suas denúncias?

*"Resta a segunda questão: teríamos tolerado o financiamento pela CIA se tivéssemos sabido?", pergunta-se, para responder: "Provavelmente não, embora essa recusa fosse, em última análise, irrazoável."*[66]

O seu argumento é que os intelectuais envolvidos com o CCF se expressavam livremente, produzindo revistas e colóquios de qualidade, e que a organização só podia agir por meio da camuflagem, "pela mentira por omissão". Claro: o financiamento público pelo governo americano provocaria escândalo, dispersando de imediato os intelectuais.

O escândalo estourou, no fim das contas, com a elucidação do segredo numa reportagem publicada pela revista americana *Ramparts*, em 1967. Então, a CIA se desligou do empreendimento e inúmeros participantes o abandonaram. O debate sobre a moralidade da intervenção do serviço secreto foi aquecido por um artigo de Thomas W. Braden, um dos agentes envolvidos na operação. Braden forneceu uma relação das organizações internacionais de advogados, pacifistas, sindicalistas, mulheres e jovens financiadas por Moscou, defendendo as decisões da CIA de estimular o CCF e outros movimentos

---

66  ARON, Raymond. *Memórias*. Op. cit., pp. 260-1.

anticomunistas. "A escolha entre inocência e poder envolve a mais difícil das decisões. Mas, quando um adversário ataca com suas armas disfarçadas como iniciativas para o bem, escolher a inocência é escolher a derrota."[67]

Aron aposta que ele e os outros não teriam tolerado o envolvimento da CIA, mas opina que tal recusa não era razoável. Braden lamenta a publicação do segredo — o que equivale a um reconhecimento paradoxal de que a "inocência" era uma exigência naquela luta pelo "poder". No fundo, os dois estavam dizendo coisas semelhantes. No Ocidente, ao contrário do que acontecia no bloco soviético, a conexão entre a esfera das ideias e o poder de Estado era interpretada como algo intolerável. Ela só poderia durar enquanto permanecesse oculta. A imprensa independente, um traço crucial da liberdade da cultura, cumpria seu dever ao expor o segredo — mesmo se essa exposição auxiliasse, circunstancialmente, a máquina de propaganda do poder totalitário.

Na hora da publicação da reportagem da *Ramparts*, alguns sugeriram um paralelismo entre o controle cultural exercido por Moscou e a intervenção da CIA nos domínios da cultura. Mas não existia simetria. O CCF era uma organização pluralista, ainda que definida pelo anticomunismo, reunindo intelectuais conservadores, social-democratas e esquerdistas em conflito com o stalinismo. No colóquio de Milão, em 1955, abriu-se uma polêmica sobre a economia planificada, que tinha seus defensores.

O totalitarismo soviético exigia obediência absoluta — ou seja, o monolitismo ideológico. O princípio da liberdade cultural, por outro lado, não admite nenhuma interdição à crítica. Nada ilustra melhor a contradição do que a trajetória da *Encounter*, um celebrado mensário cultural britânico financiado pelo CCF com a finalidade explícita de produzir um contraponto à *New Statesman*.

A *Encounter* publicou alguns dos melhores ensaios da época, assinados por figuras como Vladimir Nabokov, Isaiah Berlin, W. H. Auden, Jorge Luis Borges e Arnold Toynbee, mas absteve-se de criticar o macartismo e, em geral, a política externa americana. "Combinamos que todos os artigos sobre tópicos controversos deveriam ser submetidos a nosso exame antes de chegarem a qualquer um de fora", reclamou um administrador do CCF a um editor da revista que aceitara

---

67  BRADEN, Thomas W. "I'm glad the CIA is 'immoral'. " *The Saturday Evening Post*, 20 de maio de 1967.

um texto crítico à política chinesa de Washington.[68] A publicação, como o CCF, começou a morrer quando se evidenciou que existia um território interditado.

Josselson mobilizou um símbolo poderoso, ao escolher Berlim como cenário para a fundação do CCF. A cidade, oficialmente dividida entre as duas Alemanhas apenas meses antes, era uma fronteira geopolítica e o signo de visões de mundo inconciliáveis. O Ocidente do pós-guerra foi erguido, a partir de Berlim Ocidental, como uma ponte entre a Europa e os Estados Unidos. Menos de dois anos após o início da construção do Muro de Berlim, o presidente John Kennedy proferiu, em discurso perante uma multidão reunida na cidade, a frase que sintetizava a unidade ocidental: *"Ich bin ein Berliner"*, "Eu sou um berlinense".[69]

# O plano que confundiu Stalin

Churchill o classificou como "o menos sórdido ato na História".[70] Nikolai Novikov, embaixador soviético em Washington, definiu suas intenções declaradas como "propaganda demagógica oficial servindo como cortina de fumaça" para disfarçar a "formação de um bloco europeu ocidental como instrumento da política americana".[71] Os dois estavam certos. O Plano Marshall conferiu dentes à Doutrina Truman, funcionando como a ferramenta principal da "contenção" da URSS recomendada no telegrama de Mr. X. Ao mesmo tempo, sua aplicação respeitou a soberania interna dos países beneficiários, pois os planejadores de Washington estavam convencidos de que os eleitores responderiam à reconstrução econômica pela rejeição dos partidos comunistas.

A proposta anunciada por Marshall era, ao menos na letra, extensiva a todas as nações europeias, inclusive à URSS. O governo Truman tinha como

---

68  SAUNDERS, Frances Stonor. "How the CIA plotted against us." *New Statesmen*, 12 de julho de 1999.

69  KENNEDY, John. "Ich bin ein Berliner", 26 de junho de 1963.

70  GROSE, Peter. "The Marshall Plan — Then and now." Foreign Affairs, vol. 76, n. 3, maio/junho 1997, p. 159.

71  GADDIS, John Lewis. *We now know — Rethinking Cold War history*. Oxford, Clarendon Press, 1997, p. 41.

certo que Moscou a recusaria, mas Stalin vacilou antes de decidir. O ditador, embalado nas ilusões de um marxismo esquemático, imaginava que a oferta se destinava a prevenir uma crise econômica interna derivada do fim dos gastos de guerra — e despachou Molotov, à frente de uma delegação de economistas, para a conferência sobre o plano em Paris.

Nesse meio-tempo, a espionagem soviética o informou de que os americanos pretendiam financiar a reconstrução alemã, reintegrar a Alemanha à Europa Ocidental e cortar as transferências de maquinário e equipamentos das zonas ocidentais de ocupação para a URSS. Então, fez meia-volta e anunciou a rejeição soviética. Enquanto Stalin oscilava, a Tchecoslováquia e a Polônia se preparavam para aderir. Quando veio a contraordem, os poloneses obedeceram de imediato, mas o governo de coalizão tchecoslovaco se dividiu e seu chanceler foi chamado ao Kremlin. No fim, Praga cedeu. "Eu fui a Moscou como ministro do Exterior de um Estado soberano e independente. Retornei como um lacaio do governo soviético", registrou um amargurado Jan Masaryk.[72]

Os efeitos econômicos do Plano Marshall são objeto de vivas controvérsias. Aquela meia década assistiu ao relançamento da indústria e do consumo em todas as nações da Europa Ocidental, e poucos duvidam de que as engrenagens financeiras do grandioso esquema de Bretton Woods só foram destravadas pelo influxo de dólares iniciado em 1948. Contudo, o início da recuperação econômica precedeu a chegada dos financiamentos americanos — e a corrente de economistas liberais da Escola Austríaca sustenta a ideia de que o ciclo de expansão foi prejudicado pelos programas estatais de investimentos engendrados no bojo do Plano Marshall.

Ludwig von Mises argumentou, num ensaio de 1951, que "o pior método para combater o comunismo é o do Plano Marshall", pois "os subsídios americanos propiciam aos governos ocultar parcialmente os desastrosos efeitos das várias medidas socialistas que adotam".[73] Na Alemanha Ocidental, inspirado pelos conselhos de Wilhelm Ropke, o ministro da Economia Ludwig Erhard

---

72  GADDIS, John Lewis. *We now know — Rethinking Cold War history.* Op. cit., p. 42.

73  MISES, Ludwig von. "Profit and loss." Ludwig von Mises Institute, 7 de outubro de 2006.

concentrou-se na supressão da herança nazista de comando central, estimulando a livre concorrência. Um dos arquitetos da "economia social de mercado", mas também um crítico da extensão das redes de proteção social, Ropke foi celebrado pela veloz retomada da economia alemã.

As críticas liberais tinham como alvo os conceitos de planejamento e integração que estavam na base da proposta americana. O discurso de Marshall não continha números ou compromissos financeiros concretos. Os governos europeus eram chamados a apresentar programas de investimentos e, mais do que isso, a organizar as solicitações de empréstimos em conferências interestatais, de modo a superar as antigas rivalidades nacionais. Jean Monnet, que nessa época começava a erguer o arcabouço da Comunidade Europeia, enxergou na proposição americana as sementes do projeto de integração.

Mises e Ropke olhavam para os objetos próximos do cenário econômico, perdendo o foco da paisagem mais ampla da geopolítica. O sistema de Bretton Woods mais o Plano Marshall serviram a objetivos estratégicos globais. Na condição de administradores de uma "moeda do mundo" que era o dólar, os Estados Unidos tinham o privilégio de financiar déficits em sua própria moeda nacional. Desse modo, Washington praticamente não enfrentava limitações ligadas ao equilíbrio de sua conta corrente, podendo gastar livremente na busca de objetivos políticos de interesse nacional.

A reconstrução da Europa Ocidental e do Japão foi o principal objetivo, definido no quadro conceitual da doutrina de contenção da URSS. A decisão de persegui-lo moldou uma política de abertura do mercado interno aos produtos japoneses e europeus. Na Europa, em 1949, por insistência de Washington, os governos promoveram depreciações competitivas de suas moedas. A rodada de desvalorizações, iniciada pelos britânicos, se deu em meio ao Plano Marshall e no ano da criação da Otan. A partir daí, durante quase uma década, a conta-corrente dos Estados Unidos passou a exibir déficits de cerca de 1,5 bilhão de dólares ao ano, resultado das transações em seviços e dos fluxos de investimentos no estrangeiro.

Hegemonia benevolente, como alguns classificaram. Seja isso ou não, a contrapartida da expansão econômica dos aliados da Guerra Fria foi a consolidação de Wall Street como mercado de capitais americano de alcance global. Os fundos do FMI não eram, nem de longe, suficientes para financiar o crescimento das economias de mercado. Em compensação, os financiamentos privados empurravam as rodas da indústria e realimentavam um comércio internacional liberto do espectro das "guerras comerciais" da Grande Depressão.

## As armas da contenção

"Nossa política não está dirigida contra algum país ou doutrina, mas contra a fome, a pobreza, o desespero e o caos." A célebre sentença do discurso de Marshall em Harvard tinha continuidade na passagem imediatamente seguinte: "Seu propósito deve ser a restauração de uma economia viável no mundo, de modo a permitir a emergência de condições políticas e sociais nas quais as instituições livres possam existir."[74]

No rigoroso inverno de 1947, as perspectivas imediatas das economias europeias não poderiam ser piores. O Plano Marshall representou um reconhecimento do fracasso da abordagem de Bretton Woods: não bastava estabelecer as regras do jogo; era indispensável mover as próprias peças. O reconhecimento, contudo, não viria sem o concurso de uma ameaça geopolítica iminente. No discurso de Truman, em março, os congressistas só aplaudiram com vigor o trecho no qual o presidente assegurava que gregos e turcos honrariam o pagamento dos empréstimos que não ultrapassassem 400 milhões de dólares. Os financiamentos anunciados por Marshall três meses depois não continham cifras, mas todos sabiam que eram incomparavelmente maiores.

Kennan identificou de imediato, no Plano Marshall, uma ferramenta crucial para a estratégia da contenção da URSS. Em 1947, ninguém imaginava que blindados soviéticos avançariam sobre Paris ou Roma, mas os planejadores americanos temiam a hipótese muito mais realista de ascensão ao poder dos partidos comunistas francês e italiano. Um ano mais tarde, a hipótese do avanço de tanques soviéticos sobre Berlim Ocidental assumia a forma de um risco real e imediato. Então, o arsenal da contenção ampliou-se e diversificou-se: o Plano Marshall ganhou a companhia da Otan.

---

74 MARSHALL, George C. "The Harvard Adress." Foreign Affairs, vol. 76, n. 3, maio/junho 1997, p. 161.

Na França, os efeitos da reconstrução econômica se refletiram diretamente nos resultados eleitorais. O Partido Comunista declinou de 28% dos votos em 1946 para 26% em 1951, 25% em 1956 e 19% em 1958. Na Itália, a estabilização política começou com a propaganda do Plano Marshall. A DC saltou de 35% dos votos em 1946 para 48% em 1948, batendo os partidos de esquerda unidos na Frente Popular, que ficou com 31% dos sufrágios. Semanas antes do pleito, Marshall declarara publicamente que o hipotético triunfo de um partido hostil a seu programa levaria Washington a concluir que a Itália escolhera não receber os financiamentos.

A Frente Popular italiana refletia o ambiente político do imediato pós-guerra. Nas eleições seguintes, realizadas em 1953, sob o influxo da recons-

Manifestação sindical na França, em 1946. As duras condições de vida do pós-guerra deram força ao movimento sindical e aos partidos de esquerda evidenciando a urgência de se adotar um novo paradigma sobre o papel do Estado nas sociedades democráticas capaz de restabelecer a coesão social.

trução econômica, a Frente Popular estava desfeita. A DC declinou para 40% dos votos, mas formou uma maioria parlamentar com uma ala dos socialistas. Os comunistas, com 23% dos votos, já não tinham como almejar o poder. Na Europa Ocidental, a cisão histórica entre social-democratas e comunistas completou-se nos anos do Plano Marshall.

Ocidente significou, desde a Idade Média, a civilização cristã europeia, por oposição ao mundo do Islã. Bem mais tarde, passou a significar o conjunto de valores assentados sobre as Luzes. Contudo, na acepção estritamente política contemporânea, Ocidente é uma criação do pós-guerra — uma invenção da Guerra Fria. A sua modelagem envolveu a construção de uma ponte transatlântica conectando os Estados Unidos à Europa Ocidental. Todo o projeto dependia de uma reorientação da social-democracia europeia.

Os social-democratas separaram-se dos comunistas na hora da Revolução Russa, mas permaneceram arredios, quando não abertamente hostis, aos Estados Unidos. Os partidos da Segunda Internacional, indispensáveis para a estabilidade política em tantos países europeus, enxergavam a si mesmos como um polo equidistante dos extremos representados por Washington e Moscou. Ainda em fevereiro de 1946, o trabalhista Ernest Bevin, ministro do Exterior de Attlee, descreveu a Grã-Bretanha como o "último bastião da social-democracia... contra os dentes vermelhos e as garras do capitalismo americano e a ditadura comunista da Rússia Soviética".[75] Pouco mais tarde, o mesmo Bevin juntou-se aos principais arautos do Plano Marshall, saudou a fundação da Otan e defendeu o envolvimento britânico na Guerra da Coreia.

A Europa se recuperaria mesmo sem os financiamentos americanos. Contudo, na falta deles, a primeira etapa da reconstrução exigiria uma redução generalizada dos salários reais. Uma onda de greves varria a França no segundo semestre de 1947. Os sindicatos ligados aos comunistas também promoviam vastas mobilizações na Itália. O Plano Marshall lubrificou as economias europeias, propiciando uma transição suave e isolando o sindicalismo radical.

Na condução do Plano Marshall, os estrategistas americanos não tinham preferência por parcerias com governos conservadores. Na verdade, os mais

---

75 REYNOLDS, David. "The european response — Primacy of politics." Foreign Affairs, vol. 76, n. 3, maio/junho 1997, p. 172.

argutos visualizavam nos social-democratas os melhores parceiros. Eles eram ideologicamente receptivos aos conceitos de planejamento e cooperação. Mais importante ainda, representavam a esquerda democrática e dividiam com os comunistas a influência sobre os sindicatos. Nos anos 1950, além de Attlee e Bevin, líderes social-democratas como o belga Paul-Henri Spaak, o francês Guy Mollet, o holandês Willem Drees e o norueguês Einar Gerhardsen cimentaram a ponte transatlântica entre a Europa e os Estados Unidos.

A reconstrução europeia assinalou uma segunda era de ouro da social-democracia. Sob o influxo das lutas sindicais, a expansão econômica propiciou o crescimento dos salários e a edificação de sistemas abrangentes do Welfare State. Na Alemanha Ocidental, a "economia social de mercado" apoiou-se em teias intrincadas de acordos entre as grandes empresas, as organizações sindicais e o Estado. Dissolvia-se o paradigma liberal dominante até os anos 1920, mas rejeitava-se igualmente o modelo de capitalismo de Estado fomentado pelos regimes autoritários dos anos 1930. De certo modo, a evolução do capitalismo europeu confirmava a antevisão de John M. Keynes, que avançara a ideia do "fim do *laissez-faire*" numa conferência em Oxford, em 1924.

Naquela conferência, Keynes registrara a "tendência da grande empresa de socializar a si mesma". Em suas palavras, "chega-se a um ponto, no crescimento das grandes instituições [...], no qual os proprietários do capital — ou seja, os acionistas — estão inteiramente dissociados da administração, com o resultado de que seu interesse particular de gerar um lucro vultoso se torna bastante secundário". Nesse estágio, "a estabilidade geral e a reputação da instituição" transformam-se em metas principais. A administração fará o possível, incluindo reduzir as margens de lucro, para "evitar a crítica do público e dos consumidores", especialmente no caso de corporações que se beneficiam de uma posição de monopólio ou quase monopólio.[76]

A tendência apontada por Keynes desenvolveu-se na sua plenitude no pós-guerra, na Europa Ocidental e também nos Estados Unidos. A lógica do Welfare State, a força política da social-democracia e o peso dos sindicatos modelaram um cenário mais complexo que o vigente no período anterior. As grandes empresas tinham que se adaptar ao relevo da nova

---

76  KEYNES, John M. *The end of laissez-faire*. Londres, Hogarth Press, 1926.

paisagem, subordinando o cálculo frio do lucro a uma série de condicionamentos de ordem política.

Partindo de um ângulo distinto, Joseph Schumpeter chegou a conclusões paralelas às de Keynes. Em seu *Capitalismo, socialismo e democracia*, publicado em 1942, o mais original dos economistas conservadores enxergou a consolidação das grandes corporações como sinal do declínio irreversível do capitalismo, que acabaria vitimado pelas consequências de seu próprio sucesso econômico. Os mecanismos da inovação tecnológica dependeriam cada vez menos da ação do empreendedor individual, incorporando-se às engrenagens coletivas das corporações empresariais. O poder financeiro corporativo, principalmente das empresas situadas em posições monopolísticas, geraria uma poderosa dinâmica de inovações, que reforçaria os cenários de monopólio e marginalizaria as empresas menores e os empreendedores clássicos. Tal concentração de poder econômico provocaria, como reação, a exigência política da socialização das grandes corporações.

A análise de Schumpeter entrelaçava variáveis econômicas e políticas. O empreendedor clássico, com seu brilho e suas realizações, galvanizava o apoio público para o capitalismo. O esmagamento dessa figura, sob o peso das corporações, tendia a destruir a base política do capitalismo. A tendência rumo à socialização operava no horizonte histórico de longo prazo e apresentava-se sob formas diversas nos distintos países. Contudo, de modo geral, o capitalismo das grandes corporações seria submetido a uma hostilidade pública cada vez maior, codificada por meio dos textos e da palavra dos intelectuais. Eventualmente, através de processos pacíficos, graduais e democráticos, o socialismo tomaria o lugar do capitalismo.

O movimento sindical ocupava um lugar derivado, mas não secundário, na análise schumpeteriana. Caberia aos intelectuais o papel de arautos da crítica a um capitalismo sem defensores. Mas os intelectuais invadiriam a arena do sindicalismo, radicalizando as lutas dos trabalhadores para além de objetivos meramente econômicos. Lenin previra que o "imperialismo" constituiria o estágio derradeiro do capitalismo. Schumpeter contestava o líder bolchevique afirmando que o estágio final seria o "trabalhismo": o predomínio das organizações sindicais na vida política, provocando a transferência dos postos de comando da economia para instituições públicas.

A Europa Ocidental do pós-guerra descortinou uma realidade que parecia confirmar os prognósticos de Schumpeter. Na moldura da Guerra Fria, fechava-se a janela de oportunidade para revoluções socialistas conduzidas pelos partidos comunistas. Em compensação, o fortalecimento da social-democracia e das centrais sindicais conferia verossimilhança à ideia de uma longa, basicamente indolor, transição para sistemas econômicos de tipo socialista.

## O Ocidente, de Berlim a Tóquio

Mao Tsé-tung tomou Pequim em janeiro de 1949, durante a crise do Bloqueio de Berlim, e proclamou a República Popular da China em outubro. Pouco antes da queda da capital, Chiang Kai-shek transferiu seu governo para Taipé, na ilha de Taiwan, que declararia a sede do poder chinês legítimo. Os Estados Unidos, envolvidos com a tensa confrontação na Europa, nada fizeram para evitar o desenlace da Revolução Chinesa, mas protegeram a retirada do governo nacionalista, reconheceram o regime de Taipé e deram garantias de que assegurariam a autonomia de Taiwan.

A Doutrina Truman era, originalmente, um compromisso com os "povos livres" da Europa. O triunfo de Mao Tsé-tung evidenciou uma encruzilhada estratégica. Como Washington responderia à extensão da influência soviética na Ásia Oriental?

Uma parte da resposta já fora dada, no Japão. Stalin declarara guerra ao Japão, no início de 1945, com o propósito de assegurar à URSS uma zona de ocupação na ilha setentrional de Hokkaido. Truman, contudo, se opusera a isso na Conferência de Potsdam, excluindo os soviéticos da ocupação de qualquer parte do núcleo territorial japonês. Na repartição final, os Estados Unidos foram designados ocupantes das quatro ilhas principais, do sul da Coreia, de Okinawa e outros arquipélagos, além das possessões japonesas na Micronésia. À China couberam as ilhas de Taiwan e Pescadores. A URSS ficou com o estatuto de ocupante do norte da Coreia e adquiriu o controle sobre o sul da ilha Sakhalina e sobre o arquipélago das Kurilas. O Japão, destituído de seu império, seria inscrito na esfera de influência americana.

Truman aprovou a política americana para o Japão no início de setembro de 1945, adotando recomendações formuladas pelo Departamento de Estado meses antes. A ocupação teria os objetivos de impedir que o Japão voltasse a representar uma ameaça para a paz e de integrar o país "num sistema econômico mundial". Para isso, o país seria desarmado e o regime de ocupação fortaleceria as "tendências democráticas" e os "elementos políticos liberais", até a emergência de "um governo liberal com o qual as Nações Unidas possam se relacionar".[77]

A conversão do Japão começou com a renúncia pública do imperador Hirohito de sua condição divina, a contrapartida exigida por Washington para que ele retivesse o trono. No dia 17 de setembro de 1945, o general Douglas MacArthur, comandante do governo de ocupação, encontrou-se com o imperador no quartel-general aliado em Tóquio. Na fotografia divulgada, MacArthur trajava seu uniforme militar costumeiro, sem gravata. A imagem, bem como o lugar da reunião formavam uma nítida mensagem sobre as fontes verdadeiras do novo poder no Japão. Em troca da cooperação com Washington, Hirohito e seus familiares foram excluídos de processos por crimes de guerra e crimes contra a humanidade.

O QG de MacArthur entregou à Dieta (Parlamento) um esboço completo de Constituição, inspirado na Declaração de Direitos dos Estados Unidos e nos textos constitucionais de países da Europa Ocidental. A Constituição, aprovada em 1946, seguia fielmente o modelo. O Shinto perdia o estatuto de religião de Estado. O célebre Artigo 9 proibia a guerra. O imperador deixava de ter funções políticas, transformando-se apenas em símbolo da unidade nacional. Criava-se um sistema parlamentar de tipo europeu. Permitia-se o estabelecimento de sindicatos e centrais sindicais. No dia 10 de abril de 1947, as mulheres exerceram pela primeira vez o direito de voto no Japão.

O Japão, contudo, era visto pelos Estados Unidos como uma singularidade, não como elemento de uma linha de demarcação geopolítica na Ásia Oriental. As coisas mudaram de figura com a deflagração da guerra na península coreana, um evento que não foi almejado nem por Washington nem por Moscou.

---

77 U. S. Department of State. U. S. Initial Post-Surrender Policy for Japan. U. S. National Archives & Records Administration, 12 de abril de 1945.

General Douglas MacArthur e o imperador Hiroito, dia 17 de setembro de 1945. O vencedor impunha sua visão de mundo e transformava o sagrado imperador japonês em um homem comum.

John Lewis Gaddis registra, com razão, que a Coreia ilustra uma característica dos impérios: a "facilidade com que as periferias podem manipular os centros."[78] Os soviéticos retiraram suas forças da Coreia do Norte em 1948, entregando o poder ao regime comunista de Kim Il-sung. Os americanos fizeram sua retirada meses depois, em 1949, deixando atrás de si o governo do nacionalista Syngman Rhee, que fora eleito mas logo implantou uma ditadura anticomunista. A Coreia permanecia dividida por força de circunstâncias locais, mas as grandes potências não pareciam inclinadas a reproduzir na península o confronto que se desenrolava na Alemanha — e alertaram várias vezes

---

78 GADDIS, John Lewis. *We now know — Rethinking Cold War history.* Op. cit., p. 70.

seus protegidos coreanos contra tentativas de romper o *status quo*. Até que, no início de 1950, Stalin deu o sinal verde para a ofensiva norte-coreana sobre o paralelo 38.

Aparentemente, o líder soviético deixou a cautela de lado por uma conjunção de motivos oportunistas. A URSS perdera a aposta na Alemanha e, com o surgimento da Otan, fechavam-se as portas para aventuras na Europa. O triunfo de Mao Tsé-tung evidenciava as possibilidades abertas no Oriente, naqueles anos de início da reconstrução japonesa. Ao mesmo tempo, um tratado sino-soviético determinava a devolução da Manchúria para os chineses em 1952, o que deixaria a URSS sem o controle de portos estratégicos naquele teatro. Finalmente, numa entrevista à imprensa, o secretário de Estado Dean Acheson enviara mensagens involuntariamente ambíguas sobre a estratégia de Washington para a Ásia, excluindo Taiwan e a Coreia do Sul do "perímetro defensivo" americano.

O cálculo de Stalin estava equivocado quando ele prometeu apoio político, material e logístico para a ofensiva de Kim Il-sung. O desembarque das forças das Nações Unidas, sob comando americano, representou uma retificação prática das declarações oscilantes de Acheson. Daquele momento em diante, Japão, Taiwan e Coreia do Sul passariam a fazer parte de um "perímetro defensivo" no Extremo Oriente tão intocável quanto o perímetro definido pela Otan na Europa.

A Guerra da Coreia globalizou a Guerra Fria. Durante o conflito, os Estados Unidos assinaram tratados militares bilaterais com o Japão e as Filipinas, além do Pacto Anzus, com Austrália e Nova Zelândia. A ocupação americana do Japão foi encerrada em 1952. Em 1954, meses depois do armistício na Coreia, Washington e Tóquio firmaram um tratado pelo qual o Japão foi colocado sob um "guarda-chuva" nuclear americano. Pouco depois, como decorrência do Acordo de Genebra, que determinou a retirada da França da Indochina, os Estados Unidos impulsionaram o Tratado do Sudeste Asiático, expandindo seu sistema de alianças para o Vietnã do Sul, a Tailândia e o Paquistão. No ano seguinte, reagindo à aproximação entre Egito e URSS, Washington estimulou a Grã-Bretanha a firmar o Pacto de Bagdá, com Iraque, Irã, Turquia e Paquistão.

O surgimento de uma "cortina de bambu", como ficaria conhecida a réplica asiática da Cortina de Ferro, gerou uma nova, esparramada, teia de compromissos geopolíticos e militares americanos. O Ocidente estendeu-se para o

Soldados americanos avançam para Seul em outubro de 1950. Depois da Guerra da Coreia, o Ocidente não era mais um lugar, era uma ideia.

Oriente, incorporando países com tradições políticas e culturais distintas, radicalmente diferentes do arcabouço de ideias que conectam os Estados Unidos à Europa Ocidental. Inúmeras alianças firmadas naquele período ruíram sob o impacto de guerras e revoluções. Mas nem tudo era tão artificial como apontaram os críticos. O Japão, em primeiro lugar, a Coreia do Sul e Taiwan, mais tarde, acabaram erguendo sólidas instituições democráticas de tipo ocidental.

Na Europa, a Guerra Fria resultou de um confronto organizado em torno de temas estratégicos, ligados ao equilíbrio de poder e à natureza dos regimes políticos nacionais. Na Ásia, a Guerra Fria emergiu de uma cadeia de eventos que escapou ao controle das grandes potências, na China e depois na Coreia. Mao Tsé-tung surpreendeu Stalin ao instalar-se na Cidade Proibida, tomando o lugar que cabia a Chiang Kai-shek. Kim Il-sung surpreendeu Truman, impondo uma guerra inesperada e forçando os Estados Unidos a reordenar todas as peças do xadrez geopolítico asiático. Em meio à desordem resultante, quase como fruto do acaso, começaram a se desenhar os contornos de um Ocidente mundial.

# Jean Monnet e Charles De Gaulle

Os britânicos relutaram em confirmar a notícia, mas os franceses a ofereceram ao público, ainda que sem mais detalhes. No início de fevereiro de 2009, os submarinos *HMS Vanguard* e *Le Triomphant* colidiram em águas profundas do oceano Atlântico. Aparentemente, deslocavam-se em velocidades muito baixas, o que evitou uma tragédia: as duas embarcações, movidas a reatores nucleares, transportavam mísseis com ogivas nucleares. O acidente evidenciou, além de falhas nos equipamentos de sonar, a circunstância curiosa de que Grã-Bretanha e França, aliados na Otan e parceiros na União Europeia, não intercambiam informações sobre a localização de suas naves militares equipadas com armas de destruição em massa. As raízes da desconfiança estão fincadas nas visões estratégicas de Churchill e De Gaulle, os líderes que reposicionaram as duas nações no sistema internacional, na Segunda Guerra Mundial.

"Os dois estadistas-trovadores contaram-nos histórias sobre quem somos — os britânicos e os franceses — e, porque acreditamos neles, nos tornamos, em alguma medida, os povos que eles inventaram", escreveu o historiador Timothy G. Ash.[79] Churchill narrou a história da comunidade

---

79  ASH, Timothy Garton. "De Gaulle and Churchill have a message for Sarkozy and Cameron." *The Guardian*, 17 de junho de 2010, p. 31.

de interesses dos "povos de língua inglesa" e alinhou a política britânica à dos Estados Unidos. A Europa, a partir daquele momento, se tornava uma referência secundária para Londres. De Gaulle criou o mito de uma "França verdadeira", que teria resistido sem cessar ao nazismo, e decidiu reconstruir o poder e o prestígio de seu país pela via da contestação da hegemonia americana. A unidade geopolítica da Europa e a reconciliação com a Alemanha seriam as ferramentas da política gaullista.

De Gaulle, um prisioneiro de guerra dos alemães em 1916, foi o homem que telefonou ao primeiro-ministro Paul Reynaud no trágico 16 de junho de 1940 para transmitir a proposta de Churchill da Declaração de União, que fundiria França e Grã-Bretanha num único país e, desse modo, evitaria a rendição. A Alemanha era, no pensamento gaullista, o inimigo eterno da França. Versalhes, segundo seu ponto de vista, não havia sido um erro: o verdadeiro equívoco acontecera depois, quando se permitiu o reerguimento alemão. Em dezembro de 1944, na qualidade de presidente provisório da República Francesa, o general concluiu um pacto franco-soviético de defesa mútua. Justificando-o perante a Assembleia Nacional, pronunciou um diagnóstico sobre os alemães que jamais retificou: "Um grande povo, mas que tende perpetuamente à guerra."[80]

Versalhes deveria ser refeita, dessa vez sem concessões. De Gaulle lutou com todas as forças para que a França tivesse uma zona de ocupação na Alemanha e desejou ardentemente a supressão definitiva do poderio alemão. O Plano Morgenthau serviria a seu propósito, bem como à fragmentação da Alemanha em diversas entidades políticas. Retornando de uma visita ao Sarre, em outubro de 1945, ele convocou a história para esclarecer sua posição:

> *Existiu, numa época, uma grande zona da Europa que era denominada Alemanha. [...] Um dia, a Prússia se apresentou, como vocês sabem, armada por seus reis, e soube realizar, pela força e pela persuasão, a unidade alemã. Aquilo conduziu a inúmeras crises europeias... Contudo, hoje a Prússia desapareceu como potência. Então, não se encontra mais a Alemanha unificada que ela produziu. Existem os alemães — de fato existem os alemães. Mas onde é, hoje, a Alemanha?*[81]

---

80  MAILLARD, Pierre. *De Gaulle et l'Allemagne*. Paris, Plon, 1990, p. 85.

81  MAILLARD, Pierre. *De Gaulle et l'Allemagne*. Op. cit., pp. 86-7.

O general não se cansou de emitir alertas contra a reconstituição da Alemanha. No verão de 1948, quando os aliados ocidentais anunciaram a unificação da Trizona, ele protestou contra o que lhe parecia ser a base para um "Reich em Frankfurt". Nos meses seguintes, deplorou o reerguimento industrial alemão, financiado pelo Plano Marshall, e o projeto de armamento da República Federal da Alemanha no quadro da Otan. Mas, desde janeiro de 1946, ele estava fora do poder, no exílio voluntário da pequena Colombey-les-Deux-Églises.

A França foi contrariada em cada uma das etapas que conduziram à criação da Alemanha Ocidental. Os franceses queriam a internacionalização do Ruhr, um estatuto especial para toda a Renânia, o controle perene sobre o Sarre. Não tiveram nada disso. A República Federal da Alemanha carecia, obviamente, de uma soberania integral, mas não era um protetorado. O novo Estado alemão tinha, contudo, um traço estrutural que correspondia ao desejo de De Gaulle — o federalismo. O sistema de descentralização de poder também refletia a vontade de Konrad Adenauer, o democrata-cristão que pilotaria a nau alemã na longa, delicada transição do pós-guerra. No seu retorno ao poder, o

Konrad Adenauer e Charles De Gaulle encontram-se, em Bonn, em 1962. Seria possível superar as desconfianças e construir uma ponte entre Alemanha e França que impedisse a velha Europa de se transformar em mera área de influência das superpotências?

general reconheceria em Adenauer um parceiro confiável que consolidaria a reconciliação franco-alemã. Mas a França não poderia aguardar tanto para dar os primeiros passos.

## "É preciso mudar os dados, transformando-os"

Em retrospectiva, a renúncia do general à presidência parece ter sido providencial. De Gaulle era, de muitos modos, um homem do passado. Por um lado, o nacionalismo clássico o inclinava a persistir no projeto de restauração do império francês, numa época em que os Estados Unidos, inspirados pela visão rooseveltiana do pós-guerra, não faziam segredo de uma nítida postura anticolonialista. Teria uma França liderada pelo general se resignado a abandonar a Indochina após o desastre militar de Dien Bien Phu, em 1954? Por outro, o antigermanismo lhe toldava a compreensão dos imperativos geopolíticos da Guerra Fria. Sob o general, como reagiria a França ao inevitável rearmamento alemão?

No vácuo político aberto pela saída de De Gaulle, o gênio de Jean Monnet formulou uma solução inesperada para o enigma alemão. Monnet transitava, desde a Primeira Guerra Mundial, entre as esferas dos negócios privados e da diplomacia. Sua vivência no mundo das finanças internacionais o distinguia do típico funcionário de Estado francês. Ele não era um nacionalista clássico e prezava, acima de tudo, a paz e a cooperação. Contudo, não era também um pacifista e tinha um agudo senso do interesse nacional francês. A Declaração de União proposta por Churchill a Reynaud, que acabou rejeitada pelo gabinete francês, se inspirara diretamente numa mensagem enviada por Monnet ao líder britânico.

Nem mesmo os gênios inventam conceitos a partir do nada. A ideia da unidade da Europa tinha raízes numa tradição profunda — o Império Romano e, mais tarde, o Império Carolíngio, que fora um projeto medieval de restauração de Roma. De Gaulle mencionara, para descartá-la, a visão de uma "Europa carolíngia". Mas a união pela força não era uma hipótese viável, ainda mais depois de Napoleão e Hitler. A linguagem da unidade pela cooperação perpassava o imaginário político europeu desde o final da Grande Guerra. Em 1929, o primeiro-ministro francês Aristide Briand preconizara uma "ligação federal" entre as nações europeias — enfatizando, contudo, que as soberanias nacionais não seriam afetadas de modo nenhum. Em 1946, Churchill mencionara os "Estados Unidos da Europa" — uma expressão que ele usava apenas retoricamente, para propor o Conselho da Europa, uma aliança convencional. Monnet registrara a evolução da linguagem, tanto quanto a permanência dos impulsos nacionalistas.

Na hora da criação da República Federal da Alemanha, reuniam-se certas condições políticas excepcionais. Adenauer afirmara que "um chanceler federal deve ser ao mesmo tempo um bom alemão e um bom europeu" e, numa entrevista a um jornalista americano, sugerira a hipótese artificial de uma união completa entre França e Alemanha.[82] Robert Schuman, o ministro do Exterior francês, declarava que sua principal missão consistia em reconciliar seu país com a Alemanha, e admitia de antemão o fracasso de qualquer iniciativa baseada em pressupostos similares aos do Tratado de Versalhes. Contudo, o cenário objetivo contrariava os desejos dos estadistas, reacendendo a fogueira das rivalidades nacionalistas. A Alemanha queria recuperar a soberania sobre o Sarre. A França, alarmada com a inevitabilidade de um rearmamento alemão no interior da Otan, não admitia ceder no pouco que restara de suas prerrogativas de potência ocupante. Monnet transformou o foco do impasse na fonte da solução.

O esboço original do grande projeto da unidade europeia surgiu em abril de 1950, num texto de poucas páginas escrito por Monnet em Paris, após duas semanas de caminhadas nos Alpes suíços:

> *A situação alemã se tornará rapidamente um câncer para a paz em um futuro próximo, e para a França, imediatamente, se seu desenvolvimento não for dirigido para os alemães no sentido da esperança e da colaboração com os povos livres... Não é preciso procurar resolver o problema alemão com os dados atuais. É preciso mudar os dados, transformando-os.*[83]

---

82 MONNET, Jean. *Memórias — A construção da unidade europeia*. Brasília, UnB, 1986, p. 252.

83 MONNET, Jean. *Memórias — A construção da unidade europeia*. Op. cit., p. 258.

A rivalidade entre França e Alemanha, que se corporificava nas áreas de fronteira, ricas em carvão, e na supremacia da siderurgia alemã, seria transformada em cooperação pela iniciativa de pôr as riquezas disputadas sob uma autoridade supranacional comunitária. O gesto ousado, que romperia o conceito tradicional de soberania, serviria aos interesses franceses e alemães, simultaneamente. A Alemanha teria seu lugar na Europa Ocidental, concedendo em troca a soberania compartilhada sobre a sua indústria de base. A França poderia aposentar seus temores e vencer os traumas acumulados desde a Guerra Franco-Prussiana, renunciando para isso ao controle sobre o Sarre. A siderurgia, fonte do aço e das armas da guerra, seria convertida num ímã de convergência e cooperação.

Monnet preparou a proposta com o auxílio de Étienne Hirsch, administrador e antigo colaborador, e Paul Reuter, um jovem professor de Direito que acabara de conhecer. O documento final, verdadeira origem da Comunidade Europeia do Carvão e do Aço (Ceca), era a síntese de uma iniciativa política que lançava mão de ferramentas econômicas:

> *A Europa deve ser organizada em uma base federal. Uma união franco-alemã constitui um elemento essencial e o governo francês está decidido a empreendê-la... Os obstáculos acumulados impedem a realização imediata dessa estreita associação que o governo francês se fixa como objetivo. Mas desde agora o estabelecimento de bases comuns de desenvolvimento econômico deve ser a primeira etapa da união franco-alemã. O governo francês propõe colocar o conjunto da produção franco-alemã de aço e de carvão sob uma Autoridade Internacional aberta à participação de outros países da Europa.*[84]

O estadista encontra-se, quase sempre, preso a circunstâncias que o impelem a perpetuar a tradição. Sofre as pressões da opinião pública, que tendem a refletir as percepções correntes e os preconceitos arraigados. O plano francês, uma iniciativa ousada que transformaria todo o cenário político europeu, surgiu fora do governo. Contudo, teve a sorte de ser recebido por um ministro do Exterior inconformado com uma tradição articulada em torno de nacionalis-

---

84  MONNET, Jean. *Memórias — A construção da unidade europeia.* Op. cit., p. 261.

mos inconciliáveis. Schuman acolheu a proposta sem ressalvas, convertendo-a em política de Estado.

Só um estrangeiro teve acesso ao já rebatizado Plano Schuman antes de Adenauer — o secretário de Estado americano Dean Acheson, que casualmente passava por Paris a caminho de Londres. O americano não entendeu de imediato o alcance da ideia, confundindo-a com um cartel siderúrgico. Adenauer, porém, entendeu que não se tratava de economia, mas de política. Era o futuro da Europa, o velho tema da paz e da guerra, que estava em jogo. No dia 8 de maio, o conselho de ministros francês aguardou reunido, ansiosamente, a resposta alemã. A comunicação de Bonn chegou apenas no fim da reunião. Todos se sentaram de novo e ouviram a exposição de Schuman. Naquele dia, nasceu o que viria a ser a União Europeia.

A Ceca pegou De Gaulle de surpresa. A primeira reação do general foi voltar suas baterias contra Schuman, que cedia e concedia à Alemanha a soberania sobre o carvão do Ruhr. Mas ele era capaz de aprender e adaptar seu

De volta ao berço da civilização europeia, representantes da Alemanha Ocidental, França, Itália, Holanda, Bélgica e Luxemburgo assinam o Tratado de Roma em março de 1957.

nacionalismo às circunstâncias em evolução. A Comunidade Econômica Europeia, um desenvolvimento direto da Ceca, surgiu em 1957, pelo Tratado de Roma. Schuman morreu seis anos depois e o distrito europeu de Bruxelas recebeu seu nome. Então, o presidente De Gaulle rendeu uma homenagem póstuma, mencionando a "contribuição que ele deu à causa da Europa".[85]

## Os limites da Europa

A notícia do ataque norte-coreano à Coreia do Sul chegou a Monnet por intermédio do diplomata americano George Ball, num encontro de trabalho preparatório à Conferência da Ceca, a 25 de junho de 1950. O francês intuiu na mesma hora o impacto daquilo: o rearmamento alemão seria, inevitavelmente, acelerado.

Diante do parlamento francês, pedindo a ratificação do Pacto do Atlântico que criara a Otan, Schuman havia dito que a Alemanha não seria rearmada. Ele por certo sabia que expressava, no máximo, um desejo. Mas os estadistas franceses imaginavam que dispunham de um tempo maior — e, quando surgiu o Plano Schuman, esperavam erguer um intrincado edifício de cooperação antes de encarar o tema traumático do exército alemão. A crise coreana cassou-lhes o tempo. Monnet apareceu, uma vez mais, com uma solução.

Adenauer tinha horror à ideia de reconstituição da Wermacht. Ele sugerira algumas vezes, desde o Pacto do Atlântico, que a contribuição da Alemanha seria, no máximo, um contingente alemão integrado a um exército europeu. Monnet inspirou-se nisso para, aplicando o método da Ceca, esboçar a proposta de uma segunda autoridade supranacional: a Comunidade Europeia de Defesa (CED). A França encontrava-se envolvida com a Guerra da Indochina, que drenava sua capacidade de ação militar na Europa. Era o momento certo de ganhar a atenção do governo, chefiado então por René Pleven, um político cauteloso, de centro-esquerda — e amigo de Monnet.

Os Estados Unidos pressionavam pela criação de unidades militares alemãs, incorporadas à Otan, sob o comando de um general americano. O britâni-

---

85  MAILLARD, Pierre. *De Gaulle et l'Allemagne*. Op. cit., p. 112.

co Bevin logo deu apoio a essa solução, que não tinha o assentimento de Schuman. Pleven, então, adotou a proposta de Monnet e, em outubro, apresentou à Assembleia Nacional a ideia de constituição de um exército europeu formado por unidades dos seis países da Ceca, mais a Grã-Bretanha. Contudo, na versão oficial, o projeto de Monnet já aparecia um tanto aguado: as forças francesas de ultramar não seriam integradas à CED, e não se fazia referência a um uniforme comum europeu. De acordo com tal versão, os componentes nacionais do exército comum se reportariam a seus governos — com exceção das forças alemãs, que ficariam subordinadas diretamente à CED. No terreno mais crucial de todos, a França queria compartilhar a soberania alemã, mas não a sua.

A Ceca fez seu curso, rapidamente, e desdobrou-se na Comunidade Econômica Europeia. A CED arrastou-se em conferências infindáveis. A Grã-Bretanha decidiu ficar à margem das duas autoridades europeias. A rejeição britânica não ameaçava a Ceca, mas causava um problema conceitual para a CED, que de algum modo teria de conviver com a Otan e a cooperação nuclear entre americanos e britânicos. A Holanda também não se entusiasmou pelo projeto do exército europeu. Nos Estados Unidos, George Marshall se opunha à ideia, preocupado com a duplicação de comandos. Contudo, Monnet encontrou ouvidos atentos no presidente Dwight Eisenhower, empossado em 1953.

Eisenhower concordou com a criação do exército europeu, sob a condição de que o comando operacional fosse posto a cargo da Otan. O projeto final se afastava bastante da concepção original de Monnet e Pleven. O golpe fatal na CED foi assestado pela própria França, em agosto de 1954, quando a Assembleia Nacional rejeitou o tratado por margem confortável. De Gaulle rotulara como inaceitável o "exército apátrida". As forças coloniais francesas haviam acabado de sofrer a humilhante derrota de Dien Bien Phu, no Vietnã.

O nacionalismo gaullista se nutria do ressentimento e os adversários do projeto alertavam contra o risco de compartilhar a soberania militar com os alemães. O general clarificara sua posição além de qualquer dúvida: "Eu asseguro que não se fará o exército europeu! [...] Eu trabalharei com os comunistas para barrar-lhe o caminho. Deflagrarei uma revolução contra ele. Preferiria até me associar aos russos a fim de evitá-lo."[86]

---

86  MAILLARD, Pierre. *De Gaulle et l'Allemagne*. Op. cit., p. 133.

A rejeição francesa evidenciou os limites da integração europeia. A "Europa federal" de Monnet podia insinuar-se no terreno econômico, não na esfera das forças armadas. Os Estados Unidos, discretamente aliviados, ofereceram a saída óbvia, que era a incorporação direta da República Federal da Alemanha na Otan, sem as complicadas mediações europeias. Adenauer, frustrado, dobrou-se à realidade dos fatos. Na sequência, o primeiro-ministro Pierre Mendès-France tomou a decisão estratégica de erguer uma força nuclear francesa autônoma.

A criação da *force de frappe* ganhou alento com o retorno de De Gaulle ao poder, em 1958, no quadro da Quinta República. O conceito subjacente era de dissuasão do forte pelo fraco: a França deveria ser capaz de desestimular um ataque soviético sem depender da proteção americana. O país conduziu seu primeiro teste nuclear, na Argélia, em 1960 e um arsenal básico se tornou operacional quatro anos depois. Pouco mais tarde, De Gaulle anunciou a retirada francesa do comando militar integrado da Otan, sem contudo abandonar o tratado político da aliança transatlântica.

Do outro lado do Reno, na Alemanha, Adenauer e os social-democratas nutriam planos diferentes sobre o futuro. O primeiro-ministro subordinava a meta de reunificação do país ao imperativo de sua opção incondicional pelo Ocidente. Ele temia o retorno à *realpolitik* de Bismarck, que se baseava na capacidade de manobrar entre Ocidente e Oriente, ou seja, entre a França e a Rússia. Na síntese precisa de Henry Kissinger, "em sua opinião, uma Alemanha livre e poderosa no centro da Europa representava uma ameaça a todos às custas da sua própria segurança".[87] Concretamente, Adenauer operaria junto com a França no projeto europeu e se alinharia aos Estados Unidos no âmbito da Otan.

Os social-democratas não tinham uma resposta nitidamente formulada para a política de Adenauer. No imediato pós-guerra, sob a direção de Kurt Schumacher, um líder corajoso, que experimentara dez anos de prisão em campos nazistas, o SPD adotara uma linha de oposição radical tanto à URSS quanto às políticas das potências ocidentais ocupantes. Schumacher sonhava com uma Alemanha unida, socialista e antissoviética. Contrapôs-se à cria-

---

87  KISSINGER, Henry. *Diplomacia*. Rio de Janeiro, Francisco Alves, 1997, p. 596.

ção da República Federal da Alemanha, à Otan, ao Plano Marshall e à Ceca. A intransigência custou ao partido uma sangria eleitoral, contribuindo para consolidar a liderança de Adenauer. Sua morte, em 1952, ofereceu aos social-democratas uma oportunidade de revisão política.

Schumacher foi sucedido na direção do SPD por Erich Ollenhauer, um homem que estabelecera fortes laços com os trabalhistas britânicos durante a guerra. O novo líder, carente do prestígio popular do antecessor e da criatividade para inovar, desperdiçou sua oportunidade. Os social-democratas relaxaram sua intransigência em relação ao projeto europeu, mas não fizeram as pazes com os Estados Unidos. Derrotado em duas eleições sucessivas pelos democratas-cristãos, o SPD formulou a ideia artificial de uma aliança de segurança transeuropeia, no lugar da Otan e do Pacto de Varsóvia. No desenho neutralista de Ollenhauer, uma Alemanha unificada integraria a aliança, que incluiria Moscou mas não Washington.

Não era uma política realista e não era nem mesmo um ponto de partida viável, pois as alianças militares antagônicas existiam a despeito da vontade dos alemães. Contudo, na prática, os social-democratas alinharam-se ao princípio mais caro a Adenauer, de não reconhecimento da Alemanha Oriental, manifestando-se apenas contra algumas de suas consequências mais ostensivas: a rejeição de negociar com representantes de Berlim arranjos para o trânsito de cidadãos na fronteira e a pressão sobre governos amigos para sabotar intercâmbios comerciais com a República Democrática Alemã.

## Aron *versus* Kennan

Fora da República Federal da Alemanha, com exceções marginais, os social-democratas europeus adaptaram-se à existência da Otan. Os líderes da velha Internacional Socialista não se sentiam confortáveis como passageiros de uma nau pilotada pelos Estados Unidos, mas seu apego às instituições democráticas os fazia temer muito mais a alternativa, expressa pela sujeição da Europa Oriental à URSS. A cisão de 1917, entre social-democratas e comunistas, expressava-se sob a forma contundente da Cortina de Ferro e lastreava a lealdade dos primeiros à Europa Ocidental.

Ironicamente, as críticas mais notórias ao componente militar da doutrina da contenção não partiram de europeus, mas de um americano — ninguém menos que George Kennan, justamente o inspirador de toda a estratégia deflagrada por Truman. Nas Conferências Reith, pronunciadas na BBC em 1957, ele deplorou a hipocrisia dos líderes americanos e alemães ocidentais que proclamavam lutar pela reunificação da Alemanha mas, na verdade, acomodavam-se tacitamente à realidade da divisão vigente desde 1949. No lugar daquilo, propunha que se buscasse um acordo de retirada simultânea das forças americanas na Alemanha e das forças soviéticas na Europa Oriental.

O Kennan de 1957 provocou espanto e consternação em muitos de seus antigos admiradores, inclusive o francês Raymond Aron. Sua proposta, uma sugestão implícita de supressão da Otan e do Pacto de Varsóvia, foi avaliada como um equívoco teórico e uma evidência de irrealismo político. A Otan e o Pacto de Varsóvia não eram opostos simétricos, mas alianças de natureza distinta.

A Aliança Atlântica constituía a garantia de segurança de uma Europa Ocidental ameaçada por um inimigo existencial. O inimigo tinha ampla superioridade militar convencional e, na hipótese de uma guerra, provavelmente seria capaz de ocupar a Europa Ocidental em algumas semanas. As forças americanas na República Federal da Alemanha tinham uma função simbólica crucial: materializavam o compromisso solene de reação nuclear a uma ofensiva soviética na direção do Reno.

O Pacto de Varsóvia, constituído em 1955, ostensivamente como resposta ao rearmamento da República Federal da Alemanha, não era uma aliança militar defensiva, mas uma ferramenta da hegemonia soviética sobre o bloco de países satélites. Sua função, oculta mas bastante óbvia, consistia em servir como sentinela armada dos regimes comunistas da Europa Oriental. Como colocar um sinal de identidade entre uma aliança voluntária dirigida contra a perene ameaça soviética e um pacto entre governos tirânicos dirigido contra os povos que oprimiam? Como sugerir um acordo de anulação recíproca que romperia a ponte entre os Estados Unidos e a Europa Ocidental mas não poderia evitar um eventual retorno das forças soviéticas aos países situados a leste da Cortina de Ferro?

Consternado, "por uma vez, por acidente e com grande pesar, do lado dos estadistas", Aron apontou a inconsistência de Kennan.[88] Um ano antes da conferência na BBC, os húngaros haviam se erguido contra a dominação soviética e, diante de um Ocidente sem meios para reagir, a revolução democrática fora esmagada pelas forças do Pacto de Varsóvia. Uma eventual retirada das tropas americanas estacionadas na República Federal da Alemanha não teria o condão de produzir eleições livres na República Democrática Alemã. As forças soviéticas sempre poderiam intervir, no intervalo de algumas horas ou poucos dias, em defesa dos regimes subordinados na Europa Oriental. Moscou não seria constrangida moralmente a respeitar nenhum acordo que ameaçasse seus interesses no bloco de países satélites. Por todos esses motivos, concluiu, o realismo político exigia a contenção militar da URSS — o que implicava, no horizonte previsível, a manutenção da divisão geopolítica da Europa. O *status quo*, acrescentou premonitoriamente, começaria a ruir no momento em que ganhasse um reconhecimento formal.

No seu histórico telegrama, Mr. X enfatizara os riscos associados à transformação da URSS numa potência nuclear. Moscou explodiu sua primeira bomba atômica pouco mais de três anos depois do telegrama. Aquele desenvolvimento, embora em nada surpreendente, parece ter produzido forte impacto sobre Kennan, que passou a fazer objeções ao dispositivo militar da contenção. A doutrina, observou algumas vezes, não precisaria estender-se além dos limites da Europa e, mesmo naquele teatro, deveria priorizar instrumentos políticos e diplomáticos, não meios militares.

Duas décadas depois da polêmica conferência, quando os Estados Unidos se preparavam para instalar mísseis de médio alcance na Europa Ocidental, Kennan recomendou à Otan a adoção do princípio do *no first use*: as armas nucleares só seriam utilizadas na eventualidade de um ataque nuclear prévio. Mais uma vez, Aron saiu em defesa da doutrina nuclear americana, salientando as consequências estratégicas da superiodade militar convencional soviética na Europa. "Por ironia da história, Kennan, que não se tornou famoso e não influenciou os acontecimentos senão na época em que se confundia com Mr. X, esforça-se há uns trinta anos para se livrar desse fiel e embaraçoso

---

88   ARON, Raymond. *Memórias*. Op. cit., p. 306.

companheiro", escreveu em 1978, num artigo cujo título continha a palavra "isolacionismo".[89]

As inclinações americanas ao isolacionismo nunca desapareceram, mas foram deslocadas para posições quase marginais durante a Guerra Fria. Na Europa, a principal contestação à aliança com os Estados Unidos assumiu a forma do pacifismo, uma tendência política estimulada pelos partidos comunistas, por motivos táticos óbvios, mas assumida genuinamente por algumas alas da social-democracia e, mais tarde, pelos movimentos "verdes". O pacifismo europeu alcançou o ápice na primeira metade dos anos 1980, quando eclodiram, em diversas cidades, manifestações populares contra a instalação dos mísseis de médio alcance carregados com ogivas nucleares em território da República Federal da Alemanha. Contudo, a crise se diluiu e não abalou a ponte transatlântica erguida sobre os alicerces da Doutrina Truman e do Plano Marshall. Os mísseis cumpriram sua finalidade, persuadindo Moscou a firmar, em 1988, um tratado sobre forças nucleares intermediárias.

## A "França hexagonal"

Um trauma se seguiu ao outro, encadeando a Indochina à Argélia. No mesmo 1954, meses depois dos Acordos de Genebra, que separaram em definitivo a Indochina da França, guerrilheiros da Frente de Libertação Nacional (FLN) atacaram alvos militares e civis na Argélia, deflagrando a guerra anticolonial. Ao longo do conflito, a França foi obrigada a reinterpretar a si mesma e redefinir seu lugar no mundo. No ponto de partida, existia ainda um Império Francês, que sustentava a ilusão da restauração da glória e do poder perdidos na guerra mundial. No ponto de chegada, existia apenas a "França hexagonal", limitada quase exclusivamente a seu território metropolitano e circunscrita à condição de potência europeia. A crise multidimensional reconduziu De Gaulle ao centro do palco. O general, que não podia conceber a França sem o império, foi o agente da descolonização e o artífice de uma reinvenção do nacionalismo francês.

---

89  ARON, Raymond. *Os últimos anos do século*. Rio de Janeiro, Guanabara, 1987, p. 192.

Em 1793, escondendo-se da perseguição jacobina, Nicolas de Condorcet escreveu em Paris o *Esquisse d'un tableau historique des progrès de l'esprit humain*, obra devotada à descrição da marcha do progresso civilizatório da humanidade. No *Esquisse*, os árabes ocupam um lugar destacado, aparecendo como herdeiros da cultura grega e transmissores dessa herança ao Ocidente. Contudo, a grande nação árabe conhecera o declínio, como resultado da conquista dos turco-otomanos e da submissão ao Islã. A "religião de Maomé", embora "a mais simples nos seus dogmas, a menos absurda nas suas práticas, a mais tolerante nos seus princípios", parece "condenar a uma servidão eterna, a uma incurável estupidez toda a vasta extensão da Terra na qual estendeu seu império".[90] A restauração da grandeza árabe dependia do Ocidente, que pagaria desse modo uma dívida histórica. Naturalmente, era a França que estava destinada a representar a civilização ocidental na operação de resgate dos árabes.

O imperialismo francês na África do Norte e no Oriente Médio estabeleceu-se em conflito com o Império Turco-Otomano e em concorrência com o imperialismo britânico. O mito da aliança histórica entre a França e o mundo árabe muçulmano figurou como aríete ideológico da disputa de influência com os britânicos. A Argélia, submetida a partir de 1830, recebeu o influxo de uma massa de colonos franceses e desempenhou um papel fundamental na expansão imperial da França. No início da década de 1860, Napoleão III visitou duas vezes a colônia — e decidiu transformá-la em "modelo de civilização para as populações de língua árabe do império otomano".[91] Entusiasmado com o caráter virtuoso dos chefes tribais, o imperador francês sonhou com a criação de um reinado árabe e com a sua própria coroação como rei dos árabes.

A "Argélia francesa" era muito mais que a "Indochina francesa", nos âmbitos emocional e político. Nos primeiros anos da guerra argelina, os governos de Edgar Faure e Guy Mollet ensaiaram fórmulas criativas de conciliação entre o imperativo de manutenção da soberania francesa e a exigência de independência da FLN. Em 1956, Paris concedeu a independência à Tunísia e ao Mar-

---

90  CONDORCET, Nicolas de. *Esquisse d'un tableau historique des progrès de l'esprit humain*. Paris, Agasse, 1798, p. 166.

91  LAURENS, Henry. *Le royaume impossible — la France et la genèse du monde arabe*. Paris, Armand Colin, 1990, p. 127.

Combatentes da Frente de Libertação Nacional da Argélia marcam a linha de fronteira com a Tunísia. Como defendeu Raymond Aron, "a Argélia não pode deixar de tomar consciência de si mesma". Foi difícil, entretanto, para os franceses, "tomar consciência" de que já não detinham mais um império.

rocos, mas aferrou-se à linha de negociar com os argelinos apenas depois de derrotá-los militarmente. A campanha de "pacificação", conduzida a ferro e fogo, mesclou operações militares clássicas, táticas de contrainsurgência, prisões e torturas contra rebeldes.

A guerra colonial dividiu a sociedade francesa. Michel Debré, um gaullista inflexível, proclamou o dever de revolta contra o governo francês que ousasse pôr em questão a soberania da França na Argélia. André Malraux, um antifascista que lutara contra Franco na Espanha e depois se juntara à Resistência Francesa, não vacilou em atacar os que reconheciam o direito à independência dos argelinos. Mesmo Albert Camus, um libertário de inclinações anarquistas, apoiou a "pacificação", argumentando que nunca existira uma nação argelina. Nascido numa pequena cidade costeira argelina, em uma família de *pied-noirs*, como eram denominados os colonos franceses, Camus deixou-se cegar pela paixão, sustentando a tese de que o levante da FLN seria parte de um novo imperialismo árabe, liderado pelo Egito, patrocinado pela URSS e voltado contra o Ocidente.

O consenso conservador em torno da "Argélia francesa" foi rompido por umas poucas vozes, especialmente a de Aron. O colunista do *Le Figaro* provocou consternação ao escrever, antes do terceiro ano da guerra, que "a Argélia (...) não pode deixar de tomar consciência de si mesma... Ela não pode mais ser parte integrante da França". Os nacionalismos anticoloniais não eram uma conspiração, mas um novo capítulo da história iniciada com a criação do Estado-nação na Europa. As fórmulas de autonomia e federação não só eram inviáveis como tendiam a agravar a situação. Elas apenas prolongavam a guerra, tornando a ruptura mais traumática e completa. Quando a independência, que era inevitável, fosse finalmente concedida, os colonos seriam obrigados a

O existencialista Albert Camus tornou-se figura pouco estimada entre a intelectualidade de esquerda na França ao associar a luta da FLN argelina ao pan-arabismo egípcio e aos interesses da URSS. Em compensação, foi agraciado pelo *establishment* em 1957 com o Nobel de Literatura.

retornar abruptamente. Nessas condições, "mais valeria (...) a solução heroica do abandono" — uma frase que custou a Aron amargas celeumas.[92]

O gaullismo liderou o movimento da "Argélia francesa". O próprio De Gaulle, discretamente, chegou a articular com os oficiais do exército colonial que sabotaram as tímidas tentativas do governo de encontrar alternativas à guerra infindável. A crise argelina acabou provocando o colapso da Quarta República, precipitado pela invasão de edifícios da administração em Argel por *pied-noirs* que contavam com o apoio da cúpula militar. Num golpe de Estado disfarçado de transição constitucional, De Gaulle foi convidado pelo presidente René Coty a assumir a chefia do governo com poderes excepcionais. Meses depois, em referendo, quatro quintos dos eleitores aprovaram a Constituição da Quinta República.

O bonapartismo é um fenômeno tão francês que o termo surge com o primeiro Bonaparte. Como aconteceu com o Napoleão original e com Napoleão III, o poder caiu nas mãos de De Gaulle nas circunstâncias dramáticas de uma crise que incidia sobre o tema da unidade nacional. O general contribuiu para agravar a crise, manobrando por trás das cortinas. No discurso de Mostaganem, na Argélia, dias depois de ser conduzido à chefia do governo, ele saudou o "movimento exemplar de renovação" que nasceu entre os *pied-noirs* e ajudou a França "a renunciar a um sistema que não convinha nem à sua vocação, nem a seu dever, nem à sua grandeza".[93]

A Quinta República foi configurada como um "presidencialismo monárquico". Entretanto, apesar de tudo, o "salvador da França" tinha um apreço genuíno pela lei e pela legitimidade democrática. "Um só homem e um homem só preserva nossas liberdades e se interpõe entre a desordem dos espíritos e o caos", escreveu um Aron que jamais deixou de desconfiar das soluções bonapartistas.[94]

O programa de De Gaulle logo transitou da "Argélia francesa" para uma "Argélia argelina" que faria parte da comunidade francesa. À medida que a crise avançava, ele ensaiou a ideia de uma "República Argelina" autônoma mas

---

92 ARON, Raymond. *Memórias*. Op. cit., pp. 397-8.

93 DE GAULLE, Charles. "Discours de Mostaganem", 6 de junho de 1958.

94 ARON, Raymond. *Memórias*. Op. cit., p. 417.

não soberana, antes de concluir pelo inevitável. O último passo, contudo, só foi dado quando a Organização do Exército Secreto (OAS), um grupo de conspiradores nas forças armadas, ameaçou deflagrar um golpe de Estado. Em março de 1962, a Argélia conquistou a independência. Na sequência, como Aron profetizara, mais de um milhão de pessoas, um décimo da população total, deixou o novo país no transcurso de alguns meses.

A "missão civilizatória" colonial francesa terminou com a separação da Argélia. Sob De Gaulle, a França teve que renunciar a uma "grandeza" associada ao império, conformando-se à esfera da Europa. A integração europeia, o projeto de Monnet que tanto desagradara a De Gaulle, se converteu na prioridade política do general. Mas, a essa altura, o líder que protestara contra a criação da República Federal da Alemanha e despedaçara o tratado da CED já havia adaptado sua visão de mundo às circunstâncias da realidade. Em setembro de 1958, duas semanas antes do referendo constitucional da Quinta República, o general encontrou-se pela primeira vez com o primeiro-ministro Adenauer — que, com 82 anos, prestou a homenagem de visitá-lo na pequena Colombey. O "milagre de Colombey", como muitos definiram o encontro, selou a aliança franco-alemã e, de certo modo, fundou a Europa Ocidental.

# URSS: o 20º Congresso do PCUS

Fiodor Kerensky, um professor secundário na cidade de Simbirsk, às margens do rio Volga, fez carreira como diretor de uma escola para rapazes na qual estudava o adolescente Vladimir Ulyanov, que ainda não empregava Lenin como nome de guerra. As famílias Kerensky e Ulyanov, da alta classe média, mantinham relações sociais e de amizade. O filho de Fiodor, Alexander, 11 anos mais jovem que Vladimir, tornou-se um socialista moderado e, como advogado, notabilizou-se por defender militantes de esquerda em processos políticos.

Alexander esteve entre os líderes do Governo Provisório formado após a derrubada do czarismo, em março de 1917. Nos meses seguintes, serviu como ministro da Justiça e da Guerra. Em julho, passou a chefiar o governo que seria derrubado pelos bolcheviques de Lenin na Revolução de Outubro. Bem antes daqueles eventos dramáticos, como deputado de oposição na Duma (Parlamento) czarista, Kerensky dirigiu uma comissão de inquérito sobre o Massacre do Lena, em abril de 1912. Seus relatórios estabeleceram uma narrativa histórica confiável, provocaram indignação na opinião pública e colocaram o autor no centro do palco da política russa.

O rio Lena percorre, de sul a norte, a Sibéria Oriental, até formar um largo delta no oceano Ártico. A Mineradora de Ouro do Lena, controlada por acionistas russos e britânicos, estabelecera-se nos arredores de Irkutsk, no alto curso do rio, eliminando companhias menores e mineradores autônomos. O grupo monopolista adquiriu a estrada de ferro e a companhia de navegação que conectavam a região ao baixo Lena. Sem opções, milhares de mineiros trabalhavam em regime de semiescravidão. Cumpriam jornadas extenuantes, recebendo parte dos salários em cupons, endividando-se compulsoriamente nas lojas da companhia e sujeitando-se a uma rotina de acidentes de trabalho.

A greve, precipitada pela venda de carne estragada em uma das lojas, irrompeu no ainda gélido 13 de março de 1912. As negociações, sobre salários

Uma rara imagem do Massacre do Lena, ocorrido em 1912, na Rússia czarista. Os trabalhadores que lutavam por melhores condições de trabalho foram enterrados em uma vala comum, onde, posteriormente, foi erguido um monumento às vítimas. A peregrinação ao túmulo tornou-o um lugar de memória para os trabalhadores russos. Ironia amarga, o Estado soviético, que prometeu defender os trabalhadores, produziria massacres muito maiores.

e condições de trabalho, foram interrompidas pela prisão de todo o comitê de greve. A 17 de abril, forças policiais abriram fogo contra 2,5 mil mineiros que marchavam rumo ao escritório da promotoria na cidadezinha de Bodaybo para pedir a libertação dos líderes. Cerca de 150 manifestantes desarmados morreram.

A notícia atravessou a Rússia, gerando centenas de greves de protesto em São Petersburgo e Moscou. A greve siberiana prosseguiu durante meses, até que todos os trabalhadores e suas famílias abandonaram as minas de ouro da companhia, migrando para outros lugares. O Massacre do Lena, que teve impacto tão marcante na carreira de Kerensky, afetou de um modo prosaico, mas talvez decisivo, a vida de Nikita Kruschev, filho de camponeses pobres da região de Kursk que acabara de completar 18 anos.

Kruschev e seus pais haviam se mudado para um centro industrial do Donbass, na Ucrânia oriental, e o rapaz conseguira emprego numa metalúrgica. Ao saber das notícias trágicas da Sibéria, ele resolveu coletar dinheiro para as famílias das vítimas, o que lhe custou a demissão. No novo emprego, como técnico em uma mina, já distribuía exemplares de jornais revolucionários e logo se tornou um organizador de greves. O jovem, atraído pela esquerda marxista, oscilou entre os mencheviques e os bolcheviques até aderir ao partido de Lenin em 1918, o primeiro ano da Guerra Civil. Quase quatro décadas depois, na condição de secretário-geral do partido único, ele subiria à tribuna para fazer uma denúncia devastadora dos crimes do "camarada Stalin".

## "Stalin inventou o conceito de inimigo do povo."

Já no início dos anos 1930, Kruschev introduzira-se nos altos círculos do poder soviético. Beberrão descontrolado, participava das farras promovidas por Stalin, bajulando o líder maior e seus principais lugares-tenentes. Sem nunca vacilar, apoiou as farsas judiciais contra os "inimigos do povo" da velha guarda bolchevique e, até 1953, punha obedientemente sua assinatura nas sentenças de execução pronunciadas pelo ditador. Ele sabia de tudo, pois fora uma engrenagem do motor da máquina de terror stalinista.

No funeral de Stalin, discursaram o chanceler Molotov, Beria, ministro do Interior, e o próprio Kruschev, chefe do partido em Moscou. Poucos apostariam no rude filho de camponeses como sucessor, mas não se conhecia ainda sua capacidade de manejar um golpe palaciano. Kruschev uniu-se a Molotov e ao primeiro-ministro Malenkov em um complô contra Beria, que foi preso sob as acusações já quase protocolares de traição e terrorismo. No final de 1953, o homem mais temido da URSS foi executado com um tiro na testa. O agente dos expurgos conhecia seu próprio veneno e se transformava no bode expiatório ideal para a nova clique do Kremlin. Kruschev já podia denunciar o terror de Stalin como um fenômeno do passado: um desvio patológico do socialismo.

"Nós organizamos uma sessão especial fechada do Congresso, e eu pronunciei meu discurso. Os delegados ouviram em absoluto silêncio. O imenso salão estava tão silencioso que se poderia ouvir uma mosca voando."[95] Kruschev começou a falar pouco depois da meia-noite, naquele 25 de fevereiro de 1956, e prosseguiu durante horas. Tudo fora preparado com larga antecedência. Um ano antes, uma comissão da alta direção partidária investigara em detalhes os grandes expurgos stalinistas deflagrados a partir do "Congresso dos Vencedores" do Partido Comunista da URSS (PCUS), de 1934. O relatório da comissão registrou que, entre 1937 e 1938, se executaram quase 700 mil pessoas acusadas de "atividades antissoviéticas". O discurso miraria em Stalin para acertar, de ricochete, em Beria. A verdade histórica só importava na medida em que pudesse servir ao objetivo de consolidação do poder de Kruschev.

Toda a peça se ancorava na tese de que o socialismo soviético fora vitimado por uma doença — o "culto à personalidade" de Stalin, fonte de "graves perversões dos princípios do partido, da democracia partidária e da legalidade revolucionária".[96] A URSS conhecera grandes vitórias e o socialismo certamente triunfava, mas não em virtude da genialidade de Stalin, como garantia a história oficial reproduzida em todo o país e pelos comunistas do exterior. Os triunfos se deviam ao partido, no seu conjunto, e ao povo soviético em geral.

---

95  GADDIS, John Lewis. *We now know — Rethinking Cold War history*. Oxford, Clarendon Press, 1997, p. 208.

96  KRUSCHEV, Nikita S. "Special report to the 20th Congress of the Communist Party of the Soviet Union." In: KRUSCHEV, Nikita S. & NICOLAEVSKY, Boris I. *Crimes of the Stalin Era*, Nova York, New Leader, 1956, p. S7.

O líder infalível era, no fundo, um abscesso contaminado, que se originara do corpo do partido mas passara a drenar sua vitalidade, afastando-o dos ensinamentos de Marx e Lenin.

O secretário-geral não contestava a ditadura do PCUS — e fazia questão de citar Lenin, que definira o partido como o "professor" do povo. Não exprimia dúvidas sobre o papel do Comitê Central, "guardião e intérprete dos princípios do partido".[97] O problema residia na concentração de poder nas mãos de um indivíduo, na glorificação de um líder que, supostamente, personificava, a um só tempo, o Comitê Central, o partido e o povo.

A narrativa de Kruschev obedecia a uma lógica sectária que fazia bastante sentido num conclave comunista. O sistema soviético não estava em causa; tratava-se apenas de enterrar ideologicamente os cadáveres de Stalin e Beria. Num gesto calculado, ele resgatou um documento arcano: a carta de Lenin de 1922, havia muito relegada às profundezas dos arquivos secretos, na qual o fundador do bolchevismo alertava contra o acúmulo de poder nas mãos de Stalin. O "testamento" leninista adquiria, então, a aura de uma profecia clarividente — e, ao revelá-la, o novo líder se conectava a uma tradição imaculada. Lenin viveria de novo se o Partido ajustasse suas contas com o espectro de Stalin.

Não que Stalin estivesse sempre errado. Ele "desempenhara um papel positivo" na "luta contra os trotskistas, os direitistas e os nacionalistas burgueses", ou seja, nas disputas faccionais dos anos 1920. Seus crimes circunscreviam-se ao período seguinte, de repressão em massa contra os "inimigos do leninismo" e, em seguida, contra "muitos honestos comunistas". Nesse ponto, Kruschev reconhecia nos Processos de Moscou uma vasta farsa judiciária, baseada em confissões obtidas por meio da tortura. O "desvio" repressivo do socialismo derivaria do conceito de "inimigo do povo":

> *Stalin inventou o conceito de "inimigo do povo". Tal termo, automaticamente, tornou desnecessário comprovar os erros ideológicos de um ou vários homens engajados em controvérsia; o termo propiciou o uso da mais cruel repressão [...] contra qualquer um que, de qualquer modo, discordasse de Stalin, contra os apenas suspeitos de intenções*

---

97 KRUSCHEV, Nikita S. "Special report to the 20th Congress of the Communist Party of the Soviet Union." Op. cit., p. S8.

Aprendizes de feiticeiro: Nikita Kruschev e Laurenti Beria na época em que os grandes expurgos estavam começando. Eles sabiam que a teoria da conspiração poderia ser usada contra qualquer um.

*hostis, contra pessoas de má reputação. [...] A fórmula "inimigo do povo" foi especificamente introduzida com o propósito de aniquilação física desses indivíduos.*[98]

De fato, não foi Stalin mas o dramaturgo Henrik Ibsen o inventor do conceito de "inimigo do povo", que intitula sua peça célebre de 1882. *Um inimigo do povo* é um alerta contra a irracionalidade das massas e a hipocrisia corrupta dos líderes políticos que nela se apoiam. O conceito ajusta-se à tese central do pensamento comunista, que enxerga na história o desenrolar de um drama cientificamente inteligível e tendente ao progresso. Se as "leis da História" estão decifradas e se um partido específico representa a consciência humana, então os adversários desse partido são "inimigos do povo". No fim das contas, Kruschev não dirigia suas baterias contra o conceito, mas unicamente — e *a poste-*

---

98  KRUSCHEV, Nikita S. "Special report to the 20th Congress of the Communist Party of the Soviet Union." Op. cit., p. S13-4.

*riori* — contra sua aplicação por parte de Stalin. Tanto assim que o discurso secreto identificava em Beria o verdadeiro "inimigo do povo".

A "gangue de Beria" — desse modo Kruschev referiu-se ao pretendente executado. No discurso, Beria aparecia não apenas como um instrumento do terror stalinista, mas como um *provocateur* abjeto", "furioso inimigo de nosso partido", "agente de um serviço de inteligência estrangeiro". Stalin se tornara um monstro, mas não era um inimigo da URSS. Beria "roubara a confiança" de Stalin, "utilizando muito habilidosamente suas fraquezas" com a finalidade deliberada de atacar a pátria do socialismo.[99] A linguagem dos Processos de Moscou contaminava toda a peça acusatória de Kruschev.

A meta proclamada pelo secretário-geral era libertar o marxismo-leninismo da gaiola em que havia sido aprisionado pelo stalinismo. Mas, como indagou John Lewis Gaddis, "o que aconteceria se os dois não pudessem ser separados?" O que sucederia se, de fato, "o stalinismo fosse a forma suprema do marxismo-leninismo" — ou se, ao menos, "o segundo não pudesse funcionar sem alguns elementos do primeiro?"[100]

## Kurón e Kolakowski

"Não podemos permitir que esse assunto vaze para fora do partido, especialmente não para a imprensa. (...) Devemos saber os limites; não devemos dar munição ao inimigo; não podemos lavar nossa roupa suja diante dos olhos deles. (...) Vida longa à vitoriosa bandeira de nosso partido — leninismo!"[101] Apesar dessa advertência, o discurso secreto logo vazou para a imprensa — e por meio do próprio Kruschev.

O emissário escolhido foi John Rettie, correspondente da agência Reuters em Moscou, que foi procurado por uma fonte soviética cerca de 12 horas após a sessão fechada. A fonte, obviamente ligada à KGB, transmitiu-lhe oralmen-

---

99 KRUSCHEV, Nikita S. "Special report to the 20th Congress of the Communist Party of the Soviet Union." Op. cit., p. S46, S50 e S54.

100 GADDIS, John Lewis. *We now know — rethinking Cold War history.* Op. cit., p. 208.

101 KRUSCHEV, Nikita S. "Special report to the 20th Congress of the Communist Party of the Soviet Union." Op. cit., pp. S64-5.

Wladislaw Gomulka, o líder comunista polonês substituído em 1948 para facilitar a sujeição do país ao controle soviético, foi reabilitado depois do 20º Congresso do PCUS, em 1956, e retornou à Polônia com a missão de controlar a onda de greves que se alastrava pelo país.

te o conteúdo completo do discurso secreto. O texto integral seria publicado apenas em 1989, no auge da *glasnost* de Mikhail Gorbatchov. Contudo, em março de 1956, trechos selecionados já eram lidos em reuniões das organizações comunistas na URSS e, em junho, por obra dos serviços de espionagem israelense e americano, os extratos mais importantes chegaram às páginas do *New York Times*.

O stalinismo excluía, por definição, o direito à dissensão. A "desestalinização" de Kruschev permitia a divergência, no quadro restrito dos partidos comunistas. Introduzia-se, desse modo, um elemento de perturbação na ordem do "socialismo real". Na URSS, a divulgação da denúncia dos crimes de Stalin provocou violentos protestos de rua na Geórgia, a república natal do antigo ditador. As manifestações contra o novo líder, em março de 1956, incluíram bandeiras separatistas e foram reprimidas por forças militares. Na Europa Oriental, a mudança de rumo propiciou um reatamento com a Iugoslávia de Tito, iniciado antes mesmo do "discurso secreto". Entretanto, a derrubada do dogma da infalibilidade de Moscou dissolveu o controle soviético sobre os governos da Polônia e da Hungria. Começava uma longa crise, pontuada por revoltas dramáticas, no bloco de países satélites.

Na Polônia, a ordem stalinista fora imposta em 1948, com a substituição de Wladyslav Gomulka por Boleslaw Bierut na chefia do Partido Unido dos Trabalhadores Poloneses (PZPR). Gomulka, que resistia à subordinação dos comunistas poloneses a Moscou, caíra num ciclo de expurgos e, acusado de "direitismo", chegara a conhecer a prisão. Ele retornaria ao poder em 1956, meses depois do "discurso secreto", como solução para um levante operário que ameaçava os fundamentos do regime socialista implantado no pós-guerra.

Bierut, o fiel stalinista, morreu semanas após o 20º Congresso do PCUS. Em junho, eclodiu uma greve geral de trabalhadores industriais na cidade de Poznań. Os operários não pediam apenas melhores salários, mas também a eleição livre de representantes sindicais e a autonomia dos sindicatos diante do Estado. Um ensaio de repressão logo deu lugar à conciliação, e Gomulka foi reconduzido ao poder. O país ingressava numa era de tímida liberalização, escudada pela promessa de permanência no Pacto de Varsóvia.

O regime polonês jamais se deslindou da crise aberta pelo junho de 1956. No interior do partido dirigente, definiu-se uma corrente de críticos de esquerda do "socialismo real". Jacek Kurón, o mais destacado entre eles, passou a descrever a URSS e os países satélites como sociedades dominadas por uma nova classe burocrática. Em 1964, junto com Karol Modzelewski, outro intelectual comunista, escreveu uma "Carta Aberta" ao partido que continha um programa revolucionário. A Carta pedia a suspensão da censura, a pluralidade de "partidos operários", a independência dos sindicatos, a formação de conselhos operários eleitos nas fábricas, a eliminação da polícia e a constituição de milícias de trabalhadores armados. Sob uma discernível influência do trotskismo, os autores anteviam "a revolução que irá derrubar o sistema burocrático" como uma "revolução proletária".[102]

Kurón e Modzelewski foram expulsos do partido e sentenciados a três anos de prisão. Mas um caldeirão fervia nas fábricas. Em 1970, uma onda de greves alastrou-se pelas cidades industriais bálticas de Gdansk, Gdynia e Szcze-

---

102 KURÓN, Jacek & MODZELEWSKI, Karol. "An Open Letter to the Party." In: JACOBSON, Julius (Ed.). *Soviet communism and the socialist vision*. New Brunswick, Rutgers University, 1972, p. 255.

cin, provocando a queda de Gomulka, a ascensão de Edward Gierek e um novo ciclo de liberalização. Em 1976, manifestações e greves de trabalhadores obrigaram o regime a retroceder num aumento dos preços dos alimentos. Em 1980, um levante grevista generalizou-se a partir de Gdansk, resultando na formação da central sindical Solidariedade, nome cunhado por Modzelewski.

Tal como Kurón, Leszek Kolakowski foi um ardente comunista na juventude. Nascido em 1927, estudou na casa de campo da família durante a ocupação nazista, ingressou no PZPR em 1945 e cursou filosofia nos anos do pós-guerra, durante a sovietização da Polônia. O jovem intelectual brilhante ganhou uma viagem a Moscou, em 1950, para conhecer de perto a "pátria do socialismo". Aquela visita, uma fresta para a "desolação material e espiritual" da URSS, começou a quebrar sua fidelidade ideológica.[103] Um ano após a ascensão de Gomulka, publicou na revista *Nowa Kultura* uma série de ensaios críticos devastadores. O mais relevante deles contestava o dogma do determinismo histórico: a história não é previsível, escreveu, abrindo uma larga estrada ao questionamento do centralismo partidário e da subordinação à linha política de Moscou.

Kolakowski ainda se imaginava um marxista, mas o PZPR já extraía as consequências das palavras do filósofo. "Kolakowski e seus seguidores não são capazes de apresentar nenhum programa de uma política 'moral' que não conduza de imediato a uma catástrofe nacional e à aniquilação do socialismo", replicaram brutalmente os arautos do partido na revista oficial *Polityka*.[104] Stalin estava morto e as greves de Poznan, bem vivas na memória dos poloneses. Por isso, o dissidente, já crismado como revisionista, escapou à prisão. Ao longo da década seguinte, distanciando-se do curso seguido por Kurón, ele concluiria que o stalinismo não era uma aberração do marxismo, mas a plenitude de sua realização.

Censurado e insultado, Kolakowski converteu-se num ícone da dissidência intelectual polonesa. Em 1968, sob o impacto de uma campanha antissemita promovida pelo regime, emigrou com sua esposa judia Tamara. No All Souls College, em Oxford, completou a ruptura com o marxismo e publicou sua obra maior: *Main currents of marxism: Its rise, growth and dissolution*. A liberdade, a busca da transcendência e a contribuição do cristianismo para o

---

103 *The Economist*. "Leszek Kolakowski", 30 de julho de 2009.

104 *Time*. "Voice of dissent." 14 de outubro de 1957.

pensamento ocidental passaram a figurar como os temas centrais de uma filosofia desinteressada da formulação de grandes esquemas explicativos.

Influentes marxistas acadêmicos ocidentais não economizaram acusações contra o filósofo polonês, mesmo depois do esmagamento, pela URSS, da Revolução Húngara de 1956 e da Primavera de Praga de 1968. O historiador britânico Edward P. Thompson, que deixara o Partido Comunista Britânico após a tragédia da Hungria e participava do grupo da chamada Nova Esquerda, qualificou-o como um traidor dos ideais socialistas. Kolakowski ofereceu-lhe uma resposta eivada de humor, na qual apontava a permanência do sistema totalitário na URSS pós-stalinista e sugeria que os intelectuais "progressistas" fechavam os olhos para os horrores dos regimes socialistas.

Candidamente, Thompson argumentara que meio século era pouco tempo para julgar um "novo sistema social". Kolakowski retrucou:

*Certamente eu poderia perguntar quantos anos você precisa para avaliar os méritos do novo regime militar no Chile ou na Grécia, mas conheço a resposta: sem analogias, Chile e Grécia permanecem no capitalismo (as fábricas são de propriedade privada), enquanto a Rússia criou uma nova "sociedade alternativa" (as fábricas são de propriedade estatal, assim como a terra e todos os seus habitantes). Como genuínos historiadores, podemos esperar mais um século e conservar nossa suave melancolia, junto com a sabedoria de um cuidadoso otimismo histórico.*[105]

Havia humor, mas a resposta era séria. O polonês exigia que Thompson escolhesse um paradigma argumentativo, em vez de oscilar de modo oportunista entre argumentos morais (contra o capitalismo) e políticos (a favor do socialismo):

*De fato, você não pode condenar a tortura em bases políticas, porque na maioria dos casos ela é perfeitamente eficiente e os torturadores obtêm aquilo que querem. Você pode condená-la apenas em bases morais — e então, necessariamente, em todos os lugares do mesmo modo: na Cuba de Batista e na Cuba de Castro, no Vietnã do Norte e no Vietnã do Sul.*[106]

---

105 KOLAKOWSKI, Leszek. "My correct views on everything." *Socialist Register*, vol. 11, 1974, p. 3.

106 KOLAKOWSKI, Leszek. "My correct views on everything." Op. cit., p. 6.

O ponto decisivo, para Kolakowski, era que a experiência humana e a história factual tinham valor maior do que uma "teoria geral" sobre a marcha histórica. Essa diferença o separava irremediavelmente dos marxistas, inclusive da Nova Esquerda que, embora deplorando o stalinismo, insistia em interpretá-lo como apenas um lamentável desvio no curso rumo ao socialismo. "Espero ter explicado a você o motivo pelo qual, há muitos anos, não nutro nenhuma esperança em tentativas de remendar, renovar, limpar ou corrigir a ideia comunista. Ora, pobre ideia. Eu entendi isso, Edward. Esse esqueleto nunca voltará a sorrir."[107]

O movimento Solidariedade emanaria da convergência entre as duas correntes da dissidência polonesa — ou seja, do compromisso da esquerda pós-marxista de Kurón com o humanismo católico e liberal de Kolakowski. A aliança improvável, produzida no confronto com o comunismo oficial, só duraria até a queda do regime de partido único.

## Reforma e revolução

Um quarto de milhão de pessoas tomaram as ruas de Budapeste, atendendo a uma convocação dos estudantes, no dia 23 de outubro de 1953. Naquela tarde, no Ministério do Interior, travou-se um diálogo elucidativo. O general Ivan Serov, novo conselheiro soviético no país, criticou os "camaradas" militares húngaros que vacilavam em "empregar as armas" contra os "fascistas e imperialistas" que "enviam suas tropas de choque para as ruas". Sándor Kopácsi, chefe da polícia da capital, replicou sarcasticamente:

> *Evidentemente, o camarada conselheiro de Moscou não teve tempo para se informar [...] sobre a situação no nosso país. Necessitamos dizer-lhe que não são "fascistas" ou "imperialistas" os organizadores da manifestação; provêm das universidades, são os melhores filhos e filhas de camponeses e operários [...] que expõem seus direitos e desejos de mostrar simpatia aos poloneses.*[108]

---

107 KOLAKOWSKI, Leszek. "My correct views on everything." Op. cit., p. 20.

108 ANDREW, Christopher & GORDIEVSKY, Oleg. *KGB — La historia interior de sus operaciones desde Lenin a Gorbatchov*. Barcelona, Plaza & Janes, 1991, p. 528.

Gomulka acabara de voltar ao poder na Polônia. Enquanto Serov e Kopácsi discutiam, Erno Gero, o secretário-geral do partido comunista, então denominado Partido dos Trabalhadores Húngaros (MDP), conseguia aprovação de Moscou para reconduzir Imre Nagy à chefia do gabinete. Aparentemente, a Hungria descrevia uma trajetória de reformas limitadas paralela à da Polônia.

Mátyás Rákosi, stalinista puro e duro, dirigiu o partido e o país entre 1948 e 1953. Com a morte de Stalin, foi obrigado a ceder o cargo de primeiro-ministro a Nagy, um comunista reformista, mas conservou o controle sobre o partido. Em abril de 1955, expulsou Nagy do partido e o substituiu na chefia do governo por um de seus fiéis, pondo fim à efêmera desestalinização húngara. Pouco mais de um ano depois, na sequência do "discurso secreto" de Kruschev, foi deposto e substituído por Gero, o mais próximo dos colaboradores de Rákosi.

A queda de Rákosi não decorria apenas da vontade de Kruschev. O comunismo húngaro experimentava sucessivas dissidências internas, que se coagulavam no Círculo Petofi, um centro de discussões políticas batizado em homenagem a Sándor Petofi, o poeta inspirador da revolução liberal de 1848. O Círculo Petofi abrigava desde ex-stalinistas convertidos ao "socialismo de face humana", como o filósofo Georg Lukács, até jovens intelectuais que interpretaram a morte de Stalin como a oportunidade para uma regeneração do marxismo. Nas palavras do escritor István Eorsi, um dos participantes do grupo, eles "enxergaram esse processo de desilusão como um triunfo do genuíno — isto é: não dogmático, não sectário — marxismo" e queriam "reabilitar, junto com suas próprias individualidades culpadas, a credibilidade e a reputação científica do marxismo".[109]

O Círculo Petofi nascera em 1954, sob um outro nome e por iniciativa de István Lakatos, um jovem poeta não comunista, interessado em promover as liberdades de expressão e de imprensa. Mas o grupo fora colonizado pelo partido comunista durante o curto degelo conduzido por Nagy e, no turbulento ano de 1956, se convertera no veículo para a heterogênea dissidência que funcionava como base informal do líder proscrito. No fim de junho, o

---

109 EORSI, István. "The Petofi-circle." In: HAVEN, Alexander van der et al. (org.). *Intellectuele kringen in de twintigste eeuw*. Studium Generale/Universiteit Utrecht, 1995 p. 108.

Petofi organizou um debate público sobre a liberdade de imprensa que atraiu 6 mil pessoas e provocou furiosa reação de Rákosi. Semanas depois, o veterano stalinista saía de cena. No fim de outubro, com Budapeste tomada por manifestantes e uma gigantesca estátua de bronze de Stalin tombada na rua, Nagy sentava-se mais uma vez na cadeira de primeiro-ministro.

Nagy assumiu seu posto no 24 de outubro, enquanto tanques soviéticos entravam na capital e tomavam posições ao redor do Parlamento. O novo chefe do governo pediu calma, enquanto pipocavam confrontos isolados entre manifestantes e agentes da AVH, a polícia política húngara. No dia seguinte, os manifestantes tomaram as armas da AVH e Gero fugiu para a URSS. Com armas leves e coquetéis Molotov, os húngaros atacaram os blindados soviéticos. A revolução tomava o lugar das reformas.

O reformismo comunista húngaro, representado por Nagy, não podia estancar numa conciliação similar à de Gomulka. O líder polonês atendera, parcialmente, a reivindicações operárias. O líder húngaro estava confrontado por exigências mais amplas, que se disseminavam entre intelectuais e estudantes: liberdade de expressão, liberdade de organização, liberdade partidária. Além disso, crucialmente, a presença das forças soviéticas convertia o tema da soberania nacional em bandeira urgente, incontornável. Os militares húngaros, como integrantes do Pacto de Varsóvia, deviam ajudar os soviéticos a conter a rebelião. Mas o coronel Pál Maléter, no comando de uma divisão blindada da capital, uniu-se aos insurgentes e, a 29 de outubro, foi alçado ao posto de ministro da Defesa.

Antes de a tragédia concluir seu curso, os revolucionários vivenciaram a ilusão do triunfo. Nagy obteve um cessar-fogo a 28 de outubro e as tropas soviéticas recuaram para fora de Budapeste. Um dia antes, ele abolira a odiada AVH, anunciara a libertação dos presos políticos, declarara o fim do sistema de partido único e formara uma coalizão multipartidária. Em seguida, por todo o país, formaram-se comitês revolucionários autônomos, que assumiram a responsabilidade pelas administrações locais. No primeiro dia de novembro, Nagy anunciou a retirada da Hungria do Pacto de Varsóvia e a adoção de uma política de neutralidade. Horas antes, Moscou tomara a decisão final de esmagar a Revolução Húngara.

A segunda intervenção começou na madrugada de 4 de novembro, mobilizou 17 divisões blindadas, enfrentou uma resistência feroz de militares e populares durante seis dias. No fim, quando 20 mil húngaros e 3 mil soldados soviéticos jaziam mortos, estabeleceu-se um governo subordinado a Moscou e dirigido por János Kádár. A "normalização" provocou o exílio de 200 mil pessoas, demandou milhares de prisões e resultou na execução de cerca de 350 líderes da insurreição, inclusive Nagy e Maléter. O partido comunista húngaro retrocedeu de 800 mil para 100 mil aderentes, um golpe do qual jamais se recuperou.

O governo americano nada fez, além de falar, durante a crise húngara. Eisenhower temia a reação de Moscou, em circunstâncias que ameaçavam a própria sobrevivência do Pacto de Varsóvia. "Em vista da séria deterioração da posição deles nos seus satélites, eles não poderiam ceder à tentação de recorrer a medidas extremas — e mesmo precipitar uma guerra mundial?", indagou o presidente numa reunião do Conselho de Segurança Nacional. A 27 de outubro, o secretário de Estado John Foster Dulles disse, publicamente, que os Estados Unidos não perseguiam "a independência dos países satélites" e não enxergavam tais nações como potenciais aliados militares.[110] Era como garantir a Kruschev que uma invasão não degeneraria em maiores complicações.

A paralisia não decorria apenas dos riscos militares associados a uma reação. Washington pediu uma reunião do Conselho de Segurança da ONU pouco antes da segunda intervenção soviética. Contudo, naquele mesmo momento, desenrolava-se a crise motivada pela nacionalização do canal de Suez pelo líder egípcio Gamal Abdel Nasser, um evento que contribuiu para a decisão de Kruschev de esmagar sem mais demora a insurreição húngara. Tropas israelenses invadiam a península do Sinai e, numa operação combinada, forças franco-britânicas atacavam o Egito e ocupavam o canal de Suez. Os Estados Unidos não podiam condenar a intervenção do Pacto de Varsóvia sem, ao mesmo tempo, condenar a ação neocolonial de seus aliados da Otan.

---

110 GADDIS, John Lewis. *We now know — Rethinking Cold War history*. Op. cit., p. 235.

# "Vândalos, opressores e destruidores da liberdade"

*O arquipélago Gulag*, de Alexander Soljenítsin, começa com o relato de prisioneiros políticos lendo uma pequena notícia numa revista científica:

> *No ano de 1949, alguns amigos e eu deparamos com uma nota que nos chamou a atenção, na revista* Priroda *[Natureza], da Academia de Ciências. Impressa em caracteres minúsculos, noticiava que, no curso de escavações no rio Kolima, se descobrira que uma camada glacial subterrânea era, realmente, uma corrente congelada — e nela encontraram-se, também congeladas, espécimes de fauna pré-histórica fossilizada, com idades de algumas dezenas de milênios. Esses peixes ou tritões se conservavam tão frescos, testemunhava o correspondente científico, que as pessoas presentes quebravam o gelo de imediato e os comiam* com prazer.

A nota não era exatamente sobre ciência, mas sobre política:

> *A revista certamente espantou sua pequena audiência com o fato de a carne de peixe poder conservar-se tempo tão longo no gelo. Mas poucos leitores poderiam discernir o genuíno e heroico significado da nota imprudente. Nós, contudo, compreendemos imediatamente. [...] Entendemos pois nós mesmos éramos o tipo de "pessoas presentes" naquele evento. Nós também éramos da poderosa legião dos zeks, singular na face da Terra, a única que poderia devorar tritões pré-históricos "com prazer".*[111]

*Zek* era o termo depreciativo usado para fazer referência aos internados do Gulag. Soljenítsin emergiu em liberdade dos seus 11 anos de confinamento logo após o "discurso secreto" de 1956. A primeira etapa da "desestalinização" produziu grandes esperanças — todas destroçadas em Budapeste. A ascensão de Gomulka parecera confirmar a expectativa de que os dirigentes de Moscou

---

111 SOLJENÍTSIN, Alexander. *The Gulag Archipelago, 1918-1956: An experiment in literary investigation.* Nova York, Harper & Row, 1985, p. IX.

admitiriam uma autonomia mais ou menos ampla dos partidos e regimes de sua esfera de influência. O banho de sangue na Hungria mostrou que o "socialismo real" era, de fato, o stalinismo.

Kruschev pensava como Stalin. Depois de tudo feito, ele explicou aos comunistas húngaros: "Vocês devem dar ao seu povo a orientação correta. Devem dizer-lhes que aquilo era uma contrarrevolução. Se não fosse, por que teríamos usado as armas?"[112] A repressão soviética constituía a prova insofismável de que os insurgentes operavam como lacaios dos "imperialistas" e "fascistas". Em 1958, Moscou decidiu que Nagy seria executado. Era uma mensagem dirigida a todos os líderes comunistas do bloco soviético. A "desestalinização" terminara melancolicamente.

Nos debates do Círculo Petofi, emergiram com uma clareza inédita os dilemas morais que devastavam os intelectuais comunistas. Elemér Balogh, o filósofo oficial do partido dirigente húngaro, participou de uma dessas discussões. Ele reclamou de sua condição de professor na academia partidária, que o obrigava a justificar teoricamente as decisões políticas do partido, fossem quais fossem, mesmo se contrárias a suas convicções pessoais. Os discípulos de Lukács, disse, estavam em posição mais confortável, pois tinham a alternativa de ficar calados diante de decisões com as quais não concordavam. Nem todos na audiência se alarmaram com a naturalidade com que Balogh admitia escrever textos que violavam a sua consciência.

O tema apareceu também num debate entre historiadores, conduzido por Domokos Kosáry. O expositor citou acadêmicos que haviam definido suas "tarefas" como consistindo em "reexaminar o conjunto de nossa atividade à luz das obras de Stalin" — e indagou: "Que tipo de tarefa é esta? Quem nos deu tal tarefa? É compulsório assumir uma tarefa que colide com a nossa consciência?" As discussões públicas do Círculo Petofi serviram para que intelectuais comunistas refletissem sobre seus passados, não na forma das "tediosas, desagradáveis autocríticas protocolares das cerimônias partidárias", mas como verdadeiras catarses pessoais destinadas a propiciar um novo começo.[113]

---

112 GADDIS, John Lewis. *We now know — Rethinking Cold War history*. Op. cit., p. 211.

113 EORSI, István. "The Petofi-circle." Op. cit., pp. 119-20.

Manifestantes húngaros observam a estátua derrubada de Stalin, em 1956. O Czar Vermelho jamais teria imaginado ver as coisas daquele ângulo...

Numa daquelas discussões, Géza Losonczy pediu perdão ao espírito imortal de Bela Bártok por ter escrito um artigo no qual justificava o veto a concertos das obras do compositor, classificadas como expressões da "decadência burguesa". Losonczy, um veterano comunista que combatera os nazistas, servia como vice-ministro da Cultura em 1949 quando assinou o texto vexaminoso. Entre 1951 e 1954, sob o regime de Rákosi, Losonczy fora vítima dos expurgos e conhecera a prisão e a tortura. Em 1956, na turbulência revolucionária, tornou-se ministro e um dos mais estreitos colaboradores de Nagy. Dois anos depois, morreu na prisão, em circunstâncias misteriosas.

A Revolução Húngara provocou uma fenda, que se abriria cada vez mais, nos partidos comunistas da Europa Ocidental. Na Itália, o jornal *L'Unitá*, órgão do poderoso PCI, ecoou a voz de Moscou, crismando os insurgentes como "contrarrevolucionários". Palmiro Togliatti e Giorgio Napolitano, os chefes do partido, alinharam-se com Kruschev, mas não conseguiram evitar as críticas de Giuseppe Di Vittorio, líder da central sindical comunista, e de inúmeros intelectuais que se afastavam do comunismo oficial. O socialista Pietro Nenni, secretário nacional do PSI, rompeu a tradicional aliança de esquerda entre seu partido e o PCI.

Na França, o comunismo também conheceu dissidências, principalmente entre intelectuais "companheiros de viagem". Mesmo o filósofo Jean-Paul Sartre, uma figura que pouco antes conclamara os escritores do Leste Europeu a não abandonar o dogma do realismo socialista, interrompeu sua colaboração com o PCF. Contudo, a crítica que ofereceu sobre a sangrenta intervenção soviética — "desnecessária", incapaz de "aumentar a segurança do socialismo" — não tinha nem a sombra de sua costumeira eloquência ou indignação moral.[114]

Budapeste começou a dissolver a mitologia protetora com que os comunistas ocidentais cercaram a URSS na hora do embate contra o nazismo. Peter Fryer, correspondente do *The Daily Worker*, jornal do pequeno Partido Comunista Britânico, reportou a invasão em detalhes, factual e veridicamente, enquanto suas crenças mais profundas se despedaçavam. "Em 1945, eles chegaram como libertadores. [...] Agora retornam, [...] no papel de vândalos, opressores e destruidores da liberdade."[115] Seus despachos foram publicados em fragmentos, adulterados e censurados. De volta a Londres, Fryer renunciou ao posto no jornal e à carteirinha do partido, ingressando numa corrente trotskista.

No dia 17 de abril de 1961, exilados cubanos treinados pela CIA desembarcaram na baía dos Porcos, em Cuba, num fracassado intento de derrubar o regime de Fidel Castro, instalado dois anos antes. Kruschev e John Kennedy trocaram mensagens acrimoniosas. O líder soviético escreveu ao presidente americano um telegrama intitulado "De qual liberdade você fala?". Numa passagem, evocava a história para lançar sua acusação: "A história registra diversos casos nos quais, a pretexto de defender a liberdade, povos foram afogados em sangue, desencadearam-se guerras coloniais, estrangulou-se uma pequena nação após a outra".[116] Verdade, sem dúvida.

---

114 DUNAYEVSKAYA, Raya. "Jean-Paul Sartre outsider looking in." In: DUNAYEVSKAYA, Raya. Philosophy and revolution. Nova York, Columbia University Press, 1989.

115 FRYER, Peter. *Hungarian Tragedy*. Londres, New Park Publications, 1986. "The second Soviet intervention", 11 de novembro de 1956.

116 KRUSCHEV, Nikita. "Of what freedom are you speaking?" Moscou, 22 de abril de 1961.

## O MERCADO, A CULTURA POP E OS *TEENAGERS*

Quarta-feira, 2 de fevereiro de 1955. O jovem Peter Ford, às vésperas de completar dez anos, foi convidado pelo seu pai, Glenn Ford, para a pré-estreia do filme que acabara de rodar. O pai avisou ao filho que ficasse atento porque a "sua música" iria tocar. As luzes do Encino Theatre se apagaram e os dois se acomodaram no fundo da sala, ao lado do produtor Pandro Berman e do diretor e roteirista Richard Brooks. Para inesquecível contentamento do jovem, *Blackboard jungle* (*Sementes da violência*) começava ao som de *Rock around the clock*, a "sua" música.

De acordo com o relato de Peter, escrito décadas depois, foi em sua casa que, no ano anterior, Brooks ouviu pela primeira vez aquele som diferente e pediu o disco emprestado. Peter tinha nove anos e adorava música, por isso comprara o disco *Thirteen women (and only one man in town)* do pouco conhecido grupo Bill Haley and the Comets. Mas ele não gostou da música título, preferindo o lado B *(We're gonna) Rock around the clock* — ou, como simplesmente diriam os fãs, *RATC*, que ele escutava em alto volume.

O sucesso do filme foi imediato. Em todos os países onde foi lançado, os jovens — *teenagers* como se começava a dizer — corriam para assistir à história que mostrava nas telas de cinema o que eles estavam vendo acontecer, ou desejando que acontecesse, em suas próprias vidas. Em várias salas de exibição, meninos e meninas subiam nas cadeiras ou as arrancavam do lugar para dançar freneticamente e vibrar a cada cena. Havia euforia e angústia no ar.

O enredo tratava de um problema que vinha aparecendo na imprensa com frequência: a delinquência juvenil. O astro, Glenn Ford, interpretava o professor Richard Dadier, recém-chegado a uma caótica escola pública de Nova York dominada por adolescentes rebeldes como Gregory W. Miller, interpretado pelo jovem Sidney Poitier (que anos mais tarde provaria de "seu" veneno como o professor que tentava disciplinar os alunos em *Ao mestre com carinho*, de 1967, ambientado no East End londrino).

*RATC* não só projetou o grupo de Bill Haley ao estrelato como se tornou a música que fez do rock'n roll o símbolo da geração nascida no pós-guerra. Em uma das cenas mais emblemáticas de *Blackboard jungle*, os alunos quebram os discos de jazz que o professor idealista usava na tentativa de despertar-lhes algum interesse. A música que embalara os Estados Unidos na primeira metade do século XX não era, para a nova geração, nada mais do que a velha música dos pais.

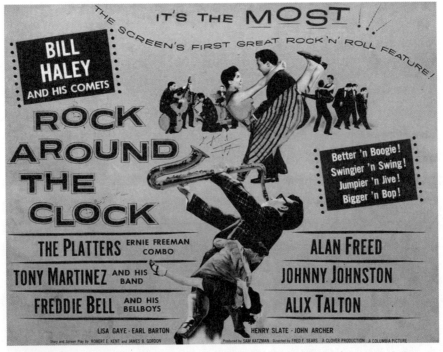

A economia do pós-guerra inventou o *teenager* e a indústria cultural fez dele seu principal alvo.

# Juventude transviada

A geração nascida após a Segunda Guerra Mundial foi a primeira da história a ingressar no mercado de trabalho em idade relativamente avançada: vinte e poucos anos. Antes da "revolução fordista" e de sua expansão, a luta pela vida começava bem cedo. O que hoje classificamos como crianças eram partes eventuais de um agregado chamado família. Eventuais porque morriam facilmente, antes do advento da vacinação em massa. As famílias, porém, tinham mais filhos, numa época anterior à urbanização geral e à difusão dos anticoncepcionais — o que tornava a relação dos adultos com as crianças menos afetiva do que hoje.

A família é básica para a identidade humana porque ela representa nossa dimensão biológica de procriação e sobrevivência — bandos de *homo sapiens* e suas ninhadas. Mas a experiência familiar completava uma mutação radical, que se iniciara com a Revolução Industrial e o sistema de fábrica.

A tradição se baseava na lei da sobrevivência primordial, que mandava cooperar com o grupo na produção de bens materiais e imateriais. A criança era posta para trabalhar assim que tivesse a mínima condição de segurança, por volta dos 5 anos de idade, dependendo das condições da família e do tipo de trabalho (há sempre um recorte de classe na percepção das "idades da vida"). Aos 14 anos, já se estava apto para o casamento e a procriação. A palavra latina *juvenes* era aplicada àqueles que, embora tivessem ingressado na puberdade, não eram casados — até mesmo alguém de trinta anos ou mais. Quanto mais abastadas as famílias, maior a possibilidade de uma juventude estendida, especialmente para os homens.

Phillipe Ariès analisou, em *História social da criança e da família*, a relação entre o desenvolvimento social e psicológico das diferentes "idades da vida" e a formação da família burguesa. Segundo sua interpretação, a adolescência é uma construção do século XX. A expansão na capacidade de produção de bens promovida pela industrialização e o surgimento das classes médias, associadas à urbanização e à escolarização, teriam "empurrado" em sentidos opostos as fases da infância e da juventude para abrigar, entre elas, um novo tempo — os *teen years*. Tempo dos estudos, dos jogos e dos primeiros amores.

Os *tennagers* originais são os filhos das pessoas que nasceram no período entre as guerras. Seus pais atravessaram as durezas dos anos 1930 e 1940 e quiseram dar aos rebentos as facilidades que não tiveram. A recuperação da capacidade de produção dos Estados Unidos e seu alavancamento, baseado na expansão do modelo fordista, produziram rapidamente uma geração que não precisava ajudar a sustentar a família. Com o Plano Marshall, sob os efeitos da reconstrução, a Europa Ocidental acabou capturada pelos padrões da cultura americana — experimentando também, apenas um pouco mais tarde, o advento dos *teens*.

O avanço tecnológico trazido pela guerra e a mecanização das tarefas trouxeram novas demandas pela qualificação da mão de obra. As classes médias em expansão passaram a investir mais na educação dos filhos, e o tempo escolar se estendeu até a universidade para massas de novos alunos. Essa rápida transformação atingiu a organização familiar em sua dimensão econômica, eliminando grande parte das atividades artesanais remanescentes. Por extensão, o aprendizado profissional dos jovens já não ocorria mais em casa, desde tenra idade, mas em ambientes escolares. Os pais se tornaram mais liberais, não só pelos costumes, mas também porque não precisavam mais impor aos filhos disciplinas e tarefas. A autoridade paterna perdeu seu fundamento prático e cotidiano:

> *A autoridade dos pais se tornou arbitrária e, deixando de ser uma orientação dada a tarefas familiares indiscutíveis, ela passa a se exercer no vazio. Os pais antigamente eram autoritários tanto por costume quanto por necessidade.*[117]

A sociabilidade das crianças e adolescentes deixava de depender estritamente do círculo familiar e passava a ser dominada pela escola e seus derivados (colônias de férias, associações esportivas, escoteiros). O Estado de Bem-Estar Social assumia parcelas crescentes das antigas atribuições paternas, fiscalizando a vacinação, a escolarização, o acompanhamento pré-natal, criando direitos previdenciários e assumindo o direito de tomar a guarda dos

---

117 PROST, Antoine & VINCENT, Gérard (org.). *História da vida privada: Da Primeira Guerra a nossos dias.* São Paulo, Companhia das Letras, 1992, p. 82.

filhos em casos extremos. As leis sociais afastaram a criança das atividades produtivas. As exigências de qualificação prolongaram a escolaridade e retardaram o ingresso dos jovens no "mundo adulto" do trabalho e das responsabilidades. É um vácuo feliz dedicado ao lazer e ao consumo. Música em primeiro lugar. Os *tennagers* nasceram socialmente como consumidores e imageticamente com *Rock around the clock*.

## "Aldeia global"

A reorganização da economia mundial no pós-guerra assentava-se na expansão da produção de bens de consumo duráveis e no surgimento da sociedade de consumo de massa, na qual as inovações tecnológicas produzem novas necessidades e demandas. Com o aumento da produtividade e a redução da jornada de trabalho, expandiram-se as atividades ligadas ao lazer e entretenimento. O "tempo livre" deve ser preenchido, o mercado fornece os meios. Mais que os adultos, os *tennagers* dispunham de tempo livre e logo a indústria percebeu seu potencial enquanto consumidores derivados: os pais tinham dificuldades em dizer "não" para os pedidos de filhos nessa idade transitória, já não crianças, ainda não adultos.

O acesso ao novo público foi facilitado pela difusão da televisão. A tecnologia existia desde o final dos anos 1920 — e despertara grande interesse do regime nazista, que chegou a utilizá-la para transmitir nacionalmente imagens da Olimpíada de 1936, em Berlim. Mas foi sob o impacto dos avanços científicos, alguns decorrentes da corrida espacial, que o "tubo de raios catódicos" começou a substituir o rádio como principal meio de comunicação e lazer doméstico. Depois do advento da televisão em cores, surgiu o videoteipe, acabando com a dependência dos programas ao vivo e impulsionando o desenvolvimento de uma linguagem própria. No início da década de 1960, o satélite geoestacionário ajudou a romper as antigas limitações de tempo e espaço.

Na famosa expressão do filósofo canadense Marshall McLuhan, o mundo se transformava em uma "aldeia global". E os adolescentes se tornaram os primeiros membros da nova tribo, pois, além da idade, uma linguagem internacional os unia. Alimentada pelos modelos de roupas, músicas e gestos moldados pela juventude americana, a indústria converteu a adolescência em mercadoria, fornecendo o *kit* básico *jeans*, jaqueta, topete, para os jovens de todo o planeta.

Junto com o *american way of life* individualista, consumista, exportado pelos americanos, novas teorias psicológicas e educacionais exaltavam a "busca da felicidade", atribuindo aos pais e às velhas instituições a responsabilidade pelo "desajuste" dos filhos, pregavam a liberdade para o diálogo e a eliminação de práticas repressivas e punitivas. Novamente a instituição familiar perdia, deixando de ser o centro de difusão de valores e opiniões para os mais jovens. Psicólogos, pedagogos e criadores de conteúdo afirmavam que a juventude é que estava certa e a família era o problema.

No ano de estreia de *Blackboard jungle*, a indústria fonográfica começava a abrir um novo filão com a música *Maybellene*, de Chuck Berry, cuja temática não poderia ser mais *teen*: um racha de carros provocado pela infidelidade da namorada. O sucesso instantâneo de Chuck Berry aguçou o apetite dos descobridores de talentos, para a sorte de um rapaz chamado Elvis Presley, que no ano anterior havia gravado um *single* com um estilo que misturava *country*, *gospel* e *rithm & blues*. Elvis obtivera repercussão imediata na pequena cidade de Memphis. Em novembro de 1955, seu contrato foi comprado pela gigante RCA-Victor e ele se converteu na primeira megaestrela do rock. Sua participação em programas de televisão de grande audiência — apesar da proibição de enquadramento de sua cintura rebolativa — mostrou um jovem bonito e branco, que podia cantar como um negro uma música que era a mistura das muitas influências que construíram o país. O rock conseguiu romper a barreira imposta ao jazz que, apesar de muito popular, não deixava de ser "música de raça". A classe média branca já podia chacoalhar à vontade. E os jovens já tinham a "sua" música, tocada em guitarras elétricas.

Música e cinema dançavam juntos. Em 1955, Hollywood traria a contribuição decisiva para o fenômeno *teen*: *Rebel without a cause* (*Juventude transviada*), com James Dean. O filme estreava sob o impacto de um fato da vida real que oferecia a possibilidade de segundo final, mais trágico que o oferecido no filme: a morte de seu protagonista, em acidente de carro, por excesso de velocidade. Dean tornou-se o primeiro mito da nova geração: seu topete, seu jeito de olhar, a jaqueta, a paixão pela velocidade moldaram a estética *teen*.

O cinema americano moldava o padrão estético e comportamental da juventude difundindo uma cultura popular global.

A importância do rock'n roll e dos seus ritos de multidões para a revolução cultural dos anos 1960 foi captada pelo baterista Billy Mundi, que participou do antológico *Mothers of invention*, de Frank Zappa. Ele deu o seguinte depoimento sobre os shows de rock:

> É um sentimento revolucionário. O som amplificado, que corta toda possibilidade de comunicação não só com a pessoa ao lado mas de cada pessoa consigo mesma. As luzes relampejantes, que diluem as relações de espaço e anulam a capacidade de orientar-se segundo o hábito embrutecedor do espaço tridimensional. Então tudo explode. Explode a segurança que o Sistema oferece. Explode a segurança que oferecem a rotina e os hábitos, aceitos passivamente porque são mais cômodos e ajudam a sobreviver. O homem se encontra consigo mesmo e ao mesmo tempo confundido com uma multidão infinita de outros homens. Não somos gente de espetáculo, não fazemos espetáculo. Somos provocadores de um rito.[118]

---

118 PEREIRA, Carlos Alberto M. *O que é contracultura*. São Paulo, Brasiliense, 1986, p. 73.

## "Faça amor, não faça guerra"

Chegando à casa dos vinte anos e vendo um mundo ameaçado pela guerra nuclear, os *baby bommers* começaram a questionar o sentido daquela realidade, que transformava pessoas em consumidores enquanto gastava os excedentes em armamentos nucleares de custos imensos. O movimento *hippie* foi uma resposta política à realidade planejada para a guerra nuclear, uma proposta que fugiu das polarizações entre direita e esquerda oferecendo uma utopia expressa em termos abstratos — "faça amor, não faça guerra".

A juventude escolarizada e reunida tinha tempo para falar e expressar seu assombro perante o risco do Armagedom, em um mundo onde a política aparentemente perdera muito do seu valor. A bipolaridade, imposta pelo poder de destruição em massa, esmagava a atividade política, tal como definida por Hannah Arendt: o mais importante exercício de liberdade e expressão humana. O homem não era mais livre, era só uma peça em uma imensa engrenagem fora do controle — daí o gosto pela ideia de "o Sistema". Nem eram, os homens, iguais, exceto como consumidores. O campo político tradicional, por sua vez, seguia dominado pela oposição capitalismo/comunismo e por formas de organização e discurso já conhecidas e incapazes de fazer crescer a militância partidária.

Nos Estados Unidos, meninos e meninas chegavam aos anos 1960 à sombra das imagens midiáticas da guerra no longínquo Vietnã — em meio à realidade circunstancial do alistamento militar, algo que exigia sacrifícios incompatíveis com as promessas da plena satisfação dos desejos. E, como já ocorrera na Segunda Guerra Mundial, os militares negros começaram a se revoltar com a hipocrisia do Estado que lutava pela liberdade em todo o mundo, menos no seu próprio território. Em todo o país, multidões crescentes se reuniam em atos pelos direitos civis de negros, homossexuais e mulheres, expondo as diferentes correntes de tensão social até então negadas.

A Guerra Fria arrastava-se para uma terceira década. Entre os jovens, surgia um contradiscurso político que bebia nas fontes das filosofias orientais, da experimentação sensorial das drogas e na obra revolucionário-estético-sexual de Herbert Marcuse, um filósofo que começou sua juventude participando do levante espartaquista alemão de 1919 e terminou defendendo a liberdade

CORTINA DE FERRO

individual por meio da arte e da não sublimação dos desejos. Em *Eros e civilização*, obra que marcou época, Marcuse escreveu:

> *O que se procura é a solução de um problema político: a libertação do homem das condições existenciais inumanas. Schiller afirma que, a fim de solucionar o problema político, tem de se passar através da estética, visto ser a beleza o caminho que conduz à liberdade. O impulso lúdico é o veículo dessa libertação. [...] O homem só é livre quando está livre de coações, externas e internas, físicas e morais quando não é reprimido pela lei nem pela necessidade. Mas tal coação é a realidade. Assim, num sentido estrito, liberdade é a emancipação de uma realidade estabelecida: o homem está livre quando a realidade perde a sua seriedade e quando a sua necessidade se ilumina (leicht).*[119]

Já não era a igualdade que mobilizava, mas a liberdade dos indivíduos. Por isso a crítica aos que se deixavam dominar por ideologias que aceitavam que modelos prévios de análise "determinassem" a realidade a ponto de perder o contato com as pessoas reais. Daí o lema do movimento *hippie*: *drop out!* Sua plataforma: romper com o consumismo que sustenta a sociedade industrial e voltar para a vida no campo; estabelecer comunidades livres do padrão monogâmico nas relações afetivo-sexuais; buscar a expansão da consciência com a finalidade de libertar a mente do mundo aparente, para o que se recorria às práticas meditativas de origem oriental e às drogas, especialmente ao LSD.

A arte se convertia em instrumento para a revolução. Não aquela prevista por Marx, mas a que libertaria cada indivíduo de suas carências e sublimações e o faria entrar em contato consigo mesmo e com uma realidade liberta da racionalidade produtivista industrial. E isso se aplicava a capitalismo e comunismo. O adolescente em busca de sua individualidade não suportava a visão de uma sociedade serializada e plastificada, da qual ele próprio era o maior expoente. Só a arte libertava da "caretice" de uma profissão convencional, só a arte expressava o indivíduo de forma totalmente livre e irrepetível.

---

119 MARCUSE, Herbert. *Eros e civilização. Uma interpretação filosófica da obra de Freud.* Rio de Janeiro, Zahar, 1975, p. 166.

Os *hippies* deram sua contribuição na luta contra a Guerra do Vietnã e promoveram inúmeras manifestações contra a política do Estado americano, mas poucas foram tão criativas como a organizada em outubro de 1967, em frente ao Pentágono, convidando os participantes a se unir em uma grande corrente capaz de fazer levitar o edifício. Entre os organizadores da marcha estavam Abbie Hoffmann e Jerry Rubin, fundadores do Partido Internacional da Juventude (*Hippies*) e levados a júri no famoso julgamento dos "Sete de Chicago" acusados de incitação ao motim e conspiração após a convenção presidencial do Partido Democrata de 1968.

Individualismo, hedonismo, sociedade alternativa. Como encontrar um novo jeito de fazer política? Foi a pergunta que Allen Ginsberg ajudou a responder com o texto *How to make a march/spectacle*, escrito em 1965 para apoiar as manifestações que vinham sendo realizadas na Universidade Berkeley, na Califórnia, contra a Guerra do Vietnã. O poeta da geração *beat* recomendava o emprego maciço de flores, brinquedos, doces, bandeiras que produziriam um acontecimento ao mesmo tempo livre na expressão, coletivo na ação e distante de qualquer tradicionalismo político. Surgia o *flower power*.

Amarga ironia, porém, logo a indústria cultural assimilaria as novas vanguardas transformando tudo em vanguarda e, ao mesmo tempo, em passado — um "museu de grandes novidades"... A intenção revolucionária marcusiana ajudaria a produzir o seu oposto: quanto mais livres os indivíduos, mais atomizados e enfraquecidos politicamente. Cada grupo de jovens podia criar suas próprias demandas e soluções — levitar o Pentágono, participar de uma passeata e tirar a roupa ou cometer um atentado — e, mais tarde, rir ou se arrepender. Politicamente, os *hippies* não conseguiram mudar o "Sistema". Mas afetaram radicalmente a sociedade com sua luta pela absoluta liberdade do indivíduo.

# III
## O MUNDO DO AVESSO
**1960-1974**

# Uma ponte em Selma

Ann Louise Nixon Cooper não teve uma história pública especialmente marcante, mas viveu muito e foi mencionada no discurso da vitória de Barack Obama, em novembro de 2008, quando tinha 106 anos. O presidente eleito queria falar de um largo intervalo histórico e, para evocá-lo, usou o nome de uma ativista comum, que se envolveu no movimento pelos direitos civis e acompanhou-o de cabo a rabo. "Ela nasceu apenas uma geração após a escravidão; um tempo em que não existiam carros nas estradas ou aviões nos céus; quando alguém como ela não podia votar por duas razões: porque era uma mulher e devido à cor de sua pele."

Obama prosseguiu, pontuando dramas históricos que Ann Cooper testemunhou, até chegar ao auge:

> *Ela estava lá para os ônibus em Montgomery, os jatos d'água em Birmingham, uma ponte em Selma e um pregador de Atlanta que disse a um povo que "nós devemos triunfar". Um homem tocou o chão da Lua, um muro caiu em Berlim, o mundo foi conectado por nossa ciência e imaginação. E este ano, nessa eleição, ela encostou seu dedo numa tela e deu seu voto, pois após 106 anos nos Estados Unidos, nos melhores tempos e nas mais sombrias das horas, ela sabe quanto os Estados Unidos podem mudar.*[120]

---

[120] OBAMA, Barack. "President-Elect Victory Speech", 4 de novembro de 2008.

As referências da primeira frase traçam o percurso da luta pelos direitos civis nos Estados Unidos. "Ônibus em Montgomery": o boicote ao sistema de transporte público da capital do Alabama, deflagrado no primeiro dia de dezembro de 1955, quando a ativista Rosa Parks se recusou a ceder seu assento a um passageiro branco. "Jatos d'água em Birmingham": a repressão à campanha de desobediência civil conduzida por Martin Luther King, o "pregador de Atlanta", na maior cidade do Alabama na primavera de 1963. "Uma ponte em Selma": o "domingo sangrento", 7 de março de 1965, quando a polícia espancou os manifestantes que pediam o registro de eleitores negros, na ponte sobre o rio Alabama, durante a marcha entre Selma e Montgomery.

Bem antes da Guerra de Secessão e da libertação dos escravos, a ideia de segregação racial deitara raízes nos Estados Unidos. Na qualidade de embaixador na França, Thomas Jefferson escrevera em 1787, referindo-se à Virgínia, que os negros, quando emancipados, provavelmente deveriam ser segregados, para evitar a miscigenação. O "racismo científico" do século XIX explicava que a mistura das raças gerava uma descendência degradada pelo predomínio dos piores traços das cepas originais. O conceito de uma nação branca, constituída por colonos europeus e protestantes, moldou a identidade americana. Contudo, a Constituição continha uma promessa de igualdade dos cidadãos perante a lei, consagrada na 14ª Emenda. O conflito entre o conceito identitário e o princípio constitucional explodiria na aurora do século XX.

As chamadas Leis Jim Crow, de segregação racial, emergiram duas décadas após o fim da Guerra de Secessão, com o encerramento do período da Reconstrução, quando interventores federais assumiram os governos dos estados da Confederação. O retorno triunfante das antigas elites escravistas ao poder estadual representou a dissolução do efêmero sonho de igualdade legal. O impulso segregacionista expandiu-se no governo de Woodrow Wilson, sob o guarda-chuva de uma coalizão democrata que abrangia os proprietários de terras sulistas. Então, enquanto eclodia a Grande Guerra na Europa, em Washington se criavam barreiras físicas separando os negros nas repartições federais.

A segregação representava, quase sempre, um interdito ao voto dos negros, que se fazia por meios indiretos, mas muito eficazes, como a exclusão dos analfabetos e a imposição de taxas de registro eleitoral. Contudo, no núcleo da segregação, estavam os estatutos estaduais que proibiam casamentos e uniões

Rosa Parks era ativista da NAACP desde os anos 1940 graças à influência do marido e, juntos, eles colaboraram para arrecadar fundos para campanhas e ajudaram a organizar reuniões na cidade de Montgomery. Presa por se recusar a ceder seu lugar no ônibus para um passageiro branco, a resistência pacífica de Rosa mobilizou apoio em escala nacional tornando-se um marco na luta pelos direitos civis.

inter-raciais. A Lei de Integridade Racial da Virgínia, de 1924, uniformizou os diversos códigos, vigentes nos estados do Sul e em alguns estados do Oeste. Por meio dela, difundiu-se a regra da gota de sangue única. *One drop rule*: um único ancestral não branco excluía o indivíduo do âmbito da "raça branca", sujeitando-o aos códigos segregacionistas. O instrumento serviu como alicerce para a classificação racial censitária, que só reconhece grupos raciais "puros", excluindo por definição a existência de mestiços.

Como conciliar a segregação legal com o princípio da igualdade perante a lei? A contradição logo chegou aos tribunais e alguns processos fizeram seu caminho até a Suprema Corte. No primeiro deles, em 1883, o tribunal constitucional confirmou uma decisão judicial do Alabama de condenação do negro Tony Pace e da branca Mary J. Cox por viverem "em fornicação". O argumento para a rejeição da apelação foi que a lei antimiscigenação do estado não incorria em discriminação, pois previa punição igual para ambos, o negro e o branco.[121] Ali estava a semente da doutrina que sustentaria, ao longo de oito décadas, as Leis Jim Crow: "separados, mas iguais."

Seis décadas antes do desafio de Rosa Parks em Montgomery, Homer Plessy, um indivíduo de pele clara com um oitavo de ancestralidade negra, embarcou num vagão reservado a brancos na Louisiana, declarou sua condição racial a um funcionário da ferrovia e foi preso. Plessy levou seu caso até a Suprema Corte — e perdeu. Os juízes decidiram que a lei de segregação não violava o princípio da igualdade, pois as acomodações para negros eram similares às dos brancos. O único voto discordante emanou de John Marshall Harlan, ex-proprietário de escravos que, por horror à Klu Klux Klan, passara a abominar as leis segregacionistas. "Nossa Constituição é cega diante da cor", escreveu o juiz dissidente, firmando uma posição que, aos poucos, bem devagar, abalaria os alicerces do racismo de Estado.[122]

Plessy não agiu como indivíduo isolado. Ele fazia parte de um grupo de mestiços de Nova Orleans dispostos a correr riscos pessoais em nome de uma meta política. As Leis Jim Crow não caíram em virtude de uma revisão doutrinária da Suprema Corte, mas de uma luta popular incansável que atingiu seu ápice na década inaugurada pelo boicote de Montgomery.

Luther King e os seus viveram num tempo histórico diferente daquele de Plessy. A "Grande Migração" mudara a paisagem humana e cultural das cidades industriais do leste e dos Grandes Lagos. Os negros já não estavam confinados ao Sul. O jazz se convertera na música popular nacional. Batalhões segregados de soldados negros haviam lutado contra o nazismo — isto é, contra a ideia de superioridade racial — nos teatros de guerra na Europa. Confrontada com o movimento pelos direitos civis, a Suprema Corte já não podia, com a mesma desenvoltura, servir-se da hipocrisia do "separados, mas iguais" para acomodar a segregação no berço da Constituição.

A primeira fenda judicial na doutrina segregacionista se abriu em 1954, no julgamento do caso Brown *versus* Board of Education pela Corte Suprema.

---

121 MAGNOLI, Demétrio. *Uma gota de sangue — história do pensamento racial.* São Paulo, Contexto, 2009, p. 114.

122 MAGNOLI, Demétrio. *Uma gota de sangue — História do pensamento racial.* Op. cit., p. 122.

Articulados pela Associação Nacional para o Desenvolvimento das Pessoas de Cor (NAACP), a mais antiga organização negra dos Estados Unidos, pais de alunos entraram em juízo contra a segregação escolar. O veredicto final, unânime, declarou "inerentemente desiguais" as instalações educacionais separadas.

Foi um golpe pesado, mas ainda não decisivo. A decisão se circunscrevia à esfera da educação e baseava-se no argumento de que a separação provocava um "senso de inferioridade" entre os jovens estudantes negros. Nas democraciais, as leis e a jurisprudência sofrem fortes efeitos inerciais, permanecendo presas à tradição enquanto mudam as circunstâncias políticas e o espírito geral da sociedade. Depois, sob o impacto de uma realidade que já não pode ser ignorada, o universo jurídico se adapta aos novos tempos. As Leis Jim Crow, embora feridas, sobreviveram ao veredicto histórico de Brown *versus* Board of Education. A ponte de Selma começaria a ser cruzada apenas uma década depois, em meio a uma crise que incidia sobre a identidade nacional americana.

## A traição democrata

Na Europa, a vida política organizou-se em torno de correntes que representam doutrinas e ideologias. Liberais, nacionalistas, democrata-cristãos, social-democratas e comunistas formaram os partidos políticos tradicionais. As noções de direita e esquerda, oriundas das clivagens da Revolução Francesa, funcionaram como sinais luminosos significativos, marcando os rumos num amplo painel político. Nos Estados Unidos, tais referências carecem de sentido.

A nação americana surgiu de uma revolução de colonos contra o poder imperial britânico. O nacionalismo original e um vago, fluido liberalismo, sedimentaram-se como consensos políticos nacionais. A Igreja de Roma nunca teve um papel destacado num país de colonos protestantes. O socialismo difundiu-se apenas epidermicamente, como mercadoria importada, entre setores restritos dos trabalhadores americanos. A verdadeira clivagem histórica correspondeu à fronteira entre Norte e Sul — ou seja, entre os banqueiros, os empresários e as classes médias do Norte, de um lado, e os proprietários exportadores e escravistas do Sul, de outro. Os dois grandes partidos emergiram como tradução dessa paisagem social bipartida.

O Partido Democrata nasceu em 1824, sob a bandeira da democracia jeffersoniana, com um programa de defesa das autonomias e privilégios dos estados. Seus líderes se opuseram à criação de um banco central e cerraram fileiras contra a elite financeira da Nova Inglaterra. O Partido Republicano nasceu em 1854, como uma federação de correntes políticas diversas, mas unificadas pelo antiescravismo e pela plataforma de modernização industrial. A longa era de hegemonia democrata se fechou com a eleição do republicano Abraham Lincoln, em 1860. Os estados do Norte votaram em peso em Lincoln. O Sul, pelo contrário, alinhou-se em bloco com o candidato de uma das facções do Partido Democrata. Ficava pronto o palco para a Guerra de Secessão.

Os democratas fincaram raízes ainda mais profundas no Sul após a derrota da Confederação, durante as quase duas décadas da Reconstrução. Naqueles tempos contaminados pelo ressentimento, quando as elites derrotadas experimentaram o peso das reformas antissegregacionistas, o velho partido da democracia agrária transformou-se na organização política de uma classe dirigente em busca da revanche. Dali em diante, durante quase um século, o Sul Profundo funcionou como fortaleza eleitoral inexpugnável do Partido Democrata.

O partido experimentou mudanças cruciais na sequência da Crise de 1929, com a articulação da Coalizão do New Deal de Franklin Roosevelt. Sob o impacto da reação contra Wall Street, as classes médias e os trabalhadores da Costa Leste e dos Grandes Lagos sustentaram as máquinas políticas urbanas erguidas pelos democratas. O populismo antiliberal, paternalista, não era estranho às tradições partidárias, mas adquiria novas colorações nas circunstâncias geradas pela Depressão. A mudança, entretanto, não afetou o vínculo com os brancos do Sul, que continuavam a desconfiar dos republicanos.

O Sul votou contra o republicano Thomas Dewey em 1948, dividindo-se entre Harry Truman, o candidato democrata oficial, e Strom Thurmond, candidato dos Democratas Sulistas assustados com os acenos de Truman na direção dos direitos civis. Em seguida, por duas vezes consecutivas, votou contra o republicano Eisenhower. Na eleição seguinte, em 1960, dividiu-se novamente, entre John Kennedy, um democrata que retomava o discurso dos direitos civis e falava em direitos reais de voto para os negros, e Harry Byrd, da Virgínia, representante da dissidência democrata segregacionista.

Kennedy e seu vice, o texano Lyndon B. Johnson, foram eleitos entre a primeira e a segunda etapa do movimento liderado por Luther King. Mas eles não tomaram nenhuma iniciativa de porte até os confrontos dramáticos entre policiais estaduais enviados pelo governador George Wallace e os manifestantes em Birmingham, em maio de 1963, que culminaram com a prisão em massa de jovens estudantes secundaristas. Só no mês seguinte, Kennedy enviou ao Congresso o projeto da Lei dos Direitos Civis, cuja apreciação sofreria com um persistente bloqueio parlamentar. O gesto presidencial detonou uma guerra política no interior do Partido Democrata, iniciada em setembro, como uma queda de braço entre a Casa Branca e Wallace em torno da tentativa do governador de mobilizar a Guarda Nacional para evitar a dessegregação escolar no Alabama.

Wallace foi o último grande representante dos democratas sulistas que conservavam a tradição da Confederação. No seu discurso inaugural como governador, meses antes do drama de Birmingham, ele reverenciou Jefferson Davis, o presidente da Confederação, e usou a linguagem corrente cem anos antes para denunciar a "tirania" da União:

Populista, segregacionista, anticomunista, chauvinista, George Wallace exemplifica o tipo de liderança que o Partido Democrata tornara comum nos estados sulistas até o final dos anos 1960. Sua oposição franca à integração racial levou-o a disputar as primárias para a presidência da República mais de uma vez sem sucesso.

*Estive hoje no lugar onde esteve Jefferson Davis e fiz o juramento de posse a meu povo. É, portanto, muito apropriado que, do berço da Confederação, do coração da Grande Pátria Anglo-Saxônica do Sul, soemos hoje o tambor da liberdade, como fizeram gerações de nossos antepassados, tantas vezes através da história. Levantemo-nos ao chamado do sangue de adoradores da liberdade que corre em nós e enviemos nossa resposta à tirania que tilinta os grilhões em direção ao Sul. Em nome do maior povo que trilhou estas terras, eu traço uma linha na areia e lanço o desafio aos pés da tirania — e digo: segregação hoje, segregação amanhã, segregação para sempre.*[123]

Os direitos e autonomias dos estados — isso era a liberdade, para Wallace como um século antes para Davis. As leis de segregação faziam parte dos direitos estaduais, argumentaram sempre os democratas do Sul. A cisão no partido, ensaiada nas campanhas de Truman e Kennedy, não poderia mais ser evitada. A 28 de agosto, Luther King liderou a Marcha sobre Washington, que reuniu 250 mil pessoas, um mar humano ocupando todo o espaço entre o Mall e o Memorial a Lincoln, aos pés do qual pronunciou seu mais célebre discurso. A 22 de novembro, Kennedy tombaria na limusine aberta, alvejado pelos tiros de Lee Harvey Oswald, em Dallas, no Texas. Em meio à comoção nacional, Johnson exigiu do Congresso a aprovação da Lei dos Direitos Civis. De acordo com uma versão, que pode ser inexata, o presidente comentou com um interlocutor que a Lei dos Direitos Civis custaria ao partido a perda do Sul.

De fato, a fortaleza desmoronou imediatamente. O presidente obteve a reeleição naquele mesmo ano de 1964, em novembro, por ampla maioria — mas o republicano Barry Goldwater venceu em cinco estados sulistas. Quatro anos mais tarde, o Sul votou em massa no segregacionista Wallace, que concorreu como independente, e deu o restante dos votos eleitorais para o republicano Richard Nixon, frustrando as chances do democrata Hubert Humphrey. Nunca mais, com a exceção solitária do georgiano Jimmy Carter, em 1976, um candidato presidencial democrata venceu na antiga Confederação.

A Lei dos Direitos Civis baniu a segregação em escolas, empregos e lugares de uso público. Ela foi seguida pela Lei Nacional dos Direitos de Voto, que

---

123 WALLACE, George. "The 1963 Inaugural Address", 14 de janeiro de 1963.

regulou a aplicação da 15ª Emenda da Constituição, adotada na Reconstrução com a finalidade de proteger o direito de voto dos negros contra o recurso a qualificações discriminatórias. A Suprema Corte assestou um golpe final nas leis antimiscigenação em 1967, no veredicto do caso Loving *versus* Virgínia.

O branco Richard Loving e a negra Mildred Jeter, residentes na Virgínia, haviam se casado em 1958, no Distrito de Colúmbia, circundando a lei antimiscigenação de seu estado. Um tribunal estadual os condenara à prisão, com suspensão de sentença condicional à mudança do casal para fora do estado. Loving e Jeter se transferiram e começaram a apelar, mas perderam nas cortes estaduais. O veredicto definitivo da corte constitucional derrubou as decisões da Virgínia, qualificando-as como "medidas destinadas a conservar a supremacia branca" e como discriminações "odiosas para um povo livre cujas instituições estão fundadas na doutrina da igualdade".[124]

Luther King foi assassinado em abril de 1968, em Memphis, no Tennessee. No mesmo dia, em Indianápolis, o senador Robert F. Kennedy, em campanha pela indicação presidencial democrata, falou sobre o trágico evento de cima da carroceria de um caminhão. Depois de pedir que os cartazes fossem baixados, honrou a luta do líder morto e indagou "que tipo de nação somos e em qual direção queremos nos mover".[125] Um mês depois, em Los Angeles, o próprio Robert seria assassinado por tiros à queima-roupa. A travessia da ponte em Selma cobrava como tributo o cadáver do inspirador do movimento pelos direitos civis e uma transformação de fundo no partido que, por tanto tempo, representara a "Grande Pátria Anglo-Saxônica do Sul".

Obama, ainda senador, discursou para uma multidão na base da ponte de Selma em 2007, num ensaio de sua campanha pela indicação democrata. Não demoraria muito para que o candidato conquistasse o apoio do senador Edward Kennedy, de elevado valor simbólico. Os democratas concluíam uma longa, tumultuosa, jornada política.

---

124 MAGNOLI, Demétrio. *Uma gota de sangue — História do pensamento racial*. Op. cit., p. 116.

125 KENNEDY, Robert F. "Remarks on the Assassination of Martin Luther King Jr.", 4 de abril de 1968.

# Festim da manhã inaugural

Franklin Roosevelt e Winston Churchill trocaram palavras um tanto ásperas sobre o tema dos impérios coloniais, em agosto de 1941, na conferência da qual surgiria a Carta do Atlântico. Segundo um relato de Elliott Roosevelt, filho e assistente do presidente, seu pai abordou a questão pelo ângulo do livre-comércio, enfatizando a necessidade de remoção dos protecionismos coloniais no pós-guerra. Diante das reticências do primeiro-ministro, acusou o imperialismo europeu de conservar o atraso dos povos coloniais.

A Guerra da Indochina começou, de fato, em 1946, quando a França se recusou a reconhecer o governo instalado por Ho Chi Minh em Hanói, na porção norte do Vietnã, após a retirada das forças de ocupação japonesas. Roosevelt comunicara a De Gaulle e Churchill que, na sua opinião, as colônias asiáticas estavam perdidas. Ho Chi Minh operara em contato com os serviços de inteligência americanos no combate contra os japoneses e nutria a esperança de que os Estados Unidos dissuadiriam a França de hostilizar seu governo. Entre 1945 e 1946, ele dirigiu duas cartas a Truman pedindo apoio ao Vietnã independente, mas não teve resposta.

A oscilação americana intensificou-se com o início da Guerra Fria e terminou com o triunfo dos comunistas na China, em 1949. Temendo uma expansão da influência chinesa no Sudeste Asiático, Truman decidiu-se pelo apoio à guerra colonial francesa, algo que contrariava toda a visão rooseveltiana do pós-guerra. Ele não podia saber, mas os desdobramentos geopolíticos daquela decisão provocariam o envolvimento dos Estados Unidos na pior guerra externa de sua história.

Derrotada na épica batalha de Dien Bien Phu, a França firmou os Acordos de Genebra e abandonou a Indochina em 1954. Pelos acordos, o Vietnã foi bipartido provisoriamente ao longo do paralelo de 17 graus, enquanto Laos e Camboja se tornavam soberanos. Envoltos na atmosfera da Guerra Fria, os dois governos vietnamitas não alcançam consenso para a realização das previstas eleições de reunificação. O Vietnã do Norte alinhou-se em definitivo ao bloco soviético e o Vietnã do Sul, aos Estados Unidos.

A Guerra do Vietnã não eclodiu a partir de uma declaração de guerra, mas do início das atividades guerrilheiras comunistas do Vietcongue ao sul do

Ho Chi Minh, o líder político, e Nguyen Vanh Giap, o estrategista militar (ao fundo). Os líderes comunistas do Vietnã foram capazes de organizar uma guerra longa e sangrenta que infligiu sérios danos ao inimigo.

paralelo 17, em 1960, e do desembarque de quatrocentos boinas-verdes (forças especiais do Exército americano) no Vietnã do Sul, no outono do ano seguinte. Depois disso, durante 12 anos, até a retirada das forças combatentes americanas, em 1973, desenrolou-se um conflito que contrapôs o Vietnã do Norte e o Vietcongue, de um lado, e o Vietnã do Sul e os Estados Unidos, de outro. A guerra propagou-se por toda a Indochina, envolvendo o Laos e o Camboja. Em 1975, uma ofensiva final norte-vietnamita destruiu as últimas resistências do Vietnã do Sul.

A escalada dos Estados Unidos insinuou-se em 1962, quando Kennedy despachou 16 mil oficiais, que assumiram o comando das operações militares do Vietnã do Sul, mas só se efetivou a partir de 1964, com o início do desembarque de tropas regulares. No verão de 1966, as forças americanas na Indochina ultrapassaram a marca de 420 mil militares. O ápice da intervenção aconteceu em abril de 1969, com o engajamento de 543 mil americanos.

No saldo de toda a guerra, os Estados Unidos perderam 58 mil militares e o Vietnã do Sul, quase 225 mil. Em conjunto, o Vietnã do Norte e a guerrilha Vietcongue perderam algo como 1,1 milhão de combatentes, suportando baixas numa proporção de quatro para um. Até a retirada, as forças americanas não sofreram nenhuma derrota em batalhas relevantes. O humilhante fracasso da maior potência do mundo decorreu de causas políticas. Os Estados Unidos perderam a guerra nas cidades americanas, não nas selvas, pântanos e montanhas da Indochina.

As circunstâncias geopolíticas da Guerra Fria impunham limites à estratégia militar americana. A guerra terrestre foi travada sob o conceito defensivo da "busca e destruição" de forças inimigas em operação no sul do paralelo 17. As ações em território norte-vietnamita se circunscreveram a pesados bombardeios aéreos e ao bloqueio do porto de Haiphong. Com a finalidade de evitar o eventual envolvimento de tropas soviéticas ou chinesas, nunca se passou à ofensiva no Vietnã do Norte. Em agosto de 1967, testemunhando numa audiência secreta no Senado, o secretário da Defesa Robert McNamara afirmou que a guerra poderia ser vencida apenas por meio da "completa aniquilação do Vietnã do Norte".[126] Essa linha, contudo, Washington não se arriscaria a seguir.

Uma guerra sem desenlace previsível, justificada por considerações geopolíticas um tanto abstratas, é um programa insustentável nas democracias de massas. No início de 1966, o senador Robert Kennedy e o influente colunista Walter Lippmann alertaram para os riscos políticos decorrentes das perdas crescentes de soldados e pipocaram protestos em universidades e nas ruas em Nova York, Chicago, Washington, Boston e São Francisco. Contudo, a maioria da opinião pública ainda apoiava a guerra.

O ano fatal foi 1968. McNamara, o inspirador da estratégia americana na Indochina, tornou-se a primeira vítima política do impasse militar. Em novembro de 1967, numa emotiva coletiva de imprensa, ele anunciou sua demis-

---

126 MAGNOLI, Demétrio. "Guerras da Indochina." IN: MAGNOLI, Demétrio (org.). *História das guerras*. São Paulo, Contexto, 2006, p. 416.

são, efetivada três meses mais tarde. No 21 de janeiro seguinte, 5 mil *marines* eram cercados por 20 mil soldados norte-vietnamitas na base aérea de Khe Sanh, junto à Zona Desmilitarizada do paralelo 17. Durante 77 dias de cerco, a imprensa americana usou o nome agourento "Dien Bien Phu" nas análises sobre Khe Sanh. A comparação não fazia sentido — e o extraordinário poder de fogo aéreo transformou os arredores da base aérea num matadouro de talvez até 10 mil soldados inimigos. Mas a frente política interna começava, irreversivelmente, a desmoronar.

Tet Nguyen Dan significa algo como o "festim da manhã inaugural", no vocabulário sino-vietnamita. O Tet é o Ano-Novo do calendário lunar vietnamita, celebrado durante três dias, entre o final de janeiro e o início de fevereiro. A trégua do Tet de 1968 foi interrompida na manhã de 31 de janeiro por ataques simultâneos, coordenados, do Vietcongue contra mais de uma centena de cidades e povoados sul-vietnamitas. A ofensiva abrangeu os mais importantes centros urbanos, como Saigon, a capital nacional, e as capitais provinciais Hué, Da Nang e Quang Tri. Os formuladores da vasta operação imaginavam que detonariam insurreições populares generalizadas, mas o povo não se moveu.

No fim, a Ofensiva do Tet foi um fracasso militar. Contudo, representou um golpe político fatal na resolução de lutar dos Estados Unidos. Os combates de rua na região central de Saigon, transmitidos em imagens de televisão e fotografias que correram o mundo, caíram como pesados blocos de gelo sobre a opinião pública americana. A iniciativa estava com o Vietnã do Norte; a guerra não caminhava para uma solução positiva — essas eram as mensagens daquela "manhã inaugural". A 29 de fevereiro, quando McNamara deixou o Pentágono, a Ofensiva do Tet se encerrava, mas prosseguia a Batalha de Khe San e os jovens americanos pediam nas ruas, em manifestações cada vez maiores, o fim da guerra.

Na Convenção Democrata de Chicago, em agosto, em meio a protestos pacifistas reprimidos com violência pela polícia, Humphrey bateu a muito custo a candidatura antiguerra de Eugene McCarthy. Nas eleições presidenciais de novembro, erguendo a bandeira da "paz com honra", Nixon derrotou os democratas desmoralizados pela guerra. A retirada era, então, uma questão de tempo. Muito tempo, porém: demoraria ainda mais de quatro anos.

## Sob o signo de Watergate

A política de Nixon, elaborada pelo conselheiro de Segurança Nacional Henry Kissinger, tinha por meta a "vietnamização" do conflito na Indochina, o que significava a capacitação do Vietnã do Sul para prosseguir a guerra e a concomitante retirada das forças americanas. Era parte de uma estratégia mais ampla, de aproximação com a China e distensão com a URSS. Negociações secretas entre Washington e Hanói começaram no outono de 1969. Em junho de 1971, anunciou-se a histórica visita de Nixon à China, que ocorreria no início do ano seguinte. Logo depois de Pequim, o presidente americano desembarcou em Moscou, firmando acordos de controle do nível dos arsenais nucleares das duas superpotências.

A "paz com honra" não era um objetivo fácil, pois o Vietnã do Norte temia perder o apoio de Moscou e Pequim e deflagrava novas ofensivas militares. A guerra assumiu os contornos de carnificina em 1972. Os norte-vietnamitas sofreram baixas de 100 mil homens e de metade de seus tanques e artilharia, em apenas seis meses, o que provocou o afastamento de Nguyen Van Giap, o gênio militar responsável pelo triunfo em Dien Bien Phu. Os Acordos de Paris, de janeiro de 1973, exprimiram tanto o colapso da vontade de lutar dos Estados Unidos quanto as pressões esmagadoras sofridas pelo aparato militar do Vietnã do Norte.

Palavras, mais que dezenas de batalhas, definiram o dilema americano. Em março de 1968, tropas de infantaria dos Estados Unidos invadiram o povoado de My Lai em busca de guerrilheiros comunistas infiltrados. Não os encontraram, mas massacraram com tiros à queima-roupa cerca de trezentos civis vietnamitas. O episódio foi descoberto pela imprensa no ano seguinte, transformando-se em símbolo de uma guerra cruel, destituída de sentido, contaminada pelo veneno do neocolonialismo. Em 1971, Daniel Ellsberg, um analista do Pentágono, vazou 7 mil páginas de documentos secretos que continham revelações tenebrosas sobre o envolvimento americano na Indochina desde 1945. O governo tentou impedir a publicação, pelo *New York Times*, dos chamados Papéis do Pentágono, mas a Suprema Corte invocou a Constituição para proteger o direito à informação.

Imagens calaram ainda mais fundo que as palavras. Em maio de 1972, no contexto dos bombardeios aéreos estratégicos ordenados por Nixon, pilotos sul-vietnamitas atingiram acidentalmente um povoado do Vietnã do Sul. A foto de

Aproveitando a convenção nacional do Partido Democrata, em Chicago, uma centena de grupos jovens reuniu-se na cidade, apesar da proibição da prefeitura. Durante uma semana, manifestantes e forças de segurança (em número desproporcional) entraram em confronto após provocações mútuas, com prisões em massa e situação caótica para a cidade. O Partido Democrata não pôde escapar da associação com aqueles "jovens baderneiros" e isso lhe custou muitos votos. A justiça voltou-se contra sete jovens líderes, conhecidos como "Chicago Seven", acusando-os de incitação à desordem, em um processo bastante rumoroso que se estendeu até 1970.

uma menina nua, queimada pelo napalm, fugindo em desespero das chamas, converteu-se em emblema da guerra. Cumprindo o seu dever, os jornalistas registraram a imagem mais pungente da tragédia. Atrocidades ocorriam, igualmente, nas operações conduzidas pelo Vietcongue e pelas forças norte-vietnamitas. Mas elas não tiveram divulgação comparável, em decorrência das dificuldades logísticas e do viés antiguerra adotado pela imprensa ocidental.

A linha da "paz com honra" estendeu a guerra sem produzir vantagens palpáveis. Todos os indícios sugerem que os termos dos Acordos de Paris estariam disponíveis pelo menos desde o final de 1969. As matanças incessantes, as imagens dos corpos de soldados americanos retornando dentro de capas de plástico, as batalhas nas selvas — tudo isso, exposto ao público na primeira guerra da "era da informação", reduziu as chances de uma reconciliação nacional americana. Mas o golpe decisivo veio com as revelações do caso Watergate. Reeleito com ampla maioria em 1972, Nixon renunciaria em agosto de 1974, sob a ameaça iminente de *impeachment*.

Desde o início de seu segundo mandato, Nixon foi assombrado pelas investigações do Caso Watergate, impulsionadas a partir das reportagens de Bob Woodward e Carl Bernstein no *Washington Post*. Mais que o assalto à sede do Comitê Nacional Democrata, evento detonador do escândalo, as mentiras sucessivas do presidente à nação determinaram os rumos dos acontecimentos. À sombra crescente do escândalo, nada do que fizesse a Casa Branca poderia curar a divisão entre os campos da "paz imediata" e da "paz com honra" na Indochina.

Kissinger esteve ao lado de Nixon durante o desenrolar da crise de Watergate. Nas suas memórias, ofereceu uma sugestão instigante sobre a razão de fundo para a incrível sequência de gestos autodestrutivos que conduziram à ruína final:

> *Ninguém que lidou regularmente com Nixon jamais duvidou que ali estava um homem capaz de impor sua vontade sobre as circunstâncias. Mas ele não sabia administrar divergências pessoais e fazia qualquer coisa para alcançar seus objetivos por meios indiretos. Nixon aspirava à grandeza e chegou perto dela, pelo menos na condução da política externa. Contudo, arruinou sua presidência com ações tão desnecessárias quanto indignas.*[127]

Em sua busca pela grandeza, Nixon perdeu de vista a natureza da democracia, que não é o regime dos líderes, mas das instituições. Tentou impor sua vontade sobre a sociedade inteira: o Congresso, o Judiciário, a imprensa, a opinião pública. Manobrou, operou nos bastidores, circundou a verdade, iludiu incessantemente. A obsessão pelo lugar que lhe reservaria a história parece tê-lo conduzido a instalar o sistema automático de gravação do qual surgiriam as evidências de suas mentiras.

Johnson tinha um sistema de gravação implantado no Salão Oval e no Gabinete presidencial, que era ativado quando ele pressionava um botão. Nixon ordenou a retirada do sistema logo após a posse e, no início de seu primeiro mandato, o mencionava como exemplo de paranoia. Nunca se soube ao certo o motivo da radical mudança de ideia que o levou a instalar um sistema

---

127 KISSINGER, Henry. *Years of renewal*. Nova York, Touchstone, 1999, p. 44.

O MUNDO DO AVESSO

muito mais intrusivo, cujo acionamento não requeria nenhum gesto presidencial. Segundo Kissinger, ele foi criado "para mostrar Nixon em magistral controle de tudo, cuidadosamente planejando seu movimentos e dominando os acontecimentos", e também para auxiliar o presidente na redação de suas memórias.[128] O fato é que as gravações desempenharam um papel central na implosão de seu governo.

Watergate decidiu a sorte do Vietnã. Política e militarmente, o Vietnã do Sul poderia resistir por um longo tempo à pressão inimiga, se contasse com níveis adequados de ajuda americana. A estratégia materializada pelos Acordos de Paris preconizava esse engajamento duradouro dos Estados Unidos. A "paz com honra", afinal, nada tinha em comum com as constrangedoras imagens da evacuação americana de Saigon, nos últimos dias de abril de 1975. Mas o desenlace estava escrito desde junho de 1973, quando o Congresso, embalado pelo escândalo que erodia a autoridade presidencial, aprovou uma lei proibindo qualquer novo envolvimento na Indochina e, inclusive, a expansão dos desembolsos em ajuda militar ao Vietnã do Sul.

A decisão dos parlamentares desmoralizou as promessas americanas ao aliado do Sudeste Asiático, tornando evidente que ele combateria sozinho. Um ano após a desesperada evacuação dos diplomatas e funcionários americanos, o Vietnã seria reunificado sob regime comunista e a cidade de Saigon, rebatizada em homenagem a Ho Chi Minh.

## A derrota de Atenas

O general William Westmoreland, comandante das forças americanas no Vietnã entre 1964 e 1968, tentou incansavelmente impor ao inimigo o engajamento em batalhas clássicas, de grandes unidades, que favoreceriam o lado com poder de fogo e tecnologia superiores. O Vietnã do Norte e o Vietcongue quase nunca aceitaram a batalha franca — e, quando o fizeram, como em Khe Sanh, sofreram implacáveis derrotas. Westmoreland sabia que o calcanhar de aquiles americano se encontrava na coesão política interna, na resolução de

---

128 KISSINGER, Henry. *Years of renewal*. Op. cit., p. 63.

lutar até a vitória, mas jamais teve a liberdade para passar à guerra ofensiva e usar meios de destruição irrestritos a fim de alcançar vitórias decisivas.

Um impasse atroz destruía aos poucos as bases políticas para a guerra na Indochina. De um lado, o comando militar solicitava quantidades crescentes de tropas e meios financeiros. De outro, em função da estratégia geral definida, nunca era capaz de fazer promessas críveis de triunfo, mensuradas pela conquista de territórios inimigos. Westmoreland tentava circundar o impasse enfatizando as sucessivas vitórias em batalhas de pequeno porte e a desproporção entre as suas baixas e as do inimigo. Contudo, as palavras do comandante não produziam efeito: nos Estados Unidos, só importava a contagem de corpos americanos.

Victor Davis Hanson sugere um interessante paralelo entre as dificuldades americanas na Indochina e as dos atenienses na segunda etapa da Guerra do Peloponeso, evidenciadas no célebre relato de Tucídides:

> *Não é nenhuma surpresa, diz Tucídides, que o público ateniense tenha perdido rapidamente a confiança com as notícias constantes dos impasses além-mar e da necessidade de ainda mais homens e material. Em uma sociedade consensual, antiga ou moderna, vozes se elevam quando operações militares além-mar se revelam caras, custosas em vidas e sem a promessa de uma vitória no final. Nesse sentido, o aumento do sentimento antiguerra americano era previsível. O desacordo nos Estados Unidos era coerente com toda a história da oposição ocidental a suas próprias práticas militares nas raras ocasiões em que a vitória se revela esquiva [...].*[129]

O Vietnã do Norte tinha uma causa pela qual lutar. Ho Chi Minh simbolizava a resistência ao colonialismo francês e à ocupação japonesa. A bandeira da independência nacional era sua, não do Vietnã do Sul. O Estado sul-vietnamita surgira pela mão dos franceses, sob a forma de uma monarquia tradicional, e evoluía como um regime semiautoritário protegido pelos Estados Unidos. Ele não representava nem a independência nacional nem as liberdades políticas.

---

129 HANSON, Victor Davis. *Por que o Ocidente venceu.* Rio de Janeiro, Ediouro, 2002, p. 577.

Mesmo assim, o Vietcongue nunca conseguiu produzir um levante popular contra o regime sustentado por Washington.

Os Estados Unidos lutavam em nome da *realpolitik* ou da liberdade? Truman desviou-se do rumo de Roosevelt por uma extensão lógica da doutrina da contenção: a Indochina francesa aparecia, no radar americano do alvorecer da Guerra Fria, como uma segunda Coreia. Kennedy e Johnson conduziram o engajamento militar por fidelidade à "teoria do dominó" reinante no governo Eisenhower: a queda do Vietnã do Sul provocaria efeitos em cascata, arrastando para a órbita do comunismo o conjunto do Sudeste Asiático. A liberdade dos vietnamitas nunca foi mais que um argumento precário na tentativa da Casa Branca de persuadir a opinião pública a sustentar a guerra longínqua.

As sociedades fundadas no consenso político não travam guerras que carecem de apoio na opinião pública interna. A escalada americana no Vietnã, em 1964, coincidiu com a aprovação da Lei dos Direitos Civis. A Ofensiva do Tet, em 1968, precedeu em poucos meses o assassinato de Luther King. Ao longo desse intervalo, "Atenas" desistiu de travar uma guerra cujo sentido se perdera.

A luta pela Indochina produziu um tipo de refugiado que ocupou as manchetes dos noticiários por muito tempo, os *boat people*, vietnamitas e cambojanos que se lançavam ao mar em embarcações precárias e lotadas, geralmente buscando o porto de Hong Kong e, não raramente, naufragando no caminho.

No fim, as pedras do dominó caíram apenas nos limites restritos da antiga indochina francesa. A partir de 1976, o Vietnã reunificado conheceu ondas selvagens de repressão política e religiosa, crises de fome e a diáspora de cerca de 1,5 milhão de pessoas. No Camboja, sob o regime pró-chinês de Pol Pot, o terror vermelho dizimou mais de 2 milhões de pessoas em fuzilamentos sem fim ou nos campos de concentração do regime ensandecido. Em 1979, enquanto o Vietnã invadia o Camboja, tropas chinesas cruzavam a fronteira vietnamita na tentativa de derrubar o regime de Hanói. A guerra, breve mas sangrenta, terminou com a retirada chinesa.

# Barricadas no Quartier Latin

Rudi Dutschke encontrou o marxismo fugindo da Alemanha Oriental, comunista, para a Alemanha Ocidental, capitalista. Ele nasceu em 1940, nos primeiros meses da guerra mundial, em Brandemburgo, no Reich de Hitler, e completou o ensino médio na nova República Democrática Alemã. O espírito de rebeldia surgiu cedo, expressando-se na recusa de alistamento militar, o que lhe valeu o veto ao ingresso na universidade. Então, em agosto de 1961, um dia antes da bipartição física do país, pela edificação do Muro de Berlim, o jovem escapou para Berlim Ocidental.

Na República Federal da Alemanha, a esquerda radical não era comunista — e encarava os comunistas como burocratas a serviço da URSS, uma potência opressora. Os jovens radicais organizavam-se às margens do venerável Partido Social-Democrata (SPD), especialmente na União Estudantil Socialista Alemã (SDS), um braço universitário do partido criado logo após o fim da guerra. Dutschke, que ingressara na faculdade de sociologia da Universidade Livre de Berlim, juntou-se aos inquietos militantes da SDS, com eles percorrendo o caminho da ruptura com a social-democracia oficial. A cisão formal acontecera em 1961, como decorrência do apoio do SPD à Otan e ao rearmamento alemão, e um abismo se abriria anos depois, quando se cons-

tituiu uma coalizão governista entre o Partido Democrata-Cristão (CDU) e os social-democratas.

A agitação estudantil nos *campi* da República Federal da Alemanha se nutria das bandeiras da oposição à Guerra do Vietnã e aos arsenais nucleares. As imagens e as frases de Ho Chi Minh, Che Guevara e até de Mao Tsé-tung engajado na Revolução Cultural chinesa coloriam os protestos. O filósofo alemão Herbert Marcuse explicava a guerra conduzida na Indochina como dimensão de um impulso destrutivo inerente ao capitalismo:

*Ocorrem mais de 49 mil acidentes fatais nas estradas e mais de 4 milhões são feridos em acidentes de tráfego a cada ano nos Estados Unidos. Quando se compara isso com as estatísticas de baixas no Vietnã, compreende-se por que essa guerra não desencadeia nenhuma reação de massas.*[130]

Como reação à coalizão CDU-SPD, inaugurada em 1966, os militantes universitários formaram a Oposição Extraparlamentar (APO), que enxergava na Alemanha Ocidental o fruto de uma ruptura incompleta com o Reich nazista. Logo, o chefe de governo democrata-cristão, Kurt Georg Kiesinger, esboçou um projeto de leis de emergência, que propiciariam a limitação das liberdades públicas para combater a agitação nas universidades.

Mohammed Reza Pahlevi, o xá do Irã, firme aliado dos Estados Unidos, visitou a República Federal da Alemanha no início de junho de 1967 — e foi recebido com manifestações estudantis de protesto. No dia 2, diante da Ópera de Berlim, onde o xá assistia a um espetáculo, tiros de um policial mataram o manifestante Benno Ohnesorg. Quatro décadas mais tarde, com a abertura dos arquivos da República Democrática Alemã, descobriu-se que o policial, Karl-Heinz Kurras, era um agente infiltrado da Stasi, a polícia secreta da Alemanha Oriental.

A tragédia fez seu curso. O prefeito social-democrata de Berlim não ofereceu desculpas pela brutalidade policial. Um panfleto da organização estudantil oficial social-democrata, a moderada SDH, acusou-o de "celebrar a opressão na Pérsia, condenar as manifestações e justificar o assassinato de uma

---

130 MARCUSE, Herbert. "Vietnam — Analyse eines Exempels" (Trad. Allison Brown). *Neue Kritik* 7, n. 36-37, julho/agosto 1966.

De jovem agitador estudantil a mártir da esquerda radical, o nome de Rudi Dutschke desencadeou as mais violentas discussões na Alemanha Ocidental em torno do grau de autoritarismo adotado pelo governo de Bonn em nome do combate ao comunismo.

pessoa".[131] No outono de 1967, o movimento estudantil intensificou-se por toda a República Federal da Alemanha, enquanto jornais do Grupo Springer, especialmente o *Bild-Zeitung*, crismavam Dutschke como inimigo público, cérebro das desordens.

Em 11 de abril de 1968, Josef Bachmann, um jovem semiproletário de 23 anos, abordou Dutschke na rua, confirmou a identidade do líder universitário e o alvejou na cabeça com três tiros. Diante de um juiz, explicou que agira movido pelo ódio contra um comunista desprezível. Bachmann cometeu suicídio

---

[131] Associação de Estudantes Social-Democratas (SHB). "Student Slain", Berlim, 3 de junho de 1967 (Trad. Allison Brown).

em 1970. Dutschke sobreviveu, com sequelas cerebrais profundas, que o obrigaram a reaprender a falar e escrever. A fim de recuperar a saúde, transferiu-se com a família para a Grã-Bretanha, onde seria aceito como estudante na Universidade de Cambridge.

O filósofo Theodor Adorno e outros 13 intelectuais publicaram uma carta apontando a "aliança entre um jornalismo inescrupuloso de consumo de massas e de uma ideologia nacionalista revivida" no atentado contra Dutschke.[132] Os tiros de Bachmann deflagraram faíscas na atmosfera elétrica, produzindo uma tempestade nos *campi* da Europa Ocidental. O epicentro da tormenta moveu-se da Alemanha para a França e o nome de Daniel Cohn-Bendit ganhou as manchetes dos jornais. No início de maio, manifestações estudantis de massas abalaram Paris. Nos arredores da Sorbonne, as ruas do Quartier Latin foram atulhadas com barricadas. No dia 13, enquanto a polícia e os estudantes se chocavam em meio a nuvens de gás lacrimogêneo, uma greve geral de trabalhadores paralisou a França, ameaçando a sobrevivência do governo de Charles De Gaulle.

## Fragmentos de marxismo

Cohn-Bendit nasceu em 1945, em Montauban, cidade medieval fortificada do sudoeste da França, numa família de judeus alemães que fugira do nazismo no ano da ascensão de Hitler e perdera a nacionalidade alemã. Em 1958, mudou-se para a região de Frankfurt, na República Federal da Alemanha, juntando-se a seu pai, que retornara antes, e optou pela cidadania alemã com o intuito de evitar o serviço militar francês. Já envolvido na onda de radicalização ideológica estudantil, retornou à França e ingressou na faculdade de sociologia da Universidade de Nanterre, no subúrbio parisiense, em 1966.

Os cursos de sociologia, na Alemanha e na França, formavam uma paisagem intelectual um tanto desconcertante. A crítica ao sistema capitalista já

---

132 ADORNO, Theodor et alii. "A Declaração dos Quatorze." *Die Zeit*, 19 de abril de 1968 (Trad. Allison Brown).

não procedia de uma fonte doutrinária coerente, mas dividia-se em cascatas desviadas pelas rochas da crise do marxismo. O socialismo soviético desmoralizara-se largamente, ainda mais depois da invasão da Hungria, em 1956, e do golpe palaciano que encerrara a "desestalinização" de Kruschev, em 1964. A social-democracia ocidental perdera sua capacidade de atração dos intelectuais anticapitalistas. A cena estava aberta para espetáculos de todos os tipos, que se cruzavam sem gerar diálogos verdadeiros.

Na Universidade Livre de Berlim, Dutschke foi aluno de Richard Lowenthal, um acadêmico incomum, com uma longa militância política na adversidade. Lowenthal pertencera ao Partido Comunista da Alemanha (KPD) nos anos 1920, mas rompera indignado com a recusa da direção de estabelecer uma aliança antinazista com os social-democratas. Na clandestinidade, perseguido pelo nazismo e envolvido com um grupo da esquerda revolucionária social-democrata, tentou organizar os trabalhadores alemães, até escapar para a Grã-Bretanha. Lá, sob a influência do Partido Trabalhista, iniciou a sua jornada intelectual na social-democracia oficial.

De volta à Alemanha, em 1959, Lowenthal notabilizou-se pelas análises sobre a URSS. Ele interpretava a "desestalinização" como uma transição real, pela qual o Estado soviético substituía o sistema totalitário por um regime burocrático autoritário que se estiolaria aos poucos, em meio à estagnação econômica. No SPD, destacou-se como defensor da integração da Europa Ocidental e do fortalecimento dos laços atlânticos entre as nações europeias e os Estados Unidos. Na hora da eclosão da agitação estudantil, criticou de imediato o radicalismo da APO, insistindo na natureza democrática da República Federal da Alemanha.

Seria o Estado ocidental alemão uma democracia ou um estilhaço do Reich nazista? O tema ocupava o centro dos debates, entre os intelectuais e os ativistas estudantis. O filósofo Jurgen Habermas, que discordava de Lowenthal e identificava marcantes traços autoritários na República Federal da Alemanha, simpatizou com os primeiros gestos de rebeldia nos *campi* mas logo retrocedeu diante das táticas da corrente mais radical do movimento, qualificando-a como "fascismo de esquerda". Marcuse, por outro lado, de sua cátedra nos Estados Unidos, sustentava a tese de que a "democracia opulenta" do Ocidente não se distinguia, senão na forma exterior, dos regimes autoritários.

"Tolerância repressiva" era o título de um ensaio de Marcuse, publicado em 1965 e célebre entre os ativistas estudantis. O conceito central era exposto do seguinte modo:

> *A força libertadora da democracia foi a oportunidade que ela ofereceu à dissidência efetiva [...], a sua abertura a formas qualitativamente diferentes de governo, cultura, educação, trabalho [...]. Mas, com a concentração de poder econômico e político, e com a integração de opostos numa sociedade que utiliza a tecnologia como instrumento de dominação, a dissensão efetiva é bloqueada onde poderia emergir livremente: na formação de opinião, na informação e nas comunicações, no discurso e na assembleia.*

Os eventos de 1968 não podem ser compreendidos com os instrumentos de uma sociologia economicista que ignora o impacto conjunto da crise do comunismo, do alinhamento da social-democracia à ordem ocidental do pós-guerra, da Guerra do Vietnã e das palavras dos intelectuais anticapitalistas. Marcuse, não Lowenthal, inspirava os estudantes na Europa Ocidental.

Segundo Marcuse, a "mídia monopolista", expressão da concentração de poder econômico e político, cria uma mentalidade que predefine "o certo e o errado", "o verdadeiro e o falso", bloqueando a dissidência. Sob o império da "tolerância repressiva", todos os discursos são admitidos no mercado de ideias, mas estão fechadas as vias de entrada para significados divergentes:

> *Outras palavras podem ser ditas e ouvidas, outras ideias podem ser expressas mas, na escala de massas da maioria conservadora [...], elas são automaticamente "avaliadas" (isto é, automaticamente entendidas) nos termos da linguagem pública — uma linguagem que determina a priori a direção na qual se move a trajetória do pensamento.*[133]

O pensamento marcusiano atraía a atenção de jovens intelectuais inquietos em busca de um novo caminho revolucionário. Um deles era Manuel Castells, que fugira do franquismo na Espanha, cursara sociologia na França e, antes de completar 25 anos, já dava aulas para Cohn-Bendit na Universidade de

---

133 MARCUSE, Herbert. "Repressive tolerance", 1965.

Nanterre, num departamento formado por professores como Alain Touraine, Henri Lefebvre e Fernando Henrique Cardoso. Castells acreditava que capitalismo e socialismo não estavam tão separados, mas convergiam como Estados burocráticos, fundamentalmente autoritários. Ele se envolveu por completo na agitação estudantil, que definiria como uma revolução voltada não para a tomada do poder mas para a "mudança da vida, do ser, dos sentidos, sem intermediação política" durante "dois meses emocionantes de incessantes debates políticos e intelectuais, manifestações, administração autônoma de tudo e amor livre".[134]

O Maio de 1968 em Paris começou em março, em Nanterre, pela reivindicação de que os estudantes pudessem visitar os dormitórios de colegas do sexo oposto. O movimento deflagrado no subúrbio, sob a liderança de Cohn-Bendit, espalhou-se pelos *campi* de Paris, exigindo reformas gerais nas estruturas de poder e ensino nas universidades. No 6 de maio, 20 mil pessoas entraram em combate de rua com a polícia que cercava a Sorbonne, no Quartier Latin. O comitê de ação dos estudantes distribuiu um panfleto que explicava: "Nós não temos uma etiqueta e não queremos uma. Nossa palavra de ordem é a palavra revolução." Qual revolução?

"Não temos uma doutrina, mas um único princípio: a sociedade é que deve estar a serviço do indivíduo e não o inverso. Em consequência, é o homem que deve fazer a sociedade. Ora, atualmente, é a sociedade que faz o homem, reduzindo-o a nada além de um instrumento de consumo e produção a serviço do capitalismo."[135]

Não era uma linguagem compreensível para a esquerda tradicional. O Partido Comunista Francês (PCF) desdenhava o movimento daqueles "aventureiros" e "anarquistas". Jean-Paul Sartre, na sua eterna relação de amor e ódio com o PCF, discursou para os operários, na entrada da fábrica da Renault em Boulogne-Billancourt, conclamando a aliança entre trabalhadores, estudantes e intelectuais. No dia 10, um novo, violento choque atravessou a madrugada. A brutalidade policial chocou o país, modificando o cenário político e ativan-

---

134 CASTELLS, Manuel & INCE, Martin. *Conversations with Manuel Castells*. Oxford, Blackwell, 2003, p. 13.

135 C.A.R. ODEON. "Des reformes? Non. La revolution: Oui." Paris, maio de 1968.

do forças inertes. A social-democracia condenou a repressão. Os comunistas, relutantes, declararam-se solidários com os jovens das barricadas. As centrais sindicais convocaram uma greve geral de um dia, estabelecendo uma pauta de reivindicações trabalhistas e salariais. Um milhão de pessoas, talvez mais, marcharam na capital francesa no dia 13.

A greve geral não se limitou ao dia definido pelas centrais sindicais. Apesar dos acenos do governo do primeiro-ministro Georges Pompidou de aumentos salariais, o movimento dos trabalhadores espalhou-se pelo país, com a formação de comitês de greve e a ocupação de fábricas. Aquilo que começara em Nanterre, como um estalido quase inaudível, se transformara numa dramática crise institucional, a maior da França desde a Libertação.

"Somos marxistas — da tendência de Groucho", escreviam os estudantes nos muros parisienses. Marcuse identificava em quatro grupos os contornos de uma oposição global ao sistema: intelectuais e jovens, minorias excluídas nas sociedades nacionais, movimentos radicais e religiosos, as mulheres. Mas a França estava parada por obra dos trabalhadores, não das novas vanguardas marcusianas. Em uma entrevista concedida quase um ano antes, Dutschke delineara uma linha de ação: a "difusão de uma ação grevista por meio de greves de solidariedade em diversas indústrias, amplificada por ondas de solidariedade estudantil" e a criação de "comitês autônomos de operários".[136] Na França, desenrolava-se o levante que o líder estudantil alemão pregara, sem sucesso, para Berlim Ocidental.

O governo francês oscilava sobre o abismo. François Mitterrand, o líder social-democrata derrotado nas eleições presidenciais de 1965, declarou que, não mais existindo um Estado, ele se prontificava a constituir um novo gabinete. Em 29 de maio, De Gaulle retirou seus documentos privados do Palácio do Eliseu, cancelou uma reunião ministerial e desapareceu. O presidente reuniu-se secretamente, na base militar de Baden-Baden, com o general Jacques Massu, um firme aliado dos tempos da crise argelina alçado a chefe das forças francesas na Alemanha. Massu assegurou-lhe apoio e restaurou a confiança abalada do velho general. No dia seguinte, uma marcha de meio milhão atravessou Paris cantando "Adieu, De Gaulle!".

---

136 "We demand the expropriation of Axel Springer." *Der Spiegel*, 10 de julho de 1967 (Trad. Allison Brown).

No ano de 1968 o "jovem" e seu "movimento" apareceu em diversos países, sob diferentes formas e conteúdos. A categoria "estudante", como força política e fenômeno social, era uma novidade que chacoalhava e chocava, com aqueles jovens de classe média se alinhando aos sindicatos e ideologias de esquerda. Na França, a greve de estudantes e trabalhadores reviveu sua história de revoltas populares ocupando o centro da capital e desestabilizando governos.

Parecia uma revolução, mas não era. Pompidou dissolveu a Assembleia Nacional e De Gaulle, pelo rádio, anunciou a convocação de eleições e exigiu o encerramento das greves, ameaçando implantar estado de emergência. Na sequência, de acordo com um plano elaborado ao longo da crise, os gaullistas lideraram uma manifestação de 800 mil apoiadores do presidente, que marcharam ao longo da elegante esplanada dos Champs-Elysées. Terminava a primavera louca.

As greves se esvaziaram e a polícia retomou as fábricas ainda ocupadas. Os sindicatos firmaram acordos. A união estudantil cancelou manifestações, desautorizando os grupos radicalizados. A Sorbonne foi retomada pelas forças policiais. Cohn-Bendit, a face icônica da revolta, fora deportado para a Alemanha a 22 de maio, sob a acusação de ser um "agitador estrangeiro". Nas eleições de 23 de junho, os gaullistas mais que dobraram suas cadeiras, fazendo 46% dos votos, contra cerca de 20% para os comunistas e quase o mesmo para os social-democratas. As barricadas estudantis do Quartier Latin ingressaram na esfera dos mitos, alimentando as mais exageradas narrativas.

## "Aqueles que têm visões devem procurar um médico"

Helmut Schmidt liderou a SDS entre 1947 e 1948, pouco antes da fundação da República Federal da Alemanha e bem antes do ingresso do jovem Dutschke na organização estudantil. Quando começou a agitação universitária, Schmidt era o representante da bancada parlamentar social-democrata e vice-presidente do SPD. Ele encarnava um partido que rompera por completo com os grandes sonhos revolucionários do passado. Nos meses conturbados da revolta estudantil, referindo-se às utopias que emanavam dos *campi*, cunhou sua frase mais célebre: "Aqueles que têm visões devem procurar um médico."

"Visões" doentias começavam a aparecer, aqui e ali, em meio aos manifestos antiautoritários dos estudantes. Na noite do assassinato de Ohnesorg, Gudrun Ensslin tomou a palavra numa reunião da SDS para denunciar a República Federal da Alemanha como um Estado fascista. Ensslin era uma jovem de classe média alta, graduada na Universidade de Tubingen, que tivera um caso amoroso — e um filho — com um rapaz influenciado pelas opiniões pró-nazistas do pai. O casal, porém, se afastara da ultradireita nacionalista e transitara para a extrema esquerda ativa em Berlim Ocidental. Naquela noite, ela dissera o que muitos colegas diziam, mas a diferença é que logo Ensslin abandonaria o namorado, se tornaria amante de um jovem delinquente e se engajaria na aventura do terrorismo.

Andreas Baader era o nome do amante de Ensslin. Envolvido em pequenos crimes desde a adolescência, expulso da escola em Munique, não tinha posições políticas definidas antes de conhecer a jovem radical. Os dois se encontraram em agosto de 1967 em Berlim. Em abril do ano seguinte, viajaram para Frankfurt, onde Ensslin participaria de um encontro do SDS, junto com dois companheiros. Na noite de 2 de abril, os quatro detonaram bombas incendiárias em duas lojas de departamentos. Dias depois, foram presos. Durante o processo, aproveitaram a liberdade provisória para fugir, mas Baader foi recapturado em abril de 1970. Dois meses depois, seria resgatado numa operação organizada por Ulrike Marie Meinhof.

Meinhof, seis anos mais velha que Ensslin e nove mais que Baader, tinha 33 em abril de 1968. Filha de um historiador filiado ao Partido Nazista, cresceu sob a influência da tutora Renate Riemeck, que se tornara amante de sua mãe desde a morte do pai. Riemeck, também ex-nazista, envolveu-se no pós-guerra em movimentos pacifistas e mostrou à adolescente o caminho da política, que a conduziria à esquerda radical alemã. Na Universidade de Munster, Meinhof conheceu o jovem professor espanhol Manuel Sacristán, um franquista convertido ao marxismo que logo dirigiria o partido clandestino dos comunistas da Catalunha. Em seguida, ingressou no SDS e tornou-se editora de *Konkret*, revista consagrada aos temas da revolução e do amor livre.

No dia do atentado contra Dutschke, Meinhof concluiu que se esgotara o tempo das palavras: "Protesto é quando digo que não gosto disso ou daquilo. Resistência é quando faço com que as coisas das quais não gosto não mais aconteçam." O artigo seguia, discutindo os sentidos da violência à luz dos confrontos entre estudantes e policiais ocorridos na Páscoa, na Alemanha:

> *Agora, depois que se demonstrou que existem instrumentos outros além de simples manifestações [...]; agora, quando se quebraram as algemas da decência comum, a discussão sobre violência e contraviolência pode e deve recomeçar. A contraviolência, como foi praticada nestes dias da Páscoa, não é adequada para atrair simpatias nem para persuadir liberais alarmados a apoiarem a APO. A contraviolência traz o risco de se transformar em violência, nas circunstâncias em que a brutalidade da polícia determina as regras de ação e em que a racionalidade superior dá lugar à fúria sem poder — em que ações paramilitares da polícia são respondidas por meios paramilitares. [...] O divertimento terminou.*[137]

Do resgate de Baader participaram, além de Meinhof, Ensslin, duas outras militantes e um bandido comum. Meinhof conseguiu autorização para uma entrevista com o prisioneiro, num instituto de pesquisas, fora da penitenciária. Seus cúmplices atiraram nos guardas carcerários e no bibliotecário.

---

137 MEINHOF, Ulrike. "From protest to resistance." *Konkret*, n. 5, maio de 1968 (Trad. Allison Brown).

Pouco depois da fuga, Ensslin lançou o chamado à formação de um grupo de luta armada: a Fração do Exército Vermelho (Rote Arme Fraktion, RAF) — ou, na denominação usada pela imprensa e pela polícia, a gangue de Baader-Meinhof.

O manifesto pouco, ou nada, tinha em comum com a linguagem política tradicional da esquerda. Era um grito de guerra destituído de análises ou argumentos, dirigido ao subproletariado e aos jovens rebelados.

> *Eles podem entender que o que está começando aqui já começou no Vietnã, na Palestina, na Guatemala [...], em Cuba e na China, em Angola e Nova York. Eles entendem, se você lhes diz, que a ação para libertar Baader não é um ato isolado, e nunca foi, mas apenas o primeiro ato desse tipo na República Federal da Alemanha.*

A ação política separada da luta armada tornara-se contraproducente:

> *Sem, simultaneamente, construir o Exército Vermelho, todos os conflitos, todo o trabalho político nas fábricas [...] degenerarão em nada mais que reformismo — o que significa que você apenas produz melhores meios de disciplinamento, melhores métodos de intimidação, melhores métodos de exploração. Tudo o que isso faz é quebrar as pessoas. Nada disso quebra aquilo que quebra as pessoas.*[138]

O motor intelectual da Fração do Exército Vermelho sempre foi Meinhof. Em abril de 1971, sob sua assinatura, circulou o principal texto estratégico do grupo terrorista, intitulado "O conceito da guerrilha urbana". Era um manifesto longo, recheado de citações de Mao Tsé-tung e teses políticas da organização italiana de extrema esquerda Il Manifesto. Como ideia central, trazia uma análise do desenvolvimento do imperialismo, que provocaria a fascistização das democracias ocidentais e ameaçaria lançar o mundo numa guerra geral. O comunismo soviético deixara de funcionar como instrumento da luta anticapitalista. O movimento estudantil, especialmente na República Federal da Alemanha, teria "remodelado o marxismo-leninismo como uma arma da luta

---

138 ENSSLIN, Gudrun. "Build up the Red Army!", 5 de junho de 1970 (Trad. Allison Brown).

de classes e estabelecido a base internacional para a luta revolucionária [...]". Contudo, seria preciso superar seu caráter "pequeno-burguês", expresso num "antiautoritarismo" ingênuo, que o impedira de influenciar as fábricas, criar uma "organização socialista de massas" ou um "movimento efetivo de guerrilha urbana".[139]

O texto indicava o estudo do manual de guerrilha urbana do brasileiro Carlos Marighella, líder da Ação Libertadora Nacional morto numa operação policial pouco mais de um ano antes. Meinhof, Ensslin, Baader e outros companheiros estabeleceram relações com o Fatah palestino e passaram algumas semanas num campo de instrução de guerrilha na Jordânia, mas a colaboração não funcionou. Fartos da indisciplina anárquica dos alemães, os palestinos os excluíram do curso prático de luta armada. De volta à Alemanha, já sob o governo social-democrata de Willy Brandt, a gangue entregou-se a uma sequência de assaltos a bancos e atentados a bomba contra delegacias de polícia, edifícios do grupo de mídia Springer e até instalações militares americanas.

Dois anos e 34 mortes depois, em junho de 1972, os cinco principais líderes do Baader-Meinhof foram presos em Frankfurt. O contato com os terroristas palestinos não se desfizera. No início de setembro, o Setembro Negro, grupo de ações de terror provavelmente subordinado ao Fatah, invadiu a vila olímpica em Munique e sequestrou 11 atletas israelenses. Eles exigiam a liberdade para prisioneiros palestinos em Israel, mas também para Baader, Ensslin e Meinhof. Todos os cativos foram assassinados durante uma frustrada tentativa de resgate.

O processo se arrastou. Confinados em solitárias, os militantes fizeram greves de fome e foram alimentados à força. Um deles morreu numa dessas greves. Nas audiências, insultaram os juízes, qualificando-os de "porcos imperialistas". Atentados e sequestros cometidos por uma segunda geração de terroristas testaram a resolução do governo de Helmut Schmidt de não ceder à exigência de libertação dos presos. Antes do fim do julgamento, em maio de 1976, Meinhof foi encontrada morta em sua cela. A versão oficial, de suicídio por enforcamento, nunca ficou comprovada. Quase um ano depois, os três réus remanescentes ouviram a sentença de prisão perpétua.

---

139 MEINHOF, Ulrike. "The urban guerilla concept", abril de 1971.

Horst Soehnlein, Thorwald Proll, Andreas Baader e Gudrun Ensslin durante julgamento em outubro de 1968. A violência revolucionária não era um tema novo no debate político europeu, mas a ideia de um país inteiro nas mãos de uma dúzia de indivíduos que se viam como portadores de uma lógica superior, impôs reflexões aos governos e sociedades civis e disseminou o conceito de terrorismo na linguagem política.

O capítulo derradeiro foi o "Outono Alemão" de 1977. No fim de julho, terroristas sequestraram Hanns Martin Schleyer, presidente da Associação Empresarial, exigindo a libertação de diversos presos, inclusive a dos condenados do Baader-Meinhof. Em meados de outubro, um comando da Frente Popular de Libertação da Palestina (FPLP) sequestrou um avião da Lufthansa e o conduziu para Mogadíscio, na Somália. A ação dos terroristas palestinos tinha o propósito de acentuar a pressão e repetia a demanda de soltura dos prisioneiros da FPLP e dos dois alemães. Uma operação do GSG-9, esquadrão de elite da polícia alemã, resgatou o avião. Nas horas seguintes, segundo a versão oficial, os três líderes do Baader-Meinhof cometeram suicídio em suas celas. Em seguida, os sequestradores de Schleyer o executaram.

## O divertimento não terminou

"Congratulações: vocês arruinaram o Estado governado pela lei!", acusou o advogado de defesa Otto Schily, que se tornaria ministro do Interior no governo social-democrata de Gerhard Schroeder.[140] O processo e julgamento do Baader-Meinhof não figuram nos capítulos brilhantes da democracia alemã. Incontáveis indícios evidenciam que os réus foram submetidos a tratamento desumano e degradante, ao longo de extensos períodos de confinamento quase total. As mortes na prisão deram novo impulso ao terror. Militantes de uma terceira geração da RAF cometeram atentados esporádicos, até o início da década de 1990. Após a reunificação alemã, a abertura dos arquivos da Stasi confirmou a suspeita, bastante difundida, de que os terroristas recebiam suporte financeiro e logístico do Ministério da Segurança do Estado da República Democrática Alemã.

A alternativa do terror não ficou circunscrita à República Federal da Alemanha. Na Itália, em agosto de 1970, logo depois da convocação de Ensslin à formação do Exército Vermelho, um estudante de sociologia da Universidade de Trento, Renato Curcio, e o líder de um grupo radical expulso da Juventude Comunista da Reggio Emilia, Alberto Franceschini, constituíam as Brigadas Vermelhas (Brigate Rosse, BR). Os primeiros homicídios, porém, só aconteceram no verão de 1974, quando um ataque à sede do Movimento Social Italiano (MSI), em Padova, resultou no assassinato de dois militantes do partido neofascista.

A linha de guerrilha urbana das BR atraiu militantes de grupos esquerdistas oriundos da ressaca do movimento estudantil de 1968, como o Potere Operaio e o Lotta Continua. Curcio e Franceschini foram presos meses depois do ataque de Padova e condenados a penas de 18 anos de prisão. O comando passou às mãos de Mario Moretti, que acentuou o perfil militarizado do grupo, adotando normas rígidas de disciplina e clandestinidade. Mas as BR já alastravam sua influência de Milão e Turim para Roma, Veneza e Gênova, configurando uma organização muito mais numerosa que a gangue Baader-Meinhof.

No início de 1975, uma resolução estratégica da organização terrorista definia a Itália como um "anel débil" do esquema atlântico de poder do "sistema mundial imperialista capitaneado pelos Estados Unidos". Esse "sistema" ingressava na "fase histórica de sua dissolução" em decorrência de "contradições"

---

140 SANDMARK, Bjorn. "Jutta Ditfurth: Ulrike Meinhof, The Biography." *Goteborgs-Posten*, 10 de novembro de 2007 (Trad. Kristoffer Larsson & Ron Rindenour).

geradas pelos "países em luta pela sua libertação e pelo comunismo", pelo choque com o "social-imperialismo soviético" e pelas "lutas operárias e deflagração de guerrilhas proletárias" nos países capitalistas centrais. O recuo geral do sistema imperialista correspondia a uma "contrarrevolução fascista internacional". Às BR, pelo método da guerrilha urbana, caberia a missão de impulsionar a "guerrilha proletária" no ponto fraco italiano da Aliança Atlântica.[141]

O Partido Comunista Italiano (PCI) era visto, pela organizações de extrema esquerda, como um obstáculo para o desenvolvimento das lutas operárias. Desde a morte de Togliatti, em 1964, o PCI afastava-se da órbita da URSS. Em 1969, o vice-secretário nacional, Enrico Berlinguer, criticara a invasão da Tchecoslováquia, numa conferência de partidos comunistas em Moscou, e se negara a dar apoio à excomunhão pronunciada contra a China. Três anos depois, já como líder máximo do partido, Berlinguer começara a articular o eurocomunismo e a formular a ideia do "Compromisso Histórico".

O eurocomunismo representava a substituição da ideia de ditadura do proletariado pela proposição de um socialismo pluralista. O "Compromisso Histórico" consistia na estratégia italiana de uma coalizão de governo com a democracia-cristã. Com isso, na avaliação das BR, o PCI completava sua transformação, passando a funcionar como um instrumento de integração do proletariado ao "sistema democrático" — ou seja, às engrenagens de poder do imperialismo.

Nas eleições parlamentares de 1976, o PCI saltou dos 27% dos votos conquistados quatro anos antes para mais de 34%, enquanto o partido da Democracia-Cristã (DC) permanecia no patamar de 39%. Aldo Moro deixou a chefia do gabinete para assumir a direção da DC e reorientá-la na via de uma nova abertura à esquerda. Na década anterior, Moro conduzira seu partido rumo a um pacto de poder com o Partido Socialista (PSI). A nova conjuntura política, marcada pelos eventos de 1968, pela irrupção do terror e pela emergência do eurocomunismo, o convencera de que chegava a hora de um pacto mais amplo, abrangendo o PCI. Essa convicção lhe custaria a vida.

O ano de 1978 começou, na Itália, sob grandes expectativas. O gabinete democrata-cristão enfrentava denúncias de corrupção e, apesar das advertên-

---

141 Brigate Rosse. "Risoluzione della Direzione Strategica", abril de 1975.

cias ameaçadoras do secretário de Estado americano Henry Kissinger, Moro se preparava para levar ao Parlamento a proposta de uma nova coalizão entre a DC e o PSI que teria o apoio formal do PCI. No dia 16 de março, a caminho da sessão parlamentar que votaria o primeiro ensaio do "Compromisso Histórico", o líder democrata-cristão foi sequestrado por militantes das BR. Seu corpo, perfurado no tórax por 11 tiros disparados pessoalmente por Moretti, reapareceu no dia 9 de maio, no interior de um carro estacionado na Via Caetani, em Roma, a meio caminho entre as sedes da DC e do PCI.

Nos 54 dias do cativeiro de Moro, a Itália experimentou o dilema posto pelo convite de negociar com o terror. Cartas desesperadas enviadas por Moro a familiares, a seus companheiros da DC e mesmo ao papa Paulo VI imploravam pela libertação dos presos das BR em troca de sua vida. A decisão de não ceder, tomada pelo primeiro-ministro Giulio Andreotti e apoiada pelo PCI, foi justificada por razões de princípio e de circunstância. No ato do sequestro, os brigadistas assassinaram os cinco integrantes da escolta de Moro: ceder à chantagem com a vida de um homem célebre implicaria ceder sempre, diante de futuros sequestros de pessoas sem celebridade. Além disso, rondava por baixo da cena pública o temor de que Moro revelasse a seus captores toda a extensão da cooperação secreta entre a Itália e a CIA. Gládio era a palavra temida.

Desde a sua criação, em 1949, a Aliança Atlântica mantinha uma rede de serviços de inteligência voltada para o combate clandestino ao comunismo. Na Itália, em vista da força do PCI, a operação Gládio tinha ramificações mais vastas que em outros países. Os atentados na Piazza Fontana, em Milão, na tarde de 12 de dezembro de 1969, primeira ação terrorista na sequência das agitações do ano anterior, atribuídos inicialmente a anarquistas, foram cometidos por radicais de direita com a cobertura — e, talvez, sob a direção — de agentes americanos e italianos da Gládio. A "estratégia da tensão" tinha o objetivo de conter o crescimento eleitoral do PCI e isolar a extrema esquerda. Na quarta semana de cativeiro, as cartas de Moro começaram a mencionar segredos da Gládio. Naquela hora, seu destino foi selado.

Francesco Cossiga, então ministro do Interior, ficou encarregado das ações de inteligência durante a crise de Moro. Do comitê secreto de gestão da crise, fazia parte o americano Steve Pieczenik, psiquiatra e negociador em sequestros enviado pelo presidente Jimmy Carter. Muitos anos mais tarde,

O mentor intelectual das Brigadas Vermelhas, Renato Curcio, deixa a prisão em 1993, após dezessete anos de reclusão. Nos anos 1980, os que restavam no grupo renunciaram ao uso da violência por considerá-la contra producente — mas jamais manifestaram qualquer arrependimento pelas vítimas de suas ações.

Pieczenik revelou que, do ponto de vista de Andreotti e Cossiga, o melhor cenário era o assassinato de Moro pelas BR, um desenlace adaptado às conveniências dos serviços secretos e da própria elite política democrata-cristã.

As BR ainda praticaram alguns assassinatos e sequestros, antes de se fragmentar em grupos quase irrelevantes, em 1984, quando seus líderes no cárcere proclamaram a inutilidade da luta armada. O PCI retrocedeu para 30% dos votos nas eleições de 1979 e não mais se aproximou do teto histórico atingido em 1976. O "Compromisso Histórico" jamais se concluiu. Curcio, o líder original das BR, declarou mais tarde estar convencido de que Moretti agia sob ordens da Gládio. A suspeita, compartilhada por historiadores, nunca teve confirmação.

## O foco nas cozinheiras

Siegfried Buback, chefe da promotoria alemã-ocidental, foi assassinado pela RAF em abril de 1977. Então, nas páginas de um jornal estudantil, apareceu uma carta de um jovem de extrema esquerda, que a assinava como "um

O MUNDO DO AVESSO

mescalero de Göttingen", numa referência irônica aos índios Apaches do Novo México. Apenas em 2001, o professor universitário Klaus Hulbrock identificou-se como o "mescalero" do "Outono Alemão". Um trecho da carta formulava as perguntas difíceis:

> *Como devo decidir que Buback é importante, não para mim e os meus, mas para outras pessoas também? Que ele é mais importante que o juiz X na prisão Y, ou um de seus guardas carcerários? Ou que o vendedor da esquina, que fica gritando "cortem-lhe a cabeça", é menos "culpado" que Buback? Apenas porque ele tem menos "responsabilidade"? Por que essa política de personalidades? Não poderíamos, algum dia, sequestrar junto uma cozinheira e observar como eles reagem, os dignos democratas? Não deveríamos pôr um foco maior nas cozinheiras?*[142]

Bem antes do "Outono Alemão", muitos outros "mescaleros" faziam indagações semelhantes e constatavam a carência de sentido do terror. Dutschke, que nunca se envolvera com o terrorismo, era um deles. Expulso da Grã-Bretanha em 1971 num gesto de suprema intolerância do governo conservador de Edward Heath, ele se mudou para a Dinamarca e acabou retornando à República Federal da Alemanha. Sofrendo as consequências de danos cerebrais incuráveis, incorporou-se ao movimento contra a implantação de usinas nucleares e estabeleceu uma rede de contatos com dissidentes do Leste Europeu. Em 1979, antes de completar 40 anos, morreu vítima de afogamento na banheira, durante um ataque epiléptico. Uma rua próxima ao Check-Point Charlie, em Berlim, na qual se ergue a sede do grupo editorial Springer, foi rebatizada com seu nome.

Nos seus últimos anos, Dutschke reencontrou um companheiro dos tempos da agitação estudantil da década anterior. Oito anos mais jovem, Joschka Fischer não tivera papel destacado na SDS, mas participava, desde 1971, de um pequeno grupo autonomista que operava no limiar do terrorismo. Cohn-Bendit, residente em Frankfurt desde a sua deportação da França, também integrava o Luta Revolucionária. Fischer engajou-se em violentas, mas insig-

---

142 ANÔNIMO [Klaus Hulbrock]. "Buback — Um obituário." *Göttinger Studentenzeitung*, 25 de abril de 1977 (Trad. Allison Brown).

nificantes, batalhas de rua com a polícia. Cohn-Bendit, ao que parece, evitava as ações de enfrentamento. Contudo, o "Outono Alemão" teve impacto igual sobre ambos, afastando-os da tentação da guerrilha urbana.

Do movimento antinuclear, Fischer e Cohn-Bendit transitaram para o nascente Movimento Verde. No início, a estratégia não diferia muito daquela da SDS, com uma ênfase em novos temas e formas de ação diversas. Mas, em 1979, junto com Petra Kelly, uma admiradora de Luther King que vivera os anos 1960 nos Estados Unidos, Fischer fundou o Partido Verde da República Federal da Alemanha. Cohn-Bendit se reuniria a eles em 1984, ajudando a impulsionar uma família internacional de partidos ecologistas.

A ideia de um partido revolucionário circulara sem parar durante os anos conturbados da agitação estudantil. Na Alemanha, Dutschke insistira na inviabilidade do modelo leninista de partido, preconizando a formação de "vanguardas em cada uma das esferas e das instituições". Um partido mataria o movimento: "Nas condições atuais, tal partido reproduziria, necessariamente, as mesmas dificuldades que enfrentam todos os partidos burgueses, isto é, tendências autoritárias, burocráticas e de aparato", explicara.[143] Na França, em maio de 1968, a proposta de criação de um partido para abrigar as correntes revolucionárias emergiu em reuniões entre dissidentes do PCF, sindicalistas radicais, maoístas e trotskistas. Cohn-Bendit, porém, se pronunciara explicitamente contra a iniciativa, num debate público com o dirigente trotskista Daniel Bensaid. A fundação do Partido Verde, no ano da morte de Dutschke, assinalava o encerramento do ciclo da "ação direta" inaugurado pelos militantes berlinenses da SDS.

Os verdes queriam mudar o mundo, mas não pretendiam dirigir uma revolução. Os antigos militantes radicais que se integraram a eles renunciaram ao conceito da "fascistização" das democracias ocidentais, o alicerce ideológico do movimento estudantil de 1968. O novo partido conservava o impulso antiautoritário, procurando caminhos de organização que o livrassem da burocratização. Mas, sem abdicar das manifestações públicas, aderia à estratégia eleitoral, levando ao parlamento uma agenda ecologista, pacifista, e de defesa de direitos

---

143 TEODORI, Massimo. *Las nuevas izquierdas europeas (1956-1976)*. Barcelona, Blume, 1978, vol. II, p. 407.

Petra Kelly, com a flor amarela símbolo do Partido Verde, comemora com outros militantes o resultado nas eleições de 1983. Os alemães ocidentais, assistindo à transformação do país em campo de armas nucleares e submetidos à tensão permanente, reciclaram o discurso político aliando ecologia e pacifismo e um novo modo de organização que buscava fugir da burocratização dos partidos tradicionais.

de minorias e imigrantes. Os verdes debutaram nas eleições parlamentares de 1980, obtendo 1,5% dos votos. Sete anos depois, ultrapassaram a marca de 8% dos votos, tornando-se uma força relevante na cena política alemã.

Fischer elegeu-se deputado em 1983; Cohn-Bendit elegeu-se eurodeputado pela Alemanha em 1994 e, anos depois, retornou à França como liderança do Movimento Verde. Os dois, como já ensaiava o Dutschke dos anos finais, romperam com o dogma de que a democracia teria se tornado um disfarce do fascismo. A ruptura intelectual evoluiu no terreno do método: as batalhas campais "exemplares" contra a polícia davam lugar à estratégia da persuasão, da qual faz parte a concorrência eleitoral. Muitos, a maioria, dos personagens do drama de 1968 recusaram a estrada que conduzia à guerrilha urbana. Mas nem todos fizeram a crítica completa da doutrina do terror.

Sacristán, o interlocutor preferido de Meinhof em Munster, nunca abandonou o tema que figurava como justificativa do terror. Num texto de 1974, destinado a distinguir sua ex-aluna, então presa, dos demais integrantes da RAF, o espanhol continuou a entoar a velha música. Segundo ele, a "agudização da luta de classes" seria a única alternativa a "uma eterna estabilização capitalista que, como não parece que possa se dar na economia, será política, com uma forma ou outra de repressão, fascista policrômica ou fascista cinza-burocrática".[144] Anos antes de sua morte, em 1985, Sacristán se associou ao movimento ecopacifista espanhol, dirigido essencialmente contra a Otan, mas nunca fez as pazes com a democracia.

Na primeira década do século XXI, o movimento antiglobalização recuperou os textos de Sacristán, apresentando-os como fundamento teórico para a fusão de uma nova agenda política com a antiga estratégia de "ação direta". Um núcleo intelectual do movimento se articulou em torno de personagens da extrema esquerda autonomista que emergiu no início dos anos 1970. Sob uma influência evidente de Marcuse, Dutschke escrevera, em 1967, que o objetivo dos estudantes rebelados deveria ser a construção de uma oposição disposta a rejeitar todas as instituições da democracia representativa, desde as "manifestações legalizadas e antecipadamente legalizadas" até o próprio sistema parlamentar.[145] O movimento antiglobalização bebeu nessa fonte, da qual os verdes se afastaram.

---

144 SACRISTÁN, Manuel. "Cuando empieza la vista." In: GRUTZBACH, Frank (org.). *Heinrich Boll: garantía para Ulrike Meinhof*. Barcelona, Seix Barral, 1976, p. 12.

145 TEODORI, Massimo. *Las nuevas izquierdas europeas (1956-1976)*. Op. cit., p. 275.

# É primavera em Praga

— *Garantias de liberdade de expressão, imprensa, associação e culto religioso.*

— *Leis eleitorais que garantam uma escolha mais ampla dos candidatos e maior liberdade para os partidos não comunistas da Frente Nacional.*

— *Aumento de poder do parlamento e do governo às expensas do poder do aparato do Partido Comunista.*

— *Reformas econômicas gerais para dar maior autonomia às empresas, para conseguir a convertibilidade da moeda, para restaurar limitadamente a empresa privada e intensificar o comércio com os países ocidentais [....].*[146]

Na primavera de 1968, entre os últimos dias de março e a primeira semana de abril, o Partido Comunista da Tchecoslováquia esteve reunido no Castelo de Praga para deliberar sobre as medidas do Programa de Ação que o novo governo iria apresentar ao país. Desde janeiro, com a nomeação de Alexander Dubcek para secretário-geral, a ala reformista do partido-Estado conquistara a direção da máquina política. O entusiasmo era tanto

---

[146] ARMS, Thomas. *Cold War Encyclopaedia*, Nova York, 1994, p. 151.

que parte da reunião foi destinada a negociar a substituição de todo o Comitê Central no congresso a ser realizado em setembro. Formou-se um comitê para concluir os processos de reabilitação de membros do partido perseguidos pelo stalinismo entre 1949 e 1954. Decidiu-se que a solução para as difíceis relações entre República Tcheca e Eslováquia era a federalização da república. Por fim, um novo primeiro-ministro e um novo gabinete ministerial foram escolhidos.

Era uma reviravolta e tanto para um país satélite da URSS, membro do Pacto de Varsóvia e, até dezembro de 1967, dirigido por figuras absolutamente fiéis a Moscou. Todavia, o Partido Comunista tcheco tinha vida própria: criado nos anos 1920, seus militantes haviam mantido importante atividade parlamentar até o início da guerra. A "traição de Munique", como tchecos e eslovacos se referiam ao vergonhoso acordo de 1938, e a chegada dos soviéticos em 1945 desviaram boa parte da simpatia da população para os comunistas. Mas a aplicação prática dos acordos de Ialta resultou na renúncia forçada do presidente Edvard Benes e na ascensão do stalinista Klement Gottwald, responsável pela instalação da máquina policial que deu o controle absoluto ao Partido Comunista — e, por seu intermédio, a Moscou. Como um cão fiel, Gottwald morreu cinco dias após o funeral de Stalin.

Depois, vieram Kruschev e a repressão aos húngaros, em 1956, e alguns entenderam que a igualdade entre os países socialistas era relativa e que o Pacto de Varsóvia poderia se tornar uma camisa de força. A aliança militar, justificada pela Guerra Fria, admitia manobras militares nos territórios aliados em defesa de interesses muito gerais, como o "futuro socialista", no qual a URSS figurava sempre como estrela. O bloco militar comunista era a expressão em armas da divisão geopolítica da Europa deflagrada pelas conferências de Ialta e Potsdam. Considerando que uma guerra na Europa começaria com forças convencionais, Stalin manobrara para construir um "cinturão de segurança" que protegesse o território soviético de hipotéticas invasões: os países da Europa Oriental cumpriam essa função.

Uma década após a morte de Stalin, o comunismo era apenas ligeiramente menos opressivo e as condições econômicas do bloco não evoluíam como o esperado, com evidentes carências no setor de bens de consumo decorrentes da concentração de recursos na indústria pesada. Além disso, a década de 1960 começara quente, com a Crise dos Mísseis, em Cuba, e o cisma sino-soviético, e nem todas as lideranças comunistas da Europa concordavam com a maneira como as coisas vinham sendo conduzidas. A cúpula soviética começou a criticar o personalismo de Kruschev, exigindo sua renúncia. Ironicamente, os inimigos do secretário-geral usavam o mesmo argumento que ele brandira contra Stalin. A recusa desatou o golpe palaciano contra Kruschev, desferido pelo Presidium do Comitê Central, o verdadeiro núcleo do poder, em 15 de outubro de 1964. A sucessão provocou uma disputa entre dois integrantes do Presidium, Leonid Brejnev e Alexis Kossyguine, o primeiro representando tendências de reforço do aparato totalitário em resposta às primeiras críticas e defecções de aliados; o segundo, a continuidade da desestalinização.

Reações cujo fundo não deixavam de evocar os velhos nacionalismos revelavam que o internacionalismo de fachada encabeçado pela URSS corria o risco de ser abertamente confrontado. Além da China, as muito menores e mais frágeis Polônia e Romênia passaram a divergir das orientações de Moscou. O governo de Bucareste chegava a orientar votos na ONU distintos dos soviéticos, algo impensável apenas uma década antes. Os poloneses revisionistas acabaram enquadrados por seu próprio governo, que tentava evitar uma intervenção externa. Já o governo romeno sustentou a linha autonomista até o fim. A Romênia foi o único país do Pacto de Varsóvia a não enviar tropas para a Tchecoslováquia em 1968 e a protestar contra a invasão.

Quando o Programa de Ação foi aprovado pelo Partido Comunista da Tchecoslováquia, em janeiro, as primeiras declarações de Moscou afirmaram tratar-se de assunto interno. As reformas, porém, tomaram um ritmo tão veloz que o governo soviético passou a temer uma reprodução do levante húngaro de 1956. Brejnev tirou do baú a surrada narrativa da contrarrevolução antissocialista e concluiu que, se a revolução estava ameaçada, cabia à URSS defendê-la a qualquer preço, em nome da libertação geral da humanidade, mesmo violando a soberania de um aliado. Concretamente, à Tchecoslováquia cabia o papel de fronteira mais ocidental do bloco comunista, ao lado da Alemanha Oriental, governada pelo fidelíssimo Walter Ulbricht.

Nascia a Doutrina Brejnev, ou doutrina da soberania limitada, que justificava a intervenção e o emprego da força toda vez que um regime aliado fosse ameaçado por forças "fascistas" e "anticomunistas". Depois de acabar com os sonhos despertados na Primavera de Praga, Brejnev completou seu controle sobre a própria URSS.

Moscou não acredita em promessas. Da esquerda para a direita: Alexis Kossyguine, Leonid Brejnev e Alexander Dubcek, no início de agosto de 1968, na Tchecoslováquia. A eficácia na repressão à Primavera de Praga consolidou, na URSS, a ala antirreformista encabeçada por Brejnev.

## Uma revolução em palavras

*A relação do Partido com o Estado o privou das vantagens da autonomia em face do poder executivo. Ninguém critica as ações do Estado ou dos seus órgãos econômicos. O debate legítimo no Parlamento está esquecido, a boa governança se tornou obsoleta e os gestores deixaram de administrar com eficiência. Eleições carecem de significado; a lei é vazia e sem valor. Mesmo que pudéssemos confiar em nossos representantes, eles têm sido castrados e não dispõem de poder para agir em nosso nome.*

Assim começava o manifesto "Duas mil palavras para os trabalhadores, agricultores, funcionários, cientistas, artistas e demais", escrito pelo jornalista e membro do partido, Ludvik Vaculik. Subscrito por nomes proeminentes das letras, artes e ciências da Tchecoslováquia, o documento foi publicado no dia 27 de junho de 1968 na *Literární Listy* ("Gazeta Literária") e em alguns jornais de Praga e republicado em outras cidades no dia seguinte. O objetivo era dar sustentação ao programa de reformas do governo de Dubcek. Seu impacto foi enorme: a partir da publicação do texto, Brejnev passou a falar em contrarrevolução.

> *Para piorar as coisas somos incapazes até mesmo de confiar uns nos outros. A honra pessoal e coletiva está morrendo. A honestidade tornou-se uma virtude supérflua; promoção por mérito é coisa do passado. A maioria das pessoas está compreensivelmente afastada das questões de interesse público. Só estão preocupadas consigo mesmas e com benefícios financeiros. Mesmo o valor do dinheiro já não inspira confiança: isto é outro prego no caixão do nosso Estado. As relações pessoais foram cortadas até o osso; não existe mais satisfação no trabalho. A nação entrou em um período no qual seu bem-estar espiritual e suas características essenciais estão ameaçados.*

O diagnóstico apresentado por Vaculik revelava que os problemas derivados do regime ultrapassavam em muito as relações políticas: eles estavam comprometendo os valores morais e cívicos dos cidadãos. O cinismo e o oportunismo tomavam o lugar do ideal político de construção de uma sociedade justa.

> *(...) Devemos exigir a renúncia dos que abusaram de seu poder, que danificaram propriedades públicas, que agiram com desonra e violência. Temos que achar meios de forçá-los a renunciar. Para citar alguns: crítica pública, resoluções, demonstrações, manifestações de brigadas operárias, coletas para comprar presentes destinados ao desfrute em suas aposentadorias, greves e boicotes.*[147]

A solução para reverter tal quadro estava na retomada da ação política por parte de toda a população, como esclarecia o título do manifesto. Se não havia espaço para oposição partidária, que pelo menos os cidadãos expressassem suas opiniões sobre a condução dos negócios públicos se valendo de um dos recursos indicados acima — ou quaisquer outros.

Num país de sólidas tradições literárias e artísticas, coube aos intelectuais e artistas o papel de impulsionadores da Primavera de Praga. Como muitos

---

147 VACULIK, Ludvik. *2000 Words Belonging to Workers, Farmers, Officials, Scientists, Artists and Everybody. Literární Listy*, n. 18/68, 27 de junho de 1968, p. 3.

deles eram membros do Partido desde antes da chegada dos soviéticos, suas críticas se faziam ouvir em alto e bom som. Resultado: desde 1967, o Ministério da Cultura aumentou a fiscalização sobre as atividades desses indivíduos, tentando evitar que se manifestassem publicamente.

Antonin Novotny, o presidente da Tchecoslováquia que sucedera Gottwald, começava a perder o controle da situação, pois os maus resultados das reformas econômicas adotadas desde o início da década provocavam grande insatisfação. Coincidência ou não, começaram a surgir escândalos de corrupção envolvendo membros do partido muito próximos a ele, incluindo seu filho. O partido se dividiu em ortodoxos, fiéis às diretrizes soviéticas, e revisionistas. Esses últimos sugeriam reformas limitadas, sem a ruptura com o dogma intocável de uma economia sob controle estatal.

Novotny viu seu poder ser rapidamente corroído a partir de dezembro de 1967, ao voltar-se para Moscou e para Brejnev e não obter apoio explícito. O líder soviético devolvia a frieza que percebera em Novotny, diante de sua ascensão. Foi o sinal para o partido tcheco votar uma moção de desconfiança contra o desprestigiado secretário-geral e recomendar seu afastamento.

O cargo caiu nas mãos de Dubcek, um defensor das reformas e membro fiel do partido, no qual militara desde a juventude. Além disso, sua origem eslovaca ajudava a melhorar as relações com essa parte da população, que se sentia excluída das esferas governamentais. O novo líder tomou posse em 5 de janeiro de 1968. Novotny ainda tentou conservar-se no cargo de presidente, mas a pressão provocou a renúncia, em 22 de março. Para o cargo simbólico, escolheram o venerável general Ludvik Svoboda, que participara do governo de coalizão de Benes até 1948.

O Programa de Ação foi aprovado exatos três meses após a chegada de Dubcek ao poder e recebido pela população com surpresa e contida satisfação. Apenas os jovens revelaram imediato entusiasmo, com crescentes demonstrações públicas. Em um ato sutil de contestação política, imediatamente após o anúncio do programa se formou um Comitê de Não Membros do partido que em pouco tempo atingiu a casa de 40 mil inscritos e permissão governamental para se reunir. Enquanto isso, multiplicavam-se na imprensa as críticas à corrupção, à ineficiência e até à URSS, ousadia inimaginável apenas um ano antes.

O MUNDO DO AVESSO

A sociedade civil despertava de sua inércia junto com a primavera, aquecida pelo sol e pela claridade dos dias longos. Brotavam organizações de estudantes, artistas, cientistas. Pela primeira vez em muitos anos, o Primeiro de Maio foi espontaneamente celebrado e os jovens dominaram os desfiles. Mas despontavam nuvens plúmbeas no céu claro. Os líderes comunistas do Pacto de Varsóvia estavam cada vez mais inquietos com o desenvolvimento das reformas sustentadas pelo governo de Praga. O governo tcheco, por seu lado, não aceitava as manifestações do bloco, exigindo a restauração imediata da ordem. As coisas tomaram rumos perigosos no dia 22 de julho, quando se anunciaram manobras das tropas do Pacto de Varsóvia em território tchecoslovaco, para combater a "contrarrevolução". Dubcek rejeitou a intervenção e sustentou a legitimidade das reformas, ao mesmo tempo que buscava acalmar os aliados declarando fidelidade aos acordos de Varsóvia e ao comunismo.

Foi naquele momento que Vaculik, incentivado por outros escritores, redigiu seu manifesto de apoio às reformas. Coincidentemente, explicaram mais tarde os editores da *Literární Listy*, "Duas mil palavras" veio a público no dia em que ocorriam encontros distritais do partido destinados a eleger os delegados que discutiriam, na Assembleia Nacional, a lei de reabilitação dos presos políticos. O manifesto caiu como uma bomba nas mãos dos membros do partido, alcançando enorme repercussão.

Imediatamente, a ala antirreformista alardeou tratar-se de um movimento conspiratório contra Moscou — e uma incitação à guerra civil. Mas os revisionistas também foram cautelosos na recepção do manifesto, temendo que a radicalização interrompesse as reformas. Todos olhavam para Moscou com cautela, desconfiança e temor.

Nas horas seguintes, representantes da associação dos escritores procuraram Dubcek para explicar que o texto não era contrarrevolucionário, enquanto dezenas de comitês distritais do Partido emitiam moções de apoio ao documento, e centenas de personalidades, além de milhares de cidadãos, o subscreviam. O Comitê de Coordenação das Associações de Criação escreveu:

> *Os conservadores estão tentando quebrar a unidade das forças progressistas da sociedade... São velhas táticas bem conhecidas: graças a um escândalo fabricado artificialmente, a atenção é desviada do problema*

Charge publicada em revista tcheca pouco antes da invasão dos tanques do Pacto de Varsóvia. No bolso do passageiro está uma cópia do "2.000 palavras". Irreverência foi o traço que a juventude tcheca adicionou ao movimento reformista.

*sério e real, pelo qual os políticos conservadores são responsáveis. Enquanto o "Duas mil palavras", publicado legalmente e assinado por nomes completos, é dissecado sem nenhum respeito pelo sentido geral do documento, os órgãos do Estado ainda não tomaram posição sobre temas como a distribuição de panfletos anônimos atacando a evolução política atual sob perspectivas mais radicais que as dos próprios conservadores. Acreditamos que essa situação é muito preocupante... e estamos prontos para combatê-la. Estamos convencidos de que, em momentos como este, moralidade e ética se tornam uma força política...*[148]

Era um alerta, apenas um pouco disfarçado, para uma conspiração que se articulava no interior do Partido Comunista e dos serviços de inteligência

---

[148] SLÁDEK, Frantisek. "A bomb made of simple words."

do Estado. Os "panfletos anônimos" preparavam o terreno para a intervenção estrangeira. Moscou os escrevia.

# O socialismo de face desumana

Aprofundavam-se as divisões no interior do partido, claramente expressas na divisão entre ortodoxos e revisionistas e na tentativa de se construir um "socialismo de face humana", na expressão costumeiramente associada à Primavera de Praga. O entendimento de que o socialismo deveria ser construído a partir das diferentes experiências acumuladas pelos habitantes de cada país não deixava de ecoar um certo nacionalismo, que no caso tcheco remontava às lutas liberais desde 1848.

Os governos de Praga e Bucareste recusaram o aumento de efetivos do Pacto de Varsóvia em seus territórios desde meados dos anos 1960. No alto comando militar tcheco, o Programa de Ação do Ministério da Defesa e o Memorando da Academia Política e Militar Klement Gottwald falavam em redução da interferência do Partido na instituição e orientavam o governo a seguir uma política externa pautada pelos interesses nacionais, minimizando as expectativas de confronto com o Ocidente, tidas como exageradas.

Eis o motivo para as afirmações de Dubcek quanto à permanência no Pacto de Varsóvia parecerem pouco convincentes para Brejnev. Negociações bilaterais ocorreram no final de julho na cidade eslovaca de Cierna nad Tisou e coincidiram com um grande exercício das forças do Pacto de Varsóvia realizado próximo à fronteira, em um claro sinal de intimidação. Mas Dubcek continuou rejeitando qualquer "ajuda" externa, enquanto o presidente Svoboda proferiu um emocionado discurso em defesa da soberania nacional. A delegação russa retornou a Moscou sem conseguir o que queria e os líderes tchecos foram recebidos por uma multidão de estudantes e trabalhadores na praça Venceslau, que os exortava a resistir às pressões externas.

Governo e povo acreditaram ter vencido a disputa, mas eles estavam enganados. A Tchecoslováquia era importante demais para o equilíbrio de poder na Europa, uma vez que seu afastamento do bloco comunista poderia terminar em aproximação com o Oeste e — impensável — algum acordo com a Otan que resultasse na instalação de forças nucleares próximo às fronteiras soviéticas.

Nos dias 14 e 15 de agosto, Brejnev anunciou a decisão de intervenção militar aos líderes comunistas da RDA, Polônia, Hungria e Bulgária em uma reunião do Pacto, em Varsóvia. O documento resultante oferecia apoio ao governo tchecoslovaco para retomar o controle da situação e reprimir os "reacionários". Na prática, constituía uma ameaça de intervenção. A "carta de Varsóvia", ou "carta dos cinco partidos", vazou propositalmente para a imprensa. Em Praga e outras cidades, os tchecos saíram às ruas para demonstrar apoio às reformas e a rejeição a qualquer violação da soberania nacional.

A conspiração seguiu seu curso até o fim. Forças do Pacto de Varsóvia ocuparam o país na madrugada de 21 de agosto valendo-se de uma carta de membros do Partido Comunista tcheco solicitando a intervenção para conter as forças "contrarrevolucionárias" que emergiam. A carta fora escrita exatamente por representantes da ala ortodoxa que estavam sendo desalojados do poder pela onda de reformas. Nem Dubcek, nem o Comitê Central ou a Assembleia Nacional sabiam de sua existência até o dia da invasão.

Cerca de 250 mil soldados participaram da chamada Operação Danúbio, a maior ação militar realizada na Europa desde o final da Segunda Guerra Mundial. Naquela madrugada, a população tcheca despertou com o pesado som dos tanques que rolavam pelas estradas e ocupavam as cidades a caminho de Praga. De acordo com o plano de Moscou, Svoboda aceitaria indicar um novo governo, que por sua vez formalizaria o pedido de intervenção, oferecendo um manto diáfano de legalidade para todo o processo. Mas o velho general não aceitou tomar parte na farsa. Sua recusa, um gesto de grande importância para o moral da população e a organização da resistência, gerou um impasse, colhendo os ocupantes de surpresa.

O governo tcheco emitiu uma nota condenando a ocupação, pedindo à população que não reagisse e que todos os membros do governo prosseguissem normalmente em suas funções. Mas isso seria impossível, pois os integrantes do núcleo do governo foram conduzidos à força para Moscou. Segundo o relato de Dubcek:

> *A porta principal abriu novamente e alguns altos oficiais da KGB entraram [...]. O pequeno coronel rapidamente sacou uma lista de todos*

*os membros do Partido Comunista presentes e nos disse que estávamos sendo postos "sob sua proteção". Realmente estávamos protegidos, sentados ao redor da mesa — cada um de nós tinha uma metralhadora apontada para a nuca.*[149]

Depois de quase dois dias de viagem, os líderes tchecos chegaram a Moscou para uma reunião com os dirigentes soviéticos. Em conversa eivada de ameaças e ironias, Brejnev tentou convencer Dubcek a desvencilhar-se da onda "revisionista", atribuindo os acontecimentos a conspiradores e inimigos do povo. O líder tcheco ganhou seu lugar na história ao se recusar a jogar o velho jogo. Avisado de que a população estava sendo atacada, como ocorrera na Hungria, Dubcek aceitou rever as reformas.

Na Tchecoslováquia, a resistência organizou-se quase espontaneamente, devendo muito à Rádio Tchecoslováquia Livre, uma cadeia de pequenos transmissores construídos às pressas por militares e aficionados por rádio. Cada emissora transmitia instruções por apenas nove minutos, sendo em seguida substituída por outra a fim de impedir a localização do sinal. À população, solicitava-se manter a calma e não colaborar com os invasores. Os russos bem que tentaram trazer uma potente estação de rádio para criar interferências nos sinais, mas os ferroviários atrasaram a entrega e, ao chegar ao seu destino, a estação estava inutilizável.

Os trabalhadores fizeram uma paralisação dois dias após o início da ocupação e, no dia 26, foi publicado o decálogo da não cooperação: "Não sei, não conheço, não direi, não tenho, não sei fazer, não darei, não posso, não irei, não ensinarei, não farei." Tornaram-se famosas as táticas criativas de resistência empregadas: placas de ruas trocadas ou apagadas; nomes de cidades alterados para Dubcekovo (cidade de Dubcek); listas telefônicas de cabines públicas escondidas; gente fazendo cordões humanos para vedar o acesso a pontes; interrupção do fornecimento de água e luz aos edifícios utilizados para acomodar as tropas invasoras; cartazes debochados e muito mais.

Apesar de a ocupação militar estar completa em poucas horas, os comandantes da operação não puderam controlar o efeito moral que as ações dos ci-

---

149 DUBCEK, Alexander. *Hope Dies Last: The autobiography of Alexander Dubcek.* Nova York, Kodansha International, 1992.

Confrontados com um tipo de resistência pacífica que fugia aos manuais de guerra, os soldados do Pacto de Varsóvia oscilaram entre a adesão aos manifestantes e a repressão pura e simples. Afinal, quem eram os verdadeiros inimigos?

vis provocavam na tropa. Naqueles dias, soldados descontrolados dispararam várias vezes, alvejando pessoas indefesas. Muitos daqueles jovens que combatiam sob as ordens de Moscou acreditavam no que lhes dizia a propaganda oficial: tratava-se, segundo a versão militar, de uma operação destinada a proteger o país aliado de um ataque das forças ocidentais. Entretanto, à medida que os populares gritavam para que voltassem para suas casas ou explicavam o que estava se passando, muitos deles se sentiam envergonhados, pensando que seus países também haviam sido ocupados em 1944 e 1945. Era o caso, claramente, dos soldados lituanos e poloneses.

Após o retorno de Dubcek, os membros do governo foram sendo paulatinamente substituídos pelos ortodoxos. Nas semanas seguintes, cancelaram-se as reformas, bem como os processos de reabilitação política. O monopólio político do Partido Comunista foi restaurado e, em 16 de outubro, firmou-se um "acordo" permitindo a presença de 70 mil soldados soviéticos na Tchecoslováquia, com segurança, acomodação, alimentação e treinamentos pagos pelo governo local. Uma cláusula especificava que qualquer dano causado pelas tropas ocupantes à população e ao país seria de total responsabilidade dos tchecos, por não colaborar ou por conspirar.

A ala reformista percebeu que a linha da resistência passiva não iria funcionar e que, sim, a Tchecoslováquia nada mais era que um Estado vassalo da URSS. A Assembleia Nacional recebeu duas centenas de resoluções assinadas por milhares de cidadãos pedindo que o tratado fosse recusado. Mas a primavera já ia longe: 228 representantes votaram favoravelmente ao acordo, enquanto dez se abstiveram e apenas quatro se opuseram. A única reforma concluída foi a federalização da república, embora com muito menos autonomia para os eslovacos do que a imaginada. Em abril de 1969, decidiu-se pelo afastamento de Dubcek do Comitê Central do Partido e a expulsão consumou-se no ano seguinte.

O deposto dirigente do "socialismo de face humana" ganhou um cargo efêmero de embaixador, antes de ser alocado em uma marcenaria na Eslováquia, onde passaria os 18 anos seguintes. Três anos antes de morrer, Dubcek ressurgiu diante de uma vibrante manifestação pela democracia, na praça Venceslau. De uma sacada, ao lado de Vaclav Havel, principal líder da "revolução de veludo" de 1989, ele recebeu a homenagem de uma multidão em júbilo. Depois, foi eleito presidente de honra do primeiro Parlamento eleito democraticamente desde o golpe que derrubou o governo de Benes.

A invasão provocou repercussões isoladas no interior do bloco comunista. No dia 25 de agosto, pouco após a ocupação da Tchecoslováquia, oito cidadãos soviéticos se reuniram na praça Vermelha, em Moscou, carregando a bandeira tcheca e cartazes com frases como "vergonha dos ocupantes" e "liberdade para Dubcek". Os manifestantes foram presos, condenados e encarcerados por vários anos. Na Polônia, no dia 8 de setembro, durante as festividades nacionais de colheita, o jovem Ryszard Siwiec imolou-se em fogo para protestar contra a ocupação. Apesar de o gesto ter sido visto por milhares de pessoas, o regime conseguiu convencer o público de que o homem era mentalmente perturbado. O real motivo do suicídio só veio à tona depois de 1989. Na própria Tchecoslováquia, outro jovem, o estudante Jan Palach, repetiu o gesto do polonês, ateando fogo ao corpo na praça Venceslau no 16 de janeiro de 1969.

Mais preocupante, do ponto de vista do Estado soviético, foi a emergência de uma discernível hostilidade entre as tropas do Pacto de Varsóvia e o

Exército tchecoslovaco, primeiro alvo neutralizado em agosto de 1968. Dali em diante, como confiar nos tchecos para defender a fronteira externa do "império vermelho"?

## O revisionismo está morto

Comunistas revisionistas em Praga; estudantes anárquicos em Paris; mulheres se recusando a continuar no papel tradicional de mães e donas de casa; a luta pelos direitos civis nos Estados Unidos; a descolonização afro-asiática explodindo em guerras. As profundas transformações da passagem da década de 1960 para a de 1970 evidenciaram, como nunca antes, o anacronismo de um sistema soviético que derivara para um burocratismo totalitário. Para os comunistas que viviam fora do alcance da KGB, ou aparatos de segurança congêneres, ignorar as mudanças significava converter partidos tradicionais em nulidades políticas.

Mudanças de fundo, inexoráveis, repercutiam sobre o relevo da paisagem política. A revolução tecnológica e o crescimento econômico dos anos 1950 estavam dando lugar a uma recessão, agravada desde 1973 pelo primeiro choque do petróleo. Os trabalhadores industriais — o proletariado que o marxismo erigira em vanguarda da História — perdiam espaço para os novos trabalhadores urbanos do setor terciário. As democracias ocidentais, flexíveis, se adaptavam com dificuldade aos novos tempos. O bloco de gelo do stalinismo partia-se em pedaços.

Por uma questão de sobrevivência, os partidos comunistas da Europa Ocidental foram obrigados a aceitar a crítica interna ao dogmatismo soviético, especialmente após a anulação da Primavera de Praga. Em 1956, na repressão à Hungria, o apoio a Moscou custara algumas importantes dissensões internas por toda a Europa. Mas, para o público externo, ainda se sustentava o discurso oficial: tratava-se de reprimir forças contrarrevolucionárias "fascistas", "capitalistas", "monopolistas", "imperialistas". Em 1968, o discurso convencional só convencia os incorrigíveis: era mudar ou desaparecer.

O avanço das negociações na Europa Ocidental para a criação de uma "Europa federal" desenhava um perfil mais nítido de interesses e valores comuns — entre os quais a democracia parlamentar e o respeito às liberdades públicas e individuais. As críticas ao stalinismo, desencadeadas por Kruschev, avançaram dentro das próprias burocracias dos países comunistas, propiciando o surgimento de uma geração de líderes revisionistas. Na Polônia, na Hungria e na própria Tchecoslováquia, esboçaram-se tentativas reformistas por dentro da estrutura dos Estados de partido único. Seus frustrantes resultados permitiram que intelectuais como o polonês Leszek Kolakowski decretassem a morte do revisionismo: um modelo político intrinsecamente hostil à liberdade humana não podia ser consertado.

Os partidos comunistas da Europa Ocidental, a começar pela Itália e Espanha, completaram a ruptura teórica com o marxismo-leninismo, escapando à esfera de influência da URSS. Ao mesmo tempo que reafirmavam suas críticas ao sistema capitalista e defendiam a socialização da economia, declaravam um compromisso com a ordem parlamentar e democrática como meio para atingir o primeiro objetivo. Isso significava abandonar alguns pilares básicos da organização política leninista: o "centralismo democrático", o controle do partido sobre o grupo parlamentar, a submissão partidária dos sindicatos, o ritual dos expurgos internos.

O ponto de partida do eurocomunismo era o abandono do dogma do centralismo democrático:

> *Num certo sentido, é a falta de centralismo democrático, como práxis operativa dentro dos partidos eurocomunistas, que fez declinar ou desaparecer os outros três componentes, próprios de um partido organicamente leninista. Do mesmo modo, são as mudanças ocorridas na esfera política do mundo das democracias ocidentais que tornam, não só obsoletas e custosíssimas, em termos de energia e rendimento político, as tentativas de subordinar os grupos parlamentares, conduzir os sindicatos e expulsar todos os membros discordantes, como também contraproducentes para a imagem e funcionalidade do partido.*[150]

---

150 BOBBIO, Norberto, MATTEUCI, Nicola, PASQUINO, Gianfranco. *Dicionário de Política*. Brasília, UnB, 1998, p. 452.

Enrico Berlinguer, secretário-geral do PCI, condutor da linha eurocomunista que afastou definitivamente os italianos da esfera soviética no início dos anos 1970. A ideologia foi sacrificada no altar da sobrevivência política.

O Partido Comunista Italiano (PCI), herdeiro da tradição gramsciana, beneficiou-se desse trilho teórico original e desde o pós-guerra buscou uma linha independente, baseada no conceito de hegemonia, para trabalhar com a ideia de alianças partidárias e coalizões sociais amplas. Depois da Primavera de Praga, o PCI condenou abertamente as orientações de Moscou. O golpe de 1973 contra o governo esquerdista chileno de Salvador Allende convenceu os comunistas europeus de que não bastava conquistar o poder pelo voto: sem alianças com os partidos de centro, a direita jamais os deixaria governar. Ganhava consistência a linha política que se expressaria no projeto italiano do "Compromisso Histórico" com a democracia-cristã.

Os arautos do eurocomunismo procuravam conciliar ideias separadas pelo menos desde a dissolução da Assembleia Constituinte russa pelos bolcheviques:

> [...] se pedem uma breve definição de eurocomunismo, eu diria: eurocomunismo é um polo de novas teorias, novas políticas e ideias estratégicas que emergiram em diversos partidos comunistas, e que buscam novas respostas para os problemas surgidos com a crise do nosso tempo. Ele procura caminhos para empreender a transformação socialista

*da sociedade por intermédio de métodos democráticos, para avançar rumo a uma nova sociedade socialista baseada no pleno respeito pelas liberdades humanas, no pluralismo e em um contrato social melhor para todos. Em resumo, ele busca um fim para a exploração do homem pelo homem. Em outras palavras, o objetivo do eurocomunismo é estabelecer uma nova relação entre democracia e a transformação socialista da sociedade.*[151]

De certa forma, meio século depois, o comunismo europeu retornava ao berço da social-democracia.

---

151 AZCÁRATE, Manuel. "What is *Eurocommunism*." In: *Euroccomunism*. Londres, G. R. Durban, 1978.

# Revolução Cultural

*Estamos ainda aturdidos da viagem e durante algum tempo ficamos desorientados; mas, por fim, compreendemos: todos os pórticos, todas as fachadas dos edifícios até aos segundos andares, todos os autocarros e automóveis, todos os monumentos, em suma, toda e qualquer superfície, mesmo que seja a superfície exígua e redonda dos postes telegráficos, está coberta de jornais de parede. São folhas e mais folhas em que grossíssimos e agressivos ideogramas negros se exibem e esperneiam. [...] Por toda cidade se veem grupos de transeuntes que, sem comentários e sem que ninguém mostre de modo algum aquilo que pensa, leem os escritos agressivos que são rematados, a maior parte das vezes, por enormes pontos de exclamação. Que estará escrito nos jornais de parede?*[152]

Da zi bao é como os chineses chamam esses "jornais de parede". Eles se tornaram parte integrante da paisagem com o advento da Revolução Cultural. Adolescentes vestidos com suas túnicas uniformes, portando o bracelete que distinguia os

---

152 MORAVIA, Alberto. *A revolução cultural chinesa*. Braga, Europa-América, 1970, pp. 40-1.

componentes da Guarda Vermelha, todos segurando fervorosamente o Livro Vermelho, também compunham a cena.

Mobilizados pelo idolatrado presidente Mao Tsé-tung — "o Sol vermelho em nossos corações", segundo fórmula adotada na época —, milhões de jovens foram convocados a dar continuidade à revolução ajudando a combater os Quatro Velhos: a velha cultura, os velhos valores, os velhos costumes e o velho pensamento. O conhecimento adquirido no passado, visto como um sinal distintivo de classe social, e o uso do poder para obter vantagens eram os alvos aparentes. Escritores, cientistas, artistas, professores, membros do Partido Comunista Chinês (PCC) deveriam ser "reeducados" para que a sociedade comunista pudesse desabrochar. Agressões físicas e verbais, humilhações, castigos e autocríticas fizeram parte daquela violenta pedagogia.

A Grande Revolução Cultural Proletária começou na primavera de 1966, quando Mao tinha 73 anos de idade. Gozando de boa saúde e obcecado pela ideia de que a revolução chinesa corria o risco de cair na acomodação, o velho líder revolucionário mobilizou a juventude para derrotar os defensores de políticas menos radicais, mais interessadas no crescimento econômico do que na criação do Novo Homem.

A Revolução Cultural resultou da disputa pelo poder na cúpula do PCC, iniciada em meados da década de 1950. A questão central era definir o papel do Partido na construção da ordem comunista. Da época da guerrilha, nos anos 1920, até a sua morte, em 1976, Mao sempre defendeu a mudança radical, que só poderia ser alcançada com a destruição do passado, pela remoção de todas as referências anteriores. Isso significava virar e revirar a ordem cotidiana, impedindo qualquer estabilização, interpretada como rendição aos "inimigos de classe" e conciliação com o "revisionismo". Para outros, a começar por Liu Shao-chi, chefe de Estado nominal da China até 1968, a imposição violenta e arbitrária de novas ordens gerava essencialmente desorganização e mais pobreza, impedindo a estabilização do regime comunista.

No fundo, era o drama de todas as revoluções: quando parar? É difícil dizer se Mao amava o movimento incessante por uma crença na sabedoria popular forjada nos anos de luta revolucionária, se por uma convicção teórica naquilo que batizou de "revolução contínua" ou se pela mera esperteza política de manipular a instabilidade a seu favor. Mais provavelmente, tudo isso andava

Mao dizia que a sabedoria estava no povo e, os batalhões da Guarda Vermelha, que a sabedoria estava em Mao. Os acusados de "revisionismo" eram submetidos a humilhações públicas e violência física conduzidas pelos jovens da Guarda Vermelha, o que acabou criando um clima de verdadeiro terror em toda a China. Aqui, dois cidadãos acusados de serem "especuladores capitalistas".

junto. O fato é que as "massas em movimento tomadas pelo fervor revolucionário" soava como música aos seus ouvidos. Na Revolução Cultural, um dos principais ataques desferidos contra outros líderes do Partido era a acusação de temer o povo — ou seja, de temer uma mítica sabedoria revolucionária popular que escapava a qualquer controle e, comumente, voltava-se contra os próprios líderes.

*Origens do totalitarismo*, de Hannah Arendt, é a chave para o desvendamento dos mecanismos da Revolução Cultural e, mais genericamente, do maoísmo. Mao foi o último grande representante do fenômeno do totalitarismo político. Ele, como Stalin e Hitler, também aprendera a interpretar a sociedade a partir da lei do mais forte. Segundo sua apreensão da luta de classes, a violência figuraria como eixo da evolução histórica. A História, com maiúscula e como destino, regia o raciocínio maoísta. Perante a necessidade histórica, a morte de milhões de pessoas tinha escassa importância. Não poucas vezes o líder chinês expressou desapreço absoluto pela vida humana.

A Revolução não era um ato de mudança circunscrito no tempo, mas um processo infindável no qual a liderança reiterava sem cessar seu controle sobre os seguidores, chamando-os à ação contra inimigos sempre renomeados. Nas palavras de Mao:

> *Revolução contínua. Nossas revoluções vêm uma depois da outra. [...] Nossas revoluções são como batalhas. Após uma vitória, devemos imediatamente propor uma nova tarefa. Dessa forma, os quadros e as massas estarão sempre cheios de fervor revolucionário, em vez de presunção. Com efeito, não terão tempo para presunção, mesmo que gostem de se sentir presunçosos. Com novas tarefas sobre os ombros, estarão totalmente preocupados com os problemas de cumpri-las.*[153]

## Cem flores desabrocham e são arrancadas

A vitória dos comunistas chineses, em 1949, viera após anos de intensa luta, quando os inimigos do Partido Nacionalista de Chiang Kai-shek finalmente se retiraram para Taiwan, escudados pelos Estados Unidos. Os ideais igualitários do comunismo haviam se difundido por boa parte da juventude, incluindo os filhos de famílias abastadas, pois os violentos contrastes entre a miséria e a opulência na China eram por demais conhecidos. De modo geral, liberdade e igualdade eram conceitos estranhos à sociedade chinesa, cuja ética forjada pelo confucionismo defendia as hierarquias, a começar pelas relações familiares e culminando nas autoridades políticas. Para romper com tais modelos e erigir uma nova ordem social parecia coerente — especialmente se levarmos em conta a tradição imperial — a adoção de um regime político centralizador e planificador, nos moldes leninistas.

No primeiro momento, o controle sobre o aparelho de Estado foi dividido entre o PCC e o Exército de Libertação Popular (ELP). As seções regionais do Partido eram coordenadas pelo Comitê Central, composto por 44 membros. Desses, 14 integravam o Politburo e cinco formavam uma "comissão permanente" — o verdadeiro núcleo do poder. Em 1949, eram eles Mao,

---

153 SPENCE, Jonathan D. *Em busca da China moderna*. São Paulo, Companhia das Letras, 1996, p. 545.

Chou En-lai, Zhu De, Chen Yun e Liu Shao-chi. Nos anos seguintes, para conseguir impor-se a toda a população, o PCC ampliou rapidamente seus quadros e em nome da ordem e da cooperação de gente qualificada, de quem o país muito necessitava para crescer, foi obrigado a amenizar as perseguições aos inimigos da véspera.

O PCC fazia parte de um movimento comunista internacional ainda unificado sob a liderança da URSS. Por isso, os comunistas chineses acabaram arrastados pela lógica da Guerra Fria e inscritos numa história estrangeira, que era a do comunismo europeu. Eles deviam seguir as orientações de Moscou, subordinando suas prioridades às do aliado que ajudava a implantar o novo sistema de produção e a construir novas instalações e fábricas. A chegada dos técnicos soviéticos e a adoção do Primeiro Plano Quinquenal (1953-7) trouxeram perspectivas animadoras, especialmente depois de anos de guerra e destruição.

Contudo, o rochedo soviético se quebrava, gerando ondas de choque em todo o mundo comunista. Em 1953, quando terminava a Guerra da Coreia, Nikita Kruschev começava sua luta para ser nomeado secretário-geral do Partido Comunista da União Soviética (PCUS). No 20º Congresso do PCUS, em fevereiro de 1956, o novo líder soviético ousava fazer um discurso arrasando a memória de Stalin. Os chineses receberam as surpreendentes notícias de Moscou com viva apreensão. A desestalinização suscitou intenso debate sobre o papel do Partido, e formaram-se dois blocos concorrentes.

O bloco liderado por Mao contava com Chou En-lai, primeiro-ministro e maior estrela internacional do regime, Chen Yun, o novo secretário-geral do Partido e principal planejador econômico, Deng Xiao-ping e o general Lin Biao, do ELP. Eles defendiam uma política de maior tolerância em relação a intelectuais, cientistas e artistas, vistos como necessários para ajudar a promover o desenvolvimento do país. Muita gente que fugira em 1949 estava retornando, e a corrente maoísta procurava assegurar-se de uma cooperação que ajudaria a estabilizar o regime. Na ponta oposta, constituiu-se um bloco de revolucionários radicais. Liu Shao-chi, Zhu De, o comandante em chefe do ELP, general Peng De-huai e Peng Zhen, prefeito de Pequim, erguiam a bandeira da ortodoxia e a manutenção da rígida disciplina partidária, mesmo se isso significasse perder o apoio da diminuta, mas crucial, camada de profissionais qualificados e intelectuais.

Mao movia-se com cautela, jogando a carta da moderação. Externamente, sem oferecer apoio à desestalinização de Kruschev, evitou o enfrentamento direto com Moscou. Internamente, com a finalidade de isolar os adversários no Partido, solicitou aos intelectuais que falassem. Num discurso para os dirigentes partidários, em maio de 1956, o líder máximo explicou seu plano usando um ditado chinês que aconselha "deixar que cem flores desabrochem". Os "leninistas" de Shao-chi resistiam à ideia, que implicava uma incomum ampliação da opinião pública para além das fronteiras partidárias.

A luta de camarilhas se acirrava. Começavam a ser avaliados os primeiros resultados do Plano Quinquenal e algumas propostas de Mao para acelerar a cooperativização da agricultura mostravam maus resultados. No 8º Congresso do PCC, em setembro de 1956, as propostas do presidente foram sutilmente descartadas e também se removeram do texto da constituição partidária as inúmeras referências ao "pensamento de Mao". Atrás das aparências de dissolução do "culto à personalidade", em consonância com a linha soviética, ganhava força a linha centralista de Shao-chi.

Apesar de desafiado, Mao insistiu na Campanha das Cem Flores. Em abril de 1957, conseguiu que alguns órgãos de propaganda do Partido aderissem à campanha, apresentada como um movimento para ajudar a melhorar o PCC a partir das críticas. A chave da inaudita liberalidade estava na seguinte orientação de Mao: "Deve ser uma campanha de crítica e autocrítica realizada em extensão adequada. As reuniões devem se limitar a encontros de discussão ou reuniões de grupo de pequeno tamanho."[154] O líder pretendia mobilizar as bases partidárias contra seus adversários internos, mas não queria que as críticas extrapolassem para as ruas.

A "revolução permanente" era uma iniciativa de risco. O desabrochar das flores durou apenas algumas semanas, entre o início de maio e o mês de junho. O movimento se alastrou de tal forma por universidades e escolas que, em algumas localidades, além das críticas, os estudantes começaram a atacar os dirigentes comunistas. Assustada com o rumo da coisa, e já alerta pelas rebeliões recentes na Hungria e na Polônia, a elite do Partido começou a reagir.

---

154 SPENCE, Jonathan D. *Em busca da China moderna*. Op. cit., p. 538.

À esquerda, Mao e Liu Shao-chi; segundo à esquerda é Chou En-lai. As reuniões do Partido Comunista podiam ser conjuntas, mas era a linha de frente que decidia tudo.

O jogo maoísta não se destinava a criar direitos, mas a produzir tensões e turbulência. Cioso de seu próprio poder, Mao avisou que a finalidade das críticas era aperfeiçoar o regime — e que qualquer coisa diferente seria definida como ação de "direitistas" e "inimigos de classe". Em julho, subitamente, as flores foram arrancadas. Até o final de 1957, cerca de 300 mil intelectuais tomaram o rumo dos campos de trabalho forçado. A grande onda de repressão evidenciou que a China seguia um caminho distinto daquele da URSS da desestalinização. Pela violência, em poucos meses, o PCC silenciou uma geração inteira de pensadores, cientistas e artistas, alguns dos melhores da China, diversos deles oriundos da Liga da Juventude Comunista e militantes de muitas décadas.

## O "Grande Salto Adiante"

Enquanto as últimas flores murchavam no jardim da China, a atenção do Politburo foi capturada pela notícia de que os Estados Unidos iriam instalar mísseis de curto alcance em Taiwan. Em outubro de 1957, aproveitando um convite de Kruschev para as comemorações do quadragésimo aniversário da

Revolução Russa, Mao conseguiu assinar um acordo de transferência de tecnologia da bomba atômica. Era a segunda, e última, visita do Grande Timoneiro a Moscou. Kruschev anunciava a sua política de "coexistência pacífica" e, aos poucos, a URSS deixava transparecer para os chineses o seu desinteresse em repassar os segredos das armas nucleares.

A linha de contemporização dos soviéticos não servia aos objetivos perseguidos tenazmente por Mao. A presença americana em Taiwan e a falta de urgência de Moscou em ajudar os chineses com a bomba lhe pareciam um erro terrível, quase uma rendição. Num discurso para estudantes chineses em Moscou, Mao declarara: "Se o pior acontecesse e metade da humanidade morresse, a outra metade sobreviveria enquanto o imperialismo seria arrasado e o mundo todo se tornaria socialista."[155] A sua visão apocalíptica refletia a meta de transformar a China em grande potência militar, mas entrava em choque direto com a estratégia de Kruschev.

De volta a Pequim, o líder chinês converteu o acordo burocrático com os soviéticos numa ferramenta para atacar Liu Shao-chi e Chou En-lai, os mais destacados oponentes de sua política militar, que defendiam a utilização dos parcos recursos disponíveis na modernização econômica e social. Valendo-se de uma tradição desenvolvida nos anos da guerrilha contra o Kuomintang, o Partido Nacionalista, Mao exigiu dos adversários uma completa "autocrítica" e os expôs à humilhação perante os escalões inferiores do Partido. Foi nessa época que o presidente começou a promover o general Lin Biao, um de seus fiéis apoiadores, aos círculos mais altos do PCC.

A obsessão nuclear de Mao não seria frustrada por Moscou. Logo, a decisão de alçar a China ao estatuto de superpotência militar tomou a forma de um programa de desenvolvimento autônomo da bomba atômica. No verão de 1958, desenhou-se o chamado Programa de Superpotência, que almejava construir um arsenal nuclear operacional no prazo de cinco anos. A meta militar inscrevia-se no projeto oficial mais amplo de promover a rápida industrialização do país. Surgia aquilo que a linguagem característica do maoísmo batizou como "Grande Salto Adiante".

Os resultados do Primeiro Plano Quinquenal eram pouco satisfatórios, apesar do crescimento, e uma das causas era a ausência de uma força indus-

---

155 SPENCE, Jonathan D. *Em busca da China moderna*. Op. cit., p. 543.

trial capaz de suprir a produção de maquinário agrícola, sem as quais não se liberava mão de obra para as cidades. Na perspectiva do líder chinês, seguida pelo partido, para acelerar o ritmo de crescimento toda a organização social e econômica do país deveria ser reformulada. A ideia era acelerar a transição do socialismo para o comunismo.

A plataforma para a transformação seriam as Comunas Populares, criadas em meados de 1958. Desde 1949, as comunidades camponesas vinham sendo agrupadas em cooperativas, chegando à casa das 740 mil. Reestruturadas em grandes unidades, elas originaram 26 mil Comunas Populares, totalizando 120 milhões de famílias, incluindo pequenas cidades e vilarejos. As comunas englobavam a quase totalidade da população camponesa e davam ao Estado um grau de controle muito maior sobre cada unidade produtiva.

A Comuna Popular adotava o conceito de multifuncionalidade, segundo o qual as pessoas deveriam trabalhar em diferentes atividades. O conceito remetia a um trecho da antiga obra *Ideologia alemã*, no qual Karl Marx descrevia a sociedade comunista como aquela na qual as pessoas exerceriam inúmeras atividades distintas, escapando às especializações da economia industrial. Na curiosa versão maoísta, adaptada a uma sociedade muito pobre, pré-industrial, multifuncionalidade era atribuir diversas funções para as mesmas pessoas, de modo a criar, a partir do meio rural, um parque industrial.

Sob intensa campanha de propaganda e doutrinação, as pessoas foram instadas a provar que a vontade e a força humanas podiam vencer os maiores desafios naturais e técnicos. Entre outras coisas, o governo mobilizou imensos contingentes para trabalhar em obras de controle de águas e irrigação, problemas crônicos na China, bem como para explorar minérios, como o urânio, para o programa nuclear. A grandiosa improvisação totalitária se completava com exigências de produção elevadíssima, para cobrir as metas impostas pelos órgãos centrais de planificação.

Estimulados por alguns resultados aparentemente promissores, e não querendo frustrar as expectativas dos superiores, os agentes governamentais começaram a inflar as previsões de produção, oferecendo números que não resistiam ao escrutínio do senso comum. Ninguém erguia objeções, que valeriam as terríveis acusações de "direitismo" ou "derrotismo". Em busca de provas da maravilha em que a China havia se transformado, o governo providenciou fotos mostrando a dedicação das pessoas ao trabalho e campos superlotados de plantas. Mais tarde, descobriu-se que os chefes locais, em face da notícia da visita oficial, ou exatamente para consegui-la, ordenavam o transplante de mudas de locais diversos para um mesmo lote, criando a ilusão de fabulosa abundância.

As estimativas de produção eram tão fantásticas que, em várias regiões, a orientação foi suspender o plantio por não haver espaço para estocagem. Com a alimentação supostamente garantida, as atenções se voltaram para o processo de industrialização. O governo decidiu que a produção de aço dobraria em um ano, de 5,35 milhões de toneladas para 10,7 milhões, por meio da criação de fornos siderúrgicos domésticos. Cada comuna recebeu uma cota devidamente exagerada. Para atingi-la, as pessoas deixaram de lado seus afazeres habituais. Ninguém escapava desse empenho e até as crianças eram orientadas a procurar pregos, parafusos e qualquer pedacinho de metal para jogar nos grandes tachos, enquanto professores e médicos se alternavam com agricultores e artesãos na constante vigília para manter aceso o fogo dos fornos e mexer o ferro em fusão. Com o predomínio de fornos à lenha, as florestas ficaram peladas.

O louco empreendimento, na lembrança de uma criança:

*Um grande forno fora construído no estacionamento onde os motoristas esperavam. À noite, o céu ficava iluminado, e a trezentos metros, em meu quarto, ouvia-se o barulho da multidão em volta dos fornos. Os woks de minha família foram parar naquele forno, junto com todos os utensílios de ferro fundido. Não sofremos com sua perda, pois não precisávamos mais deles. Não se permitia agora nenhuma cozinha particular, e todos tinham de comer na cantina. Os fornos eram insaciáveis. Foi-se a cama de meus pais, muito macia e confortável, com molas de ferro. Desapareceram também as grades de ferro das calçadas da cidade, e tudo mais que fosse de ferro. Durante meses eles nem voltavam para casa, pois tinham de assegurar que a temperatura nos fornos de seus escritórios jamais caísse.*[156]

---

156 CHANG, Jung. *Cisnes selvagens — Três filhas da China*. São Paulo, Companhia das Letras, 1999, p. 204.

Depois da Alemanha nazista e da União Soviética stalinista, foi a vez da China conhecer o fenômeno do totalitarismo político, com a mesma produção de inimigos internos, reviravoltas narrativas, repressão e, sobretudo, um saldo incalculável de vítimas dos projetos de reconstrução do Homem e da História.

O viés totalitário do Grande Salto Adiante revela-se completamente em sua investida contra a vida privada. A fim de organizar melhor as equipes de trabalho, as famílias tiveram que abandonar suas casas para viver em alojamentos coletivos. As mulheres foram pressionadas a deixar as atividades domésticas para se envolver em tarefas agrícolas, o que implicava compartilhar o cuidado dos filhos e a preparação dos alimentos. A vida familiar deu lugar a cantinas coletivas, banheiros coletivos, creches, brigadas de defesa e alojamentos coletivos. Em muitos lugares, casais foram separados, conservando apenas o direito a um ou dois encontros semanais.

O Grande Salto Adiante desenrolou-se como um desastre de épicas proporções. Nem dois anos depois de sua deflagração, a fome se espalhou pelo país. A safra estimada em 375 milhões de toneladas de grãos não alcançou, de fato, 250 milhões ou, segundo sóbrios analistas ocidentais, algo em torno de 215 milhões. A fome e a exaustão ceifaram milhões de vidas. Os números, grosseiramente estimados, oscilam barbaramente, mas sempre acima da marca de 20 milhões, cerca de quatro vezes mais que a mortalidade provocada pela coletivização de Stalin na URSS do início dos anos 1930. Em 1959, quando a inanição varria o campo e as cidades, a China exportou 4,74 milhões de toneladas de grãos, no valor de 935 milhões de dólares, para pagar a ajuda econômica fornecida pela URSS.

A produção de aço nos fornos artesanais das comunas, principal objetivo industrial do programa, foi suspensa porque o metal resultante era de péssima qualidade. Os efeitos mais agudos da política de industrialização acelerada seriam sentidos até 1961, mas as consequências demográficas perdurariam no futuro, como decorrência da morte em massa de crianças pequenas durante aqueles anos macabros.

## Entre duas tormentas

Mao nunca ficou muito sensibilizado com o número de mortos que suas decisões produziam, pois a consciência histórica que ele imaginava representar enxergava apenas danos contingentes em uma transformação de grande magnitude. Mas era impossível não ver a fome nas vilas, as árvores peladas nas cidades porque as folhas haviam sido comidas e pessoas morrendo por ingestão de terra.

Shao-chi visitou seu povoado natal em 1958 e retornou muito abalado. Em dezembro, durante uma reunião do Comitê Central, as políticas maoístas foram frontalmente criticadas e um Mao enfraquecido foi afastado do cargo de presidente, conquanto mantivesse em suas mãos a presidência do partido e o comando das forças militares. Na primavera de 1959, Shao-chi assumiu a presidência da república, enquanto Mao era declarado presidente de honra do PCC. Naquele momento trágico, parecia selado o destino do chefe supremo.

Mao, contudo, não pensava em aposentadoria e rechaçava a ideia de transmissão do poder. Num gesto que repetiria pouco antes de lançar a Revolução Cultural, ele nadou por mais de uma hora nas águas do rio Yangtze, expondo seu vigor físico. O episódio ocorreu perto do balneário de Lushan, um dos retiros que a alta cúpula comunista costumava usar para reuniões informais. Ali, no verão de 1959, o marechal Peng De-huai tentou lealmente alertá-lo para o absurdo dos números que vinham sendo apresentados pelos responsáveis pelo Grande Salto Adiante.

A reação de Mao foi acusá-lo de conspiração e defender-se com o argumento de que Confúcio, Marx e Lenin também haviam errado. Ele disse que o verdadeiro problema estava na insistência dos dirigentes do Partido em criticá-lo e — *touché* — ameaçou marchar novamente com o povo contra o governo, caso não fosse apoiado. Lin Biao fez um discurso repudiando com violência as críticas do marechal e esclarecendo que a divergência não seria tolerada. Ao término do encontro, De-huai foi destituído do cargo de ministro da Defesa, que passou para Biao.

No momento em que a tensão crescia entre as lideranças do partido, o culto à personalidade de Mao tomou vulto. Foi depois do encontro em Lushan que Biao preparou o célebre Livro Vermelho com a intenção de difundir a doutrina maoísta entre os militares. Biao fez a seleção de trechos de discursos de Mao, numa pequena obra realmente intitulada *Citações do presidente Mao*, que seria batizada popularmente pela referência à sua capa plástica vermelha. Para o ainda presidente de honra do PCC, aqueles acontecimentos comprovavam a necessidade de manter a "revolução contínua", uma versão deturpada da "revolução permanente" de Leon Trotski, que incluía tanto as malfadadas Comunas Populares quanto a mobilização das massas para evitar a "burocratização" do partido.

Aquele, entretanto, não era o momento de investir contra seus opositores e, temporariamente, Mao pareceu preparar sua retirada do centro do palco. Enquanto Shao-chi e Xiao-ping assumiram a linha de frente do governo e iniciaram algumas reformas para minimizar a fome e melhorar a produção, Mao se voltou para a política externa tentando recuperar seu prestígio em outro flanco. Mas as coisas começaram mal pois, em junho de 1959, Kruschev deixou de lado a diplomacia e explicitou que não daria aos chineses as informações cruciais sobre a bomba. Depois disso, a relação entre os dois Estados comunistas se deteriorou rapidamente.

Primeiro, os jornais chineses começaram a publicar críticas ao líder soviético, acusando-o de "ingênuo"; depois, Kruschev declarou apoio à Índia no breve conflito de fronteira iniciado pela China sob pretexto de discutir os limites na região do Butão. Finalmente, em setembro de 1960, a defesa chinesa do stalinismo e a denúncia contra o "revisionismo" causaram a retirada de todos os técnicos e agentes soviéticos da China. No ano seguinte, os chineses subiram o tom das críticas e demonstraram, pela primeira vez, intenções objetivas de interferir no cenário internacional. No dia 17 de outubro de 1964, a China explodiria sua primeira bomba atômica na base de Lop Nor, no deserto de Gobi. O artefato recebeu o provocativo nome de 596 — ano e mês no qual Kruschev declarou que os chineses não teriam a bomba.

Estudos realizados para avaliar a situação no país no início dos anos 1960 levaram Chen Yun, um dos cinco nomes do Politburo, a propor medidas que, na prática, anulariam o Grande Salto Adiante. Ao mesmo tempo, os relatórios davam conta de generalizados casos de corrupção e arbitrariedade dos quadros partidários. Por decisão dos cinco líderes máximos do partido, iniciou-se a Campanha de Educação Socialista para restabelecer os valores corretos. A metodologia adotada orientava a retomada da luta de classes.

Novamente Mao e Shao-chi divergiram. Shao-chi queria "retificar" as mentes dos dirigentes sem alarde, sem tornar públicos os problemas e sem abalar a confiança do povo no Partido. Mao preferia o escrutínio público e acusava as investigações internas de nunca irem às últimas consequências. Mas os membros do partido estavam cansados da retórica maoísta, muito menos palpável que a melhora nas condições de vida obtidas com as limitadas reformas em curso. O planejamento e a ordem pareciam muito melhores que a turbulência revolucionária. Em vários jornais ligados ao Partido, um número crescente de matérias agradecia ao presidente Shao-chi pela recuperação do país. Mao sabia o que aquilo significava...

## Autocríticas ou autos de fé?

O ódio de Mao pela projeção de Shao-chi só não foi maior porque Biao, esse Goebbels chinês, deu à luz uma das principais peças do culto à personalidade de Mao: o *Diário do soldado Lei Feng*, personagem morto em um acidente enquanto tentava ajudar os camponeses. O diário, tão forjado quanto o fictício soldado Feng, era uma peça de idolatria na qual todas as ações cotidianas do jovem mártir eram justificadas pelo amor ao presidente Mao e pela vontade de colaborar com a construção do socialismo. O livro se tornou uma febre nos batalhões e nas escolas, enquanto crianças, adolescentes e jovens soldados competiam para emular Lei Feng, praticando boas ações.

Biao e Mao decidiram levar a metodologia do culto à personalidade, desenvolvida nas fileiras do ELP, para a vida cotidiana. Nas comunas, vilas e bairros, grupos de estudo que se reuniam semanalmente para aprender sobre o pensamento de Mao e do Partido intensificaram seus encontros e transforma-ram o Livro Vermelho em verdadeiro manual de catecismo, cujas frases todos deveriam decorar. A repetição contínua de slogans era um *modus operandi* do regime, bem como as penosas sessões de autocrítica, que evocavam os autos de fé inquisitoriais, com gente revirando consciências, destruindo egos, expondo brutalidades e fragilidades em nome da purificação ideológica. No meio de tudo isso, havia elementos curiosos, de uma graça involuntária, como a mania dos comunistas chineses de intitular as campanhas pelo recurso a números: "as cem flores", "os três três", "os quatro velhos", as "quatro pragas" e por aí vai.

O Grande Salto Adiante havia atacado a ordem familiar e privada. Agora, o alvo de Mao era o indivíduo, provocando a transferência típica das relações totalitárias: o máximo do fervor devotado ao Líder implica a máxima anulação do indivíduo, que não tem vida ou pensamento próprio.

O escritor italiano Alberto Moravia visitou a China em 1968, quando a Revolução Cultural era vista no Ocidente como algo novo e transformador. Inte-lectual de esquerda, ele não deixou de reparar que o socialismo chinês tinha con-quistado a igualdade por meio da pobreza generalizada. Todo mundo se vestia com as mesmas roupas da mesma cor e as habitações eram desprovidas de sinais de individualidade. Nesse caso, observou o visitante, falar em "luta de classes" para estimular a atividade política não parecia fazer sentido, a não ser que o ver-dadeiro objetivo fosse investir contra valores pessoais para dominar as "almas".

Moravia estabeleceu um perspicaz paralelo entre a Revolução Cultural e o movimento de ascese mística liderado por Francesco Savonarolla, em Florença, na última década do século XV, bem como com a Genebra de João Calvino pou-cas décadas depois. Nos três casos, a instalação de uma ordem terrena purificada dos males e vícios do passado provocara perseguições e excessos de toda ordem — em nome de Deus ou, na China, de Mao. O jornalista italiano acabou des-cobrindo que os *dazibaos* que haviam chamado a sua atenção logo no começo, quando chegou ao país, eram basicamente *slogans* e acusações. Nada capaz de produzir alguma reflexão: apenas dogmas, uma questão de fé.

O empreendimento de anulação do indivíduo envolvia a intervenção ideológica no campo da produção artística e cultural. Desde os tempos anteriores ao poder, os comunistas chineses discutiam se a arte deveria ou poderia servir à revolução. Foi naquele antigo debate que começou a aparecer a figura de Jiang Qing. A terceira madame Mao se casara com o líder em 1938, após uma rápida carreira como atriz. No início dos anos 1960, ela chamou a atenção do marido para o temário das óperas, ligado ao passado, e instou-o a promover uma renovação no gênero, associando-o ao socialismo e à revolução.

A ópera era uma forma bastante popular de cultura e lazer em toda a China. Apreciava-se, particularmente, os "dramas de fantasmas", nos quais pessoas e animais voltavam do além buscando vingar alguma injustiça. Havia séculos que aqueles fantasmas falavam verdades aos poderosos e funcionavam como veículo de expressão da opinião pública. Um personagem muito apreciado era Hai Rui, um alto funcionário da dinastia Ming demitido por defender o povo. Jiang Qing e Mao, um grande conhecedor da ópera, sabiam que, pela boca de Hai Rui, falava o marechal De-huai. Mao, no caso, ocupava o lugar do imperador malvado, cego pelo poder.

Aquilo não passaria em branco. Mao solicitou diretamente a Biao que ajudasse a implementar as propostas de sua esposa, cujas ordens iniciais para eliminar aqueles espetáculos tinham sido basicamente ignoradas. Para envolver de novo as massas no *élan* revolucionário, os dois homens criaram a campanha dos Quatro Velhos. E, como à destruição da velha cultura se somava a destruição dos velhos hábitos, Mao aproveitou para atacar todos os que se opunham a uma avaliação pública do Partido, acusando-os de "ceder ao capitalismo" e ao "espírito burguês".

Sob a orientação de Mao, em maio de 1966 o Comitê Central iniciou uma série de expurgos na burocracia cultural, a começar por Pen Zhen, prefeito de Pequim e alto quadro do Ministério da Cultura. Os protestos, insuflados do alto, começaram a se espalhar quando uma professora da Universidade de Pequim escreveu *dazibaos* criticando a administração da instituição. A tentativa de controlar as manifestações só conseguiu acirrá-las, com mais e mais alunos e professores radicais se insurgindo contra os representantes do Partido. Logo surgiram braçadeiras para identificar os Guardas Vermelhos — a nova vanguarda revolucionária formada por adolescentes fanatizados pela figura onipresente do presidente Mao.

A violência explodiu a partir do outono, quando os jovens passaram a ser encorajados a destruir os velhos edifícios e velhos objetos, queimando livros e bens artísticos, além de investir contra todas as figurações da autoridade, incluindo pais, professores e dirigentes políticos. Eis o depoimento prestado, à época, por um jovem protagonista das desordens:

> O presidente Mao teve razão de nos mobilizar contra os intelectuais. Não podemos confiar neles. Eles resistem contra a linha do Partido, tornaram-se arrogantes, adotaram um estilo de pensamento burguês e idolatram o que é estrangeiro. Tome por exemplo o velho Wang. Quando os Guardas Vermelhos foram à casa dele e começaram a fazer uma busca, encontraram uma quantidade de mesas de todo tipo de objetos de arte feudal chinesa. Aquilo devia valer uma fortuna. Nós descobrimos moedas e livros estrangeiros, e você deveria ver a mobília. Ele tinha os armários cheios de sapatos de couro, de roupas de luxo, praticamente um bazar. Ele tinha até um salão doméstico, usado para cozinhar e para a limpeza. Como uma sociedade socialista pode tolerar que essa gente eduque a juventude? É verdade que ele era um físico eminente e que nós necessitamos de sua competência, mas valerá a pena manter vivos esses repugnantes vestígios burgueses para infectar os estudantes com seu modo de vida degenerado?[157]

As aulas foram suspensas por mais de um ano, a fim de que os jovens pudessem viajar pelo país ajudando a combater os "inimigos de classe", "capitalistas" e "feudais", auxiliando os trabalhadores em tarefas como lavar roupas, limpar dormitórios e preparar refeições, como faria o soldado Lei Feng. Para culminar a nova versão da Longa Marcha, os novos batalhões maoístas desembarcavam em Pequim, numa tentativa de avistar, em carne e osso, na praça Tianamen, o grande líder da nação. Por ordem direta de Mao, aquela "van-

---

157 FROLIC, Michael B. *Le peuple de Mao. Scenes de la vie en Chine révolutionnaire.* Paris, Gallimard, 1982, p. 68.

Com a Revolução Cultural ocorreu uma cena incomum: Mao Tsé-tung fez algumas aparições de surpresa na Praça da Paz Celestial para alimentar o culto que os jovens, fanatizados, instituíram. Muitos desses inocentes úteis chegaram a esperar meses em Pequim para alcançar tamanha graça.

guarda revolucionária" poderia viajar de graça nos trens e obter alojamento e alimentação em qualquer cidade ou vila da China.

A pronta resposta da população aos apelos da Revolução Cultural pode ser explicada pela conjugação de frustração pela falta de trabalho e de perspectivas de melhoria, com repressão à juventude, obrigada a uma vida de sacrifícios em nome da revolução. Havia também uma ordem totalitária já bastante disseminada, e o clima de medo e isolamento, após tantas campanhas, rótulos estigmatizantes e autocríticas faria muita gente "atacar para não ser atacada". Era o turbilhão incontrolável da "revolução contínua".

Mao jogava a cartada do poder absoluto. E, finalmente, o turbilhão chegou ao lugar desejado: acusando Shao-chi de revisionista, o "Sol vermelho da China" conseguiu enfiá-lo na prisão, em agosto de 1966, junto com sua esposa, Wang Guang-mei, acusada de espionagem. Ambos foram expostos à autocrítica pública e sofreram todo tipo de humilhação e agressões. Shao-chi morreu lentamente, num processo doloroso encerrado em novembro de 1969. Sua esposa suportou 12 anos de prisão, antes de ser reabilitada. Os parafusos do totalitarismo se apertavam sobre todos os que haviam ousado divergir. Em 1967, foram presos Xiao-ping e Tao Zhu, os dois principais auxiliares de Shao-chi na condução das reformas. O marechal De-huai, afastado havia muito de suas funções, foi preso e interrogado 260 vezes, sem jamais se dobrar às acusações de conspiração contra Mao. Ele morreu na prisão em 1974.

No início de 1967, a Revolução Cultural entrou na fase autofágica. Por todo o país, surgiram "alianças operário-camponesas" determinadas a assumir o controle direto sobre as fábricas e outras repartições, por meio da derrubada dos chefes do Partido, os "burocratas arrogantes". Além de ameaçar o poder do PCC, os diferentes grupos começaram a disputar entre si a condição de mais radical ou mais fiel ao presidente Mao. Havia, é claro, ideologia, paixão e fúria, mas a maioria dos líderes radicais maoístas almejava a promoção das próprias carreiras políticas. A violência física explodia, em choques com centenas de mortos e feridos.

A radicalização já servira aos propósitos de seus insufladores, transformando-se num risco para a ordem maoísta. A fim de retomar o controle da situação, foi necessário apelar ao exército, longamente preparado por Biao para assumir posições de destaque na estrutura governamental. Na repressão aos radicais, o ELP deixou milhares de mortos pelo caminho. Em setembro, Mao e Jiang Qing concordaram que as coisas tinham ido longe demais. O cenário só retornou a alguma normalidade no verão de 1968. Os jovens receberam ordens para voltar a suas casas e retomar os estudos. No entanto não havia mais escolas, nem bibliotecas e, em muitos lugares, nem sequer professores. O sistema educacional do país fora destruído.

Não importava, isso era um dano colateral. O principal fora alcançado: Mao eliminara todos os seus principais oponentes na estrutura do partido. O venerável Chou En-lai, havia tempo, se sujeitara por completo ao Grande Timoneiro. Lin Biao tornou-se o número dois do Partido e foi indicado como futuro sucessor de Mao. Mas apenas por pouco tempo, logo Biao também seria tragado pelo torvelinho da revolução.

Na nova estrutura partidária, agora amplamente controlada pelo ELP, cerca de 81% dos membros do Comitê Central eram militares.

Na sociedade criada pela Revolução Cultural, segundo a orientação de Mao, as pessoas deveriam seguir cinco recomendações:

*1 – Não cultive ligações;*

*2 – Não visite pessoas;*

*3 – Não dê jantares ou presentes;*

*4 – Não convide pessoas para óperas ou filmes;*

*5 – Não tire fotografia com pessoas.*[158]

---

158 CHANG, Jung & HALLIDAY, Jon. *Mao. A história desconhecida.* São Paulo, Companhia das Letras, 2006, p. 688.

# A invenção do Terceiro Mundo

Na primavera de 1942, durante a visita de Molotov a Washington, Roosevelt começou a delinear a ideia dos "Quatro Policiais", que originaria o Conselho de Segurança da ONU. O presidente também abordou o tema dos impérios coloniais, fixando a posição americana:

> *Quando tivermos vencido a guerra, trabalharei com toda a minha força para garantir que os Estados Unidos não sejam induzidos à posição de aceitar qualquer plano que estimulará as ambições imperialistas da França, ou que ajudará ou favorecerá o Império Britânico em suas ambições imperiais.*[159]

A Guerra Fria se interpôs no caminho imaginado por Roosevelt. Em nome da "doutrina da contenção", Truman apoiou as "ambições imperialistas" da França na Indochina e os Estados Unidos não desempenharam nenhum papel relevante na descolonização. O império francês caiu sob os golpes da humilhante derrota no Vietnã e da crise nacional deflagrada pela guerra argelina. O império britânico dissolveu-se aos poucos, sob o impacto das lutas anticoloniais, no ritmo ditado pela prudente estratégia de evitar guerras custosas nas colônias.

---

159 KISSINGER, Henry. *Diplomacia*. Rio de Janeiro, Francisco Alves, 1997, p. 468.

Guerras aconteceram, aqui e ali, nas colônias britânicas. Uma das primeiras, e mais violentas, foi a rebelião Mau Mau, no Quênia, deflagrada em 1951 por lideranças da etnia *kikuyu*, a mais numerosa nas vizinhanças de Nairóbi, a capital colonial. Bem antes, em 1925, a Associação Central Kikuyu solicitara à administração britânica a permissão de plantio de café pelos africanos, a publicação das leis da colônia em língua *kikuyu* e a eleição de representantes nativos para o Conselho Legislativo de Nairóbi. Todas as demandas foram rejeitadas. Os *kikuyu* prosseguiram suas campanhas, centradas na denúncia dos confiscos de terras e na proibição dos cultivos de café, destinada a assegurar a oferta de mão de obra nativa para as fazendas de colonos. O jovem *kikuyu* Jomo Kenyatta, representante da Associação Central, viajou a Londres para tentar negociar, estabeleceu-se na capital britânica, estudou antropologia, envolveu-se com o movimento pan-africanista e retornou ao Quênia em 1946.

O levante Mau Mau dirigiu-se contra os colonos europeus e provocou choques sangrentos no interior do próprio grupo *kikuyu*. Ataques dos rebeldes contra fazendas de colonos causaram uma onda de pânico e detonaram medidas repressivas de uma intensidade inaudita. Na imprensa britânica, os rebeldes foram descritos como selvagens, homicidas atrozes que agiam sob o comando de feiticeiros. De fato, os Mau Mau mataram cerca de três dezenas de colonos, mas o exército colonial fez algo como 10 mil vítimas fatais entre os *kikuyu* e aprisionou 80 mil suspeitos, muitos dos quais enviados a "campos de reabilitação" onde sofriam bárbaras violências. A pena de morte por enforcamento foi usada indiscriminadamente, vitimando mais de mil supostos combatentes rebeldes.

Kenyatta tinha contatos com os chefes Mau Mau mas, provavelmente, nunca exerceu liderança sobre os rebeldes, de cujos métodos discordava. Preso em outubro de 1952, sob a acusação de coordenar o levante, conheceu a sentença condenatória meses depois, numa pequena localidade próxima à fronteira ugandense. Proclamando o veredicto, o juiz britânico expressou os sentimentos do seu governo, da opinião pública em Londres e dos colonos no Quênia:

> *Você alegou que seu objetivo sempre foi utilizar métodos constitucionais no rumo do autogoverno para o povo africano... Não acredito em você. [...] Você extraiu a máxima vantagem do poder e influência que*

*tem sobre seu povo e, também, dos instintos primitivos que sabe consti-*
*tuir o cerne da natureza dele... Você os persuadiu em segredo a matar,*
*a queimar, a cometer atrocidades demoníacas.*[160]

A descolonização moveu as placas tectônicas da ordem geopolítica global. Grã-Bretanha e França perderam uma influência mundial que já não correspondia aos seus recursos de poder. O espaço aberto pela emergência de
dezenas de nações soberanas na Ásia e na África foi ocupado por novos personagens — e por um novo projeto de poder. Geopolítica, contudo, era apenas a
superfície do terremoto da descolonização. Abaixo dela, agitavam-se os temas
paralelos da raça e da igualdade.

Os impérios europeus tinham sido erguidos sobre a fundação do "fardo
do homem branco" — isto é, o paradigma de que os europeus eram portadores
de uma missão civilizatória e deveriam ensinar os segredos da nação moderna
às "raças inferiores". As lutas anticoloniais não se dirigiam apenas contra as
sedes dos impérios e as administrações dos territórios sob domínio europeu.
Elas contestavam o paradigma racial da desigualdade de substância entre colo-
nizadores e colonizados.

# O terceiro polo

Jawaharlal Nehru, o herdeiro político de Mahatma Gandhi, assumiu a
chefia do governo da Índia no dia da independência, em agosto de 1947, proclamando de imediato que seu país rejeitava as opções postas pelos sistemas de
alianças da Guerra Fria. O termo não alinhamento surgiu num discurso que ele
pronunciou em Colombo, no Ceilão (hoje, Sri Lanka), em maio de 1954, numa
conferência de primeiros-ministros da Ásia meridional.

O encontro realizou-se em meio às tempestades das monções de verão
que, naquele ano, começaram mais cedo. Nehru pretendia apresentar-se como
um líder regional, mas não o era. Raios e trovoadas quase comprometeram
a reunião, pois o paquistanês Mohammed Ali Bogra fez objeções a todas as

---

160 JUDD, Denis. *Empire — The British imperial experience from 1765 to the present.* Londres, HarperCollins, 1996, p. 346.

propostas do indiano. À resolução sobre o colonialismo esboçada pela Índia, Ali replicou: "Podemos, nós mesmos, nos livrar do colonialismo, mas qualquer país submetido ao comunismo poderá estar perdido para sempre."[161] O texto final da resolução anticolonialista censurou, também, o comunismo.

Um ano mais tarde, representantes de 29 nações da Ásia e da África se reuniram em Bandung, na Indonésia, para uma conferência anticolonial. Os patrocinadores eram Índia, Paquistão, Ceilão e Birmânia (hoje, Mianmar), que prepararam o evento num encontro prévio, em Bogor (Indonésia). Ahmed Sukarno, o presidente da Indonésia, figurava como anfitrião e acalentava o projeto de se alçar à posição de líder do que batizara como Novas Forças Emergentes. Diversos Estados participantes ainda comemoravam independências recentes. Também estavam representados o Japão, novo aliado americano na Ásia, a China, que combatera as forças americanas na Coreia, e os dois Estados vietnamitas antagônicos.

O habilidoso primeiro-ministro chinês Chou En-Lai contornou as resistências à potência comunista, ajudando a formular um trecho da resolução que condenava o colonialismo "em todas as suas manifestações". O eufemismo podia ser interpretado como referência à esfera de influência soviética no Leste Europeu. No comunicado final, destacavam-se os "dez princípios de Bandung", entre os quais o respeito aos direitos humanos, de acordo com a Carta da ONU, à soberania e autodeterminação das nações e o "reconhecimento da igualdade entre todas as raças e todas as nações, grandes ou pequenas".[162]

A pretensão de liderança de Sukarno se chocava com os planos de Nehru. O indiano reagiu por meio de um desvio estratégico: a cooperação tripartite com Tito e Nasser, presidentes da Iugoslávia e do Egito. Um encontro do trio, em 1956, nas ilhas Brioni, na costa iugoslava do Adriático, conferiu nova direção ao movimento ensaiado na Indonésia. Tito não participara da Conferência de Bandung e, em princípio, obviamente não teria lugar numa articulação geopolítica afro-asiática. Mas ele compartilhava com Nehru o interesse pela ideia de não alinhamento, que se superpunha ao impulso anticolonial e se refletia na cooperação entre um país europeu, um asiático e um árabe-africano.

---

161 "India: discord in Colombo." *Time*, 10 de maio de 1954.

162 Final Communiqué of the Asian-African Conference of Bandung (24 de abril de 1955). European Navigator.

Tito e Nehru enfrentavam dilemas similares. Eles almejavam desempenhar papéis de protagonistas numa cena mundial marcada pela bipolaridade entre as superpotências da Guerra Fria. Tito rompera com a URSS de Stalin, mas se reconciliara com Kruschev, sem abrir mão da autonomia externa e do comércio com a Europa Ocidental. Nehru esboçava uma cooperação econômica e militar com os soviéticos, com a finalidade de incrementar a segurança de seu país, potencialmente ameaçada pela rivalidade com a China e pelos atritos com o Paquistão em torno da questão da Caxemira. Nasser tinha ambições geopolíticas mais definidas, expressas no projeto da unidade árabe, mas também se aproximava da URSS, que prometia modernizar o exército egípcio e financiar a hidrelétrica de Assuã.

A manobra de Nehru funcionou. De Brioni, não emergiu um movimento afro-asiático, como queria Sukarno, mas o Movimento dos Não Alinhados (NAM). A conferência de fundação realizou-se em Belgrado, sob os auspícios de Tito, em 1961, durante a grande onda das independências africanas. Além do trio de Brioni, Sukarno e o presidente ganês Kwame Nkrumah assinavam o convite para o encontro, que reuniu representantes de 25 países, inclusive Fidel Castro, novo líder de uma Cuba em vias de incorporação à órbita soviética. O iugoslavo triunfou, com apoio de Nkrumah e Sukarno, definindo a descolonização como eixo do documento final, que também continha itens sobre o desarmamento nuclear, tema prioritário para Nehru.

A conferência seguinte deu-se no Cairo, em 1964, convocada por insistência de Tito com a finalidade de se antecipar ao intento da Indonésia de promover uma conferência afro-asiática. Divergências táticas não abalavam o dueto entre Iugoslávia e Índia, baseado em claras razões de *realpolitik*. Para Nehru, o essencial era afastar a China, com quem seu país travara uma desastrosa guerra de fronteira, dois anos antes, bem como o inimigo Paquistão. Tito concordava com a exclusão dos chineses, que colaboravam ativamente com a inimiga Albânia, mas sobretudo temia ser excluído de um movimento afro-asiático. No Egito, a declaração final transferiu o foco para o imperialismo e o neocolonialismo.

O presidente iugoslavo comandou, na prática, a consolidação do NAM. A conferência seguinte, em Lusaka, na Zâmbia, em 1970, foi precedida por um encontro em Belgrado e por uma viagem de Tito a diversos países africanos,

Da esquerda para a direita, os líderes do Bloco dos Não Alinhados: Nehru, Nkrumah, Nasser, Sukarno e Tito na Conferência de Belgrado. O novo bloco de poder contestava a bipolaridade da Guerra Fria, mas não pode escapar às próprias divergências, posto que cada um dos líderes nutria diferentes projetos políticos.

na qual lançou a proposta de que os países ricos destinassem 1% do PIB para ajuda ao desenvolvimento. Três anos depois, em Argel, a quarta conferência conectou o subdesenvolvimento à dependência econômica e conclamou à cooperação Sul-Sul. Na paisagem da Guerra Fria, sob o relevo destacado da bipolaridade, definiam-se os contornos de um terceiro polo, secundário mas ativo.

## Na tenda do Terceiro Mundo

O Terceiro Mundo, definido nos termos do subdesenvolvimento por economistas como André Gunder Frank e Samir Amin e geógrafos como Pierre George e Yves Lacoste, parecia um conjunto geopolítico mais ou menos delineado. Entretanto, no palco da política internacional, o NAM formava uma grande tenda atravessada por divergências profundas, disfarçadas na linguagem ambígua de seus comunicados.

Em Argel, o líbio Muamar Kadafi insistiu na neutralidade do movimento diante das superpotências, enquanto Castro se declarava comunista e pregava o apoio à política emanada de Moscou. O NAM, com o tempo, acabou reunindo mais de uma centena de Estados. Aron destacou as contradições no seu interior, distinguindo a neutralidade tradicional do neutralismo *sui generis* proclamado nas declarações terceiro-mundistas:

> *Fora da Europa, não há o equivalente da neutralidade tradicional (Suíça, Suécia). A distinção principal que se pode fazer é entre os Estados neutros (Índia) e os que assumem um "neutralismo" mais ou menos positivo (o Egito de Nasser); quase todos os novos Estados se declaram "não alinhados", e não querem ser envolvidos na Guerra Fria entre os blocos, mas a gama do não engajamento vai desde a simpatia tunisiana pelo Ocidente à quase adesão de Cuba ao bloco soviético.*[163]

O NAM, contudo, servia a múltiplos objetivos dos dirigentes de nações da Ásia, da África e da América Latina. Na esfera das relações internacionais, conferia voz, visibilidade, prestígio e algum poder mesmo a países periféricos. Na esfera da política interna, produzia um tipo perigoso de legitimidade, ancorada no conceito do inimigo externo, tal como formulado por Sukarno na Conferência de Bandung.

Sukarno era um nacionalista da elite cosmopolita de Java. Culto, fluente em holandês e nas diversas línguas indonésias, com um interesse especial na arquitetura moderna, entregou-se à criação de uma identidade nacional para o seu país, constituído por uma heterogênea coleção de ilhas e etnias. Nos primeiros anos após a independência, a Indonésia experimentou os impasses de uma democracia fragmentada pelas linhas de clivagem étnicas e partidárias. Então, no ano da Conferência de Bandung, Sukarno começou a pressionar por uma reforma institucional destinada a implantar um sistema que batizou de "democracia dirigida".

No lugar do parlamento, o governo se apoiaria em um Conselho Nacional constituído não por partidos, mas por "grupos funcionais". Os partidos continuariam a existir, mas como entidades consultivas, no quadro de um regime amparado pela identificação de "consensos nacionais". Sukarno discursou perante as nações da Ásia e da África durante essa reforma interna que

---

163 ARON, Raymond. *Paz e guerra entre as nações*. Brasília, UnB, 1986, p. 627.

almejava abolir a "democracia ocidental". Num trecho do discurso, ele falou da "roupagem moderna" do colonialismo:

*Digo a vocês: o colonialismo não está morto. Suplico-lhes que não pensem no colonialismo apenas na sua forma clássica, que nós, na Indonésia, e nossos irmãos em diferentes partes da Ásia e da África conhecemos. O colonialismo tem também a sua roupagem moderna, na forma de controle econômico, controle intelectual, controle físico real por uma pequena mas estrangeira comunidade dentro de uma nação. É um inimigo capaz e determinado, que se apresenta sob inúmeros disfarces. Ele não desiste facilmente de sua pilhagem.*[164]

Neocolonialismo é a expressão que se consagraria para fazer referência à preocupação de Sukarno. Mas o trecho decisivo se encontra na caracterização do "inimigo" como uma "comunidade estrangeira dentro da nação". Na sua forma mais óbvia, a tal "comunidade" seria constituída por colonos e seus descendentes: os franceses da Argélia, os britânicos do Quênia e tantos outros casos similares. Entretanto, a generalidade da ideia, associada a expressões abrangentes — "controle econômico", "controle intelectual" —, propicia a identificação de comunidades "estrangeiras" que nada têm de estrangeiras.

As comunidades de chineses étnicos da Malásia e da Indonésia, por exemplo, derivaram de longos ciclos migratórios e eram tão antigas quanto diversas outras comunidades "nacionais" daqueles países. Contudo, nos dois países, os movimentos nacionalistas crismaram os chineses étnicos como "estrangeiros" e, após as independências, eles se tornaram alvos de leis discriminatórias nos terrenos da economia e da educação.

Na Indonésia, em 1956, o ultranacionalista Assaat Datuk Mudo deflagrou um "movimento pró-indonésios", que acusava os chineses étnicos de monopolizar o setor de comércio. Três anos depois, Sukarno editou o Decreto Presidencial 10, que obrigava "estrangeiros" com estabelecimentos comerciais no meio rural a vender seus negócios a "indonésios" ou os transferir para o meio urbano. Milhares de pequenos negócios fecharam as portas ou trocaram de

---

164 CHATTERJEE, Partha. "Empire and nation revisited: fifty years after Bandung." *Inter-Asia Cultural Studies: Movements*, dezembro de 2005, p. 1.

mãos e a polícia reprimiu os protestos. A discriminação atingiu seu ápice após o golpe contra Sukarno e a ascensão ao poder de Mohamed Suharto, completada em 1967. Num episódio trágico, naquele ano, 42 mil chineses étnicos foram dizimados, sob acusação de separatismo, no oeste da ilha de Bornéu.

Na Malásia, *bumiputera* significa "filho do solo", ou seja, um malaio nativo, muçulmano, não um "nacional estrangeiro" como são considerados os chineses e indianos étnicos, que formam comunidades antigas no país. O princípio da supremacia malaia fixou-se desde a independência, em 1946. A Constituição abriga essa noção de direito de sangue, de conteúdo racial, que propicia distinções legais entre os *bumiputeras* e os demais cidadãos. Nas eleições de 1969, eclodiram violentos conflitos entre *bumiputeras* e chineses étnicos. Depois, sob a doutrina da Ketahanan Nasional ("força nacional"), o Estado deflagrou a Nova Política Econômica (NEP), um plano de longo prazo destinado a transferir o controle dos setores decisivos da economia para empresários *bumiputeras*.

O "inimigo externo" é interno — eis o sentido da invectiva de Sukarno contra o neocolonialismo. O conceito, compartilhado pelos mais variados

Transformados em "nacional estrangeiros" pelo governo malaio, os chineses étnicos passaram a sofrer discriminação explícita. Em maio de 1969, um incidente de violência policial deflagrou conflitos de rua entre malaios e chineses étnicos.

líderes nacionalistas, serviu como pretexto para a formação de regimes autoritários e a repressão social, em países asiáticos, africanos e latino-americanos. O manto anti-imperialista, terceiro-mundista, ajudou a conferir legitimidade a ditaduras baseadas no poder de uma etnia, de um clã ou de um partido único. O "inimigo interno" assumiu as feições dos chineses étnicos na Indonésia e na Malásia, dos xiitas e curdos no Iraque, das organizações fundamentalistas islâmicas, no Egito e na Argélia, dos opositores à revolução castrista, em Cuba.

Desde as conferências de Lusaka e Argel, o NAM concentrou sua atenção no tema do subdesenvolvimento, ou seja, nas desigualdades econômicas entre o Norte e o Sul. O verdadeiro desafio do combate à pobreza se transformou em álibi para uma revisão da natureza dos direitos humanos. Os direitos à livre expressão de opinião, à liberdade de imprensa e de associação, as garantias individuais passaram a ser interpretados como bens supérfluos, relevantes apenas para as sociedades dos países desenvolvidos. No lugar deles, os regimes autoritários se declararam comprometidos unicamente com direitos sociais e econômicos, que seriam os bens realmente essenciais nos países do Terceiro Mundo.

## O mito da unidade: Nasser

O Egito tornou-se oficialmente independente em 1922, mas só ganhou a autodeterminação em 1936, pelo Tratado Anglo-Egípcio, e a soberania efetiva teve que esperar até o golpe dos Oficiais Livres de Nasser, que derrubou o rei Farouk I em 1952. O nasserismo juntou os cacos das diferentes ideologias em voga: terceiro-mundismo, unidade dos povos árabes, "socialismo árabe". No plano interno, o novo regime redefiniu a identidade nacional egípcia, ancorando-a na tradição árabe e promovendo a separação entre Estado e religião. No plano externo, ergueu a bandeira do pan-arabismo, fincando-a na rocha mítica da restauração de uma "nação árabe".

O terceiro-mundismo de Nasser era um nacionalismo *sui generis*, que pregava uma revolução internacional. Dizia a Carta Nacional, divulgada pelo governo egípcio em 1962:

*A revolução é o meio pelo qual a nação árabe pode libertar-se de seus grilhões [...]. É a única forma de superar o subdesenvolvimento que lhe foi imposto pela supressão e exploração [...]. Eras de sofrimento e esperança acabaram produzindo objetivos claros para a luta árabe. Esses objetivos, a verdadeira expressão da consciência árabe, são liberdade, socialismo e unidade [...]. A estrada para a unidade é a convocação popular para a restauração da ordem natural de uma única nação.*[165]

A liderança de Nasser firmou-se com a crise deflagrada pela nacionalização do canal de Suez, em 1956. O fracasso da intervenção anglo-francesa e israelense cercou o presidente egípcio de uma aura heroica. Sob a sua influência direta, a Liga Árabe criou, na sua primeira reunião de cúpula, em 1964, no Cairo, a Organização para a Libertação da Palestina (OLP). Três anos depois, Nasser deu a sua bênção a Yasser Arafat, designando-o "líder dos palestinos".

A ideia da restauração árabe crepitava também em outros países, sob o influxo do Partido Árabe Socialista Baath, fundado em Damasco, em 1944, como uma organização pan-árabe, com seções em diversos países. Em 1958, já sob forte influência do Baath, a Síria decidiu unir-se ao Egito numa República Árabe Unida (RAU), experiência que malogrou em apenas três anos. O Baath consolidou seu poder sobre a Síria em 1963 e, no Iraque, em 1968. O golpe antimonárquico dos jovens oficiais de Muamar Kadafi na Líbia, em 1969, inspirou-se diretamente no nasserismo.

As origens do pan-arabismo não se encontram em Nasser, mas nos intelectuais sírios Michel Aflaq e Salah Bitar, que estudaram juntos na Sorbonne, na década de 1930, quando formularam as bases da doutrina que combinaria as ideias da unidade árabe às do socialismo. A Constituição do Baath, adotada em 1947, trazia como primeiro princípio as afirmações de que "os árabes são uma nação que tem o direito natural de viver sob um Estado", de que "a Pátria Árabe é uma entidade política e econômica indivisível e nenhum país árabe pode promover as condições de sua existência sem os demais países árabes" e de que "a Pátria Árabe é uma entidade educacional" de forma que "todas

---

165 HOURANI, Albert. *Uma história dos povos árabes*. São Paulo, Companhia das Letras, 1994, pp. 407-8.

as diferenças existentes entre seus nacionais são casuais e falsas", podendo ser eliminadas pelo "despertar da consciência árabe".[166]

A marcha triunfante do pan-arabismo conheceu um revés histórico com a Guerra dos Seis Dias, em 1967, quando Israel derrotou, de modo humilhante, as forças egípcias, sírias e jordanianas. Nasser morreu em 1970 e a bandeira do nasserismo passou às mãos de seu sucessor, Anuar Sadat. O sucessor moveu uma nova guerra contra Israel, em 1973, antes de romper os laços de cooperação com a URSS, alinhar seu país aos Estados Unidos e entabular negociações que conduziriam a uma paz em separado com os israelenses. Então, em 1977, Kadafi enrolou-se nos farrapos da bandeira pan-arabista e lançou um ataque militar contra o povoado egípcio fronteiriço de Sallum, sofrendo uma contra-ofensiva devastadora.

Paralelamente, as amargas rivalidades entre as seções do Baath sírio e iraquiano provocaram cisões num movimento em declínio. Na Síria, por meio de um golpe palaciano, em 1970, o antigo ministro da Defesa, Hafez Assad, instalou-se no poder, eliminou as facções dissidentes do Baath e entrelaçou o partido ao Estado. O impulso pan-arabista original se esvaiu e o baathismo converteu-se num instrumento de perpetuação do regime autoritário de Hassad. No Iraque, Saddam Hussein comandou o Baath entre 1968 e 1979, quando articulou o golpe palaciano que o instalou no poder. Ao longo daqueles 11 anos, o baathismo iraquiano coloriu seu pan-arabismo retórico com as tintas de um racismo antipersa que, mais tarde, serviria de combustível para a guerra contra o Irã.

O Baath original de Aflaq e Bitar era um movimento revolucionário modernizante, anti-imperialista e moderadamente socialista. A sua Constituição condenava a política étnica, sectária e clânica, prometia um sistema parlamentar, a igualdade dos cidadãos perante a lei e o fim da opressão sobre as mulheres. Além disso, comprometia-se com as liberdades de opinião, imprensa, manifestação, reunião e protesto, "dentro dos limites do interesse nacional árabe".[167] Sob o regime sírio de Assad, o regime baathista coagulou-se como um

---

166 The Constitution of the Baath Arab Socialist Party, 1947. Fundamental Principles.

167 The Constitution of the Baath Arab Socialist Party, 1947. The Social Policy of the Party.

Soldados egípcios capturados por israelenses. Ao fazer de Israel o inimigo número um dos países árabes, os líderes do panarabismo não imaginaram sofrer sucessivas derrotas militares, como na Guerra dos Seis Dias, em 1967, quando Israel ocupou a península do Sinai, a Faixa de Gaza e as Colinas do Golã. Depois desse evento, Nasser viu sua liderança fortemente abalada.

Estado burocrático-policial. No Iraque, o baathismo adquiriu as feições de um Estado clânico dedicado às insaciáveis ambições de poder regional de Hussein.

Nasser esmagara a oposição islâmica a seu regime, mandando enforcar Sayyd Qutb, o doutrinário radical da Irmandade Muçulmana. O declínio do panarabismo abriu caminho para uma difusão popular das ideias fundamentalistas, no Egito, na Palestina, na Arábia Saudita e em diversos outros países árabes.

## O mito da unidade: Nkrumah

Nkrumah nasceu num povoado ganês, na colônia britânica da Costa do Ouro, em 1909. Estudou em escolas católicas coloniais, antes de seguir para os Estados Unidos, onde cursou faculdades de teologia, pedagogia e filosofia. Nessa época, enquanto eclodia a Segunda Guerra Mundial, ele entrou em contato com a doutrina do pan-africanismo.

O pan-africanismo não surgiu na África, mas nos Estados Unidos e na Europa, entre intelectuais negros influenciados por uma interpretação racial da história. O "pai fundador" da doutrina foi o pastor americano Alexander Crummell, filho de escravo e destacado abolicionista, que se transferiu para a Libéria em meados do século XIX e deixou uma coletânea de ensaios intitulada *O futuro da África*. Crummell era um ardoroso defensor da ideia do "retorno à África". A Libéria fora criada por uma sociedade filantrópica americana para receber escravos libertos, no modelo de Serra Leoa, implantada por abolicionistas britânicos com a mesma finalidade. A África, na visão de Crummell, era a pátria legítima da "raça negra" e as colônias de escravos libertos funcionariam como faróis da civilização cristã, sinalizando um rumo de progresso e unidade para todo o continente.

No final do século XIX, o estandarte do pan-africanismo passou para as mãos de William Edward Burghardt Du Bois, um destacado líder negro de Massachusetts, fundador da Associação Nacional para o Desenvolvimento das Pessoas de Cor (NAACP). Como Crummell, Du Bois enxergava na raça a chave para a decifração da história: "[...] a história do mundo não é a história de indivíduos, mas de grupos, não a de nações, mas a de raças — e aquele que ignora ou tenta borrar a ideia de raça na história humana ignora e borra o conceito central de toda a história", escrevera em 1897.[168]

Por essa época, o projeto da Libéria já não despertava entusiasmo. Du Bois não defendia o "retorno" material à África, mas um "retorno" metafórico: a organização autônoma, econômica e cultural dos negros americanos. Os negros eram americanos na superfície, em virtude da língua compartilhada e da adesão à Constituição. Contudo sua identidade profunda não deveria ser definida por nada disso, mas pela consciência de uma pertinência racial. Exatamente no ano em que Du Bois escrevia seu ensaio sobre a "história de raças", o escritor trinidadiano Henry Sylvester-Williams formava em Londres uma Associação Pan-Africana. Em 1900, sob o patrocínio da Associação, realizou-se na capital britânica a Primeira Conferência Pan-Africana. Du Bois estava entre os delegados do encontro e redigiu um apelo "Às nações do mundo" pedindo o respeito à soberania dos "Estados negros", como resolveram denominar a Libéria, o Haiti e a Abissínia.

---

168 DU BOIS, W. E. B. *The conservation of races*. The American Academy Occasional Papers, 1897.

Era o início de uma longa jornada. Sob o comando de Du Bois, realizaram-se congressos pan-africanos em Paris, em 1919, em Londres e Bruxelas, em 1921, em Londres e Lisboa, em 1923, e em Nova York, em 1927. Tais encontros quase não contavam com a participação de africanos. Os delegados provinham dos Estados Unidos, da Europa e do Caribe, com a exceção de uns poucos representantes da Libéria, de Serra Leoa e de algumas colônias britânicas na África. A unidade africana representava um anseio político de líderes que pouco sabiam sobre a África, mas absorviam o nacionalismo romântico e o reinterpretavam segundo a ótica de uma história racializada. Nkrumah aprendeu o pan-africanismo no ambiente universitário e dos círculos políticos formados ao redor dos encontros pan-africanos.

Nos Estados Unidos, o jovem ganês aproximou-se de um núcleo de trotskistas animado pelo trinidadiano Cyril L. R. James, que mantinha uma rede pan-africanista com James Padmore, outro trinidadiano da esquerda antistalinista, mas baseado em Londres. James, Padmore e Nkrumah organizaram o Quinto Congresso Pan-Africano, realizado em Londres, em 1945. Du Bois, aos 77 anos, foi declarado presidente de honra do encontro, mas o velho pioneiro já não era mais que um símbolo. Os três jovens dirigentes procuravam conciliar a doutrina da unidade da África com o marxismo e, sobretudo, atraíam africanos para um movimento que começava a se fundir com as incipientes lutas anticoloniais na África.

Da centena de delegados presentes ao Quinto Congresso, cerca de um quarto eram africanos. Lá estavam Jomo Kenyatta, que participara do grupo de Padmore e viria a ser o primeiro presidente do Quênia, Hastings Banda, futuro primeiro presidente do Malawi, e os nigerianos Benjamin Azikiwe, Jaja Wachuku e Obafemi Awolowo, respectivamente futuros presidente, ministro do Exterior e líder da oposição na Nigéria, logo após a independência. O pan-africanismo, finalmente, se africanizava.

Gana obteve a independência em 1957, antes de qualquer outra colônia britânica na África, com exceção da África do Sul. Na Libéria, em 1953, Nkrumah pronunciara um discurso pan-africanista tecido com os fios bíblicos tão conhecidos pelo ex-estudante de teologia. Uma passagem de sua autobiografia faz referência àquele discurso:

W.E.B. Du Bois encontra Kwame Nkrumah em 1962. O decano do pan-africanismo mudou-se para Gana assim que o país tornou-se independente. No entanto, a compreensão de Du Bois e Nkrumah sobre o significado do pan-africanismo era essencialmente diferente: à mítica África da raça negra, do estrangeiro, contrapunha-se a África dos Estados Nacionais, do autóctone.

> *Assinalei que a Providência é que havia preservado os negros durante seus anos de provação no exílio, nos Estados Unidos e nas Índias Ocidentais; que se tratava da mesma Providência que havia cuidado de Moisés e dos israelitas no Egito, séculos antes. [...] "A África para os africanos!", exclamei. [...] Um Estado livre e independente na África. Queremos poder governar-nos neste nosso país sem interferência externa.*[169]

O "Estado livre e independente" não seria Gana, mas a própria África. No discurso de independência de seu país, Nkrumah referiu-se ao surgimento de uma "personalidade africana".[170] Um ano depois, formou uma União Gana-Guiné, convocou uma Conferência dos Povos Africanos e conclamou à constituição dos "Estados Unidos da África". Em 1961, o Mali aderiu ao bloco Gana-Guiné, que foi rebatizado esperançosamente como União dos Estados Africanos.

---

169 APPIAH, Kwame Anthony. *Na casa de meu pai*. Rio de Janeiro, Contraponto, 1997, p. 42.

170 "Kwame Nkruma's vision of Africa." BBC World Service, 14 de setembro de 2000.

A África não marchou para a unidade, como sonhava o ganês. Em 1963, em Adis Abeba, na Etiópia, uma conferência dos 32 Estados africanos então independentes fundou a Organização de Unidade Africana (OUA). Nkrumah estava entre os promotores do encontro, mas exerceu pouca influência sobre as deliberações. A OUA seria uma organização de segurança regional, não a confederação dos povos africanos imaginada pelo pan-africanismo.

O discurso pan-africano foi quase totalmente extirpado dos documentos da OUA. A organização abrangia a totalidade dos Estados da África, inclusive os países árabes do norte do continente, que formaram o polo consumidor de escravos do multissecular tráfico transaariano. Por esse motivo, a OUA condenou o colonialismo e o neocolonialismo, mas eximiu-se de abordar a escravidão e o tráfico. Assim, a gramática genérica do terceiro-mundismo tomava o lugar da linguagem singular do pan-africanismo.

A Carta da OUA enterrou, formalmente, o projeto de unificação geopolítica da África. O seu crucial artigo 3º proclamava a "igualdade soberana" dos Estados e os compromissos de "não interferência nos assuntos internos" e de "respeito pela integridade territorial de cada Estado e por seu direito à existência independente", definindo princípios incompatíveis com a ideia de um único Estado africano.[171] No ano 2000, na Conferência de Lomé (Togo), a OUA foi transformada na atual União Africana (UA). O Ato Constitutivo da UA menciona os "nobres ideais" de "gerações de pan-africanistas", mas reafirma, com clareza ainda maior, a adesão geral ao estatuto geopolítico da África dos Estados. Para não deixar margem a dúvidas, o seu artigo 4º promete o "respeito às fronteiras existentes no momento das independências".[172]

As fronteiras intocáveis são, essencialmente, as linhas traçadas pelas potências imperiais europeias no final do século XIX. A adesão às fronteiras coloniais reflete o apego das elites dirigentes africanas aos fundamentos geopolíticos do poder que exercem em cada território nacional. Também reflete o justificado temor da deflagração de guerras étnicas, a pretexto da criação de novas fronteiras, mais "justas", ou da miragem da unificação africana.

---

171 African Union. OAU Charter.

172 African Union. The Constitutive Act.

Como quase todos os demais líderes das lutas de independência, Nkrumah moldou um regime cada vez mais autoritário. Gana tornou-se, oficialmente, um Estado de partido único em 1964, ano em que Nkrumah foi declarado presidente vitalício. Dois anos mais tarde, enquanto ele visitava a China e o Vietnã do Norte, um golpe militar encerrou seu governo, produzindo uma nova ditadura. Na Guiné, como exilado ilustre, o ganês continuou a pregar a unidade africana até o fim de seus dias, em 1971, desempenhando o papel de relíquia de um tempo histórico irremediavelmente encerrado.

# O manifesto da Irmandade Muçulmana

A lua cheia iluminava o deserto na noite de 13 de janeiro de 1902. Segundo uma narrativa lendária, a cavalaria dos temíveis Ikhwan ("Irmãos") liderou o assalto à fortaleza de Al Masmak, construída em argila sobre fundações de pedra, com quatro torres de vigilância, no centro de Riad. A captura da cidade assinalou a criação do segundo Estado saudita, que adquiriu os contornos da atual Arábia Saudita em 1926, com a unificação dos reinos do Nejad e do Hedjaz.

A Arábia Saudita é o único Estado contemporâneo que se originou de uma *jihad* ("guerra santa"). Apenas 68 combatentes participaram da Batalha de Riad, como seria batizada a captura de Al Masmak. A vitória decorreu da prisão e execução do chefe da cidade. Mas o pequeno enfrentamento concluiu um século e meio de batalhas esporádicas pelo controle da província periférica do Império Turco-Otomano. A nascente monarquia saudita passava a desempenhar o papel de guardiã de Meca e Medina, os dois principais lugares santos do Islã. Ninguém sabia na época, mas ela também viria a possuir as chaves das mais importantes fontes do petróleo que abastece a economia mundial.

A *jihad* começou em 1744, quando o príncipe Muhammad Ibn Saud, chefe da cidade de Diriya, na Arábia central, firmou uma aliança com Muhammad al-Wahab, líder de uma seita islâmica literalista da região do Nejad que, perseguido, se exilara nos domínios de Saud. A bandeira da Arábia Saudita, uma variante da adotada no Najd em 1921, expõe em letras brancas, sobre um sólido fundo verde, a imagem da espada islâmica encimada pela inscrição, em árabe: "Só há um Deus e Maomé é o seu Profeta." A espada simboliza a dinastia guerreira dos Saud. A inscrição evoca a seita religiosa fundada por Wahab. Em tese, o Estado saudita repousa, até hoje, sobre o compromisso jihadista original.

Maomé estabeleceu um império baseado na fé monoteísta. O Deus único no céu corresponderia a um poder terreno unificado. A autoridade máxima da *Umma* (a "nação do Islã", comunidade mundial dos muçulmanos) seria o califa, um soberano que enfeixaria os poderes secular e religioso. A dupla natureza do califado implicava o entrelaçamento das disputas políticas com as dissensões teológicas. O Islã sempre foi atravessado por uma tensão entre adeptos da interpretação flexível dos textos sagrados e defensores do literalismo. Nas décadas iniciais do califado da dinastia abácida, instalado em 750, as divergências entre modernizadores e conservadores atingiram o ápice, deflagrando amargos conflitos e perseguições sistemáticas. As fontes da seita de Wahab situam-se num dos polos daquela disputa, representado pelo teólogo dissidente Ahmed Ibn Hanbal.

Hanbal nasceu em 780, em Merv, uma cidade-oásis da Rota da Seda situada no atual Turcomenistão, e morreu em 855, em Bagdá, já então sede principal do califado. Ele consagrou seu tempo ao estudo das narrativas orais sobre os atos e palavras de Maomé (*hadith*), que servem para a determinação da Suna, segundo texto sagrado do Islã, quase tão importante quanto o Corão. A Suna ("caminho do Profeta") é a coleção de obras e atitudes exemplares do Profeta, tal como anotadas por seus companheiros e interpretadas pelos sábios islâmicos. O legado teológico hanbalista está condensado numa enciclopédia de narrativas que reforçam uma leitura dos textos sagrados avessa à inovação.

Na época, entre 813 e 833, o califa Abu Jafar al-Mamun procurava firmar um compromisso de convivência com os xiitas, que lhe permitiria consolidar o poder ainda recente da dinastia abácida. Paralelamente, Mamun estimulava a escola teológica Mutazili, racionalista e aberta a influências filosóficas extraislâmicas. A experiência modernizante foi combatida sem trégua pelos hanbalistas, que acusavam o califa de permitir a contaminação da religião pela impureza. A disputa logo assumiu caráter de perseguição religiosa, com a criação de uma inquisição (*mihna*) patrocinada pelo califado. Hanbal rejeitou a submissão a Mamun, deflagrando um movimento pela autonomia dos ulemás (sábios corânicos) na esfera da teologia e da legislação.

Wahab nasceu em 1703, quase um milênio depois de Hanbal, numa família de teólogos hanbalistas, e estudou teologia em Basra, no sul do atual Iraque. A seita puritana que criou no Nejad restaurou práticas antigas, praticamente extintas na área, como a sentença de morte por apedrejamento para mulheres adúlteras. O hanbalismo de Wahab era mais radical que o do próprio Hanbal. Sua meta consistia em promover o "retorno" a um suposto Islã original, tal como praticado pelos Salaf, a primeira geração de muçulmanos, companheiros de Maomé. Os Ikhwan, cavaleiros da fé das forças dos Saud, eram recrutados pelos wahabitas entre jovens de tribos nômades convertidas ao Islã.

A monarquia saudita está oficialmente assentada sobre o hanbalismo, que é um dos múltiplos galhos da vasta árvore do Islã. Contudo, de fato, o Estado erguido pelos Saud tem como alicerce o wahabismo, que é uma variante do hanbalismo surgida em meio às disputas de poder no Nejad do século XVIII.

A Fortaleza de Al Masmak, no centro de Riad, foi construída por volta de 1865. O espaço é marcado por quatro torres circulares de 18 metros de altura e um labirinto de portas, corredores e pátios internos em dois pavimentos, além de um poço e uma mesquita. Sua conquista assinalou a vitória dos fundamentalistas Ikhwan e a criação da moderna Arábia Saudita.

O jihadismo contemporâneo emergiu, por vias indiretas, do caldo de cultura do puritanismo Wahab. Os jihadistas reclamam o estatuto de verdadeiros, solitários, representantes de um Islã imaculado. Historicamente, porém, representam um fruto de sucessivas cisões, amadurecido no ambiente político das últimas décadas do século XX.

## A fogueira extinta

Abdul Aziz Ibn Saud, o fundador da Arábia Saudita, reinou até morrer, em 1953. Depois dele, o reino foi governado, sucessivamente, por cinco de seus 36 filhos homens reconhecidos. Atualmente, o clã dos Saud compreende cerca de 30 mil pessoas, entre as quais um núcleo de 7 mil príncipes. Nesse núcleo, destaca-se um círculo interno de poder composto por meio milhar de príncipes que exercem funções governamentais.

Vastas reservas petrolíferas foram descobertas ao longo da costa do golfo Pérsico em 1938. Uma década mais tarde, durante o ciclo de expansão da economia mundial do pós-guerra, a Arábia Saudita se convertia em grande exportadora de petróleo. O rei Faisal al-Saud, ousado modernizador que reinou entre 1964 e 1975, promoveu uma reforma do Estado, limitando as rendas transferidas ao clã dos Saud a 18% do total das exportações petrolíferas. Em 1973, no ocaso de seu reinado, o conflito árabe-israelense gerou o pretexto para o primeiro choque de preços do petróleo, que ampliou largamente a riqueza distribuída para os Saud.

Toda a elite do reino sofre a influência da dinastia. O expediente do matrimônio conectou, por milhares de laços, o clã dos Saud à extensa família dos Wahab. A convivência entre os dois centros de poder foi, desde o início, regulada por um compromisso nitidamente delineado. Na monarquia saudita, a dinastia conserva as rédeas do poder político e militar, mas a seita Wahabi controla a religião, a justiça, a educação e as comunicações.

O Estado saudita desempenha papéis fundamentais no tabuleiro da geopolítica global do petróleo. Detentora de mais de um quinto das reservas mensuradas de petróleo, a Arábia Saudita mantém uma grande capacidade ociosa de produção, que funciona como instrumento de estabilização dos preços do barril e lhe assegura a liderança da Organização dos Países Exportadores de Petróleo (Opep). A aliança estratégica dos Saud com os Estados Unidos se expressa regionalmente no Conselho de Cooperação do Golfo (CCG), organização que faz da monarquia saudita a protetora dos pequenos reinos e emirados petrolíferos do Golfo Pérsico.

A monarquia também exerce funções simbólicas cruciais para a unidade espiritual do mundo muçulmano. O califado, centro político e espiritual da *Umma*, dissolveu-se com a implosão do Império Turco-Otomano, no fim da Primeira Guerra Mundial. O lugar deixado vazio foi ocupado, parcialmente, pelo Estado teocrático wahabita.[173] Guardiã de Meca, a Arábia Saudita funciona como patrocinadora da peregrinação à Grande Mesquita, um dever a ser cumprido por todos os muçulmanos ao menos uma vez na vida.

A elite religiosa wahabita comanda uma poderosa editora estatal situada em Medina. Nela, todos os anos, são impressos em quarenta línguas cerca de 10 milhões de exemplares do Corão, destinados à distribuição gratuita nos países muçulmanos e entre as comunidades muçulmanas do mundo inteiro. O Corão saudita não é igual aos demais. Geralmente, reconhecem-se cinco pilares do Islã: a fé no Deus único e a obediência à palavra do Profeta, as preces diárias, a caridade, o jejum obrigatório e o dever de peregrinação a Meca. No Corão editado em Medina aparece um sexto pilar, que é a *jihad*. O abandono da jihad, asseguram as anotações introduzidas pelos sábios Wahabi, provoca a destruição do Islã.

*Jihad* não precisa significar a guerra santa contra o infiel. Na tradição islâmica, o principal significado de *jihad* remete à luta pessoal do muçulmano contra a sedução da ruptura com os princípios da religião. A guerra santa assoma como dever apenas quando a *Umma* sofre uma ameaça violenta e concreta. A referência à *jihad* no Corão wahabita remete às origens do Estado saudita e serve como traço de distinção da seita puritana, que demarca desse modo a sua singularidade num mundo muçulmano supostamente contaminado pela cor-

---

173 O termo wahabita não foi adotado pela própria seita Wahabi, que qualifica a sua versão do Islã como salafita — ou seja, como o Islã puro dos Salaf. Inicialmente, wahabita apareceu como designação pejorativa, usada pelos detratores islâmicos da seita. Mais tarde, com a emergência do jihadismo contemporâneo, o termo passou a ser utilizado também pela ala mais radical dos Wahabi.

A peregrinação à Meca é o ponto alto do rito muçulmano e a condição de guardiã da cidade sagrada confere à monarquia saudita forte legitimidade, conquanto também a exponha às críticas de grupos jihadistas voltados à unificação da *Umma*.

rupção moderna. Os wahabitas são fundamentalistas, não jihadistas no sentido contemporâneo do termo.

A tensão entre os centros de poder dinástico e religioso manifestou-se com força no intervalo entre a fundação e a unificação definitiva do reino saudita. Por iniciativa do rei Abdul Aziz, os ulemás wahabitas se reuniram em 1919 e emitiram um comunicado eloquente, que suprimia qualquer dúvida sobre a precedência do monarca nos assuntos de política exterior:

> *Ele [o muçulmano] não deve ser hostil ou amistoso, a não ser quando segue ordens do governante legal. O contraventor dessa regra vai contra o caminho dos muçulmanos.*[174]

A mensagem estava dirigida, em primeiro lugar, aos Ikhwan, que tendiam a pôr o dever da *jihad* acima da obrigação de fidelidade ao monarca. O impulso

---

174 COMMINS, David. *The Wahhabi mission and Saudi Arabia*. Londres, I. B. Tauris & Co., 2006, p. 86.

jihadista que deu origem à Arábia Saudita chegou a um ápice no final dos anos 1920, quando os Ikhwan exigiam a expansão Wahabi rumo aos protetorados britânicos do Iraque, do Kuwait e da Transjordânia (atual Jordânia). Abdul Aziz rejeitou a aventura da confrontação com a Grã-Bretanha, expondo-se a uma revolta dos fanáticos guerreiros. Na Batalha de Sabilla, em 1930, o soberano derrotou os insurretos, extinguindo a fogueira da *jihad* fundadora. Três décadas depois, as reformas do rei Faisal subordinaram toda a administração pública, inclusive os ministérios controlados pelos wahabitas, ao centro de poder dinástico, jogando cal sobre as brasas remanescentes.

O wahabismo conformou-se com a sua influência religiosa e cultural na Arábia Saudita. O fogo jihadista seria aceso outra vez pela interferência de um grupo de exilados egípcios, que fugiam da perseguição do nasserismo e serviam a objetivos específicos da política externa da monarquia saudita.

## Declínio do "homem ocidental"

*Milestones*, de Sayyd Qutb, escrita no cárcere, foi publicada no Cairo em 1964. Na sua introdução, destaca-se a seguinte passagem, que condensa a doutrina contemporânea da *jihad*:

> *A liderança do homem ocidental no mundo humano está agora em declínio, não porque a civilização ocidental esteja em bancarrota material ou tenha perdido sua força econômica ou militar, mas porque a ordem ocidental já cumpriu sua parte, e não mais possui aquele acervo de valores que lhe deu sua predominância [...]. O período da revolução científica também chegou ao fim. [...] Todas as ideologias nacionalistas e chauvinistas que surgiram nos tempos modernos e todas as teorias e movimentos derivados delas perderam igualmente a sua vitalidade [...]. Chegou a vez do Islã.*[175]

Qutb nasceu em 1906 num povoado ribeirinho do Nilo, no Alto Egito. Seu pai, proprietário de terras, era um ativista político e religioso. No final

---

175 QUTB, Sayyd. *Milestones*. Young Muslims Canada.

dos anos 1920, transferiu-se para o Cairo, com a finalidade de realizar seus estudos superiores em escolas britânicas. Naquele momento, o imã hanbalista Hassan al-Banna, professor de escola primária, estava reunindo as associações islâmicas egípcias na Irmandade Muçulmana, a mais antiga organização política islâmica da atualidade.

No início, a Irmandade se concentrava em trabalhos sociais com os pobres, na educação, na criação de centros de saúde e na construção de uma mesquita. Mas Banna sempre nutriu sua organização com uma visão política mais ampla, implantando uma editora e impulsionando a publicação de jornais consagrados à discussão do futuro do Egito. Dirigindo-se aos aderentes, ele traçou um rumo:

> *Vocês não são uma sociedade beneficente, nem um partido político, nem uma organização local de fins limitados. Ao contrário, são uma nova alma no coração desta nação, para dar-lhe vida através do Corão [...]. Quando lhes perguntarem para o que convocam, respondam que é para o Islã, a mensagem de Maomé, a religião que contém dentro de si governo, e tem como uma de suas principais obrigações a liberdade. Se lhes disserem que vocês são políticos, respondam que o Islã não admite essa distinção.*[176]

O fundador da Irmandade sonhava com um mundo convertido ao Islã, mas rejeitava a ideia de restauração do califado, abolido não muitos anos antes, com o desaparecimento do Império Turco-Otomano. Doutrinariamente, ele defendia uma mescla de elementos da tradição muçulmana com as técnicas e os saberes modernos. O seu nacionalismo, islâmico e anticolonialista, almejava um Estado forte, voltado para a promoção da educação e do bem-estar da comunidade.

A Irmandade expandiu-se rapidamente entre os jovens e profissionais de classe média, ultrapassando a marca de 1 milhão de aderentes durante a Segunda Guerra Mundial. Na segunda metade dos anos 1930, fez campanhas de fundos em apoio à rebelião árabe no Mandato Britânico da Palestina, denunciando o sionismo como nova forma de colonialismo. Por esses anos, em

---

176 HOURANI, Albert. *Uma história dos povos árabes*. São Paulo, Companhia das Letras, 1994, p. 350.

virtude da oposição aos britânicos e ao embrião de Estado judeu na Palestina, estabeleceram-se contatos entre a organização e os nazistas. Publicamente, a Irmandade conservou sua postura de neutralidade em face das potências europeias mas, por baixo do pano, desenvolveu-se uma cooperação com os serviços de inteligência alemães. Nesse contexto, as editoras da Irmandade publicaram traduções em árabe do *Mein Kampf* e dos *Protocolos dos Sábios do Sião*.

Banna não conseguiu evitar a criação de uma ala militar, secreta, da Irmandade. A organização tornara-se o maior partido oposicionista egípcio, mas a repressão governamental e as fraudes eleitorais impediam seu acesso ao parlamento. Em 1948, violando as orientações de Banna, integrantes da ala militar assassinaram um juiz de uma alta corte e, meses depois, o primeiro-ministro. No início do ano seguinte, a polícia política da monarquia organizou o assassinato do líder da Irmandade. O ato criminoso deflagrou uma onda de prisões de milhares de integrantes da organização.

Qutb visitou os Estados Unidos por dois anos, entre 1948 e 1950, trabalhando em diversas universidades. Não gostou do que viu. Na volta, escreveu um artigo de condenação da superficialidade, do materialismo, da sexualidade, da violência e do racismo da sociedade americana. Nem o jazz foi excluído de sua longa lista de pecados do país. Em seguida, ingressou na Irmandade Muçulmana, tornando-se editor do principal jornal da organização.

O golpe antimonárquico do Movimento dos Oficiais Livres, em 1952, teve o apoio da Irmandade, que depositava em Gamal Abdel Nasser a esperança de implantação de um regime baseado nos princípios do Islã. A lua de mel durou pouco. Em 1954, um membro da ala militar atirou na direção de Nasser durante um comício em Alexandria. O fracassado atentado serviu como pretexto para o enrijecimento autoritário do regime nasserista. Milhares de oposicionistas — islâmicos, comunistas, socialistas e liberais — foram presos. Qutb estava entre eles e, junto com outros sete líderes da Irmandade, ouviu o veredicto que os condenava à morte. A sua sentença, porém, foi comutada para a prisão perpétua. Na cadeia, depois de temporadas de torturas, ele suprimiu as nuances que ainda moldavam suas ideias e escreveu o manifesto de uma nova *jihad*.

A doutrina de Qutb não é idêntica à de Banna. O fundador da Irmandade não era um fundamentalista no sentido exato do termo, pois admitia alguma

Sayyd Qutb levou a Irmandade Muçulmana para a via da radicalização política. Condenado à morte em 1966, tornou-se um mártir para os seus seguidores. Qutb era um radical, mas a postura repressiva do governo Nasser, empenhado na construção de um Estado laico, contribuiu para acender a fogueira do fundamentalismo.

autonomia da política em relação à religião. Qutb, porém, interpretava o Islã como uma ideologia universal e uma filosofia de vida completa. A era de Maomé e seus companheiros fora uma idade de ouro da justiça islâmica, à qual se seguira uma longa decadência. O erro histórico do Ocidente encontrava-se na separação entre o Estado e a fé (*jahiliyya*, um termo usado na historiografia muçulmana para descrever a Arábia pré-islâmica). A infiltração das ideias ocidentais representava a maior ameaça ao futuro do mundo muçulmano. Na sua visão, somente um Estado islâmico asseguraria a justiça social, algo intrinsecamente impossível tanto no capitalismo quanto no socialismo.

A década de encarceramento elevou Qutb à condição de mais aclamado ideólogo da Irmandade. Ele foi encarregado de organizar a rede de militantes nas prisões e campos de concentração do regime. Em 1964, por solicitação do governo iraquiano, ganhou uma liberdade provisória e viu *Milestones* ser editado legalmente no Egito. A obra representava uma verdadeira ruptura com a tradição principal do Islã:

> *O violento laicismo de Nasser tinha levado Qutb a abraçar uma forma de islamismo que distorcia tanto a mensagem do Corão quanto a vida do Profeta: Qutb disse aos muçulmanos que se espelhassem em Maomé, que se separassem da sociedade dominante [...] e depois se engajassem numa jihad violenta. Mas Maomé tinha, de fato, chegado à vitória devido a uma franca política de não violência; o Corão tinha se contraposto, firmemente, à força e à coerção em questões religiosas, e o ponto de vista corânico — longe de pregar a exclusão e a separação — era tolerante e inclusivo.*[177]

Meses depois da publicação de *Milestones*, Qutb foi de novo preso acusado de promover um complô do qual não participara, nem mesmo indiretamente. No tribunal, o promotor citou diversas passagens do livro, mas não apresentou provas concretas do crime. A sentença de enforcamento foi cumprida em agosto de 1966. Seu irmão mais novo, Muhammad, teve a vida poupada e cumpriu uma sentença de prisão até 1972, quando seguiu para o exílio na Arábia Saudita, junto com outros dirigentes perseguidos da Irmandade.

## O caldo da *jihad*

Depois da morte de Nasser, em 1970, sob Anuar Sadat, o Egito conheceu uma flexibilização política limitada. Os prisioneiros da Irmandade foram libertados pela anistia geral de 1975 e, embora continuasse banida como partido político, a organização passou a ser tolerada, pois Sadat a encarava como um escudo contra a esquerda secularista. Um acordo com o regime permitiu a introdução de uma emenda à Constituição que, em tese, transformava a *sharia* (lei islâmica) na fonte da legislação do país. O radicalismo jihadista de Sayyd Qutb entusiasmara a Irmandade no período de intensa repressão nasserista, mas não fincara raízes na grande corrente islâmica egípcia, que procurava caminhos para participar legalmente da vida política.

O laicismo recuava entre os povos árabes, sob o impacto das derrotas de 1967 e 1973 diante de Israel. A inclinação na direção do Islã se manifestava en-

---

177 ARMSTRONG, Karen. *O Islã*. Rio de Janeiro, Objetiva, 2001, pp. 225-6.

tre os jovens estudantes e também entre os trabalhadores. Nas universidades e fábricas, criavam-se mesquitas e sociedades de ajuda mútua baseadas nas antigas ideias de Banna. Nas cidades, as mulheres retomavam hábitos em declínio, como o uso do traje islâmico. Entretanto, a versão mais radical do fundamentalismo tinha rarefeita audiência popular. Em quase todo o mundo árabe, os jihadistas formavam círculos restritos, clandestinos, e operavam à margem das grandes correntes de opinião.

A *jihad*, porém, estava em alta na Arábia Saudita, onde Muhammad Qutb e seus companheiros haviam sido recebidos de braços abertos. A monarquia dos Saud enfrentava uma difícil encruzilhada geopolítica e os exilados egípcios tinham a resposta para o problema ideológico inscrito naquela encruzilhada.

Sob o estandarte do pan-arabismo, impulsionadas por Nasser e pelo movimento internacional Baath, multiplicavam-se as contestações nacionalistas às monarquias árabes. A dinastia hachemita caíra no Iraque, numa trajetória que conduziu à ascensão ao poder do Baath iraquiano, em 1968. Cinco anos antes, o Baath sírio instalara-se no governo de Damasco. Quase ao mesmo tempo, a monarquia iemenita, aliada dos Saud, era derrubada por um movimento militar que contava com assistência direta do Egito. Na Jordânia, o influxo de 300 mil refugiados palestinos, decorrente da vitória de Israel na Guerra dos Seis Dias, destruía a frágil estabilidade política do reino hachemita, que deslizou para uma sangrenta guerra civil em 1970. A Casa de Saud sentia o chão se mover em todo o Oriente Médio árabe e precisava agir em nome da própria segurança.

A solução saudita foi erguer a bandeira da unidade dos fiéis muçulmanos, como alternativa à conclamação secularista pela unidade das nações árabes. A partir de uma iniciativa do rei Faisal, nasceu em 1962, numa conferência em Meca, a Liga Mundial Muçulmana. Na perspectiva da dinastia, toda a operação era um expediente defensivo, destinado a soldar os laços da Arábia Saudita com o mundo muçulmano em geral e, em particular, com os pequenos reinos e emirados do golfo Pérsico. Contudo, sob o ponto de vista dos exilados egípcios, tratava-se de reavivar a fagulha adormecida da *jihad*.

Muhammad Qutb tornou-se professor de estudos islâmicos em Meca e Jedah, publicou livros de seu irmão mais velho e divulgou suas próprias obras. Segundo alguns relatos, o jovem saudita Osama Bin Laden costumava sentar-se na audiência de suas conferências semanais. O jihadismo dos exilados egípcios entusiasmava os jovens, apontando-lhes um rumo revolucionário, e contaminava alguns setores do wahabismo. Mas, exatamente por isso, a acolhida dos Saud aos pregadores da *jihad* solapava um dos fundamentos sobre os quais repousava a monarquia saudita: "Abrindo o reino ao revivalismo da Irmandade Muçulmana, a política adotada também reduziria a legitimidade e o prestígio da elite Wahabi [...]."[178]

As fissuras na aliança política entre a dinastia e o aparato religioso saudita disseminaram-se imperceptivelmente, até que uma explosão evidenciou a ruptura de toda uma seção da barragem. Em novembro de 1979, comandados por Juhaiman al-Otaibi, um líder radical Wahabi, quase 1,5 mil militantes ocuparam à força a Grande Mesquita de Meca, resistindo no seu interior à ofensiva policial durante duas semanas. A mesquita só foi retomada por meio de um violento ataque conduzido por militares paquistaneses, com auxílio de unidades especiais francesas. O líder rebelde e outros 67 sobreviventes foram submetidos a julgamento e acabaram enforcados.

O episódio da Grande Mesquita coincidiu no tempo com a Revolução Iraniana que derrubou o xá Reza Pahlevi e instaurou um Estado teocrático xiita dedicado à exportação da "revolução islâmica". O Irã, persa e republicano, tomava o lugar do Egito nasserista como inimigo regional da monarquia sunita de Riad. Confrontada com a nova ameaça externa, a Casa de Saud tomou a arriscada decisão de financiar sua própria *jihad*, com a finalidade de dirigir para o exterior o impulso de radicalização interna.

O instrumento estava à mão na figura do jovem jihadista Osama Bin Laden. O cenário se configurava nas montanhas e vales do Afeganistão, onde um governo sustentado por tropas soviéticas começava a enfrentar a resistência de uma coleção heterogênea de "senhores da guerra". Na moldura da Guerra Fria, a *jihad* afegã teria o apoio dos Estados Unidos e do Paquistão.

O teatro de guerra do Afeganistão foi o palco do encontro de Bin Laden com o egípcio Ayman Zawahiri, um evento de largas repercussões. Zawahiri nascera em 1951, num subúrbio do Cairo, em uma família abastada, e aproximara-se da Irmandade Muçulmana por influência de um tio. Aos 14

---

178 COMMINS, David. *The Wahhabi mission and Saudi Arabia*. Op. cit., p. 154.

O aiatolá Ruhollah Musavi Khomeini tornou-se uma liderança política após ser preso, em meados dos anos 1960, por haver criticado a excessiva submissão do xá Reza Pahlevi às potências ocidentais. Parcelas cada vez maiores da população iraniana uniram-se contra a monarquia e a favor da de um Estado teocrático liderado pelos aiatolás. O problema para aqueles que falavam na unidade islâmica é que o xiismo persa não servia aos árabes sunitas.

anos, ingressara na organização, num tempo em que os jovens militantes liam avidamente os textos radicais de Sayyd Qutb. Pouco mais de um ano depois, sofrera o choque da execução da sentença de morte de Qutb. Naquele momento, o jovem tomou a decisão inflexível de articular um movimento clandestino voltado para a deposição do governo *"jahiliyya"* do Egito.

A Jihad Islâmica egípcia começou a surgir no final dos anos 1970, quando Sadat completava a reviravolta política iniciada com a ruptura com a URSS. O Egito se tornara um firme aliado dos Estados Unidos e estava firmando um tratado de paz com Israel. A nova organização emergia sob a liderança de Muhammad al-Salaam Faraj, um engenheiro fascinado pelas ideias de Qutb que se desiludira com a extinção da chama jihadista da Irmandade Muçulmana. Zawahiri logo se incorporou à organização clandestina de Faraj, assumindo o comando de uma de suas células.

O complô para o assassinato de Sadat foi tramado em uma reunião entre Faraj e Khalid Islambouli, um tenente do Exército que se integrara à Jihad Islâmica. A consumação do plano se deu na parada anual de 6 de outubro, em 1981, uma celebração do triunfo egípcio na primeira batalha da Guerra de Outubro (ou do Yom Kippur), contra Israel, em 1973. O presidente foi alvejado por uma granada e diversos tiros de rifles de assalto disparados pelo grupo de militares de Islambouli.

Capturados, o tenente e Faraj foram executados junto com três cúmplices, meses mais tarde. Zawahiri conheceu a mesma sorte de centenas de outros militantes, presos na sequência do atentado. Depois de cumprir uma sentença de três anos, ele exilou-se na Arábia Saudita, recebeu treinamento básico de medicina e transferiu-se para o Paquistão, onde reconstituiria a Jihad Islâmica e travaria contato com Bin Laden. A ponte entre os jihadistas egípcios e sauditas se reconstituía, fermentando uma rede de terror global.

## As mulheres e o feminismo

Uma fila de jovens lindas e ansiosas aguardam para entrar ao vivo na TV e disputar a coroa de Miss América. Não muito distante, no Atlantic City Convention Hall, num grande deque que separava o edifício da praia, pouco depois de encerrada a Convenção Nacional do Partido Democrata, cerca de quatrocentas mulheres convocadas pelo New York Radical Women coroam uma ovelha como Miss América. Depois do desfile em maiôs e vestidos longos, e de uma apresentação de habilidades de canto, dança e ginástica, as candidatas, já reduzidas a três, apertam as mãos com o coração disparado, pensando no significado de desfilar de coroa e cetro, em rede nacional, como a mulher mais linda da América. Na primeira fila da plateia, 16 mulheres abrem uma faixa onde se lê "Liberdade para as mulheres".

De repente, tudo explode com a voz que anuncia a vencedora: Debra Barnes, Miss América 1968. Ela ganhará roupas, sapatos e bolsas, uma linda joia, e passará o ano seguinte viajando pelo país em eventos de caridade ou visitando as bases militares no Vietnã, para alegrar os soldados e lembrá-los da boa esposa americana que os aguarda na volta ao lar. Explodem também duas pequenas bombas malcheirosas, que acarretam a retirada das manifestantes do teatro, bem como a prisão de algumas delas. A nova Miss América caminha radiante pela passarela.

As Mulheres Radicais, aparentemente empregando a técnica da marcha-espetáculo que os *hippies* usavam, organizaram o *Freedom Trash Can* para protestar contra a exploração da mulher como objeto. Denunciavam o império da beleza, reduzido a um padrão convencional, que movimentava atividades bilionárias ligadas à estética, à moda e à decoração. Sutiãs, sapatos de salto alto, cílios postiços, bóbis para cabelos, *sprays*, ligas — todos esses "instrumentos de tortura" foram postos na lata de lixo trazida para a manifestação no Atlantic City Convention Hall. Sob um clima de exaltação, alguém sugere atear fogo em tudo aquilo, mas a polícia proíbe para prevenir um incêndio. Um manifesto denuncia o concurso, que denegriria a mulher; transformaria todas, menos uma, em "perdedoras"; induziria o consumo de produtos destinados apenas a agradar aos homens, facilitando a conquista de maridos.

Manchete no *New York Post*: "Queima de sutiãs e Miss América." Nascia um mito do feminismo: as mulheres reunidas naquele protesto jamais atearam fogo aos sutiãs, muito menos os retiraram perante os fotógrafos. Mas a foto da lata de lixo cheia de roupas ateou mais fogo à imaginação do

O dia do concurso de *Miss* América de 1968 foi escolhido pelas feministas para denunciar a opressão das mulheres pela indústria da beleza. A mulher emancipada pela conquista da igualdade civil no início do século não conseguiu escapar do arquétipo "mãe-esposa" e acabou presa nas armadilhas de um mercado ávido por lucrar explorando as inseguranças femininas.

que os eventos reais. Alguns jornalistas, especialmente feministas, compararam a manifestação contra o Miss América à ação de rapazes que estavam — de fato — queimando seus cartões de alistamento para protestar contra a guerra do Vietnã.

## "Ninguém nasce mulher"

A luta das mulheres pela igualdade civil ganhou força no século XIX, como consequência lógica das premissas iluministas. Tornou-se uma causa política na virada para o século XX, e o voto foi o seu alvo. Nos Estados Unidos, começara mais cedo, derivada da luta abolicionista e das mulheres *quakers* e metodistas que, junto com os maridos e às vezes sozinhas, agiram para combater a escravidão até se darem conta de que também eram discriminadas. Após a Primeira Guerra Mundial, conquistou-se a igualdade civil, e a "primeira onda" do feminismo refluiu.

Nos difíceis anos do período entre as guerras, entre a reação conservadora e fascista e a depressão econômica, as mulheres foram chamadas de volta ao lar. Lembremo-nos do *"kinder, küche, kirche"* (criança, cozinha, igreja) utilizado pelos nazistas para doutrinar as alemãs. Nos Estados Unidos, em 1920, as empresas de propaganda criaram o Dia das Mães: dia da mulher que só existe em função do outro; dia da oferta de eletrodomésticos para a "rainha do lar", servidora da família. Era uma resposta ao Dia Internacional da Mulher criado no começo do século para marcar a luta desses sujeitos históricos que começavam a ganhar voz própria.

Para as comunistas, a prioridade de consolidação do regime soviético interrompeu as experiências inovadoras ligadas à família, aos filhos e às mulheres, nos termos propostos por Alexandra Kollontai. O Partido decretou que as mulheres haviam conquistado a igualdade na URSS — de fato, como proletárias — e vetou debates nessa direção, denunciando preocupações "pequeno-burguesas". A comunista alemã Clara Zetkin, propositora do Dia Internacional das Mulheres, calou-se nos anos 1930. As anarquistas, como Emma Goldman, seguiam denunciando a condição oprimida da mulher. Mas o próprio movimento anarquista não tinha muito peso.

Depois da Segunda Guerra Mundial, a condição da mulher na Europa e nos Estados Unidos seguiu rumos distintos. Do lado devastado do Atlântico Norte, as mulheres participaram ativamente da reconstrução de seus países, com serviços braçais, universitários e políticos. Não havia saída depois do cataclismo demográfico da guerra. Já do lado opulento do oceano, onde a guerra tivera o condão de reativar a economia, uma avalanche de inovações revolucionava o setor de bens de consumo. A exaltação dos papéis tradicionais da mulher refletia as necessidades econômicas e profundas tendências sociais. De modo significativo, os dois livros que marcaram o surgimento da segunda onda do feminismo foram escritos na França e nos Estados Unidos.

Uma primeira constatação das novas feministas foi que, ainda nos anos 1960, os homens eram os principais responsáveis pela produção de escritos sobre as mulheres. Na lógica feminista, a consequência seria uma literatura não apenas incapaz de compreender toda a dimensão dos problemas femininos, mas também destinada a desvendar a alma feminina para melhor subordiná-la à ordem patriarcal. Os autores eram teólogos, políticos e, sobretudo, psicólogos — esses poderosos sedutores da opinião pública, desde a difusão das teorias de Freud. Os livros iconoclastas das feministas pretendiam mudar o cenário, derrubando a ponte e os seus pilares.

*O segundo sexo*, da filósofa francesa Simone de Beauvoir, de 1949, e *A mística feminina*, da jornalista americana Betty Friedan, de 1963, tornaram-se marcos da nova fase do feminismo. Eram livros sobre mulheres, escritos por mulheres, mas não eram apenas impressões das autoras: literatura, relatos, pesquisas de opinião, conteúdo de revistas e jornais — foi a partir de um vasto material que as duas analisaram a condição feminina.

O estudo de Simone de Beauvoir tem dois volumes. No primeiro, o foco está na construção do mito do eterno feminino, com longas descrições de situações biológicas, psicológicas e sociais que transformam as mulheres em seres castrados. A primeira frase do segundo volume se tornou um dístico do feminismo: "Ninguém nasce mulher: torna-se mulher." A afirmação surpreendente tem dois significados. O primeiro é analítico: o "eterno feminino" representa um molde essencialista, que serve para anular a individualidade das mulheres e mantê-las "passivas", "alienadas", "narcisistas". O segundo é político: uma proposta existencialista, que chama a mulher a assumir a condução de sua vida, aceitando todas as implicações da liberdade.

Vivendo intensamente o meio intelectual parisiense, Beauvoir estava imersa em um ambiente no qual o marxismo constituía o ponto de partida dos debates. Sob esse enfoque, ela identificava no desenvolvimento tecnológico uma fonte de progresso para as mulheres, em virtude da ruptura da diferença física que historicamente justificou o poder masculino. No entanto, ela constatava, ainda, o impasse vigente nos países comunistas, onde as mulheres ingressaram no mundo do trabalho mas continuaram presas às mesmas tarefas domésticas e maternas de antanho. A conclusão: o marxismo, com seu viés econômico, não tinha solução filosófica adequada para as questões do ser feminino.

Existencialista, Beauvoir rejeitou as análises marxistas e liberais que colocavam a mulher na condição de vítima de opressões econômicas, políticas ou sociais. A mulher, insistiu, era cúmplice da sua condição por aceitá-la, mesmo que justificasse de inúmeras formas a própria passividade. Em consonância com a ideia da universalidade dos direitos humanos, que ganhava força na filosofia do Direito, a intelectual francesa propunha uma nova ordem social na qual mulheres e homens fossem considerados indivíduos com iguais capacidades:

> "A relação imediata, natural, necessária do homem com o homem é a relação do homem com a mulher", disse Marx. "Do caráter dessa relação decorre até que ponto o homem se comprometeu como ser genérico, como homem; a relação do homem com a mulher é a relação mais natural do ser humano com o ser humano. Nela se mostra, portanto, até que ponto o comportamento natural do homem se tornou humano ou até que ponto o ser humano se tornou seu ser natural, até que ponto sua natureza humana se tornou sua natureza." Não há como dizer melhor. É dentro de um mundo dado que cabe ao homem fazer triunfar o reino da liberdade; para alcançar essa suprema vitória é, entre outras coisas, necessário que, para além de suas diferenciações naturais, homens e mulheres afirmem sem equívoco sua fraternidade.[179]

---

179 BEAUVOIR, Simone de. *O segundo sexo*. São Paulo, Difel, 1967, vol. 2, p. 500.

## A MÍSTICA FEMININA

Enquanto a população europeia se recompunha lentamente, a dos Estados Unidos crescia depressa. Generalizou-se o casamento de jovens antes dos vinte anos e a natalidade explodiu. O surgimento da pílula anticoncepcional, em 1960, figurou como um dos componentes mais importantes da revolução sexual dos anos 1960.

A redução da faixa etária dos noivos e o aumento do número de filhos por família começaram a chamar a atenção da jornalista Betty Friedan. Chamou-lhe a atenção o fenômeno associado da supervalorização da figura da mãe e dona de casa, ao mesmo tempo que recuava a participação das mulheres no mercado de trabalho e nas universidades. Também registrou que as referências às primeiras feministas tinham se tornado jocosas, como se o verdadeiro problema de todas fosse a falta de marido. Os inúmeros sinais de descontentamento entre as mulheres, filtrados pelo discurso psicanalítico hegemônico, adquiriam narrativas sexuais: frigidez, sadomasoquismo, ninfomania. Friedan indagava se o sexo era realmente o centro do problema.

Parte significativa de *A mística feminina* é dedicada às teorias comportamentais e seus usos na construção de uma imagem feminina definida pela utilidade: a felicidade está na família e no lar. Analisando as revistas femininas, Friedan detectou uma nítida mudança editorial nos anos 1940. Até então, as heroínas dos contos eram expressões da Nova Mulher, emancipada, profissional, segura e amada; depois, deram lugar às eficientes e modernas donas de casa, ignorantes dos assuntos de política internacional (que desapareceram das pautas dessas revistas), mas especialistas em remover manchas nos tecidos e preocupadas com a hipótese de criar "traumas" nos filhos.

A explicação para a radical mudança de paradigma estaria nos estudos destinados a comprovar tanto as diferenças "naturais" entre os sexos quanto os males provocados pela tentativa de negar tais diferenças. Assim se reforçava o que a autora chamou de "mística feminina", um conceito paralelo ao "eterno feminino" de Beauvoir:

> Contudo, por mais essencial e diferente que seja, de modo algum
> é inferior à natureza do homem; em certos aspectos pode até ser

*superior. O erro, diz a mística, a raiz do problema feminino no passado, é que as mulheres invejavam os homens, tentavam ser como eles, em lugar de aceitar sua própria natureza, que só pode encontrar realização na passividade sexual, no domínio do macho, na criação dos filhos, e no amor materno.*[180]

A psicologia ajudara a libertar as mulheres de certos pudores herdados da era vitoriana — mas, então, tudo se converteu em "inveja do pênis" ou tinha uma conotação sexual qualquer. "O pensamento freudiano tornou-se o baluarte ideológico da contrarrevolução sexual na América", disparou, causando um pequeno escândalo.[181]

A "mãe", responsável pela família, a célula-máter da sociedade, coagulava o problema:

*[...] recebendo especial atenção, figurava a "mãe". Descobriu-se de repente que ela podia ser culpada de quase tudo. Em casos de perturbações infantis, ou de adultos alcoólatras, suicidas, esquizofrênicos, psicopatas, neuróticos, impotentes, homossexuais; de mulheres frígidas e promíscuas, vítimas de úlceras e de asma, ou de qualquer outra moléstia, a mãe era a culpada. Frustrada, recalcada, perturbada, martirizada, insatisfeita, infeliz mulher. Esposa exigente, irritante, colérica. Mãe dominadora, superprotetora, ou desnaturada. [...] Era claro que havia algo de errado nesta controvertida figura.*[182]

O alvo do mercado seriam as mulheres inseguras — as adolescentes que se tornavam relapsas nos estudos por saber que não as levariam a nenhum lugar, exceto talvez para longe do casamento sonhado; as jovens de vinte e poucos anos com dois ou mais filhos bombardeadas por novas "descobertas científicas" na área de saúde e educação.

Uma visita ao dono de uma empresa de consultoria que trabalhava com orientação motivacional ajudou Friedan a vislumbrar a chave do problema:

---

180 FRIEDAN, Betty. *A mística feminina*. Petrópolis, Vozes, 1971, p. 40.

181 FRIEDAN, Betty. *A mística feminina*. Op. cit., p. 92.

182 FRIEDAN, Betty. *A mística feminina*. Op. cit., p.165.

Sob o impacto da televisão e da propaganda, mulheres de todo o mundo viam as donas de casa norte americanas como um modelo inatingível: como elas conseguiam manter suas casas impecáveis, filhos limpos e saudáveis, cozinharem pratos elaborados, estarem sempre lindas e arrumadas enquanto realizavam seus afazeres domésticos — e sem uma única empregada?! Eletrodomésticos e mil traquitanas eram apresentados como indispensáveis para a eficiência e beleza da mulher moderna; afinal, que ninguém esperasse um marido apaixonado e fiel se não fosse assim...

> Em termos muito francos, este simpático persuasor oculto mostrou-me as vantagens de manter a americana como doméstica: o reservatório criado pela falta de personalidade e de objetivos é transformado em dólares nos pontos de venda de todo o país. Corretamente manobradas ("se é que não teme a palavra", disse ele), as donas de casa são capazes de obter senso de identidade, objetivos, criatividade, autorrealização e até satisfação sexual por

*meio da aquisição de objetos. Compreendi de repente o signifi-
cado da frase: as mulheres controlam 75% do poder aquisitivo na
América. E vi a americana como vítima de um terrível dom, o poder
aquisitivo.*[183]

O futuro estava no passado, concluiu Friedan. Um novo movimento deveria romper com a mística feminina, retomando as lutas das primeiras feministas pelo direito de se desenvolver plenamente como indivíduo, sem submissão a papéis predefinidos.

## AS MULHERES E OS NEGROS

Eleanor Roosevelt, assim como muitos democratas que convergiam para
a nova diretriz dos direitos humanos, começou a mudar de opinião sobre a necessidade de se criarem instrumentos legais capazes de assegurar a igualdade
entre homens e mulheres. Desde os anos 1920, o debate constituíra um dos
pontos de divergência entre republicanos e democratas. Os primeiros haviam
apoiado a proposta da Emenda dos Direitos Iguais, apresentada no Congresso pela feminista Alice Paul, em 1923. Os democratas, especialmente os da
Costa Leste, fecharam questão contra a emenda, sob o argumento de que
ela serviria como justificativa para a retirada de benefícios ou direitos sociais
especiais concedidos às mulheres, que precisavam de proteção.

Alice Paul fundara um Partido Nacional das Mulheres (PNM), em 1915,
uma organização cuja base eram as mulheres de classe média e que não conseguia se conectar ao movimento de mulheres operárias, com demandas distintas. A feminista acusou os democratas de defender direitos vazios, que funcionavam unicamente como pretextos para a não contratação de mulheres.
O antigo debate ressurgiu nas eleições presidenciais de 1960, no cenário da
expansão econômica do pós-guerra.

Para ganhar o prestigioso apoio de Eleanor, o candidato John Kennedy
prometeu criar uma comissão para analisar a situação das mulheres no mercado de trabalho. Era uma forma de contrabalançar o trunfo dos republicanos,

---

[183] FRIEDAN, Betty. *A mística feminina.* Op. cit., p. 182.

que haviam incluído a Emenda dos Direitos Iguais em seu programa em 1944. As eleições realizavam-se tendo como pano de fundo o movimento de Martin Luther King pelos direitos civis para os negros, o que inviabilizava a manutenção da posição histórica dos democratas sobre as mulheres.

Kennedy começou a agir logo depois da posse. Em 1961, criou a Comissão Presidencial sobre a Condição das Mulheres, inicialmente presidida por Eleanor. O relatório, apresentado em 1963, comprovava a discriminação sofrida pelas mulheres no mercado de trabalho, relacionando-a às leis de proteção criadas no século XIX. A partir dos resultados, começaram a surgir comissões para estudar as condições das mulheres na esfera pública. Um dos primeiros efeitos desse novo olhar resultou na lei de 1963 que impôs o pagamento de salários iguais para trabalhos iguais.

A *mística feminina* repercutiu rapidamente e vários grupos de mulheres começaram a surgir, não mais para trocar receitas de bolo. O assassinato de Kennedy e a aceleração da votação da Lei dos Direitos Civis, em 1964, foram

Betty Friedan, presidente do NOW, concede entrevista em Nova York, em agosto de 1970, durante manifestação organizada para celebrar a conquista do voto feminino meio século antes. A organização política das mulheres em escala nacional, inspirada no movimento negro, lhes deu força para pressionar partidos e políticos viabilizando uma série de conquistas.

catalisadores da ação política. O PNM reapresentou a Emenda dos Direitos Iguais e conseguiu negociar com o relator, Howard W. Smith, um democrata da Virgínia, radical opositor da integração racial mas defensor da causa feminina, a inserção do termo "sexo" no Capítulo VII da Lei dos Direitos Civis. Rapidamente, articulou-se uma rede de ativistas para cobrar do Comitê Presidencial a criação de instrumentos efetivos para a implementação da lei, como a Comissão por Igualdade de Oportunidades no Emprego. Em junho de 1966, em Washington, um grupo de mulheres, entre as quais Betty Friedan, decidiu criar uma organização para falar em nome das mulheres, "como o movimento negro tinha a NAACP". Nascia a Organização Nacional para as Mulheres (NOW). Consolidava-se, também, a visão das mulheres como "minoria discriminada", num curioso paralelismo teórico com a condição dos negros.

Foi nessa época que Friedan falou no ressurgimento do movimento feminista, posteriormente identificada à "segunda onda" da história do feminismo, que se espalhou para o mundo todo. Em 1969, o NOW organizou uma primeira campanha pela derrubada das leis antiaborto, e convocou uma Semana pela Liberdade das Mulheres e adotou o slogan Rights, not roses. Elas escolheram o Dia das Mães como data de início da manifestação.

# IV
## UMA NOVA ESTRATÉGIA
## E UMA REVOLUÇÃO ECONÔMICA
## 1975-1988

# A "coexistência pacífica"

As conferências de Ialta e Potsdam, em 1945, não previram a divisão da Europa em blocos geopolíticos antagônicos. Ao contrário de uma lenda que começou a tomar corpo logo depois da reunião de Ialta, Franklin Roosevelt não deu sua chancela para a instalação de ditaduras comunistas no Leste Europeu. Durante três décadas, o estatuto *de facto* dos países do bloco soviético não teve o reconhecimento das potências ocidentais, que o condenavam como o fruto de atos de força patrocinados por Moscou. Tudo isso mudou, subitamente, no primeiro dia de agosto de 1975, com a assinatura do Ato Final da Conferência de Helsinque.

No primeiro item da declaração de princípios do documento, pode-se ler, sob o título "Igualdade soberana, respeito dos direitos inerentes à soberania":

> *Os Estados participantes respeitarão a igualdade soberana e a individualidade uns dos outros, bem como os direitos inerentes à soberania e por ela garantidos, inclusive especialmente o direito de cada Estado à igualdade jurídica, à integridade territorial e à liberdade e independência política. Eles também respeitarão o direito de cada um de livremente escolher e desenvolver seus*

*sistemas político, econômico e cultural, assim como o direito de determinarem suas leis e regulamentações.*[184]

Inexistiam "liberdade e a independência política" nos países situados atrás da Cortina de Ferro, cujos "sistemas político, econômico e cultural" não eram escolhas do povo, mas decisões de partidos únicos que se identificavam com os Estados e obedeciam a ordens emanadas da URSS. Como evidenciaram os casos da Hungria e da Tchecoslováquia, no fim das contas, tais sistemas eram impostos pelas forças militares do Pacto de Varsóvia. Contudo, no Ato Final de Helsinque, representantes dos Estados Unidos e todos os países da Europa Ocidental assinaram o reconhecimento do poder de Moscou sobre o bloco de países satélites da Europa Oriental.

A Conferência sobre Segurança e Cooperação Europeia iniciou-se em 1973, quase invisível, na capital da neutralizada Finlândia, com a participação de todos os países europeus, menos a Albânia, além de Estados Unidos e Canadá. A iniciativa partiu dos integrantes europeus da Otan e da URSS. A Alemanha Ocidental, governada pelo social-democrata Willy Brandt, desempenhou papel estratégico na articulação diplomática. Às voltas com a retirada americana do Vietnã, o presidente Richard Nixon de início vacilou, mas depois se engajou no projeto, enfrentando a crítica oriunda da embrionária corrente dos neoconservadores.

O Ato Final coagulava um intercâmbio político. As potências ocidentais concederam o reconhecimento do *status quo* no Leste Europeu, que interessava à URSS, em troca de algumas frases ambíguas sobre direitos humanos. O item VII do documento prescrevia:

> *Os Estados participantes respeitarão os direitos humanos e as liberdades fundamentais, inclusive a liberdade de pensamento, consciência, religião ou crença [...]. Eles promoverão e encorajarão o exercício efetivo de direitos e liberdades civis, políticos, econômicos, sociais, culturais [...]. Eles confirmam o direito dos indivíduos de conhecer seus direitos e deveres e agir de acordo com eles nesse campo.*

---

184 Conference on Security and Co-Operation in Europe. Final Act. Helsinque, 1º de agosto de 1975.

Alexander Soljenítsin escreveu *Arquipélago Gulag* para denunciar os campos de trabalhos forçados existentes na URSS, onde ele mesmo esteve preso por quase uma década. Tornou-se um escritor famoso graças à política de Kruschev, mas quando a KGB descobriu parte do material para o *Arquipélago*, em 1974, ele foi expatriado para a Alemanha Ocidental. Com a ajuda de algumas pessoas, os manuscritos foram retirados da URSS e publicados no Ocidente em diversas línguas causando enorme impacto.

Não havia referência a direitos políticos mais específicos, como as liberdades de expressão, imprensa ou associação partidária, todas sistematicamente negadas na URSS e na Europa Oriental. O item sobre direitos humanos estava em contradição implícita com aquele relativo à soberania dos Estados, que vinha em posição de precedência.

Helsinque representou, na visão de seus inúmeros críticos, uma capitulação pior do que de Roosevelt em Ialta. A hegemonia da URSS no Leste Europeu adquiria uma legitimidade diplomática inédita, em troca de sentenças aparentemente vazias sobre liberdades e direitos serem ignoradas pelos regimes de partido único. Entretanto, alguns enxergaram algo diverso no Ato Final da conferência: a "crucial incorporação dos princípios dos direitos humanos" abria "uma fenda na armadura do socialismo de Estado", auxiliando "aqueles capturados nas trevas da opressão" a "estabelecer as fundações da ruptura iluminada de 1989".[185]

---

[185] SOWULA, Timothy. "The Helsinki process and the death of communism." Open Democracy, 31 de julho de 2005.

De fato, desde a assinatura do Ato Final, durante quase um quarto de século, os dissidentes na URSS e nos países-satélites passaram a mencionar, incansavelmente, os compromissos assumidos por seus governos perante as democracias ocidentais. As palavras pesam, apesar de tudo.

## Três visões sobre Helsinque

Henry Kissinger ofereceu as pistas sobre as motivações de Moscou na realização da Conferência de Helsinque. A URSS, na sua "extraordinária insegurança", apesar de um "imenso e crescente arsenal nuclear", "exigia, dos países que ela estava ameaçando há décadas e os quais ela consignara às lixeiras da história, alguma fórmula que poderia utilizar para consagrar suas aquisições".[186]

A insegurança tinha lógica. Os dirigentes soviéticos conheciam, ainda melhor que seus colegas ocidentais, a fragilidade estrutural do poder dos partidos comunistas no Leste Europeu. A revolta de Berlim Oriental, em 1953, o levante na Hungria, em 1956, a instabilidade permanente na Polônia e a Primavera de Praga, em 1968, formavam uma coleção de evidências assustadoras sobre a natureza artificial dos regimes de partido único no bloco oriental. Uma legitimação diplomática ocidental parecia a Moscou o único substituto viável para a carência de legitimidade interna nos países ocupados pelo Exército Vermelho nas etapas finais da guerra mundial.

Nikita Kruschev se esforçara, à sua moda e sem sucesso, para obter um triunfo no campo diplomático. Na Conferência de Viena de 1961, exigiu de John Kennedy, em troca de um tratado de limitação de testes nucleares, um tratado de reconhecimento dos dois Estados alemães, algo que o presidente americano não estava disposto a conceder. O impasse resultara na construção do Muro de Berlim, que passou a figurar como marca indelével da ilegitimidade política da Alemanha Oriental.

Leonid Brejnev retomou o projeto de Kruschev, mas pela via da Conferência de Helsinque, "fiando-se na possibilidade" de que ela "poderia deixar algu-

---

186 KISSINGER, Henry. *Diplomacia*. Rio de Janeiro, Francisco Alves, 1997, p. 903.

mas instituições residuais para diluir a Otan, ou mesmo torná-la irrelevante".[187] O cenário da Guerra Fria mudara bastante. De um lado, a imagem da URSS ficara manchada pela invasão da Tchecoslováquia, que desatava os nós de solidariedade entre os partidos comunistas ocidentais e a "pátria do socialismo". De outro, a autoconfiança dos Estados Unidos se encontrava abalada pelo desastre no Vietnã, que deflagrara uma profunda revisão estratégica na política mundial de Washington. Além do mais, havia um desenvolvimento imprevisto no teatro europeu: a nova política de Brandt, que conduzira, em 1972, à assinatura de um tratado de mútuo reconhecimento entre os dois Estados alemães.

Brandt tornou-se chefe de governo da República Federal da Alemanha em 1969, liderando o primeiro gabinete de maioria social-democrata na Alemanha do pós-guerra. Bem antes das eleições, no cargo de prefeito de Berlim Ocidental, ele criticava a Doutrina Hallstein, que era a bússola da política externa da República Federal da Alemanha desde os tempos de Konrad Adenauer. A doutrina tinha o nome de Walter Hallstein, ministro do Exterior de Adenauer, mas devia sua formulação a Wilhelm Grewe, o vice-ministro, um renomado professor de Direito Internacional. De acordo com ela, o Estado alemão ocidental cortaria relações diplomáticas com qualquer país que reconhecesse a República Democrática Alemã. Concebida nos anos iniciais da Guerra Fria, tal política já nascera contaminada pela incoerência e não resistia bem à passagem do tempo.

Adenauer visitara a URSS em 1955, estabelecendo relações diplomáticas entre a República Federal da Alemanha e a superpotência comunista. A exceção original deveria ser a única. Bonn não reconhecia os Estados do bloco soviético no Leste Europeu e, em 1957, cortou relações com a Iugoslávia, que trocara embaixadores com a República Democrática Alemã. Em 1963, a doutrina foi aplicada para a Cuba castrista e, em 1965, quando a República Federal da Alemanha reconheceu o Estado de Israel, diversos Estados árabes transferiram seus embaixadores de Bonn para Berlim Oriental.

O prefeito Brandt argumentava que a inflexibilidade era contraproducente tanto para a República Federal da Alemanha quanto para os cidadãos alemães residentes na República Democrática Alemã. A primeira formulação

---

187 KISSINGER, Henry. *Diplomacia*. Op. cit., p. 903.

de uma política alternativa coincidira com a célebre visita do presidente John Kennedy a Berlim Ocidental, no verão de 1963. O grupo de Brandt trocara ideias com a equipe do Departamento de Estado de Kennedy e chegara a um consenso embrionário sobre um novo rumo, mais adaptado às circunstâncias reais, de consolidação da República Democrática Alemã. Um discurso de Egon Bahr, assessor do prefeito, delineou o sentido geral da mudança proposta:

> *Bahr sustentava que, no que dizia respeito à reunificação alemã, a política do "tudo ou nada" fracassara. O que se poderia fazer, então, pelos alemães, no Leste e no Ocidente? A ideia da reunificação não seria abandonada mas, em vez de constituir um grande gesto dramático, poderia se transformar num "processo de muitos pequenos passos e etapas".*[188]

Da prefeitura, Brandt saltou para o cargo de ministro do Exterior, no governo da grande coalizão liderado pela democracia-cristã. Do novo posto, enfrentando a fúria da imprensa conservadora, começou a dissolver a Doutrina Hallstein.

Depois, na chefia de governo, Brandt desenvolveu sua orientação até a conclusão lógica, anunciando a Ostpolitik, "política do Leste", destinada a reduzir as tensões entre os dois Estados alemães e a estimular visitas e contatos entre cidadãos da República Federal da Alemanha e da República Democrática Alemã. O primeiro passo foi um tratado firmado com a URSS, em 1970, de renúncia mútua ao uso da força e de reconhecimento das fronteiras existentes na Europa central e oriental. Por meio dele, o Estado alemão ocidental renunciava, formalmente, aos territórios perdidos pelo Reich de Hitler no final da guerra mundial. O segundo passo foi dado no mesmo ano, por meio de um tratado com a Polônia, que reproduzia os termos do tratado anterior e reconhecia a fronteira germano-polonesa do pós-guerra.

No ano seguinte, o Acordo das Quatro Potências, um acerto informal entre as potências ocupantes da Alemanha, propiciou uma série de novas regulamentações de trânsito de pessoas entre os dois lados de Berlim e de in-

---

188 TAYLOR, Frederick. *Muro de Berlim: Um mundo dividido 1961-1989*. Rio de Janeiro, Record, 2009, p. 396.

tercâmbio de serviços entre a República Federal da Alemanha e a República Democrática Alemã. A Ostpolitik alcançou seu zênite com o Tratado Básico, de 1972, de reconhecimento mútuo dos Estados alemães. O artigo 3 afirmava "a inviolabilidade, agora e no futuro, da fronteira existente" entre as duas Alemanhas. No artigo 4, as partes proclamaram que "nenhum dos dois Estados pode representar o outro na esfera internacional".[189]

O Tratado Básico não era perfeitamente coerente com a Lei Fundamental de Bonn. Aquela admirável Constituição provisória da República Federal da Alemanha, promulgada em nome de todos os alemães, inclusive dos cidadãos "cuja participação foi impedida", trazia no seu preâmbulo o chamado à conquista, "por livre autodeterminação", da "unidade e liberdade da Alemanha".[190] Brandt tentou minimizar a tensão entre o tratado e a Constituição de 1949 enfatizando que o objetivo de reunificação não exigia a manutenção do congelamento das relações entre os dois Estados. Uma onda de indignação percorreu a democracia-cristã, pois abandonava-se a pretensão fundadora da República Federal da Alemanha de representar o conjunto da nação alemã.

A coalizão governista, uma aliança da social-democracia com o Partido dos Democratas Livres (FDP), perdeu parlamentares mas triunfou nas eleições gerais e obteve a ratificação do tratado. O mútuo reconhecimento propiciou o ingresso dos dois Estados alemães na ONU. Uma década depois, em função da controvérsia gerada pela Ostpolitik, o FDP rompeu a aliança com a social-democracia, garantindo o retorno da democracia-cristã ao governo. Mesmo assim, o novo chanceler, Helmut Kohl, o estadista que viria a liderar a reunificação alemã, não tentou retroagir à situação anterior à Ostpolitik.

No Ato Final da Conferência de Helsinque, os itens III e IV refletem a aventura diplomática da Ostpolitik. Ele afirma a "inviolabilidade das fronteiras" de todos os Estados europeus e estabelece o compromisso geral de evitar "qualquer demanda territorial" ou "ato de captura" de territórios de outros Estados. Por essa via, reiterava-se o reconhecimento da República Democrática Alemã e das fronteiras do Leste Europeu, definidas em 1945, e protegia-se o estatuto de Berlim Ocidental, um enclave ligado à República Federal da Ale-

---

189 The Basic Treaty (21 de dezembro de 1972). German History in Documents and Images.

190 Basic Law of the Federal Republic of Germany. German History in Documents and Images.

manha mas situado no interior do território da República Democrática Alemã. Segundo a interpretação ocidental, tais itens baniriam novas intervenções militares do Pacto de Varsóvia, como ocorrera na Hungria e na Tchecoslováquia.

A decisão americana de se engajar na convocação da Conferência de Helsinque, adotada em 1971, fazia parte de uma ampla revisão estratégica conduzida por Nixon e Kissinger, que se alicerçava em avaliações sobre o cenário mundial em mutação. A retirada da Indochina era uma derrota e um golpe profundo na autoconfiança dos Estados Unidos, mas descortinava oportunidades insuspeitadas. A nova estratégia da *détente* (distensão) tinha os objetivos complementares de reduzir as tensões com a URSS e explorar as possibilidades de uma aproximação com a China maoísta, rompida inapelavelmente com Moscou. Sob essa nova visão, a estabilização geopolítica da Europa surgia como uma necessidade política.

Os Estados Unidos acompanharam, ambivalentes, o desenvolvimento da Ostpolitik. Havia o temor de que a República Federal da Alemanha, sob o governo social-democrata, derivasse rumo ao neutralismo, afrouxando os laços com a Otan. Brandt, porém, não tinha nenhum pendor neutralista — e isso logo ficou patente para a equipe de política externa de Nixon. Já sob a presidência de Gerald Ford, os Estados Unidos cooperaram estreitamente com o primeiro-ministro alemão Helmut Schmidt, o sucessor de Brandt, nas negociações que conduziram ao Ato Final de Helsinque.

Um dos maiores símbolos da *détente* foi a realização de uma missão conjunta EUA-URSS destinada a reduzir as tensões concentradas na "corrida espacial". Dia 19 de julho de 1975 as naves Apollo 18 e Soyuz 19 acoplaram-se, os astronautas realizaram visitas mútuas e algumas experiências científicas.

O item VI do documento, sob o título da "não intervenção em assuntos internos", vetava a "assistência direta ou indireta a atividades terroristas ou subversivas" destinadas à derrubada dos regimes existentes. Era uma exigência soviética, destinada a envolver os regimes de partido único do Leste Europeu com uma camada extra de proteção. Washington a aceitou, com relutância, trocando-a pelas referências aos direitos humanos. A concessão foi vista como traição em extensos círculos da opinião pública americana.

O *New York Times* publicou um editorial taxativo, às vésperas da sessão final de Helsinque:

> *A Conferência sobre Segurança e Cooperação Europeia (...) não deveria ter ocorrido. Jamais tantos empenharam-se durante um período tão longo em relação a tão pouco. Se for tarde demais para cancelar a cúpula de Helsinque, (...) todos os esforços devem ser feitos lá, pública e privadamente, para evitar a euforia no Ocidente.*[191]

O realismo político da estratégia da *détente* podia ser uma necessidade, mas se chocava com uma longa tradição de política externa americana.

## Realismo e wilsonianismo

George Frost Kennan escrevera, no imediato pós-guerra, que o tempo pesava contra a URSS. O célebre telegrama que moldou a Doutrina Truman ocupava lugar central no pensamento estratégico de Kissinger. A *détente* se inscrevia na política de contenção de longo prazo, estabilizando as relações entre os blocos e propiciando a maturação da crise subterrânea que corroía os pilares do sistema soviético. No primeiro relatório presidencial sobre política externa apresentado por Nixon ao Congresso, encontra-se o seguinte diagnóstico:

> *As lições das duas últimas décadas certamente deixaram suas marcas na liderança do Kremlin — como reconhecimento de que a ideologia marxista não é o guia mais seguro para entender os problemas de uma sociedade industrial dinâmica, do declínio global no apelo ideo-*

---

191 KISSINGER, Henry. *Diplomacia*. Op. cit., p. 906.

*lógico e, sobretudo, nos dilemas de política externa postos pela difusão do comunismo a Estados que se recusam a suportar uma submissão permanente à autoridade soviética — uma evolução vividamente ilustrada pelo cisma da URSS com a China.*[192]

Nixon e Kissinger jogaram a carta chinesa para reconfigurar o cenário das relações entre Estados Unidos e URSS. O cisma sino-soviético começara em 1960 e, menos de uma década depois, as duas potências comunistas se encontravam em pé de guerra. Uma dramática abertura americana para a China moldaria as reações da URSS ao projeto de *détente* de Washington. A "diplomacia triangular" propiciaria um intervalo de respiro para a superpotência ocidental, às voltas com o difícil desengajamento na Indochina.

O avião presidencial aterrissou em Pequim a 21 de fevereiro de 1972, na primeira visita de um presidente americano à China comunista, evento preparado meses antes pela "viagem secreta" de Kissinger, uma rápida escala na capital chinesa, a caminho do Paquistão. No dia 22 de maio, o Air Force One pousou em Moscou. Nixon e Brejnev assinaram o Tratado de Mísseis Antibalísticos (ABM) e o primeiro Tratado de Limitação de Armas Estratégicas (SALT-1). O líder soviético anunciou uma era de "coexistência pacífica".

Enfrentando o liberal George McGovern, Nixon obteve uma reeleição consagradora em novembro de 1972, triunfando com mais de 60% dos votos populares. A "diplomacia triangular" produziu novos frutos, no seu característico passo simétrico: em 1973, Estados Unidos e China abriram escritórios de ligação diplomática e, já depois da eclosão do escândalo de Watergate, Brejnev visitou Washington para um novo ciclo de negociações sobre armas e comércio. Planejava-se uma nova visita de Nixon à URSS, que nunca ocorreu em decorrência do processo de *impeachment*, concluído pela renúncia do presidente, em agosto de 1974.

Ford, alçado à presidência, herdou a política de *détente* e a equipe de Nixon. Inicialmente, conservou Kissinger no cargo de secretário de Estado, mas, no final de 1975, reduziu seus poderes, nomeando Brent Scowcroft para a chefia do Conselho de Segurança Nacional. Nessa reforma ministerial, também substituiu James Schlesinger por Donald Rumsfeld na secretaria da Defesa. A

---

192 KISSINGER, Henry. *Years of renewal*. Nova York, Touchstone, 1999, p. 101.

mensagem enviada a Moscou consistia numa garantia de continuidade das políticas do antecessor. Os Acordos de Vladivostock, assinados em novembro de 1974, desenharam o esboço de um tratado sucessor do SALT-1. No ano seguinte, o presidente firmou o Ato Final de Helsinque.

Entretanto, o forte impulso inicial da *détente* perdia força, enquanto se organizava uma crítica doméstica cada vez mais estridente. No Congresso, o senador democrata Henry "Scoop" Jackson conseguiu aprovar leis que subordinavam o comércio com a URSS a um relaxamento da política emigratória soviética. Na África, a eclosão da guerra civil angolana, logo após a independência da ex-colônia portuguesa, pôs uma facção apoiada por Moscou em confronto com outra, apoiada por Washington e Pequim. O envolvimento de Cuba no conflito de Angola acirrou as tensões entre as superpotências e forneceu novos argumentos aos adversários da *détente*.

As circunstâncias internacionais e a influência intelectual de Kissinger inclinaram Nixon na direção de uma política que, no fundo, contrariava seus instintos. O presidente interpretava o mundo segundo a tradicional ótica wilsoniana que permeava toda a elite dirigente dos Estados Unidos. Na sua sala de reuniões, pendurara os retratos do republicano Eisenhower e do democrata Wilson. No Salão Oval, desejara ter a antiga escrivaninha usada por Wilson — mas, por equívoco de um funcionário, obtivera na verdade a mesa de Henry Wilson, vice-presidente de Ulysses Grant. No segundo ano de seu governo, invocara, como fazia muitas vezes, a retórica tipicamente wilsoniana: "Temos um destino de darmos algo mais para o mundo além de um simples exemplo que outras nações no passado foram capazes de oferecer. [...] um exemplo de liderança e idealismo espirituais que nenhuma força material ou poderio militar pode fornecer."[193]

Contudo, o que Nixon oferecia, de fato, eram justificativas para uma pouco inspiradora política realista de acordos limitados com as potências comunistas. Ele entendia perfeitamente o sentido da estratégia formulada por Kissinger e, apesar dos arroubos wilsonianos, sabia articular seus pressupostos fundamentais. Numa entrevista à revista *Time*, que o agraciara com o título de "Homem do Ano" meses antes da visita à China, delineou como meta a construção de "uma estrutura de paz com a qual não poderíamos sonhar no fim da

---

193 KISSINGER, Henry. *Diplomacia*. Op. cit., p. 840.

Segunda Guerra Mundial". A paz, explicou, se alicerçaria sobre um equilíbrio pluripolar de poder:

> *Devemos lembrar de que a única época na história mundial em que tivemos extensos períodos de paz foi quando houve um equilíbrio de poder. É quando uma nação se torna infinitamente mais poderosa em relação a seu potencial competidor que emerge o perigo da guerra. Creio, portanto, num mundo em que os Estados Unidos são poderosos. Penso que será um mundo mais seguro e melhor se tivermos os Estados Unidos, a Europa, a URSS, a China e o Japão fortes e saudáveis, equilibrando o poder uns dos outros [...].*[194]

Como conciliar tal visão, característica da *Realpolitik*, com as evocações idealistas da tradição wilsoniana? Nixon tentava realizar a acrobacia envelopando suas metas de paz geral na retórica idealista enquanto apelava para o interesse nacional a fim de explicar suas opções táticas. Tinha, a seu favor, o cansaço produzido pelo longo envolvimento no Vietnã e o sucesso de mídia das viagens sensacionais a Pequim e Moscou. Com o tempo, porém, os ativos da *détente* foram se esvaindo. Ford, um presidente casual, oriundo do escândalo de Watergate, já não dispunha dos trunfos do antecessor e encontrava dificuldades crescentes para enfrentar a oposição doméstica.

## "Um encontro marcado com o destino"

Os críticos da *détente* se distribuíam pelos dois grandes partidos e também se manifestavam nos altos círculos do governo. O jovem secretário da Defesa Schlesinger nunca escondeu seu desconforto com a política dos dois presidentes a quem servia e praticamente declarou guerra a Kissinger em torno das negociações do SALT-1. Rumsfeld, seu substituto, prosseguiu a guerra contra os tratados de limitação de armas estratégicas, conseguindo evitar a assinatura do SALT-2 até o final do mandato de Ford. O desafio de Ronald Reagan a Ford nas primárias republicanas de 1976 evidenciou a extensão da resistência à política deflagrada por Nixon.

---

194 "The Nation: An interview with the President: The Jury is out." *Time*, 3 de janeiro de 1972.

"Nossa nação está em perigo — e o perigo aumenta a cada dia que passa", exclamou o desafiante na parte conclusiva de um discurso na Califórnia, em março. "Como um eco do passado, a voz do neto de Winston Churchill foi ouvida há pouco na Câmara dos Comuns britânica alertando que a difusão do totalitarismo ameaça o mundo novamente e as democracias vagueiam sem destino." Era aquela a acusação de Reagan à *détente*: a política do governo fazia os Estados Unidos vaguearem sem rumo num mundo pontilhado de armadilhas e num tempo de expansão do comunismo. Em Angola, o MPLA, financiado por Moscou, conquistara o poder. No Oriente Médio, Israel era pressionado por Washington a ceder para fazer a paz com o Egito. No Oriente, a aproximação com a China implicava o gradual abandono dos compromissos com Taiwan. Toda a estratégia deveria ser lançada à lixeira da história.

Reagan exprimia as posições dos neoconservadores, uma nova corrente na arena política dos Estados Unidos. "Táticas os aborreciam; eles não discerniam objetivos valiosos para a política externa americana que ficassem aquém da vitória total", escreveu Kissinger a respeito da acirrada polêmica daqueles anos.[195]

Ford já não defendia publicamente a *détente*, embora não a atacasse. No lugar da expressão consagrada pelo antecessor, falava em "paz pela força", tentando proteger o flanco aberto à investida de Reagan. O desafiante, manipulando estatísticas superficiais, dizia que o poderio militar americano declinara para a segunda posição e que Helsinque significava a aceitação da "escravidão" dos países do Leste Europeu. Os Estados Unidos tinham uma missão, que o governo traía:

> *Chame isso de misticismo, se quiser, mas creio que Deus agiu com um propósito divino ao fazer esta terra, situada entre os dois grandes oceanos, ser encontrada por aqueles que nutriam um amor especial pela liberdade e a coragem de deixar as pátrias onde nasceram. Desde os nossos antepassados até os imigrantes de hoje, viemos de todos os cantos da Terra, de todas as raças e etnias, e nos tornamos uma nova cepa de seres humanos no mundo. Somos americanos e temos um encontro marcado com o destino.[196]*

---

195 KISSINGER, Henry. *Years of renewal*. Op. cit., p. 107.

196 REAGAN, Ronald. "To restore America", 31 de março de 1976.

Egresso dos estúdios de Hollywood, Ronald Reagan desejava que a política pudesse ser tão empolgante para o homem comum americano quanto um bom filme de ação. Um mocinho cheio de nobres ideais combatendo um inimigo feio e malvado era um enredo mais compreensível do que mocinho e bandido convivendo civilizadamente, como sugeria a *détente*.

Na base da *détente* estava a ideia de uma confrontação de longo prazo entre o sistema ocidental e o soviético. Kissinger enxergava nas tentativas da URSS de expandir sua esfera de influência um perigo grave, mas também uma oportunidade, pois multiplicavam-se as fissuras e as fendas no bloco congelado do comunismo. Os neoconservadores, ao contrário, visualizavam a iminência de um choque apocalíptico e lamentavam os supostos sinais de fraqueza e indecisão emanados de Washington.

A linguagem de Reagan não era uma novidade na política americana, mas havia tempo que não se ouvia esse tipo de acusação contra a política externa do país. Três anos após a retirada do Vietnã, e apenas um ano depois da queda final de Saigon, o desafiante não tinha audiência suficiente para suas conclamações ideológicas, nem mesmo entre os republicanos, mas semeava em terreno fértil. Ford conseguiu a nomeação partidária, como se previa, mas fracassou na eleição presidencial. O democrata Jimmy Carter triunfou com 50,1% dos votos populares e vitórias em 23 estados, contra 48% dos votos e vitórias em 27 estados do republicano.

Carter se apresentou como um liberal, no sentido americano do termo. Contudo, não deixou de utilizar-se da crítica wilsoniana à *détente*, cujos campeões eram os neoconservadores. Num debate eleitoral televisionado, Ford cometeu a imprudência de dizer que não enxergava na Polônia um país sob domínio soviético. O presidente queria se referir aos sentimentos dos poloneses, tal como expressos durante sua visita a Varsóvia, mas a resposta do candidato democrata, que mencionou a presença de forças soviéticas em território polonês, o pôs a nocaute. Aquele debate, segundo alguns analistas, teria desempenhado papel crucial no estreito resultado da eleição.

A linha de ataque de Carter não era idêntica à de Reagan. Um e outro bombardeavam o realismo frio que estava na base da política mundial dos governos Nixon e Ford. O desafiante republicano reclamava uma política muscular mais nítida contra o expansionismo soviético. O democrata, em direção diferente, prometia instalar o tema dos direitos humanos no topo da agenda americana. O compromisso foi cumprido, produzindo consequências variadas, inclusive sobre governos aliados de Washington.

Impedido de viajar para receber o Prêmio Nobel da Paz em 1975, Andrei Sakharov enviou sua esposa, Yelena Bonner, uma das fundadoras do *Helsinki Moscow Watch Group*, destinado a fiscalizar o cumprimento dos acordos assinados em Helsinque. A nova estratégia de Washington era dar sustentação aos dissidentes.

Na América do Sul, o regime militar brasileiro e as ditaduras de Jorge Rafael Videla, na Argentina, Augusto Pinochet, no Chile, e Alfredo Stroessner, no Paraguai, sofreram um assédio incessante do Departamento de Estado, com seus relatórios devastadores sobre violações de direitos humanos. No istmo centro-americano, Washington cortou a ajuda ao tirano Anastasio Somoza, na Nicarágua, precipitando a vitória da guerrilha esquerdista da Frente Sandinista de Libertação Nacional. Na África do Sul, a nova política acelerou o isolamento do regime de minoria branca organizado em torno das leis do *apartheid*.

Mas o alvo principal da política de direitos humanos era a URSS e seus satélites no Leste Europeu. Logo após a posse de Carter, pousou no Departamento de Estado uma carta manuscrita do físico Andrei Sakharov, notório dissidente soviético. "É muito importante defender aqueles que sofrem devido à sua luta não violenta pela abertura, pela justiça e pelos direitos destruídos de outras pessoas. Nosso dever e o de vocês é o de batalhar por eles." O presidente respondeu prometendo apoio aos esforços pela libertação de prisioneiros de consciência e citou uma passagem de seu discurso de posse: "Porque somos livres, nunca poderemos ser indiferentes ao destino da liberdade em outros lugares."[197] A resposta inaugurou uma temporada de amargas recriminações de Moscou contra a interferência americana em assuntos internos soviéticos. Carter, contudo, podia replicar, como replicou, invocando o Ato Final de Helsinque.

## Adeus à *détente*

Não era intenção de Carter romper com a política de distensão. Sob o pano de fundo de uma economia estagnada com inflação de dois dígitos, o governo cortou em profundidade o orçamento militar e tentou acelerar as negociações de redução de arsenais nucleares. No início de 1977, o secretário de Estado Cyrus Vance foi a Moscou para reativar o diálogo sobre o SALT-2, mas os soviéticos rejeitaram a aproximação em represália à política de direitos humanos. O tratado seria assinado, mas só em meados de 1979. A "diplomacia triangular" também não foi abandonada. Na trilha aberta pelos antecessores, o presidente confirmou

---

197 "Andrey Sakharov and Jimmy Carter Exchange Letters." Jimmy Carter Library.

a política de "uma China" e, resguardando a aliança militar com Taiwan, concluiu o estabelecimento formal de relações diplomáticas com Pequim.

Entretanto, uma deterioração geral da confiança envenenava as relações entre as superpotências. A ascensão de regimes pró-soviéticos em Angola e Moçambique oferecia munição para os críticos, tanto no lado republicano quanto entre os democratas. A cientista política Jeane Kirkpatrick, que ingressara no Partido Democrata pela ala esquerda mas se movia rumo aos neoconservadores, tornou-se um dos vértices da resistência às políticas de Carter. À sombra de Kirkpatrick, organizou-se o Comitê Sobre o Perigo Iminente, a que se atribuiu a missão de alertar para a expansão do poderio militar soviético e combater as negociações do SALT-2. Bem mais tarde, numa entrevista, ela sintetizou o diagnóstico em torno do qual se articulava o movimento neoconservador:

> Creio que a détente estava tendo um efeito quase oposto ao pretendido. O que se desejava era, de certo modo, interromper a disputa pelo poder e a expansão soviética, especialmente por meios militares, bem como o fortalecimento militar, a rivalidade militar. Não estava funcionando e creio, além disso, que a URSS se tornava mais expansionista e agressiva. [...] Penso que um dos principais efeitos da détente foi o enfraquecimento do poder do Ocidente e o aumento do poder militar soviético.[198]

As pressões internas não tardaram a gerar consequências. No outono de 1977, Washington e Moscou conseguiram produzir uma declaração conjunta sobre o Oriente Médio, que derivava da iniciativa de paz do egípcio Anuar Sadat dirigida a Israel. Em seguida, excluindo os soviéticos da mediação, Carter lançou o processo de negociações de Camp David. As oscilações presidenciais refletiam um ambiente doméstico cada vez menos favorável à détente, mas, também, a frustração do presidente com os parcos efeitos de sua política de direitos humanos.

O colapso da détente completou-se em 1979. Em fevereiro, ruiu o regime pró-americano do xá Reza Pahlevi, no Irã. Em julho, os sandinistas derrubaram Somoza, e a Nicarágua deu um passo na direção de Cuba. Em novembro,

---

198 "Interview with Dr. Jeane Kirkpatrick." CNN/The National Security Archive, Episode 19 – Freeze, 28 de fevereiro de 1999.

militantes islâmicos operando em coordenação com o regime do aiatolá Khomeini invadiram a embaixada americana em Teerã e converteram 52 cidadãos americanos em reféns. Na véspera do Natal, enquanto prosseguia a crise dos reféns que assombraria todo o final do mandato de Carter, blindados soviéticos atravessaram a fronteira do Afeganistão.

O governo americano reagiu em três frentes. No início de 1979, Carter anunciou o boicote às Olimpíadas de Moscou. Depois, a pretexto de contrabalançar os novos mísseis SS-20 da URSS, vetores de alcance intermediário com três ogivas nucleares independentes, a Otan definiu um cronograma para a instalação de mísseis Cruise e Pershing II na Europa Ocidental. Finalmente, uma ordem executiva presidencial determinou o financiamento das forças guerrilheiras antissoviéticas no Afeganistão.

Da perspectiva de Moscou, Washington exagerava, com o intuito deliberado de enterrar a distensão. Nas palavras de Oleg Bykov, um alto assessor da liderança soviética, referindo-se ao Afeganistão: "O que é esquecido com demasiada frequência nos Estados Unidos é que, para nós, esta área se situa à nossa porta. Uma situação similar poderia emergir ao sul do rio Grande — e os Estados Unidos certamente se sensibilizariam com uma instabilidade nas suas fronteiras."[199] Talvez Nixon e Kissinger pudessem, nos anos áureos da *détente*, admitir tacitamente aquela versão soviética da velha Política do Big Stick de Theodore Roosevelt. Carter não podia, ao menos nas circunstâncias criadas pelo drama dos reféns.

Um ano antes da eleição que levaria Reagan à Casa Branca, Kirkpatrick publicou um longo ensaio de condenação da política externa de Carter. A *détente* estava morta e o alvo central do texto já não eram as negociações sobre controle de armamentos mas a agenda dos direitos humanos no Terceiro Mundo. Diante da substituição dos governos de Pahlevi, no Irã, e de Somoza, na Nicarágua, por regimes antiamericanos, a democrata dissidente apresentava o problema de "formular um programa moral e estrategicamente aceitável, politicamente realista, para lidar com governos não democráticos ameaçados pela subversão patrocinada pelos soviéticos". A resposta que ela oferecia lhe valeu um convite para assessorar a campanha do candidato republicano.

---

199 "The USSR: What ever happened to détente?" *Time*, 23 de junho de 1980.

UMA NOVA ESTRATÉGIA E UMA REVOLUÇÃO ECONÔMICA

A Revolução Iraniana não fora "patrocinada pelos soviéticos" e, na Nicarágua, a URSS mantivera postura extremamente cautelosa, mas correntes comunistas estavam envolvidas nos dois levantes. Kirkpatrick passava por cima das circunstâncias nacionais singulares, preferindo enquadrar os eventos na moldura simplificadora da Guerra Fria. O abandono de ditadores aliados, justificado por valores morais e princípios políticos, contribuía para a instalação de ditaduras piores, subordinadas a Moscou.

*Na melhor hipótese, perdemos acesso a um território amigável. Na pior, os soviéticos terão obtido uma nova base. E, em todos os lugares, nossos aliados registrarão que não podem contar com os Estados Unidos em tempos de dificuldades e nossos inimigos registrarão que o apoio americano não oferece segurança contra a marcha da História.*[200]

O governo Carter, segundo aquela linha de crítica, reproduzira no Irã e na Nicarágua um padrão de conduta liberal que se revelara desastroso no passado, sucessivas vezes: na China de Chiang Kai-shek, na Cuba de Fulgencio Batista, em certos períodos da Guerra do Vietnã e na hora da independência de Angola. A condenação moral de regimes antidemocráticos auxiliava sua substituição por ditaduras totalitárias inamovíveis. Na base do equívoco, encontrava-se um erro fundamental de avaliação histórica. Democracias emanam de lentos, às vezes dolorosos, processos de mudança na cultura política e de construção de instituições representativas. Regimes autoritários convencionais poderiam evoluir no rumo da democracia, com tempo e apoio externo, mas Estados totalitários não evoluiriam jamais.

A acusação fundamental a Carter estava sintetizada no título do ensaio. Segundo Kirkpatrick, o governo americano, operando a cartilha dos direitos humanos, pressionava por mudanças em países autoritários aliados enquanto se subordinava ao princípio de não intervenção nos países capturados pela força gravitacional soviética. O verdadeiro teste sobre a natureza dos governos não deveria se basear em critérios abstratos de liberdades e direitos, mas no compromisso dos dirigentes com os interesses americanos. "O idealismo libe-

---

200 KIRKPATRICK, Jeane. "Dictatorships & double standards." *Commentary*, novembro de 1979.

De um lado da cerca, operários confinados no estaleiro Gdansk durante a primeira greve registrada em um país comunista; do outro, poloneses vindos de diversas regiões davam apoio moral ao grevistas. As deficiências estruturais da economia comunista expunham problemas incontornáveis, como previra George Frost Kennan em seu famoso telegrama.

ral não precisa identificar-se com o masoquismo, nem precisa ser incompatível com a defesa da liberdade e do interesse nacional", concluía.

A avassaladora vitória de Reagan nas eleições de novembro de 1980 não colocou o ponto final no capítulo da *détente*, que terminara antes. O triunfo republicano representou a ascensão de uma doutrina de política externa que combinava de um novo modo os interesses estratégicos americanos com a tradição internacionalista wilsoniana. Às vésperas da eleição americana, no curso de uma onda de greves iniciada nos estaleiros navais de Gdansk, os trabalhadores poloneses haviam obtido o reconhecimento do sindicato nacional Solidariedade. O comunismo soviético, para surpresa de muitos, é que tinha "um encontro marcado com o destino".

# Nixon em Pequim

Glenn Cowan, 18 anos, um *hippie* da Califórnia, integrava a equipe de tênis de mesa dos Estados Unidos que disputaria o 31º campeonato mundial, em abril de 1971, em Nagoya, no Japão. Após ser flagrado numa noitada com uma mulher, entre bebedeiras e drogas trazidas dos Estados Unidos, Cowan se tornou alvo da ira de parte da delegação, que passou a exigir seu desligamento. No dia seguinte, concentrado em treinar, ele acabou se perdendo do resto do grupo, que talvez tenha imaginado que ele caíra em outra farra. Mas Cowan queria chegar ao ginásio onde os jogos eram realizados e entrou no primeiro ônibus estacionado com o logotipo do campeonato. Ao notar que não havia lugares vagos, ficou de pé próximo à porta. Em face do constrangido silêncio que se instalou à sua volta, constatou que entrara no ônibus da delegação da República Popular da China.

Os chineses haviam dominado os campeonatos da modalidade até a Revolução Cultural interromper todos os contatos com o exterior, e aquele era o primeiro evento internacional do qual tomavam parte em muitos anos. Da equipe, fazia parte Zhuang Tsé-tung, tricampeão mundial. Ele achou curioso o comentário emitido pelo estranho cabeludo que irrompera inopinadamente no ônibus: "Eu sei que meu chapéu, cabelo e roupas devem parecer engraçados para vocês, mas nos Estados Unidos muita gente se veste assim", traduziu o intérprete.[201]

---

[201] GANNON, Frank. "Ping pong diplomacy: a primer." The new Nixon blog. The Richard Nixon Foundation.

Zhuang hesitou alguns minutos, pensando nas rigorosas instruções que proibiam contato com estrangeiros, sobretudo se americanos, mas se lembrou do próprio presidente Mao alertando para a necessidade de separar povo e governo. Decidiu oferecer como presente a Cowan, certamente mais representativo do povo que do governo, uma seda pintada com uma paisagem chinesa. O percurso durou menos de 15 minutos e terminou na porta do ginásio, onde fotógrafos e repórteres registraram a cena dos dois atletas emergindo sorridentes do veículo.

Cowan decidiu retribuir o presente e comprou para Zhuang uma camiseta com uma bandeira americana que trazia, no lugar das estrelas, o símbolo da paz e, abaixo, os dizeres *"let it be"*. Os repórteres, agora uma multidão deles, voltaram a registrar o fato inusitado e perguntaram ao americano se ele gostaria de conhecer a China. A resposta, afirmativa, logo chegou às agências de notícia ocidentais e, por meio delas, a jornais de várias partes do mundo.

O governo chinês havia convidado algumas delegações para visitar o país depois do campeonato. Consultado sobre a hipótese de estender o convite aos americanos, respondeu negativamente. Quando, porém, a papelada chegou para ser chancelada por Mao, ele também viu os jornais estrangeiros e percebeu o frisson que aquelas imagens haviam produzido em todo o mundo, e ordenou que o convite fosse feito sem demora. Após meses de contatos indiretos com o governo americano, aquela seria a oportunidade perfeita para tomar uma iniciativa pública de reaproximação.

Em Washington, o gesto foi logo entendido e muito comemorado. Dez dias depois de a equipe de tênis de mesa americana deixar a China, Chou Enlai enviou, por intermédio do governo paquistanês, um comunicado ao governo americano afirmando a disposição de receber oficialmente o presidente para uma visita e abrir discussões diretas entre os dois países. Richard Nixon e Henry Kissinger, exultantes, disseram que aquela era a mais importante carta recebida pelos Estados Unidos desde o fim da Segunda Guerra Mundial.

No início de julho, Kissinger desembarcava secretamente em Pequim. Começava aquilo que foi denominado "diplomacia do pingue-pongue", já que a aproximação dos dois países foi marcada por declarações e ações intercaladas, através das quais cada lado sondava as intenções do outro e avançava um novo passo, aguardando a jogada do outro. A valsa diplomática inclui até a visita da delegação chinesa de tênis de mesa aos Estados Unidos, em 1972, após a histórica visita de Nixon a Pequim. De acordo com uma manchete do *New York Times*, "uma bola de pingue-pongue rachou a cortina de bambu".[202]

A equipe de tênis de mesa norte-americana visita a Muralha da China. Sentado no chão, à esquerda, Glenn Cowan, o hippie indisciplinado que, involuntariamente, ajudou a restabelecer o diálogo entre EUA e China.

## A diplomacia do pingue-pongue

O acaso tem seus momentos na história, mas ele não tem o poder de, sozinho, produzir a mudança: sua relevância está em trazer à tona tensões subterrâneas. Havia uma extensa agenda congelada à frente de americanos e chineses. A política americana de contenção fracassava na Indochina, enquanto se negociava a retirada das tropas do Vietnã. A situação na Península Coreana permanecia indefinida, desde o armistício de 1953. O crescimento do poder econômico do Japão preocupava os chineses. Taiwan era uma fonte de latente tensão. A China se encontrava econômica e socialmente devastada, após duas décadas de maoísmo. Sobretudo do ponto de vista de Pequim, havia a ameaça

---

202 GANNON, Frank. *Ping pong diplomacy: a primer*. Op. cit.

militar soviética, uma década depois do cisma com Moscou e na hora do aprofundamento da cooperação da URSS com a Índia.

O grande pântano em que a Ásia estava se transformando exigia uma solução criativa, uma "nova arquitetura para a paz" capaz de romper a lógica da bipolaridade de forças. Segundo a perspectiva de Washington:

> [...] o angustiante processo de desembaraçar os Estados Unidos do Vietnã tratou-se, no final, de manter a posição americana no mundo. Mesmo sem este purgatório, uma grande reavaliação da política externa americana teria estado em pauta, pois a era da dominação quase que total dos Estados Unidos no palco mundial aproximava-se ao fim. A superioridade nuclear dos Estados Unidos estava ruindo e sua supremacia econômica sendo desafiada pelo crescimento dinâmico da Europa e do Japão, ambos os quais haviam sido restaurados através de recursos americanos e amparados por garantias americanas de segurança. O Vietnã finalmente sinalizou que estava na hora de reavaliar o papel dos Estados Unidos no mundo em desenvolvimento, e de encontrar algum terreno sustentável entre a abdicação e a superextensão.[203]

Segundo Kissinger, o principal responsável pela introdução da *realpolitik* na política mundial da superpotência, a rivalidade entre Pequim e Moscou mudava de patamar. No início dos anos 1960, estivera basicamente restrita à frustrada tentativa maoísta de alcançar projeção na liderança do movimento comunista internacional. Contudo, tornara-se mais ameaçadora para os chineses com o surgimento da Doutrina Brejnev, em 1968.

A doutrina soviética propugnava sua liderança inconteste sobre o bloco comunista e seu direito de passar por cima da soberania dos Estados aliados em nome do combate às "forças reacionárias", com intervenções militares se necessário, como ocorrera na Tchecoslováquia. Aparentemente, Mao Tsé-tung temia a invocação da doutrina para justificar uma agressão soviética. As duas potências asiáticas rivalizavam pela influência na Mongólia e, na extensa fronteira compartilhada, o confronto militar se tornara uma hipótese real desde os choques de 1969 na região do rio Ussuri, na Sibéria meridional.

---

203 KISSINGER, Henry. *Diplomacia*. Rio de Janeiro, Francisco Alves, 1997, p. 836.

Jung Chang e Jon Halliday interpretaram o cenário de modo um pouco diferente na sua extensa biografia de Mao Tsé-tung. Para eles, o líder chinês propositalmente exagerava os riscos de um conflito com a URSS a fim de obter acesso às tecnologias militares americanas. Nixon e Kissinger não ignoravam as intenções chinesas e, de fato, os Estados Unidos começaram a transferir tecnologia e materiais para a China pouco depois de firmados os primeiros acordos. As transferências se faziam por intermédio de países europeus, uma vez que as leis americanas proibiam tal tipo de cooperação.

As duas motivações não eram excludentes — e mesmo um personagem dominado pela ideologia, como Mao Tsé-tung, não podia deixar de lado a razão de Estado. Na história chinesa, a hegemonia do "Império do Meio" se pautara pela busca do equilíbrio de poder regional, por meio do velho jogo de lançar os rivais uns contra os outros. Agora, as pretensões de hegemonia soviética colocavam a China diante de uma ameaça inédita, que não admitia a continuidade de seu isolamento. A aproximação com os Estados Unidos podia parecer chocante, do ponto de vista ideológico, mas era bastante coerente do ponto de vista da tradição geopolítica chinesa.

Muito mais surpreendente, em todos os sentidos, foi a movimentação americana, cuja tradição de política externa mesclava elementos de wilsonianismo e de isolacionismo. Sem nunca ter enfrentado uma ameaça real às suas fronteiras, os Estados Unidos jamais haviam atuado com base no conceito de equilíbrio de poder, que se afigurara imoral para tantos líderes americanos. Não foi, portanto, sem muitas críticas que Nixon e Kissinger redefiniram as prioridades e o modo de lidar com os temas de política externa, substituindo o ideal de uma paz universal tutelada pelos Estados Unidos pelo pragmatismo de uma política de poder assentado em alianças variáveis, articuladas de acordo com o cálculo frio dos interesses nacionais.

O primeiro relatório anual sobre política externa formulado pelo governo Nixon continha uma afirmação que, na ótica da tradição americana, era quase um anátema: "Nossos interesses devem moldar os nossos compromissos, e não o contrário."[204] Nixon, o político que construíra sua fama como anticomunista convicto, se rendia à razão de Estado e negociava compromissos com Moscou e Pequim.

---

204 KISSINGER, Henry. *Diplomacia*. Op. cit., p. 847.

A reavaliação da política mundial americana ganhou velocidade na primavera de 1969, em virtude de uma consulta da embaixada soviética sobre o posicionamento de Washington na hipótese de eclosão de uma guerra entre URSS e China. Os líderes do Kremlin sabiam que, nesse caso, a URSS teria a tarefa hercúlea de defender duas extensas faixas de fronteira: a Cortina de Ferro, na Europa, e a linha que a separava da China. A indagação soviética chamou a atenção dos diplomatas americanos e forneceu a chave para a reformulação das antigas estratégias da Guerra Fria, ao revelar que o temor mútuo das duas potências comunistas superava a rivalidade que nutriam com os Estados Unidos. Na mente de Kissinger, ganhava corpo o conceito de "diplomacia triangular".

Explorando as novas oportunidades, Washington anunciou, em julho de 1969, iniciativas unilaterais sinalizando para Pequim uma mudança de atitude. Dali em diante, cidadãos americanos poderiam viajar para a China e exportadores de grãos ganhariam o direito de vender seus produtos ao país asiático. Num passo muito mais ousado, Washington emitiu um alerta para Moscou: os Estados Unidos não admitiriam um ataque contra Pequim. A finalidade estratégica das medidas era forçar as potências comunistas a melhorar suas relações com os Estados Unidos, que passava a tratá-las como forças concorrentes.

O pingue-pongue começara antes da intervenção involuntária do jovem Cowan. Em dezembro de 1969, o embaixador americano na Polônia foi orientado a estabelecer contato discreto com diplomatas chineses, ordem que ele cumpriu durante um desfile de moda. O lance gerou tamanha polêmica em setores do próprio governo americano que Nixon ficou aliviado quando os chineses suspenderam as embrionárias conversas, após o ataque das forças americanas ao Camboja, em maio de 1970. Meses mais tarde, retomou-se secretamente o diálogo mediado pelo governo paquistanês. Foi só então que ocorreram as felizes coincidências do campeonato de tênis de mesa no Japão. Ali, graças a um *hippie* confuso, a aproximação passou a ser vista como algo possível pelo grande público e o gelo começou a se romper.

Na sua visita a Pequim, em julho de 1971, Kissinger ofereceu aos chineses a cadeira no Conselho de Segurança da ONU, sacrificando no altar da *realpolitik* o acordo militar de defesa que ligava Taiwan aos Estados Unidos. "Eu não poderia ter encontrado um grupo de interlocutores mais receptivos ao estilo de diplomacia de Nixon que os líderes chineses", registrou Kissinger, enfatizando o realismo dos anfitriões:

> Como Nixon, eles consideravam a agenda tradicional de importância secundária e estavam, acima de tudo, preocupados em explorar se a cooperação baseada em interesses congruentes era possível. Esta foi a razão por que, posteriormente, uma das primeiras observações de Mao a Nixon foi: "A questão menor é Taiwan; a questão maior é o mundo."

Para além de um oceano de divergências, existia uma base sólida de cooperação:

> O que os líderes chineses queriam era a garantia de que os Estados Unidos não colaborariam com o Kremlin na implementação da Doutrina Brejnev; o que Nixon precisava saber era se a China poderia cooperar com os Estados Unidos para impedir a ofensiva geopolítica soviética.[205]

O convite chinês para uma visita presidencial foi apresentado publicamente nos Estados Unidos, bem como a resposta positiva de Nixon. Em outubro, Kissinger retornou a Pequim, dessa vez oficialmente, para preparar a visita. A viagem do secretário de Estado coincidiu com uma nova votação na ONU sobre o assento da China na organização. Então, a maré das inúmeras votações precedentes se inverteu e, a 25 de outubro, sob protestos veementes de Taiwan, Pequim substituiu Taipé no Conselho de Segurança e na Assembleia Geral.

Pingue-pongue: a concessão americana sobre Taiwan teve uma contrapartida chinesa no tema da guerra na Indochina. Os Estados Unidos temiam a derrocada do Vietnã do Sul durante o difícil processo de retirada de suas tropas. Os líderes chineses reiteraram suas afinidades ideológicas com o Vietnã do Norte e a disposição de continuar a enviar alguma ajuda material ao aliado, mas garantiram que não tinham nenhuma intenção de deslocar tropas além de suas fronteiras.

Nixon desembarcou em Pequim em 21 de fevereiro de 1972, permanecendo no país durante uma semana, na qual visitou Xangai e Hangzhou. Mao Tsé-tung, que estivera muito doente pouco antes da chegada do ilustre visitan-

---

205 KISSINGER, Henry. *Diplomacia*. Op. cit., p. 866.

Henry Kissinger adquiriu verdadeira simpatia por Chou En-lai, possivelmente o mais culto e refinado membro da alta cúpula da China comunista. O pragmatismo do premiê chinês casava-se à perfeição com a estratégia realista defendida pelo secretário de Estado americano.

te, tratou de recebê-lo em sua residência, embora a conversa não tenha durado mais que 65 minutos. E foi a única, na qual não se abordou nenhum assunto importante. Todos os grandes temas foram conduzidos por Chou En-lai e Kissinger, resultando na assinatura do Comunicado de Xangai.

Na essência, o documento conjunto afirmava: "Nenhuma das partes deve buscar a hegemonia na região Ásia-Pacífico e cada qual se opõe aos esforços de qualquer outro país ou grupo de países para estabelecer tal hegemonia." A expressão "qualquer outro país ou grupo de países" tinha uma tradução única e óbvia — significava URSS. No ano seguinte, um novo comunicado expandiu a oposição à hegemonia soviética para todo o globo. Kissinger ressalta que o

Comunicado "apresentava uma característica inédita: mais da metade do seu texto era voltado para os pontos de vista conflitantes entre os dois lados no que dizia respeito à ideologia, questões internacionais, Vietnã e Taiwan", o que acabava por valorizar ainda mais os cruciais pontos convergentes.[206]

Contrabalançar o poder soviético era uma ideia inscrita no conceito de equilíbrio de poder. Seria o fim do wilsonianismo americano?

*De fato, nosso objetivo estratégico era mais complicado: transformar a bipolaridade da Guerra Fria em um triângulo e então gerenciar o triângulo de tal forma que nós estaríamos tão próximos de cada um dos contendores, quanto eles entre si, maximizando nossas opções. Tal ênfase na geopolítica e no equilíbrio não tinha precedente entre os presidentes americanos, pelo menos desde os tempos de Theodore Roosevelt.[207]*

Quando Nixon retornou da China, o governo anunciou uma "nova estrutura para a paz", expressão que os meios de comunicação ocidentais passaram a reproduzir com entusiasmo, refletindo o desejo de uma saída para a Guerra Fria e para a ameaça nuclear. Uma vertente dos analistas interpretou a mudança como a recuperação do protagonismo político pelos Estados Unidos, após um longo período de baixa. Sob essa ótica, a expressão "carta chinesa" veiculava a ingênua visão de uma China manipulada pelo governo americano. O tempo mostraria que as coisas eram um pouco diferentes: as ações chinesas serviam apenas aos seus interesses e, às vezes, coincidiam com os interesses dos Estados Unidos. Talvez fosse melhor falar numa "carta americana", que permitiu ao Estado comunista chinês encontrar uma porta de saída para seu dilema estratégico e, mais tarde, para a calamitosa situação econômica do país.

# O fim de uma era

Desencontros da história: no momento em que a juventude se levantava em vários países para protestar contra governos de capitalistas e comunistas,

---

206 KISSINGER, Henry. *Diplomacia.* Op. cit., p. 868.

207 KISSINGER, Henry. *Years of renewal.* Nova York, Touchstone, 2000, p. 140.

muitas vezes agitando o Livro Vermelho de Mao e se inspirando nos jovens da Guarda Vermelha, a Revolução Cultural entrava em sua fase mais abertamente repressiva. A facção maoísta se apoiava cada vez mais no controle de Lin Biao sobre as forças armadas, que representavam uma corrente expressiva dos quadros do Partido Comunista.

Mao Tsé-tung e Lin Biao usaram a densa cortina de fumaça produzida pela agitação daqueles anos para se livrar de quem, dentro do Partido, questionava a liderança do Grande Timoneiro perfilando-se ao lado de Liu Shao-chi, que acabou morrendo na prisão sob pesadas acusações de traição. No início de 1969, Mao indicou Biao como seu sucessor, o que fazia dele o número dois do Partido. Na primavera, a bem-sucedida atuação das forças chinesas contra as tropas soviéticas nos choques do rio Ussuri aumentou o prestígio de Biao, inclusive junto à população. Envaidecido, ele passou a cobrar de Mao a indicação explícita para a presidência. Foi a sua perdição.

Na mente paranoica de Mao, Biao se converteu em oponente. Em agosto de 1970, o Grande Timoneiro deu novas orientações ao partido, que na prática excluíam o chefe do Exército da linha de sucessão. Além disso, investiu contra altos comandantes militares exigindo-lhes autocríticas públicas, ao mesmo tempo que reabilitava antigos comandantes caídos em desgraça, reconduzindo-os a seus postos com o intuito de enfraquecer o novo adversário. A prisão de Chen Bo-da, número cinco na hierarquia do partido e muito ligado a Biao, sinalizou o fim da velha aliança. Mao passou a exigir que Biao fizesse uma autocrítica, algo que ele jamais aceitou. Todavia, ciente do que significava ser um desafeto do líder máximo do partido, Biao começou a considerar a hipótese de fuga.

No início da primavera de 1971, enquanto o cerco se fechava e a mulher de Biao era convocada para fazer sua autocrítica perante os membros do Partido, o filho deles, Li-guo, conhecido como Tigre, um alto quadro militar muito querido pelos colegas, tentou articular uma conspiração para assassinar Mao. O isolado Biao expôs publicamente a crise ao se atrasar para as comemorações do Dia do Trabalho e se retirar minutos depois sem sequer dirigir a palavra ao Grande Líder. Um frêmito de pasmo atravessou a plateia.

Enfurecido, Mao tramava a derrubada de Biao — que por sua vez avalizava os planos do filho de organizar a fuga da família. O chefe do Exército assinou uma carta autorizando a entrega de armas e aviões para Tigre e seus homens, documento que seria utilizado como evidência de cumplicidade na conspiração contra Mao. A ação foi planejada para 8 de setembro, em Xangai, mas diferentes tentativas falharam por falta de gente disposta a assumir os riscos ou por carência de equipamentos. Sem saída, desesperados, Biao e Tigre marcaram a fuga para o alvorecer do dia 12, num voo destinado a Hong Kong. Contudo, o veneno de Biao, tantas vezes usado com adversários, se voltou contra ele mesmo. Dodo, sua filha adolescente, integrante da Guarda Vermelha e fanática pela figura de Mao, alertou os sentinelas da casa da família sobre a fuga iminente.

A informação chegou a Chou En-lai, que ordenou investigações imediatas. Amigos do alto escalão das agências de segurança avisaram Biao e Tigre de que tinham sido delatados. Os dois mudaram os planos, decidindo partir de imediato, com destino à URSS, via Mongólia, a fim de permanecer o mínimo possível em espaço aéreo chinês. Mais uma vez, Dodo delatou a família, que deixou a residência sob fogo, perto da meia-noite de 12 de setembro. Na base aérea, sob perseguição, os fugitivos embarcaram num avião cujo tanque de combustível não havia sido completamente abastecido. Eles teriam autonomia de apenas três horas. Às 2h30 da madrugada, a aeronave caiu em território da Mongólia e explodiu.

Toda a trama se ajusta aos requisitos das teses conspiratórias. Durante décadas, pairou no ar a dúvida da hipótese de que o avião tivesse sido abatido por ordem do Grande Timoneiro. Segundo uma biografia de Mao Tsé-tung, "uma carta de Chou para Mao na noite de 13 de setembro mostra inequivocamente que o avião não foi derrubado pelos chineses".[208] Também não há sinais de que o desentendimento entre Mao e Biao tenha sido causado pela política de aproximação com os Estados Unidos. Embora o chefe do Exército tenha emitido contestações iniciais, ele sabia muito bem que não devia desafiar o poder de Mao.

Nixon foi à China e Mao se tornou uma estrela no Ocidente. Mas nada amenizava, para aquele homem que se aproximava dos 80 anos, o fato de estar só. Ele ficou abalado com a existência de uma conspiração no alto escalão que ninguém havia denunciado. Coincidentemente ou não, aquele momento assinala a rápida deterioração de sua saúde.

---

208 HALLIDAY, Jon & CHANG, Jung. *Mao. A história desconhecida*. São Paulo, Companhia das Letras, 2006, p. 686.

O fiel Chou En-lai permanecia como o único membro da primeira geração revolucionária intocado pelos humores de Mao. A ele coube fazer o pronunciamento para explicar a morte de Biao: o glorioso líder do Exército, presumido sucessor de Mao, era um renegado traidor que morrera tentando fugir para a URSS! Apesar da repressão e dos controles, os chineses ruminavam a estranheza daquela história e constatavam as bruscas oscilações da palavra das autoridades. Primeiro, fora Shao-chi; depois, Biao: quantos heróis imaculados ainda seriam transformados em bandidos pelo Partido?

Restavam Chou e Mao. Os eventos subsequentes fornecem um painel sombrio das relações humanas nos altos círculos do poder comunista. No início de 1972, Mao foi avisado de que seu premiê, a mais ilustre figura internacional do regime desde 1949, estava com câncer. Então, ele proibiu não só o tratamento como até mesmo uma simples consulta médica, sob o argumento de que as negociações com os Estados Unidos exigiam a presença constante de Chou. Em junho de 1974, quando já não havia muita coisa a fazer, chegou a autorização para tratamento e operação. Chou morreu em Pequim, a 8 de janeiro de 1976, aos 77 anos.

O Mao é pop! A aproximação com os EUA fez do líder chinês uma figura muito festejada no Ocidente no início dos anos 1970. Para os observadores externos, uma nação reconstruída pelos jovens oferecia a miragem de uma utopia condizente com a época.

Ter sobrevivido a todos os expurgos promovidos pelo Partido é a prova inequívoca da inteligência e habilidade política de Chou. Seu último gesto, uma revelação do traço humano por trás do personagem que dedicara a vida à obra da revolução, foi ocultar de todos a notícia de que Mao estava muito doente, informação que recebera, como era costume, das autoridades médicas que tratavam do Grande Timoneiro. Mao ainda resistiria mais dois anos, até o décimo minuto do dia 9 de setembro de 1976.

Os monstros sagrados da grande revolução proletária desapareciam. Guiada por aqueles revolucionários, a China, tão desigual ao longo de sua história milenar, alcançara afinal uma certa igualdade muito especial. O maoísmo arrasara as estruturas econômicas, sociais e até familiares, tão arraigadas na sociedade chinesa, convertendo a pobreza no mínimo denominador comum de uma imensa população. Os sucessores tinham grandes problemas pela frente — e o primeiro era conservar a coesão do Partido, sempre dividido entre os que queriam o desenvolvimento material e os que priorizavam a construção do "novo homem". Com o desaparecimento de Mao, a disputa se daria em torno de sua herança.

## De gatos e ratos

Depois da visita de Nixon, a atenção dos membros do Partido Comunista Chinês se voltou para o cada vez mais urgente problema da sucessão do poder. A velhice e a morte ceifavam os antigos líderes, muitos dos quais caíram na Revolução Cultural. No início da década de 1970, fizeram-se as primeiras avaliações daqueles anos tempestuosos e foi iniciada a revisão de alguns processos. Assim, ressurgiram figuras destacadas que passaram muitos anos em prisões domiciliares ou "campos de reeducação".

A aproximação com os Estados Unidos e a necessidade de contar com quadros preparados levaram Mao a aceitar a volta de Deng Xiao-ping. Em 1973, no 10º Congresso do Partido, ele reapareceu ao lado de Chou, na condição de vice-primeiro-ministro. Porém, a fim de manter sob controle as conhecidas tendências reformistas de Deng, Mao também ampliou as atribuições do grupo radical organizado em torno de sua esposa, Jiang Qing, que pregava a continuidade da Revolução Cultural. Além de madame Mao, havia Zhang Chun-qiao, o chefe dos meios de comunicação, Yao Wen-yuan e Wang Hong-wen, o sobrinho e protegido do Timoneiro. Mao os denominava Gangue dos Quatro. Em chinês, "quatro" e "morte" têm pronúncia parecida.

A disputa pelo poder no Partido começou a vazar para as ruas e alguns incidentes foram recebidos com grande apreensão pelo governo — em particular, o surgimento de *dazibaos* em Guangzhou (Cantão), cidade governada por aliados de Deng, contendo críticas à Revolução Cultural e associando Biao a Mao. Não foi surpresa, portanto, que Deng voltasse a ser atacado logo após a morte de Chou. A tensão atingiu o ápice no início de abril de 1976, quando moradores de Pequim se reuniram na praça Tianamen para a festividade de homenagem aos mortos.

O encontro se transformou em ato político na hora em que milhares de pessoas começaram a celebrar a memória de Chou, bem como a pendurar pequenas garrafas nas árvores, pois o som Xiao-ping é bastante parecido com o das palavras "pequena garrafa". O governo reagiu rápida e violentamente para reprimir os manifestantes. Mao assinou um decreto afastando Deng de todas as suas funções e nomeando o pouco conhecido Hua Guofeng para primeiro-ministro e primeiro vice-presidente do partido. Deng retirou-se para Guangzhou, onde permaneceu por poucos meses, sob a proteção do governador e do general da província. Enquanto isso, a Gangue dos Quatro intensificava a luta para conquistar o controle do partido.

Com a morte de Mao, Guofeng compreendeu que sua sobrevivência política dependeria da eliminação dos radicais liderados pela Gangue dos Quatro. Após obter o apoio do ministro da Defesa, o premiê investiu contra os herdeiros radicais do Timoneiro. No início de outubro, os quatro foram presos junto com vários de seus aliados. A acusação incluía inúmeros crimes, sobretudo os excessos cometidos durante a Revolução Cultural, que se extinguia de uma vez. Hua Guofeng obteve sua confirmação como novo presidente do Partido e chefe do governo.

Realizou-se, em 1981, o julgamento dos líderes da facção maoista, um espetáculo pelo qual se representava a expiação dos males do passado, encarnados todos eles naqueles quatro personagens detestados. Jiang Qing e Zhang Chunqiao foram condenados à morte mas tiveram suas penas comutadas para prisão perpétua, enquanto Wang Hong-wen e Yao Wen-yuan foram punidos com vinte anos de encarceramento. Em 1991, madame Mao cometeu suicídio. Hong-wen morreu no ano seguinte; Chun-qiao e Wen-yuan sobreviveram até 2005.

Livre da Gangue dos Quatro, o grupo de Guofeng tratou de obter legitimidade apresentando-se como continuador do maoísmo. No início de fevereiro de 1977, os três mais importantes órgãos de comunicação do país publicaram diretiva que ficou conhecida como "Dois quaisquer". Na linguagem característica do regime, o texto afirmava a necessidade de "estudar bem os documentos e empunhar a relação-chave", ou seja, manter a luta de classes como eixo das ações políticas e sociais. Além disso, era preciso "defender resolutamente quaisquer decisões que o presidente Mao haja tomado, seguir sem desvios quaisquer instruções que ele tenha deixado".[209] A luta pelo poder estava contida naquele novo dogma.

Deng decifrou a instabilidade inerente à transição de poder. Em abril de 1977, contando com um número crescente de apoiadores, dirigiu ao Comitê Central uma crítica aos "Dois quaisquer" e uma solicitação de retomada de suas antigas funções. Guofeng não teve saída: ele próprio seria confirmado presidente do partido e da comissão militar, mas Deng reocuparia os cargos de vice-presidente do partido, vice-presidente da comissão militar e chefe do Estado-Maior.

Nos meses seguintes, enquanto os "dois qualqueristas" reafirmavam sua linha de ação, Deng trazia de volta cientistas, técnicos e artistas marginalizados na Revolução Cultural. Entre os mais importantes estava Hu Yaobang, antigo responsável pela Juventude Comunista e um dos raros nomes da velha guarda a ter curso superior. Reabilitado, Hu passou a chefiar a escola central de quadros do Partido e foi nomeado organizador do Comitê Central, cargo de grande poder. Abria-se, simultaneamente, um debate sobre a liberdade de pensamento. De um lado estava Guofeng, que insistia na tradição maoísta de controle sobre os cientistas e seus estudos; de outro, Deng, que fustigava os censores das mentes, desafiando um dogma intocável do Estado comunista chinês.

Os reformistas partiram para o ataque, publicando na imprensa partidária artigos em defesa do princípio da busca pela verdade, que pressupõe tanto a dúvida quanto o exercício da crítica. O alvo era evidente. Animados com o que parecia ser um novo ciclo de abertura, dissidentes começaram a escrever em revistas e jornais de circulação independente. Surgiram textos impressos

---

209 MEZZETTI, Fernando. *De Mao a Deng*. Brasília, UnB, 2000, p. 92.

com críticas ao Partido, à Gangue dos Quatro e até ao Grande Timoneiro. Simultaneamente, publicações controladas pelo Partido passaram a publicar a "literatura dos feridos", histórias autobiográficas dos horrores vividos na Revolução Cultural. Contudo, eram os *dazibaos* que veiculavam as mensagens mais radicais. Perto da Cidade Proibida, nasceu um oásis de contestação:

> *O foco mais famoso da exposição veio a ser um trecho vazio logo a leste da antiga Cidade Proibida, em Pequim, parte da qual era agora um museu e parque, sendo outra parte destinada à residência dos mais altos dirigentes nacionais. Devido à franqueza de alguns desses cartazes e à mensagem de muitos de que se deveria introduzir um pouco de liberdade democrática na China, essa área de Pequim ficou conhecida como Muro da Democracia.*[210]

Em meados de dezembro, o movimento pela democracia começou a produzir cenas inimagináveis. Jovens, em sua maioria ex-integrantes da Guarda Vermelha, iniciaram protestos em Pequim, Xangai, Hangzhou e Guangzhou contra as terríveis condições de vida nas longínquas áreas rurais para onde haviam sido enviados, acusando o governo de afrontar os direitos humanos. Os manifestantes denunciavam também a escassez de moradia e alimentos. Pressionado e internamente cindido, o governo declarou que haviam sido legítimas as manifestações de abril de 1976 na praça Tianamen, palco da prisão de centenas de pessoas e da morte de algumas dezenas. A autocrítica do governo espirrava diretamente em Guofeng.

Os protestos coincidiram com a realização da plenária do Comitê Central do Partido, um encontro que redefiniu o futuro da China. Havia consenso sobre a urgência de fazer a economia voltar a crescer e sobre a necessidade de pesados investimentos em educação para a formação de novos quadros técnicos e científicos. Concordava-se, também, que era necessário trazer de volta pessoas qualificadas perdidas nos confins dos campos de trabalho pelo país. Autorizou-se a conclusão de acordos externos para propiciar o acesso a novas tecnologias.

---

210 SPENCER, Jonathan. *Em busca da China Moderna*. São Paulo, Companhia das Letras, 1996, p. 616.

UMA NOVA ESTRATÉGIA E UMA REVOLUÇÃO ECONÔMICA

A plenária acelerou o chamado Programa das Quatro Modernizações — que, anunciado poucos anos antes, ainda não tinha gerado resultados. O objetivo era promover o desenvolvimento nas áreas de agricultura, indústria, defesa nacional, ciência e tecnologia. A agricultura era a chave de tudo, num país essencialmente rural que não esquecera as terríveis crises de fome do passado recente. O Partido decidiu aumentar os pagamentos feitos aos camponeses pelas cotas de alimentos entregues ao Estado e permitiu o ressurgimento de lotes familiares, que seriam cultivados paralelamente às terras coletivas. O documento aprovado falava também em permitir a pequena iniciativa privada, no campo e nas cidades. Na prática, chegava ao fim o sistema de Comunas Populares com o qual Mao pretendera criar o "Novo Homem" comunista.

As diretivas orientavam para uma separação administrativa entre o Partido e o Estado, descentralizavam a burocracia e concediam autonomia às empresas. Como justificar todas essas mudanças sem condenar a herança maoísta? O Partido declarou, então, que Mao não acertara 100% das vezes — e que, de qualquer modo, a tradição marxista-leninista-maoísta exigia a modernização do socialismo, em decorrência das transformações do contexto histórico. O prato da balança pendia agora para o lado de Deng, em detrimento de Guofeng. Mas, surpreendentemente, pela primeira vez, o líder derrotado seria afastado de modo gradual e discreto, até a transferência formal de suas funções para Hu Yaobang, em 1981. O poder de fato ficava, por inteiro, nas mãos de Deng.

Era surpreendente que o governo voltasse atrás sobre o ocorrido na praça Tianamen, em 1976, mas o anúncio do estabelecimento de relações diplomáticas com Washington, a partir de janeiro de 1979, deixou os chineses estupefatos. A proposta partira do governo Jimmy Carter, com a finalidade de concluir um processo de aproximação mais ou menos congelado pelo escândalo de Watergate e pela crise sucessória chinesa. A troca de embaixadores era um sinal inequívoco de que chegara ao fim a longa era de isolamento internacional. O maoísmo e a luta de classes deixavam de ser os únicos espectros da ação política.

Enquanto Deng se preparava para a primeira visita de um governante chinês aos Estados Unidos, o movimento pela democracia crescia nas cidades. Antes de partir para o exterior, o líder se reuniu com alguns membros da alta cúpula e deixou instruções para a contenção daquelas manifestações fora da curva de tolerância. No Muro da Democracia, um *dazibao* extrapolava da crítica para ousadas reivindicações por liberdades civis:

> *Dono de que será o povo? Na realidade, é escravo. O povo deve ter o direito de afastar e substituir a qualquer momento seus representantes. Na Europa e na América, o povo tem exatamente esse tipo de democracia. [...] Apelo ao povo para que se reúna sob a bandeira da democracia. Não acreditem no slogan "unidade e estabilidade" dos déspotas. O fascismo totalitário somente nos pode gerar desastres. A democracia é nossa única esperança.*[211]

No final de janeiro de 1979, as atenções do mundo se voltaram para a visita de Deng aos Estados Unidos. Na China, fato inédito, o povo assistia a uma transmissão direta, via satélite. Deng e Carter se encontraram no dia 29, um mês depois da instalação de embaixadas em Pequim e Washington — e da inevitável ruptura das relações diplomáticas oficias entre os Estados Unidos e Taiwan. A China firmava acordos econômicos com Japão, França e Grã-Bretanha. As empresas americanas não queriam perder mais terreno.

De volta, Deng completou a reviravolta rumo ao "socialismo de mercado". A China conciliaria o monopólio político do partido único com uma limitada liberdade econômica. As empresas, especialmente os conglomerados estrangeiros, ganhavam os direitos de investir e produzir lucros. Contudo, o Estado comunista chinês, erigido em nome dos proletários de todo o mundo, não reconheceria leis civis ou direitos sindicais.

A nova ordem exigia o encerramento da turbulenta transição política, o que implicava a repressão ao Movimento pela Democracia. Novamente, como fizera Mao em 1957, no auge do Movimento das Cem Flores, o Partido se encarregou de silenciar as vozes divergentes. Presos, e agora acusados de "colaboração estrangeira", os principais atores do Movimento pela Democracia foram retirados de cena ou se calaram. No dia 1º de abril, o Muro da Democracia foi definitivamente proibido. Deng demonstrava por atos, diante do *establishment* do Partido, que Mao tinha um sucessor inflexível.

---

211 MEZZETTI, Fernando. *De Mao a Deng*. Op. cit., p. 116.

Richard Nixon, Jimmy Carter e Deng Xiao-ping encontram-se em Washington, em janeiro de 1979, selando o estabelecimento de relações diplomáticas entre os dois países. O movimento iniciado pelo republicano foi concluído pelo democrata pois, apesar das diferentes perspectivas, a aproximação com a China tornou-se estratégica para os interesses dos EUA. Já para o líder chinês, permitiu reafirmar seu papel como "herdeiro" político de Mao e, ao mesmo tempo, reorientar o país para um novo "socialismo de mercado".

Uma nova China nascia depressa, no compasso das decisões do Comitê Central. Em julho, anunciou-se a criação de quatro Zonas Especiais de Exportação, que seriam rebatizadas como Zonas Econômicas Especiais (ZEEs) no ano seguinte. Selecionaram-se áreas estratégicas, portos abertos para o mundo: Zhuhai, contígua a Macau, Shenzen, vizinha de Hong-Kong, Shantou e Xiamen, voltadas para Taiwan. O Estado chinês oferecia aos investidores estrangeiros a construção de instalações e de redes de transportes, uma longa série de isenções tributárias e o fornecimento de mão de obra treinada mas sem direitos de organização sindical. Meses antes, em dezembro de 1978, durante a plenária do Comitê Central que deflagrou o programa do "socialismo de mercado", a Coca-Cola anunciou a abertura de operações no antigo Império do Centro.

# Friedrich Hayek e a servidão

Friedrich Hayek, o mais influente discípulo de Ludwig von Mises e o responsável pelo renascimento do liberalismo econômico clássico, por pouco não se tornou um socialista fabiano. Um livro, de Mises, *Socialism*, publicado quando Hayek tinha apenas 23 anos, secou suas crenças nas virtudes de um Estado benevolente, definindo as linhas de tudo que escreveria durante uma vida longa e produtiva.

Nascido na Viena gloriosa, mas já decadente, do último ano do século XIX, neto de acadêmicos destacados nos campos da biologia e da estatística, filho de um médico, Hayek lutou no *front* italiano da Grande Guerra e, em seguida, cursou direito, filosofia, fisiologia e ciências sociais. Na Universidade de Viena, aproximou-se de Friedrich von Wieser, um renomado professor que, partindo da economia política clássica, se inclinava na direção do pensamento da Sociedade Fabiana, ou seja, da ideia da evolução gradual das sociedades rumo a um socialismo democrático.

"Ele era a grande, admirada figura, uma espécie de avô das duas gerações que nos separavam. Era um homem muito amável que, usualmente, eu diria, costumava pairar bem alto acima dos estudantes, como um Deus, mas que, quando se interessava por um aluno, se tornava muito prestativo e amigo. Ele me levou para conhecer sua família, convidou-me para compartilhar refeições, essas coisas. Então, ele representou, por bastante tempo, meu ideal acadêmico e dele recebi a introdução geral ao campo da economia."[212] Wieser era, porém, um dissidente entre os liberais intransigentes da Escola Austríaca. Embora se descrevesse como um liberal, escrevera certa vez que a liberdade deveria se dobrar a um "sistema de ordem", e seu maior orgulho consistia na contribuição científica decisiva que dera à taxação progressiva.

Ironicamente, foi Wieser quem pôs Hayek em contato com Mises, por meio de uma carta de referências. Mises precisava de um advogado com conhecimentos de economia e aceitou o jovem indicado pelo grande professor. Hayek incorporou-se ao seminário dirigido por Mises na Câmara de Comércio Austríaca, leu *Socialism* e nunca mais prestou atenção nas prescrições do socialismo fabiano.

Mises e Hayek nem sempre estiveram de acordo em tudo, mas partilharam uma notável independência intelectual. Eles não temiam contrariar as opiniões em voga nem emitir juízos contrários aos consensos circunstanciais. Vários meses antes do *crash* da Bolsa de Nova York, em 1929, Hayek alertou para a iminência de um colapso dramático no mercado acionário. Depois, no segundo ano da Depressão, antes da escalada de Hitler ao poder, aceitou um convite para lecionar na London School of Economics (LSE), onde se converteria no mais notório porta-voz da doutrina liberal.

As primeiras obras de Hayek expunham o abismo entre a visão liberal e a keynesiana. A controvérsia explodiu publicamente sob a forma de troca de cartas no jornal londrino *The Times*, em outubro de 1932. Keynes começou a "guerra das cartas" ao assinar, junto com outros economistas, uma longa missiva de crítica a um artigo que fazia reparos à ampliação dos gastos públicos britânicos. Hayek e alguns colegas replicaram no tempo recorde de dois dias:

> *Somos da opinião de que diversos problemas atuais do mundo decorrem dos empréstimos tomados pelas autoridades públicas e de seus gastos imprudentes. [...] Na melhor das hipóteses, eles hipotecam os orçamentos futuros, e tendem a elevar as taxas de juros — um proces-*

---

212 CRAVER, Earlene et al. (Interviewers). *Nobel Prize-Winning Economist Friedrich A. von Hayek.* Los Angeles, University of California, 1983, p. 14.

Friedrich Hayek integrou a Escola Austríaca até que a emergência do nazismo levou-o para a Grã-Bretanha, onde lecionou nas décadas de 1930 e 1940. De 1950 a 1962 foi professor da Universidade de Chicago, depois do que retornou à Europa e se fixou na Alemanha Ocidental. Contemporâneo de Keynes, Hayek viu sua obra relegada ao ostracismo ao criticar exatamente o que o inglês via como a salvação para as sociedades capitalistas e democráticas. Nos anos 1970, quando o Estado de Bem-Estar entrou em crise, Hayek foi agraciado com um Prêmio Nobel de Economia.

*so seguramente indesejável nessa conjuntura em que a restauração do fluxo de capitais para as empresas privadas é, como se admite, uma necessidade urgente.*

A carta esclarecia o fundo da divergência, que se propagaria pelo restante do século:

*A Depressão evidenciou abundantemente que a existência de dívida pública em larga escala impõe atritos e obstáculos muito maiores ao reajustamento que os atritos e obstáculos impostos pela existência de dívida privada. Portanto, não podemos concordar com os signatários da carta em que está na hora de novas piscinas municipais etc., apenas porque as pessoas "sentem que desejam" tais amenidades. Se o governo quer ajudar a retomada, o modo correto de proceder não é por meio de despesas, mas pela abolição das restrições ao comércio e ao livre movimento de capitais [...] que, hoje, impedem até mesmo o início de uma recuperação.*[213]

Keynes prevaleceu, não em decorrência de algum triunfo intelectual, mas como fundamento teórico das opções de política econômica escolhidas pelos governos durante a Grande Depressão. Hayek se vingaria quase meio século mais tarde, quando suas obras se transformaram em guias das revoluções econômicas de Margaret Thatcher e Ronald Reagan.

## O caminho para a servidão

O título devia ecoar como a batida de um tambor, e a inspiração veio de uma frase de Alexis de Tocqueville. Em 1944, quando a guerra se aproximava do fim e a Depressão parecia uma sombra perdida no passado, Hayek publicou algo muito diverso de seus tratados acadêmicos anteriores: o panfleto político *O caminho da servidão*, um ataque devastador contra a planificação estatal.

A ideia surgira no início dos anos 1930, sob a forma de um memorando destinado ao diretor da LSE que contestava a popular interpretação do fascismo como fruto envenenado de um sistema capitalista moribundo. Do memorando, nasceu um artigo e diversos textos, escritos durante a guerra. Hayek conseguiu que a Routledge, uma sólida editora, publicasse o livro na Grã-Bretanha. Nos Estados Unidos, porém, os originais foram recusados por três casas editoriais antes de chegar à editora da Universidade de Chicago.

O editor, pouco entusiasmado, decidiu publicá-los. Tentou obter um prefácio do célebre colunista Walter Lippmann, que, imaginava, poderia valer vendas de 2 a 3 mil exemplares, no lugar dos menos de mil de suas estimativas. Lippmann, ocupado, recusou a oferta. O livro vendeu, até 2005, apenas nos Estados Unidos, cerca de 350 mil exemplares. Numa edição de 2007, Bruce Caldwell conta que a obra, apesar do sucesso instantâneo de público, não obteve recepção calorosa dos intelectuais. O filósofo Isaiah Berlin, então servindo

---

213 HAYEK et al. "Spending and saving public works from rates — To the Editor of *The Times.*" *The Times*, 19 de outubro de 1932.

como diplomata britânico em Washington, escreveu a um amigo que tentava ler o "medonho Dr. Hayek", enquanto o economista Gardiner Means desistiu de produzir uma resenha ao atingir a meia centena de páginas, pois "não conseguia mais suportar".[214]

Nem todos detestaram. O economista Milton Friedman rememorou que seu interesse pela filosofia política nasceu da leitura da obra e dos encontros com o próprio Hayek, após 1950, quando o austríaco se transferiu para a Universidade de Chicago. Na avaliação de Friedman, Hayek desempenhou no século XX, devido ao livro, um papel similar ao de Adam Smith no século XVIII.

O sucesso do livro começou com a decisão do *Reader's Digest*, que tinha circulação de quase 9 milhões de exemplares nos Estados Unidos, de publicar uma edição condensada. A versão popular, com preço ínfimo, vendeu mais de 1 milhão de exemplares. Hayek navegava rumo aos Estados Unidos, para um ciclo de conferências universitárias, no momento da explosão de vendas. Ao desembarcar em Nova York, foi informado de que tinha um novo programa, constituído por palestras para centenas ou milhares de pessoas. O economista acadêmico, lançado à arena política, se convertia em intelectual público.

A URSS eliminara o mercado, substituindo-o pela planificação estatal do conjunto da economia. A planificação figurou como elemento crucial na economia do nazismo, que erguera uma espécie de capitalismo de Estado na Alemanha. Sob formas amenizadas, a ideia de subordinação do mercado a um plano econômico de longo prazo entusiasmava os trabalhistas britânicos na década da Grande Depressão. Em 1942, um panfleto do Partido Trabalhista esboçava uma visão da reconstrução no pós-guerra. "Não pode haver um retorno ao anárquico, competitivo mundo dos anos entre as guerras [...]. A base de nossa democracia deve ser a produção planejada para benefício da comunidade [...]. Como requisito prévio, necessário, para a reorganização da sociedade, devem-se conservar os controles do tempo de guerra sobre a indústria e a agricultura, evitando-se a disputa por lucros que se seguiu à última guerra."[215] Era exatamente contra isso que Hayek escrevera seu livro polêmico.

---

214 CALDWELL, Bruce. "The publication history of *The road to serfdom*." University of Chicago Press.

215 CALDWELL, Bruce. "The publication history of *The road to serfdom*." Op. cit.

As raízes da crise econômica mundial não estavam no capitalismo ou no mercado, mas no intervencionismo estatal — esse era o argumento de Hayek. A crença no Estado benigno se manifestava sob diversas formas, mas seus efeitos deletérios não se circunscreviam ao comunismo e ao nazismo: "[...] as tendências que culminaram na criação dos sistemas totalitários não se confinavam aos países que sucumbiram a eles".[216] O nazismo e o fascismo não exprimiam a putrefação do capitalismo, mas figuravam como uma versão do estatismo, um irmão-inimigo do socialismo.

*O caminho da servidão* é um livro pessimista. Seu capítulo inicial oferece uma narrativa do declínio das ideias liberais na transição para o século XX, diagnosticado como um "completo abandono da tradição individualista que criou a civilização ocidental".[217] O coletivismo, sob inúmeras roupagens, era o alvo do autor.

Ocidente, na Alemanha nazista, não significava a civilização ocidental, mas o mundo a oeste do rio Reno, sublinhava Hayek. O socialismo nascera como reação ao liberalismo da Revolução Francesa, como um movimento "francamente autoritário", e Saint-Simon profetizara que aqueles que não se curvassem a seus propostos órgãos planejadores seriam "tratados como gado". Contudo, paradoxalmente, as ideias socialistas "ganharam aceitação geral sob a bandeira da liberdade".[218] O equívoco derivava de uma reinterpretação do termo liberdade. Na origem, liberdade significava libertação da coerção, do poder arbitrário. Depois, tornou-se libertação das necessidades, das carências impostas pelas circunstâncias. Sob o influxo do pensamento socialista, liberdade se convertera num nome diferente para poder ou riqueza — isto é, numa senha da antiga demanda pela distribuição igualitária da riqueza.

O terceiro capítulo, núcleo do livro, abre-se com uma citação do filósofo e historiador francês Elie Halévy, um liberal individualista: "Os socialistas acreditam em duas coisas que são absolutamente diferentes e, talvez, até contraditórias: liberdade e organização."[219] O socialismo soviético con-

---

216 HAYEK, Friedrich A. *The road to serfdom*. Londres, Routledge, 2001, p. 11.

217 HAYEK, Friedrich A. *The road to serfdom*. Op. cit., p. 20.

218 HAYEK, Friedrich A. *The road to serfdom*. Op. cit., p. 24-25.

219 HAYEK, Friedrich A. *The road to serfdom*. Op. cit., p. 33.

duzia a "organização" às últimas consequências, destruindo a liberdade de modo absoluto. Mas, para Hayek, a obsessão pelo planejamento na Europa Ocidental também tendia a solapar a liberdade, num horizonte de tempo mais longo.

Keynes escreveu a Hayek para elogiar o livro, declarando-se "em profundo e comovido acordo" com seu argumento principal.[220] Os dois desenvolveram uma excelente relação pessoal, apesar das divergências doutrinárias. Segundo Hayek, Keynes deveria ser descrito como um liberal, no sentido americano do termo, que "queria um capitalismo controlado" — e supunha poder controlá-lo. Mas não se deveria confundi-lo com "seus pupilos doutrinários, todos mais ou menos socialistas". Se não tivesse morrido tão cedo, dois anos após *O caminho da servidão*, o criador do paradigma dominante de política econômica "teria modificado profundamente suas ideias, pois estava sempre mudando suas opiniões".[221]

Apesar da acolhida do público, ou talvez por causa dela, Hayek passou a ser relegado ao ostracismo nas faculdades de economia. Aos olhos dos economistas, o livro parecia ser uma peça de ciência política, no melhor dos casos, e um panfleto político, no pior. Além disso, no pós-guerra, e especialmente após a morte de Keynes, o keynesiano sedimentou-se quase como um saber indiscutível. O liberalismo individualista de Mises e Hayek experimentava um longo ocaso, que se iniciara realmente com o *crash* de 1929 e persistiria até a estagnação econômica da década de 1970.

## O Estado que nos protege

O total de gastos do Estado norueguês pouco ultrapassava 3% do Produto Nacional Bruto (PNB) em 1875, atingindo 6,5% em meados da década de 1920. Uma expansão acelerada verificou-se no pós-guerra e os gastos públicos alcançaram 16,8% do PNB em 1950 e mais de 24% em 1975. O item

---

220 SKIDELSKY, Robert. "Ideas and the world." *The Economist*, vol. 357, n. 8198, 25 de novembro de 2000, p. 85.

221 CRAVER, Earlene et al. (Interviewers). *Nobel Prize-Winning Economist Friedrich A. von Haiek*. Los Angeles, University of California, 1983, p. 121.

O ciclo de prosperidade e crescimento econômico iniciado após o encerramento da Segunda Guerra atingiu o seu limite na década de 1970. Além da expansão do déficit público decorrente dos gastos sociais, os dois "choques do petróleo" promovidos pelos membros da OPEP em 1973 e 1979 sinalizaram de forma inequívoca o problema do endividamento dos Estados ocidentais e o esgotamento do modelo econômico keynesiano.

que mais contribuiu para a expansão foi o dos serviços sociais, saltando da insignificante taxa de 0,3% do PNB em 1875 para 1,8% em 1925, 7,4% em 1950 e 9,5% em 1975.[222]

A Noruega não é um caso especial na Europa Ocidental. De fato, os gastos públicos em serviços sociais experimentaram evolução ainda maior em diversos países. Na França, saltaram de 2,8%, em 1920, para 9,2%, em 1975; na Grã-Bretanha, de pouco mais de 4% para 15%; na Holanda, de 3,2% para mais de 17%; na Alemanha, de 7,5% para quase 21%. Sempre, em todos os lugares, uma primeira aceleração, mais modesta, se verificou durante a Grande Depressão e uma segunda, forte e constante, no pós-guerra. "Assim, os administradores do Estado tornaram-se responsáveis pela economia nacional e pela condição dos trabalhadores num grau inimaginável um século atrás."[223]

---

222 TILLY, Charles. *Coerção, capital e Estados europeus*. São Paulo, Edusp, 1996, p. 187.
223 TILLY, Charles. *Coerção, capital e Estados europeus*. Op. cit., p. 188.

O Estado de Bem-Estar desenvolveu-se plenamente depois, não antes, da publicação do livro de Hayek. Atrás da trajetória ascendente dos gastos públicos sociais, estava a consolidação da posição política da social-democracia e a disseminação dos sindicatos por todos os setores da economia. Na visão hayekiana, as políticas do Welfare State conduziam, no fim das contas, ao mesmo resultado da planificação econômica central de tipo soviético: "a destruição da ordem de mercado, tornando-se necessária, contra a vontade dos socialistas atuais, a imposição gradual de mais e mais planejamento central".[224]

Nos Estados Unidos, a trajetória de aumento dos gastos públicos seguiu linha paralela à da Europa Ocidental. As despesas com educação representavam apenas 1% do PIB no início do século XX e refletiam essencialmente gastos de governos municipais. Na década de 1930 e mais intensamente no pós-guerra, os governos estaduais e o governo federal passaram a financiar o ensino médio e a educação superior. Na década de 1970, os dispêndios totais com educação se aproximaram de 6% do PIB. Os gastos públicos no setor de saúde, que não ultrapassavam 0,5% do PIB no início do século XX, permaneceram em torno da marca de 1% do PIB desde o New Deal até meados dos anos 1960. Então, com a aprovação da legislação da Grande Sociedade de Lyndon Johnson, surgiram os programas de subsídios para os idosos (Medicare) e para os pobres (Medicaid). Dez anos mais tarde, as despesas com saúde romperam a marca de 2% do PIB e continuaram a crescer, atingindo 7% no final da primeira década do século XXI.

A mais notável contribuição de Hayek à teoria econômica talvez seja sua crítica ao planejamento central. O livre mercado, argumentou, produz uma "divisão de conhecimento", uma dispersão da informação pela massa de agentes econômicos, que maximiza a eficiência das tomadas de decisão. O grau de eficiência gerado pelos mecanismos de mercado não pode ser igualado nem mesmo pelo mais sofisticado sistema de análise econômica. No socialismo, as decisões adotadas por órgãos centrais de planificação resultavam em destruição maciça de riquezas. Em escala menor, esse seria também o fruto do planejamento estatal nas economias capitalistas.

---

224 CRAVER, Earlene et al. (Interviewers). *Nobel Prize-Winning Economist Friedrich A. von Haiek*. Los Angeles, University of California, 1983, p. 59.

Na síntese de um conhecido cientista político, Hayek demonstrou que o planejamento central "nada mais era do que uma fantasia empobrecedora".[225] Contudo, o Hayek político exerceu influência tão intensa quanto o Hayek economista — e a sua crítica ao intervencionismo estatal sempre foi formulada como um argumento sobre a liberdade e a servidão.

No seu elogio a *O caminho da servidão*, Keynes escrevera que Hayek admitia a existência de um dilema sobre o traçado dos limites da intervenção estatal na economia. Onde, exatamente, desenhar a linha? — essa era a questão capaz de suscitar um debate verdadeiro entre os dois economistas que concordavam a respeito do poder do mercado na criação de riquezas. Em 1959, Hayek começou a desdobrar positivamente a sua crítica à crença no planejamento estatal, escrevendo *Os fundamentos da liberdade*, que estabelecia bases para o constitucionalismo liberal. No prefácio, ele apresentou o livro não como obra de ciência econômica, mas como programa filosófico e político: "Meu objetivo é esboçar uma imagem ideal, mostrar como pode ser alcançada e explicar o que representaria, na prática, a sua realização."[226] A terceira parte do livro é uma tentativa de resposta ao dilema identificado por Keynes.

A concepção do Estado de Bem-Estar, embora carente de "sentido preciso", não era condenada de modo absoluto, pois a demanda de limitação das atividades do governo à manutenção da lei e da ordem "não pode ser justificada pelo princípio da liberdade". De fato, escrevia Hayek, "existe, inegavelmente, um vasto campo para atividades não coercitivas do governo e há clara necessidade de financiá-las por meio de tributação". O Estado moderno subsidia serviços para os pobres e os incapacitados, assim como financia serviços de saúde e educação, e não há nada de errado com isso. "Nosso problema não são as metas, mas os métodos da ação governamental."[227]

Não era preciso negar a necessidade de ação coletiva em diversas áreas, mas definir claramente os princípios em torno dos quais o poder público agiria. Sempre que possível, iniciativas locais deveriam ter precedência so-

---

225 MINOGUE, Kenneth. "Giants Refreshed II: The escape from serfdom: Friedrich von Hayek and the restoration of liberty." *Times Literary Supplement*, 14 de janeiro de 2000, p. 11.

226 HAYEK, Friedrich A. *The Constitution of liberty*. Chicago, The University of Chicago Press, 1978, p. V.

227 HAYEK, Friedrich A. *The constitution of liberty*. Op. cit., p. 257.

bre grandiosos programas do governo central. Mas, sobretudo, o problema residia no impulso monopolista que espreitava atrás dos nobres objetivos do Estado de Bem-Estar:

> *A razão pela qual muitas das novas atividades de bem-estar do governo representam ameaças à liberdade [...] é que, embora sejam apresentadas como meras atividades de serviços, constituem realmente um exercício dos poderes coercitivos do governo e repousam na reivindicação de prerrogativas exclusivas em determinados setores.*[228]

O ponto filosófico central de Hayek estava na distinção entre uma segurança material limitada, mínima, que o Estado poderia fornecer a todos sem criar privilégios, e uma "segurança absoluta", equivalente a determinado nível de vida, impossível de se assegurar a todos numa sociedade livre. Tal distinção serviria para traçar, nos mais diversos casos concretos, a linha limítrofe entre a intervenção estatal legítima e a ilegítima.

A mais perigosa ambição do Estado de Bem-Estar seria "o desejo de usar os poderes governamentais para assegurar uma mais igualitária ou mais justa distribuição de bens". Nesse caso, no mais das vezes, solicitava-se o uso do poder coercitivo para garantir que "determinadas pessoas conseguissem coisas específicas", o que requeria tratamento desigual dos cidadãos, algo "inconciliável com uma sociedade livre". Esse tipo de Estado de Bem-Estar, voltado para a promoção da "justiça social", se tornava primariamente um "redistribuidor de renda", conduzindo as sociedades de volta aos métodos arbitrários do socialismo.[229]

O alerta de Hayek precedeu o auge das políticas redistributivas estatais, que seria alcançado na década de 1970. No início daquela década, um novo livro do economista John Kenneth Galbraith, professor em Harvard, evidenciou as inclinações dominantes de parcela significativa da intelectualidade ocidental. Galbraith era um antigo e notório keynesiano. Durante a guerra, trabalhara para o governo Roosevelt numa agência dedicada ao controle de preços. Mais tarde, fundara um instituto dedicado à formulação de políticas públicas progressistas, servira como embaixador na Índia nomeado por John Kennedy e se

---

228 HAYEK, Friedrich A. *The constitution of liberty.* Op. cit., p. 258.

229 HAYEK, Friedrich A. *The constitution of liberty.* Op. cit., pp. 259-60.

tornara um alto conselheiro econômico do governo indiano. O seu *A economia e o interesse público*, publicado em 1973, o ano da ruptura definitiva das paridades fixas entre o dólar e o ouro, sugeria a introdução gradual, por meios democráticos, de um "novo socialismo".

Galbraith rumava naquela direção fazia tempo e seu livro se apoiava em duas obras anteriores que abordavam os temas paralelos da concentração de capital e da redução da concorrência em mercados sob uma influência decisiva das grandes corporações. O capitalismo avançado, argumentava, distanciava-se cada vez mais do modelo analisado pela economia neoclássica. Nele, um sistema de mercado coexistia, em situação de inferioridade, com um sistema

John Kenneth Galbraith à esquerda e Jawaharlal Nehru à direita, em Nova York, em novembro de 1961. O projeto político acalentado pelo primeiro-ministro indiano de erigir um Estado forte capaz de promover o rápido desenvolvimento de seu país e, ao mesmo tempo, criar uma "terceira via" na política, encontrou sustentação teórica nas ideias do economista americano.

de planejamento dominado pelas corporações. A concentração de poder econômico subordinava o Estado aos interesses corporativos, esvaziando-o de seu caráter público.

O "novo socialismo" de Galbraith derivaria de uma série de reformas destinadas a atacar o desequilíbrio de poder. O sistema de mercado seria reforçado por meio da aplicação de leis antitruste. O Estado, recuperado como ente público, reinaria sobre as corporações, nacionalizando indústrias dependentes de compras públicas, como a indústria de defesa, e serviços públicos essenciais, como a saúde. O poder estatal agiria ativamente para reduzir as desigualdades sociais, impondo controles de preços, salários e lucros. Sob a perspectiva de Hayek, as propostas de Galbraith representavam as conclusões extremas, mas lógicas, da crença no planejamento econômico que corroía o capitalismo e a liberdade.

## Entre Chicago e Santiago

Milton Friedman, 13 anos mais jovem que Hayek, atravessou a Grande Depressão trabalhando como economista em agências governamentais. Na época, avaliou positivamente os programas de criação de empregos do New Deal, mas lançou um olhar desgostoso para os sistemas de controles de preços que interfeririam nos mecanismos da oferta e procura. Mais tarde, condenou generalizadamente o intervencionismo do New Deal, insistindo no diagnóstico de que o verdadeiro impasse se encontrava na carência de oferta monetária. O seu livro clássico, *Uma história monetária dos Estados Unidos*, sustentava a tese de que o *crash* de 1929 não evoluiria para a depressão sem os erros de política monetária do FED, o banco central americano, que restringira o crédito na hora da crise.

No pós-guerra, Friedman assumiu o lugar de seu antigo mentor Jacob Viner na Universidade de Chicago. Ninguém ainda podia saber, mas estava nascendo naquele momento a célebre Escola de Chicago, o núcleo mais influente de pensamento econômico liberal do último quarto do século XX. Friedman e seus seguidores eram monetaristas, pois acreditavam que a oferta de dinheiro constitui fator decisivo no comportamento do PIB e da inflação. De acordo com esse ponto de vista, a política monetária deve ser o principal instrumento de ação econômica do governo, e a missão dos bancos centrais é conservar o equilíbrio entre a oferta e a demanda de dinheiro.

*Capitalismo e liberdade* é o título de um livro de Friedman publicado em 1962. A obra se inscrevia na tradição polêmica estabelecida por Hayek e argumentava que a liberdade econômica era o solo exclusivo no qual florescia a liberdade política. Para não contaminar esse solo, o Estado precisava circunscrever suas atividades econômicas à garantia da segurança jurídica, à promoção da concorrência, à proteção dos irresponsáveis ("sejam eles loucos ou crianças") e à oferta de uma moldura monetária adequada.[230] Os governos não deveriam controlar preços, determinar um salário mínimo, fixar tarifas ou cotas de importação, fornecer subsídios agrícolas, regulamentar os negócios industriais ou bancários. Sua receita liberal era, portanto, ainda mais radical que a de Hayek.

O austríaco e o americano também compartilhavam um programa econômico. Inflação é, sempre e exclusivamente, um fenômeno monetário — o paradigma dos monetaristas figurava como pedra de toque do acordo essencial entre a Escola de Chicago e a Escola Austríaca. "Estou absolutamente convencido de que a inflação é feita pelo governo; ninguém mais pode fazer nada nesse campo", afirmou Hayek para enfatizar sua concordância básica com Friedman, por cima de divergências sobre "delicados pontos da complexa teoria".[231] Os governos se iludiam, dizia Friedman, quando permitiam um aumento da inflação, via redução de juros, com o propósito de aumentar o nível de emprego. A estratégia alcançava resultados de curto prazo, mas, num horizonte mais longo, o desemprego retornava a suas taxas "naturais", enquanto a inflação se entranhava na economia.

Tanto quanto Hayek, Friedman atravessou um extenso deserto durante as duas décadas e meia de expansão econômica do pós-guerra. Contudo, começou a ser ouvido nos anos 1970, quando a redução do crescimento e o concomitante aumento da inflação produziram o novo fenômeno da estagflação. Nos Estados Unidos, as taxas médias anuais de expansão do PIB desabaram dos 3,6%, do período 1947-67, para 2,6%, entre 1968 e 1980, enquanto as taxas de inflação saltaram de 2,7% para 7,2%, com picos de dois dígitos. Nos mesmos

---

230 "Milton Friedman — A heavyweight champ, at five foot two." *The Economist*, 25 de novembro de 2006, p. 79.

231 CRAVER, Earlene et al. (Interviewers). *Nobel Prize-Winning Economist Friedrich A. von Haiek*. Op. cit., p. 95.

períodos, para o conjunto do G-7, as sete maiores economias capitalistas, as taxas de crescimento do PIB retrocederam de 5,9% para 3,7%, enquanto a inflação avançava do patamar de 3,8% para o de 8,5%.[232]

Os economistas da Escola de Chicago tinham um diagnóstico: a doença decorreria da combinação de regulamentações estatais, que restringiam a competição e o investimento, com um excesso de gastos públicos, que desviavam recursos para fins improdutivos e alimentavam a fogueira inflacionária. Nos Estados Unidos, apesar da retração do crescimento, ainda não existiam as condições políticas para a aplicação das propostas decorrentes de tal diagnóstico. Mas no Chile, onde o governo socialista de Salvador Allende fora derrubado por um sangrento golpe militar, havia um governo disposto a seguir as recomendações de Friedman.

Allende caíra em meio à explosão da inflação, num país que expandira até o limite a concessão de benefícios sociais e generosas pensões para aposentados. O general Pinochet estava disposto a promover um tratamento de choque na economia — e podia fazer isso, pois o poder absoluto da ditadura militar destruíra as resistências partidárias e trabalhistas à nova ordem. Friedman viajou de Chicago para Santiago em março de 1975, numa barganha faustiana, para reorientar a política econômica chilena. A visita durou apenas seis dias e incluiu um único encontro de 45 minutos com Pinochet, concluindo-se com um memorando enviado depois ao ditador.

O memorando atribuía o caos inflacionário a "tendências na direção do socialismo que começaram quarenta anos antes e atingiram seu clímax lógico — e terrível — no regime de Allende". A cura viria de um corte radical nas despesas públicas, que produziria, junto com o fim da inflação, "uma rápida expansão do mercado de capitais", facilitando "a transferência de empresas e atividades ainda nas mãos do governo para o setor privado".[233]

Os conselhos do célebre economista foram a menor parte da conexão entre a ditadura de Pinochet e a Escola de Chicago. Ao longo das duas décadas anteriores, sob o patrocínio do "Projeto Chile", financiado pela Fundação Ford,

---

232 NAU, Henry R. *O mito da decadência dos Estados Unidos*. Rio de Janeiro, Zahar, 1992, p. 400.

233 FERGUSON, Niall. *A ascensão do dinheiro*. São Paulo, Planeta do Brasil, 2009, p. 200.

Ataque do exército chileno ao palácio presidencial para depor o governo socialista de Salvador Allende. Levantando a bandeira do liberalismo, a ditadura de Augusto Pinochet cortou direitos sociais e previdenciários para incentivar o setor privado. De fato, sob repressão política é bem mais fácil desregulamentar – mas liberdade econômica à custa da liberdade política não deveria ser uma permuta razoável.

diversos jovens chilenos haviam estudado em Chicago. Os "Chicago Boys", pupilos de Friedman, tinham finalmente a oportunidade de pôr em prática, no seu país, as teses monetaristas. Jorge Cauas tornou-se ministro das Finanças e foi sucedido no cargo por Sergio Castro; Miguel Kast assumiu o ministério do Trabalho; José Piñera, um "Chicago Boy" de Harvard, substituiu Kast quando de sua transferência para o Banco Central.

Uma onda de indignação se ergueu contra Friedman, em decorrência de sua cooperação com o regime de Pinochet. O *New York Times* indagou se as teorias econômicas liberais de Chicago só podiam ser aplicadas à custa de brutal repressão política. Bem mais tarde, o economista retrucou ironicamente, observando que oferecera conselhos similares ao governo chinês e não registrara protestos contra a colaboração com um regime ainda mais opressivo, porém de esquerda. A resposta tinha a sua eficácia no campo da pura polêmica, mas deixava em aberto a questão de fundo sobre a compatibilidade entre os direitos políticos da democracia e o receituário econômico ultraliberal.

Piñera, que tinha apenas 24 anos quando recebeu o convite para deixar Harvard e se incorporar à equipe econômica de Pinochet, encarou a decisão como um dilema doloroso, uma opção entre suas convicções econômicas e seus valores políticos. Friedman pode ter sentido o mesmo, mas nunca exprimiu uma dúvida desse tipo. Ele nutria especial admiração pelo enclave de Hong Kong, e o inegável sucesso econômico da pequena colônia britânica na China o conduziu à conclusão de que, "embora a liberdade econômica fosse necessária para a liberdade política, o inverso não era verdadeiro: a liberdade política, ainda que desejável, não era necessária para que a economia fosse livre".[234]

A doutrina econômica de Chicago só seria aplicável sob o tacão de ditaduras, pela supressão do direito à divergência política? A indagação permaneceu no ar por pouco tempo. Em 1979, Thatcher assumiu a chefia do governo britânico prometendo uma revolução econômica liberal e mencionando o nome de Hayek. No ano seguinte, Reagan triunfou por larga margem na eleição presidencial americana fazendo discursos pontilhados de paráfrases de Friedman.

---

234 "Milton Friedman — A heavyweight champ, at five foot two." Op. cit., p. 80.

# Margaret Thatcher e o "capitalismo popular"

Até o final da década de 1960, os países da Europa Ocidental pareciam ter encontrado uma fórmula política equilibrada capaz de pacificar suas sociedades depois de duas guerras devastadoras. Fossem os partidos conservadores, democratas-cristãos ou social-democratas, todos haviam convergido para o consenso keynesiano. Se na primeira metade do século os grandes movimentos políticos viram o Estado como instrumento para reformar a sociedade e criar algum tipo de "Homem Novo", agora todos estavam de acordo que a principal função do Estado era atuar como mediador e promotor de equilíbrios sociais.

Mesmo que alguns grupos radicais de esquerda e direita fizessem críticas ao keynesianismo, exatamente por sua tentativa de conciliar liberdade econômica e igualdade social, o fato é que a social-democracia europeia havia encontrado nas ideias de Keynes um programa que lhe permitia avançar para o centro político, ganhando o apoio dos eleitores com um discurso mais pragmático. Impulsionados pelo Plano Marshall e decididos a implantar o Estado de Bem-Estar, os europeus experimentaram duas décadas de crescimento e melhoria nos níveis de qualidade de vida da população inimagináveis para a geração do período entre as guerras.

Todavia, em meados dos anos 1960, a fórmula keynesiana que conciliava déficit fiscal, inflação controlada e expansão dos direitos sociais começou a sofrer com o surgimento de variáveis não previstas. A primeira foi de ordem demográfica, pois as taxas de natalidade entraram em declínio no oeste europeu. Isso significava que não haveria tanta gente, a médio prazo, para custear a rede de proteção social que amparava a geração anterior e, portanto, parecia inevitável um aumento expressivo da carga tributária sobre os contribuintes. A curto prazo, os governos encontravam dificuldades cada vez maiores para manter o déficit público sob controle.

Uma segunda variável foi a revolução tecnológica decorrente das profundas transformações nos campos da comunicação e da organização industrial. O Japão introduziu o novo "modelo toyotista", baseado na automação das fábricas e na produção *just in time*, tornando obsoleto o modelo fordista. Como no passado, o surgimento de novas tecnologias provocava expressivos aumentos de produtividade — que, por sua vez, eliminavam parte da força de trabalho anteriormente empregada gerando desemprego e problemas sociais. O barateamento dos custos de produção em outros países gerava pesada concorrência para os europeus. Orientados pelo keynesianismo e pressionados pelo eleitorado, os governos ocidentais ampliaram os benefícios sociais, ao mesmo tempo que um número cada vez maior de pessoas passava a depender de seguro-desemprego.

As novas relações de trabalho e a expansão do setor de serviços, por sua vez, começaram a alterar o jogo político em função do enfraquecimento das antigas organizações sindicais. Setores que antes empregavam milhares de pessoas, como as indústrias têxteis, siderúrgicas e mineradoras, estavam sendo desmantelados e seus sindicatos não conseguiam fazer nada além de se aferrar à defesa dos empregos existentes e dos direitos constituídos, posições que os isolavam da massa de desempregados. O crescimento do setor de serviços, enquanto a indústria tradicional declinava, tendeu a dispersar politicamente os trabalhadores.

O equilíbrio do Estado de Bem-Estar também sofria com as mudanças na economia mundial. Em agosto de 1971, o governo Nixon começou a romper a paridade ouro-dólar, a fim de conter o déficit fiscal americano provocado pelos gastos com a Guerra do Vietnã. A adoção de um sistema de câmbio flutuante rompia os parâmetros de previsibilidade dos sistemas monetário e comercial globais, tais como definidos desde a Conferência de Bretton-Woods, em 1944. Sem alternativas, na Conferência de Paris, em 1973, os países da Europa Ocidental se curvaram ao sistema de câmbio flutuante, o que contribuiu para aumentar os índices de inflação. Tudo isso se somava aos crescentes gastos previdenciários que, na Grã-Bretanha, detonaram uma crise dramática nas contas públicas.

A Guerra do Yom Kippur, de 1973, deflagrou o primeiro "choque do petróleo". O apoio dos Estados Unidos a Israel foi retaliado pelos países da Opep, que descobriram no petróleo um poderoso meio para influenciar a política das grandes potências. Entre o início e o fim do mês de outubro, o valor do ouro negro duplicou, depois de décadas de preços baixos e estáveis. Um "segundo choque" do petróleo aconteceria em 1979, como decorrência da Revolução Iraniana, provocando aumento de 150% nos preços do barril. Para os europeus, que vinham substituindo a energia carbonífera por petróleo, a escalada de custos externos se refletiu em desequilíbrios inéditos no balanço de pagamentos.

A economia se comportava de modo inesperado, exibindo um fenômeno estranho aos padrões descritos nos manuais da ortodoxia keynesiana. Havia inflação, mas esta não estava associada ao crescimento da economia e da demanda: preços e salários se mantinham em elevação, enquanto as atividades produtivas e os níveis de emprego declinavam. A novidade, um tanto assustadora, foi batizada pelos economistas de estagflação. A decorrente necessidade de equilibrar gastos e cortar custos levou os partidos políticos europeus a uma encruzilhada.

Depois de um quarto de século de expansão, medidas impopulares deveriam ser aplicadas. A política keynesiana, que se ajustara tão bem ao longo ciclo de crescimento e parecera capaz de proteger as pessoas das incertezas do capitalismo, estava sendo derrotada pela imprevisibilidade. Na Roda da Fortuna, Friedrich von Hayek começava a subir.

## "Crise? Que crise?"

A reconstrução do pós-guerra deu aos europeus a chance de reorganizar suas instituições, tornando mais equilibrada a distribuição de benefícios básicos ligados às áreas de saúde, educação, moradia e previdência. Pela primeira vez em sua história, de forma verdadeiramente ampla, a população das ilhas britânicas viu sua vida melhorar. Conservadores e trabalhistas, recém-saídos da experiência da guerra em um país que fora intensamente bombardeado, precisavam reerguer a nação e almejavam uma sociedade menos desigual, pois o novo consenso político tinha por meta impedir uma volta à ordem do período entre as guerras, considerada especialmente injusta.

Nas eleições de 1945, os britânicos deram a maioria ao Partido Trabalhista, e Clement Attlee se tornou chefe do governo. Uma das primeiras ações do novo gabinete foi pôr em prática a Cláusula IV do programa do partido, que propunha a estatização de setores estratégicos da economia como o Banco da Inglaterra, as minas, o setor siderúrgico e o energético, os sistemas de comunicação e transportes. O objetivo era evitar a instabilidade e a especulação do livre mercado. Para o amparo social, o governo universalizou o sistema de saúde e educação, criou programas de construção de moradias e ampliou os benefícios trabalhistas e sociais.

No quadro da nascente Guerra Fria, os trabalhistas conseguiram escapar da acusação de "socialistas" e avançar com as reformas porque sua história estava muito mais ligada ao movimento operário britânico e aos sindicatos do que às correntes social-democratas do continente, ainda mais ou menos influenciadas pelo marxismo. O pensamento de Keynes, visto então como o mais adequado à estabilidade de uma sociedade capitalista e democrática, parecia corroborar as políticas sociais do trabalhismo, que alcançavam certo nível de consenso nacional:

> O compromisso britânico caracterizava-se por políticas fiscais que visavam à manipulação da demanda e por provisões sociais abrangentes e dispendiosas, financiadas por tributação progressiva e um amplo setor estatal, inserido num contexto de relações industriais instáveis e historicamente antagônicas. Os trabalhistas enfatizavam as virtudes intrínsecas da estatização, mas esses esquemas ad hoc eram apoiados, sobretudo, pelos partidos Conservador e Liberal. Se, de algum modo, a política britânica também era moldada por impactos do passado, isso se traduzia no reconhecimento geral (a despeito de filiação partidária)

*de que a volta do desemprego em massa precisava ser evitada a qualquer custo.*[235]

O consenso do imediato pós-guerra não se reproduziria duas décadas mais tarde. Na segunda metade dos anos 1960, refletindo os movimentos da época e buscando diferenciar-se dos conservadores, os trabalhistas venceram as eleições defendendo uma plataforma radical no campo dos costumes, como a descriminalização do aborto e do homossexualismo. Mas o gabinete liderado por Harold Wilson não conseguiu impedir o aumento de déficit público, continuando a expandir os benefícios sociais para o crescente número de desempregados e seus dependentes.

O ameaçador ressurgimento da inflação e a elevação dos impostos ganharam o centro do debate político nas eleições de 1970, vencida pelos conservadores. Edward Heath, o novo primeiro-ministro, enfrentou as crises da desvalorização do dólar e do "primeiro choque" do petróleo, responsáveis por um salto nas despesas públicas e pelo agravamento da inflação. As propostas de cortes de benefícios sociais encontraram ampla rejeição e, em 1973, quando o governo anunciou o fechamento de algumas minas de carvão já esgotadas, o sindicato nacional dos mineiros desencadeou uma onda de greves. Sem sustentação, os conservadores tiveram que aceitar a derrota e convocar eleições em 1974.

Harold Wilson e os trabalhistas retornaram ao poder, ampliando ainda mais os gastos sociais. No ano seguinte, Wilson abandonou a política por problemas de saúde, sendo substituído por James Callaghan. A expansão do Estado de Bem-Estar batia nos limites de uma economia em estagflação. Em 1976, o país teve que recorrer a um empréstimo junto ao FMI para conseguir equilibrar as contas nacionais. O acordo envolvia um compromisso de redução dos gastos públicos para conter a inflação, a venda da estatal British Petroleum e o corte de novos investimentos. As medidas elevaram rapidamente as taxas de desemprego e, em 1977, cerca de 1,6 milhão de britânicos buscavam trabalho. Na passagem de 1978 para 1979, movimentos grevistas pipocaram em muitas cidades da Inglaterra e Escócia. Foi o "inverno do descontentamento".

---

235 JUDT, Tony. *Pós-guerra. Uma história da Europa desde 1945.* Rio de Janeiro, Objetiva, 2008, p. 377.

No "inverno do descontentamento", violentos confrontos entre manifestantes e policiais tomaram as ruas da Inglaterra e Escócia. Foi nessa época que o movimento *punk* cresceu, especialmente entre os filhos do proletariado, refletindo a insatisfação de uma juventude que já não podia, como a geração de seus pais, sonhar com um futuro minimamente garantido.

No auge da onda de greves, ao ser inquirido por um repórter, Callaghan negou haver crise ou motivos para preocupação. No dia seguinte, o jornal estampou a manchete: "Crise? Que crise?".[236] Meses depois, os trabalhistas perderiam as eleições gerais.

O Partido Conservador tinha uma nova líder, chamada Margaret Thatcher, e uma nova linha política, avessa à conciliação com as políticas vigentes desde o pós-guerra. O seu programa reconhecia a crise, oferecendo um diagnóstico que equivalia à condenação da ortodoxia:

> *Para restaurar as negociações salariais responsáveis, todos temos que começar reconhecendo que a Grã-Bretanha é um país de baixos salários porque nós nos tornamos rapidamente menos eficientes, menos produtivos, menos confiáveis e menos competitivos. Sob esse governo, nós mais que dobramos os salários mas, de fato, nossa indústria produz menos que antes. Danos ainda maiores derivarão da emissão de*

---

[236] JUDT, Tony. *Pós-guerra. Uma história da Europa desde 1945*. Op. cit., p. 540.

*dinheiro para aumentar os salários sem, antes, produzir mais. Isso conduziria a preços ainda mais altos, menos empregos e níveis de vida em declínio.*[237]

Thatcher construíra toda a sua carreira política, desde os tempos de Oxford, no pós-guerra, como conservadora. Fora ministra da Educação e Ciência no governo Heath, um cargo que lhe valeu uma fama pouco invejável, sintetizada no epíteto "Thatcher, *the milk snatcher*" (a surrupiadora do leite), por haver interrompido o programa de distribuição de leite nas escolas. Mas o desgaste público parece ter contribuído para sua ascensão à liderança partidária, após a derrota eleitoral de Heath, em 1974. Os conservadores, exasperados com o predomínio ideológico dos adversários de esquerda, procuravam alguém com firmeza de convicções para desafiar os trabalhistas e seu Estado protetor. Isso, eles encontraram.

Em Oxford, a jovem Thatcher entrara em contato com as ideias de Friedrich Hayek, pela leitura de *O caminho da servidão*. Assim como outros membros do partido, ela criticava o intervencionismo do Estado na economia. A política de aumento de impostos parecia insustentável a médio prazo. Estava convencida de que os recursos drenados para financiar gastos públicos crescentes deveriam ser devolvidos ao mercado e, por essa via, aplicados em investimentos produtivos. Com a chegada da geração do pós-guerra à vida política, as dificuldades do passado começaram a se apagar da memória da opinião pública. Um eleitorado em mutação pressionava o Partido Conservador a romper com os dogmas consagrados nos tempos difíceis e desafiar um consenso herdado da crise que acompanhou o final da guerra.

Sob Thatcher, os conservadores conferiram a forma de um programa de governo para a crítica ao dirigismo econômico. O "Estado mínimo" não contribuiria apenas para uma maior eficiência econômica, mas seria também um requisito para a sobrevivência da própria liberdade humana. Na sua revisão radical dos paradigmas dominantes, a nova líder estava disposta a assumir os custos e riscos. Centralizadora e enérgica, ela não admitia desvios doutrinários e sentia uma genuína satisfação em desafiar antigos consensos.

Nas eleições de 1979, os trabalhistas foram acusados de sustentar uma política econômica que desestimulava os avanços produtivos, criava grupos

---

237 Conservative Party General Election Manifesto, 1979.

sindicais privilegiados e onerava o conjunto da população com altos tributos e inflação, para conservar os benefícios de uma minoria — e, apesar de tudo isso, serem incapazes de reduzir as taxas de desemprego. Os conservadores enxergaram nos sindicatos parte essencial dos problemas vividos pelo país, sugerindo ampliar os meios para controlá-los legalmente a fim de evitar que dirigentes radicais chamassem greves sem amplo respaldo de seus sindicalizados. No fim, não foram exatamente os conservadores que venceram as eleições, mas os trabalhistas que perderam, pois parte expressiva de seu eleitorado transferiu seus votos para o Partido Liberal e para as abstenções.

Numa terra de rainhas fortes, Thatcher contou, a seu favor, com uma memória coletiva na qual a condição feminina não tem ligação necessária com

A Dama de Ferro sentia genuíno prazer em derrotar seus inimigos, mas foi incapaz de silenciar os jovens que gritavam a plenos pulmões desejar sua morte, embalados por canções de grupos como Dead Kennedys, Public Enemy e The Smiths.

a fragilidade. Mas, ao contrário das rainhas, ela foi profunda e explicitamente odiada por parcela dos ingleses, que compuseram músicas e peças invocando a sua morte. "Maggie" não podia mandar cortar nenhuma cabeça, embora seus críticos assegurem que ela o fazia simbolicamente, congelando seus opositores. Por outro lado, Thatcher teve muitos defensores, dentro e fora da Grã-Bretanha. Eleita três vezes consecutivas, restabeleceu a parceria incondicional com os Estados Unidos dos tempos de Churchill e recebeu um apoio sem reservas de Ronald Reagan. Ao mesmo tempo, manteve uma política de distância prudente em relação à Comunidade Europeia, que considerava uma boa ideia comercial mas uma má ideia política ou mesmo, apenas, uma utopia de intelectuais.

## Uma guerra contra os sindicatos

As reformas desestatizantes da Era Thatcher, que ocuparam toda a década de 1980, derivaram do esgotamento do modelo keynesiano de Estado regulador e provedor, um problema que não era apenas britânico. O governo Reagan, iniciado em janeiro de 1981, levou para o topo os pensadores e economistas da Escola de Chicago, defensores das virtudes do livre comércio e da liberdade de iniciativa. Logo, o vocabulário político e a imprensa cunharam os termos "neoliberalismo" e "globalização" para classificar as novas políticas orientadas por Londres e Washington. Cortes de impostos para os mais ricos, flexibilização de leis sobre investimentos estrangeiros, desnacionalização de empresas, vinculação entre produtividade e salários foram algumas das reformas empreendidas pelos "neoliberais", desencadeando enormes resistências. Na Grã-Bretanha, em 1982, cerca de 3 milhões de pessoas — uma em cada grupo de oito — estavam desempregadas.

Enfrentando terríveis índices de popularidade, Thatcher foi surpreendida pelo surgimento de uma crise com a Argentina. A ditadura militar sul-americana resolvera levar adiante as reivindicações de soberania sobre o arquipélago das Malvinas (Falklands), iniciando uma operação de ocupação territorial no início de abril de 1982. No primeiro momento, houve vacilação, com o ministro do Exterior temendo uma guerra que seria rotulada internacionalmente como de tipo colonial, em um lugar distante e secundário para os interesses britânicos. Thatcher, porém, viu ali uma ameaça ao prestígio e à influência britânicos — e a oportunidade de recuperar sua força.

O governo foi rápido em acionar e obter apoio dos órgãos internacionais para uma condenação à ação da Argentina e para exigir a retirada das tropas ocupantes como condição para negociar com Buenos Aires. Ao mesmo tempo, forças da Marinha britânica foram deslocadas para a região. Houve conflitos armados de abril até a metade de junho, quando os britânicos retomaram o controle do arquipélago. A derrota abreviou a sobrevida do regime militar na Argentina. O triunfo militar deu a Thatcher uma folgada margem de votos nas eleições de 1983.

Capacidade de liderança era algo de que os britânicos sentiam falta, especialmente o eleitorado mais conservador, um pouco cansado do libertarianismo das últimas décadas. Thatcher lhes oferecia um discurso que celebrava "valores vitorianos" e uma política externa que lembrava que, afinal, a Grã-Bretanha continuava a ser uma força no cenário internacional. Junto com Reagan, Thatcher pregou o endurecimento das relações com a URSS, assim como soube amenizá-las nos anos de abertura de Gorbatchov. Dos soviéticos, ela ganhou seu mais famoso e estimado apelido — a "Dama de Ferro".

Revigorado no Parlamento, o governo acelerou o processo de reformas com a finalidade de separar Estado e mercado para obter maior controle sobre o déficit público e a inflação. Contudo, a fim de avançar com as privatizações e os cortes em investimentos e políticas sociais, o gabinete sabia que teria que enfrentar o poder dos sindicatos. Para tanto, estava promovendo mudanças nas leis de greve destinadas a reduzir o controle dos dirigentes sobre as máquinas sindicais. O alvo estratégico era o setor de mineração, base tradicional do trabalhismo, controlada pelo sindicato nacional dos mineiros, uma das mais antigas, organizadas e veneráveis agremiações sindicais britânicas.

Os conservadores não haviam esquecido a derrota amarga de 1974, provocada pelo sindicato. Aprenderam com a derrota e planejaram meticulosamente o novo confronto. Desde 1977, circulava na cúpula do partido um documento conhecido como Relatório Ridley. Além da crítica ao dirigismo econômico, que causava prejuízos ao setor privado pelas distorções de custos, o relatório destacava as mudanças demográficas, tecnológicas e sociais, fontes de novos problemas a solicitar novas respostas. O documento oferecia um plano de ação governamental e alertava, em mais de uma passagem, para os custos políticos das iniciativas. O partido, concluía, precisava manter-se irredutível na defesa das reformas, aceitando a batalha e escapando à tentação da conciliação.

O fechamento das minas de carvão menos produtivas, que eram a maioria, provocaria imediata reação do sindicato. Para enfrentá-lo, o Plano Ridley orientava a preparação de opções de abastecimento como o gás natural e o petróleo, além de investimentos em energia nuclear. A modernização britânica na "terceira revolução industrial" passaria pelo desmantelamento de um dos mais importantes alicerces históricos do trabalhismo, que era o dos mineiros de carvão. Na economia globalizada, os custos do Estado de Bem-Estar tornavam o minério nacional mais caro que o importado.

O setor era gerenciado pelo Conselho Nacional de Carvão (NCB), cuja direção havia sido entregue a Ian MacGregor, um administrador que fizera fama nos Estados Unidos aplicando políticas de *downsizing* em grandes em-

Arthur Scargill, líder nacional do sindicato dos mineiros, sendo preso por realizar piquete e "perturbar a ordem pública". Parte da estratégia do governo para enfraquecer a greve da categoria esteve na rigorosa interpretação das leis, ignorando que manifestações de greve pacíficas eram admitidas desde os anos 1920. Foi por causa do bloqueio a um piquete que, dia 18 de junho de 1984, ocorreu a Batalha de Orgreave, quando forças especiais da polícia de choque e cavalaria investiram violentamente contra os trabalhadores e seus familiares deixando inúmeros feridos. Naquele momento, muitos mineiros recordariam depois, eles entenderam que o problema não era econômico, mas político.

presas. No início de março de 1984, quando o NCB anunciou um plano para o fechamento de minas pouco rentáveis que ocasionaria o corte de cerca de 20 mil postos de trabalho, os primeiros mineiros atingidos, na região de Yorkshire, recorreram ao sindicato e foram à greve. Arthur Scargill, o poderoso líder dos mineiros, não temia o confronto.

A paralisação foi quase total e os mineiros esperavam, confiantes, a aproximação do inverno, seu grande momento. Contudo, o governo assegurou o abastecimento da população, forçando a mudança do padrão de consumo energético nacional, com forte redução do peso do carvão. Enquanto isso, travava-se nos jornais, no rádio e na TV uma campanha pela opinião pública. A continuidade da greve foi apresentada pelo gabinete como prova da irresponsabilidade social dos mineiros, que recebiam auxílios sem trabalhar. O fechamento das minas, argumentavam os ministros, refletia a baixa produtividade do setor, em boa parte provocada pela falta de estímulo dos empregados, que não tinham motivos para se empenhar pois seus salários e benefícios nunca sofriam ameaças.

O governo foi aos tribunais exigir o cumprimento das leis de greve e ação sindical. Conseguiu fazer a direção do sindicato ser confrontada por dentro, com sindicatos regionais desafiando Scargill e pedindo votação sobre a continuidade da greve. O movimento se dividiu e perdeu a guerra pela opinião pública. Daquela vez, no lugar de bravos operários lutando por vida decente, a população enxergou uma corporação de privilegiados usufruindo de vantagens desconhecidas para o restante dos trabalhadores. No começo de março de 1985, a longa greve estava derrotada.

A vitória do governo assinalou uma reviravolta política de ampla repercussão, selando o destino de outras categorias. Metalúrgicos, ferroviários, pessoal de telecomunicações, transportes, construção civil, construção naval conheceram a fúria de um gabinete disposto a romper com a tradição. Categorias fortes, organizadas em sindicatos importantes, se reduziram sensivelmente e perderam a antiga influência. Uma era na história das relações de trabalho chegava ao fim.

# "Essa coisa de sociedade não existe"

A "revolução thatcherista" estava em marcha. Depois de humilhar os sindicatos, o gabinete falava em transformar o processo de privatizações numa plataforma para criar o "capitalismo popular". O conceito vinha sendo desenvolvido por formuladores da chamada "teoria da convergência", entre os quais o americano John Kenneth Galbraith e o tcheco Ota Sik, inspirador de muitas das ideias propostas pelos reformistas na Primavera de Praga, que escapou da prisão em 1968 porque estava de férias na Iugoslávia, de onde partiu para o exílio na Suíça. A "teoria da convergência", se articulava em torno do diagnóstico de que o dirigismo econômico, nas suas versões comunista e social-democrata, gerava burocracias dispendiosas e distorções prejudiciais ao desenvolvimento econômico. De acordo com ela, os dois dirigismos pertenceriam a uma mesma linha evolutiva que terminaria por sacrificar as liberdades individuais e coletivas no altar da intervenção estatal, borrando as diferenças entre capitalismo e socialismo.

Galbraith e Sik continuavam a buscar uma fórmula capaz de conciliar liberdade e igualdade, que começou a ser chamada de Terceira Via. Sik criticava a irracionalidade das administrações burocráticas e afirmava que a solução era reconhecer a livre-iniciativa como o único estímulo real para a adoção de medidas racionais de gerenciamento, comprometidas com a melhora da produção e redução de custos. Era preciso, contudo, evitar a instauração de um mercado livre dominado por monopólios privados, bem como renunciar de vez à solução estatizante.

O caminho, segundo Sik, passaria pela transferência de parte do poder acionário aos trabalhadores, que ganhariam representação nos conselhos das suas empresas e passariam a zelar pela eficiência de mercado da companhia, tanto quanto pelos seus interesses sociais. A ideia socialista de "generalização da propriedade dos meios de produção pela expropriação dos donos do capital e subsequente nacionalização" se revelara incapaz de acompanhar os níveis de vida nas economias de mercado. Mas havia essa "nova forma de abordar a velha oposição entre capital e trabalho", resolvendo tanto o problema da ineficiência das economias estatizadas quanto o das desigualdades das economias capitalistas:

*Há [...] uma solução moderna para o velho problema socioeconômico: todos os membros da sociedade podem ser transformados em coproprietários dos meios de produção utilizados segundo regras de mercado, o que significa que os mecanismos de mercado serão mantidos, enquanto o padrão de vida de todos alcança um* optimum *social. Desse modo, o capitalismo popular se converte numa utopia viável!*[238]

Sob a bandeira do "capitalismo popular", o Partido Conservador promoveu um acelerado e abrangente processo de privatização. O novo credo pretendia revalorizar a "descoberta do significado de interesse econômico" e, para tanto, estimulava a venda de ações das empresas aos seus empregados.[239] Pequenos acionistas também foram financiados para investir na bolsa. O governo incentivava as pessoas a se comportar como empresários e investidores, assumindo riscos de mercado e renunciando às antigas expectativas de estabilidade associadas ao Estado de Bem-Estar. A desburocratização legal e a redução de tributos favoreceram a abertura de pequenos negócios. Grande parte dos imóveis públicos destinados à moradia social foram vendidos com financiamento facilitado para os residentes. Num gesto de supremo desprezo por valores tidos como intocáveis, Thatcher aboliu o salário mínimo.

A desregulamentação da economia propiciou novos investimentos e deflagrou um ciclo de reorganização tecnológica e produtiva, com redução da atividade industrial e expansão do setor de serviços. A Grã-Bretanha voltou a crescer. No entanto, o número de desempregados aumentava e a questão só não era explosiva porque a assistência social assegurava o sustento básico da maioria.

*A despeito desse aparente desmanche do setor público, a fatia do PIB britânico correspondente aos gastos públicos foi, em 1988, praticamente idêntica [41,7%] à registrada dez anos antes (42,5%), apesar das promessas de Mrs. Thatcher de "retirar das costas do povo o peso do Estado". Isso ocorreu porque o governo conservador foi obrigado a pagar somas inusitadas a título de seguro-desemprego. O índice "es-*

---

238 SIK, Ota. "Socialism — Theory and practice." *Socialism today? The changing meaning of socialism*. Nova York, MacMillan, 1991.

239 SIK, Ota. Op. cit.

A desregulamentação trabalhista e previdenciária promovida pelos Conservadores durante uma década e a reorganização das atividades econômicas decorrentes da revolução tecnológica ajudaram a revitalizar áreas degradadas de Londres, que passaram a receber escritórios e empresas de tecnologia e serviços instaladas em modernos arranha-céus que hoje caracterizam a velha city.

*candalosamente" elevado de 1,6 milhão de desempregados que em 1977 tanto prejudicara o governo de Callaghan em 1985 chegara à casa dos 3,25 milhões, e permaneceu um dos mais altos da Europa durante todo o restante do mandato de Mrs. Thatcher.*[240]

A terceira eleição de Thatcher, em 1987, foi um triunfo eleitoralmente inferior ao anterior. Os trabalhistas sucumbiram menos ao apelo cadente do thatcherismo e mais à sua própria incapacidade de renovação. A defesa repetitiva de um moribundo Estado de Bem-Estar soava anacrônica, pois ninguém mais desejava políticas de altos impostos. O novo dogma, expresso na célebre declaração de Thatcher segundo a qual "não existe essa coisa de sociedade", podia estar longe de representar um consenso nacional, mas uma sólida maioria estava farta do sindicalismo trabalhista e não pretendia experimentar um retorno ao passado.[241]

---

240 JUDT, Tony. *Pós-guerra. Uma história da Europa desde 1945.* Op. cit., p. 543.
241 THATCHER, Margaret. "Interview." *Woman's Own.* 23 de setembro de 1987.

Todavia, apagava-se a aura de Thatcher. No final da década de 1980, a inflação voltou a erguer a cabeça e todos temiam um agravamento da situação. Enfrentando os desgastes de uma década inteira no poder, a "Dama de Ferro" cometeu um raro erro político de largas implicações ao lançar a *poll tax*, um imposto regressivo sobre moradias. Uma onda incontrolável de rejeição atravessou a opinião pública, impondo a demissão de Thatcher, anunciada em 22 de novembro de 1990.

A derrota de Thatcher não significava o encerramento da longa hegemonia dos conservadores. O partido indicou John Major para a chefia do gabinete, ele revogou o imposto impopular e, nas urnas, obteve o quarto triunfo conservador consecutivo. Mas a revolução liberal estagnara, pouco restava a privatizar e o partido não conseguia ir além das ideias e métodos thatcheristas. Após uma década de privatizações, denunciavam os críticos, não ocorrera aumento da concorrência, nem redução de preços. De fato, diziam, a única mudança fora a transferência do poder econômico das mãos do Estado para grandes corporações que tendiam a monopolizar setores inteiros, fechando as portas aos pequenos investidores e acionistas do "capitalismo popular". O estatismo estava morto, mas o thatcherismo não entregara os resultados brilhantes prometidos mais de dez anos antes.

Foi nessa época que o Partido Trabalhista deu sinais de vida, com a chegada de Tony Blair à liderança, em 1994. A nova geração de líderes trabalhistas, da qual também fazia parte Gordon Brown, foi forçada a reconhecer que uma política apoiada em sindicatos e ações estatistas não seduzia mais o eleitorado, nem condizia com a realidade econômica global, que renunciava maciçamente ao antigo consenso keynesiano. Uma das primeiras propostas de Blair foi alterar a Cláusula IV do programa do partido, que defendia o estatismo econômico. O Partido Trabalhista se tornou o Partido do Novo Trabalhismo. A mudança, definida no manifesto *New Labour, New Life for Britain*, de 1996, se condensava num compromisso com a liberdade econômica. O New Labour mirava o eleitorado de classe média e os amplos setores de empregados não sindicalizados, mas focava atenção na proteção social de idosos e crianças. Nas eleições do ano seguinte, que inauguraram uma década de governos trabalhistas, o manifesto do partido anunciava:

*Nós reescrevemos nossa constituição, a nova Cláusula IV, para firmar um compromisso com a empresa ao lado do compromisso com a justiça. Nós mudamos nosso jeito de fazer política e redefinimos nossas relações com os sindicatos em bases modernas, nas quais eles aceitam que podem obter justiça, mas não favores do governo trabalhista. Agora, os candidatos do partido são todos selecionados pelos membros comuns, não por pequenos comitês ou grupos de pressão.*[242]

Os trabalhistas receberam a maior votação de sua história. O thatcherismo havia se esgotado junto com sua protagonista, que nessa época se afastava da vida pública com a saúde fragilizada. Os conservadores sofreriam os efeitos colaterais provocados pelo estilo ultrapersonalista e centralizador de Thatcher, que impediu a renovação das lideranças e das ideias do partido a fim de manter seu poder inquestionável.

Tendo tido coragem para romper com o passado, a poderosa chefe de governo britânica arcou, aparentemente os saboreando, com os custos de se tornar o símbolo detestado do reaparecimento das ideias liberais na cena política mundial. Seu legado continua atravessado por intensa polêmica, mas alguns efeitos da passagem do tempo já se fazem sentir. Num depoimento prestado em 2009 por um jornalista que esteve entre os desempregados de Liverpool, apoiando a greve dos mineiros de 1984 e pedindo a cabeça de Thatcher, há o reconhecimento de uma mudança duradoura de atitudes sociais e políticas:

*Se estou escrevendo este texto hoje, é por causa, justamente, de Maggie. [...] Seu governo criou um programa chamado The Enterprise Allowance [...]. Por meio dele, quem estivesse desempregado podia fazer um empréstimo de mil libras, se tivesse uma proposta de um bom negócio. Poderia ainda receber do governo 160 libras por mês, 90% do seu aluguel e, ainda, o possível lucro do empreendimento, durante um ano. Muita gente tirou proveito dessa bolsa. Músicos, artistas plásticos, atores e jornalistas. Com um parceiro, lancei uma revista mensal sobre música, cultura e cinema, em Bristol. [...] Como nunca me formei em jornalis-*

---

242 Labour Manifesto, 1997.

*mo, a revista foi minha faculdade. [...] Ainda odiamos Margaret Tha-tcher. Mas ela me legou ambição e oportunidade. E não só para mim. Aprendemos que nossa carreira profissional era nossa responsabilidade mesmo. E, por isso, também lhe agradecemos.*[243]

---

243 PHILLIPS, Dominic. *Análise: ódio e reconhecimento a Thatcher*. Folha.com, 3 de maio de 2009.

# Ronald Reagan contra o Estado

Atrás da superfície plácida da cidade provinciana de Kings Row, no Meio-Oeste americano da passagem para o século XX, moviam-se as sombras da hipocrisia, da intolerância e da perversidade. O mal espreitava pelos cantos, tragando expectativas e destruindo ilusões.

Um dos jovens da cidade, o galanteador Drake McHugh, órfão rico que vivia da herança deixada pelos pais, se apaixona por Louise, filha do cirurgião Henry Gordon, e a pede em casamento. Louise recusa, apesar de seu amor por Drake, cedendo à reprovação moralista do pai. Anos depois, vítima de um golpe de um funcionário do banco local, Drake perde seu patrimônio financeiro e, sem alternativa, emprega-se na companhia ferroviária. O acaso e o destino conspiravam juntos. Um acidente com um vagão de carga o põe à mercê do cirurgião Gordon que, desnecessariamente, lhe amputa as duas pernas. Ao acordar da anestesia, incapaz de sentir a parte inferior do corpo, o jovem enraivecido rosna uma pergunta cuja resposta já intuíra: "Onde está o resto de mim?"

Ronald Reagan, aos 32 anos, interpretou o trágico Drake, no papel que alavancou uma carreira até então circunscrita quase apenas a filmes B, em *Kings Row*, de Sam Wood, produzido pela Warner em 1942. Ele usaria a célebre frase do amputa-

O ator coadjuvante, sem brilho para o estrelato, fez seu último filme em 1964 e depois dedicou-se à carreira política. O jeito canastrão nunca abandonou Ronald Reagan e mesmo eleito presidente ele demorou para ter seu valor político reconhecido.

do como título de uma autobiografia precoce, publicada em 1965, no ponto de partida de sua segunda vida, dedicada à política. O ex-ator, um canastrão, na opinião de muitos, já era um comunicador excepcional. Tinha, também, ideias próprias, convicções e princípios, qualidades que os mais renitentes custaram a admitir. Ele acreditava total e absolutamente no sonho americano. Seu otimismo solar transformou o firmamento do conservadorismo político nos Estados Unidos, até então dominado por uma insanável melancolia regressiva.

A luz da política atraiu o ator desde cedo. Reagan se filiou ao Partido Democrata no auge da "era Roosevelt" e apoiou com entusiasmo os programas do New Deal. No pós-guerra, após a separação de sua primeira esposa e o casamento com a atriz Nancy Davis, aproximou-se dos pontos de vista da nova companheira, que tendia para o campo dos republicanos. Seu apoio inflexível a Eisenhower e à derrotada candidatura de Nixon, em 1960, refletia um arraigado anticomunismo mas, sobretudo, uma aberta hostilidade às políticas sociais encampadas pela direção nacional democrata. Quando, finalmente, abandonou o Partido Democrata, em 1962, ele declarou que, na verdade, era o partido que o deixara.

Durante oito anos cruciais na sua formação política, a partir de 1954, Reagan trabalhou para a General Electric, como apresentador de um programa de televisão e como relações-públicas. Seus discursos em eventos da corporação, escritos sem ajuda, já continham os temas e as ênfases que reorganizariam o pensamento conservador americano. Em 1962, pouco antes da mudança de partido, ele tomou como alvo a Administração do Vale do Tennessee, a célebre agência de planejamento regional criada no New Deal, usando-a para ilustrar os males da intervenção estatal. O discurso acarretou uma nada surpreendente demissão imediata, pois a General Electric mantinha vultosos contratos com a agência.

*The Killers*, de 1964, baseado numa história de Ernest Hemingway e estrelado por Lee Marvin, foi o último filme que contou com Reagan no elenco. Ele representou pela única vez na carreira um papel de vilão. Então, às vésperas da eleição presidencial, pronunciou em Los Angeles um discurso em defesa da candidatura presidencial de Barry Goldwater, que seria derrotado pelo democrata Lyndon Johnson. No discurso, cujo personagem principal era a liberdade, o comunismo ocupava o lugar do inimigo externo e o *big government* figurava como inimigo interno:

> *[...] Acho que é hora de nos perguntarmos se ainda reconhecemos as liberdades legadas para nós pelos Pais Fundadores. [...] Eis o tema desta eleição: se acreditamos em nossa capacidade de autogoverno ou se abandonamos a Revolução Americana e admitimos que uma pequena elite intelectual, numa capital tão distante, pode planejar nossa vida melhor do que nós mesmos podemos.*[244]

Um senador democrata definira pouco antes a política de seu partido da seguinte forma: "atender às necessidades materiais das massas por meio dos

---

244 REAGAN, Ronald. "A time for choosing", 27 de outubro de 1964.

poderes plenos do governo centralizado". Reagan fustigou o uso da palavra "massas", "um termo que não aplicamos a nós mesmos, [...] os homens e mulheres livres deste país", mas, acima de tudo, insistiu que os "poderes plenos do governo centralizado" era exatamente aquilo que pretenderam minimizar os Pais Fundadores. A linha seguinte, síntese de sua crença mais permanente, impressionou a audiência: "Um governo não pode controlar a economia sem controlar as pessoas."

"The speech", como ficou conhecida a peça de oratória, catapultou o orador para o grande palco da política nacional. Em 1966, Reagan foi eleito governador da Califórnia. Nas primárias republicanas de 1976, uniu a ala conservadora do partido e chegou perto de derrotar o presidente Gerald Ford, que seria batido por Jimmy Carter meses depois. Quatro anos mais tarde, venceu consagradoramente as eleições presidenciais, triunfando em 44 estados e impedindo a reeleição de Carter.

Margaret Thatcher se tornara chefe de governo da Grã-Bretanha em 1979. A eleição de Reagan, em 1980, concluía uma reviravolta política de amplas consequências. O ciclo keynesiano do pós-guerra tinha se encerrado. Estrategicamente, os Estados Unidos aumentavam as apostas no jogo de poder da Guerra Fria, que ingressava na sua etapa derradeira.

## Da esquerda para a direita

Henry Jackson nasceu em 1912, no estado de Washington, e ganhou na infância o apelido de Scoop, que o identificaria pelo resto da vida, por sua suposta semelhança com um personagem cômico de quadrinhos. Como democrata, elegeu-se deputado em 1940, no auge da "era Roosevelt". Em 1952, conseguiu uma cadeira no Senado, que conservaria durante três décadas, até a morte, em 1983, no terceiro ano do primeiro mandato presidencial de Reagan. "Scoop" Jackson jamais deixaria seu partido, mas funcionou como catalisador de uma corrente de democratas oriundos da esquerda progressista que se transferiram para o campo republicano e constituíram o movimento neoconservador.

Peter, o pai de "Scoop", um imigrante norueguês, participou ativamente do movimento sindical em Seattle, na efêmera época de ouro da organização radical Industrial Workers of the World (IWW). A influência paterna, junto com o ambiente do New Deal, moldaram o pensamento de Jackson, que se orientava para a esquerda nos temas sociais e para uma defesa convicta dos direitos civis. Ao mesmo tempo, uma profunda aversão à URSS de Stalin definiu para sempre suas atitudes no terreno da política externa. Já no primeiro mandato no Senado, ele criticou a política militar de Eisenhower, pedindo um programa mais ambicioso de construção de mísseis balísticos internacionais.

O vetor político resultante dessas convicções afastou Jackson da corrente principal de seu partido. Quando, no final da década de 1960, os democratas pediam o encerramento rápido do envolvimento americano no Vietnã, o senador cerrou fileiras com a estratégia da "paz com honra" de Nixon. Pouco mais tarde, confrontado com a política da *détente*, entrou em rota de colisão com Kissinger. Em 1972, ele se opôs ativamente ao SALT-1, o primeiro tratado nuclear entre as superpotências, e sob seu patrocínio emergiu uma lei que subordinava o comércio com a URSS ao direito de emigração dos judeus soviéticos.

Certo ou errado, Jackson não transigia em matéria de princípios. Nos anos da *détente*, o embaixador soviético Anatoly Dobrynin transmitiu-lhe um

O senador democrata Henry "Scoop" Jackson, um dos pais do pensamento neoconservador. A *détente* iniciada pelos republicanos sofria forte oposição de grupos no interior dos dois partidos.

convite para visitar Moscou. Como regra, senadores que recebiam convites similares insistiam num encontro com Leonid Brejnev, um atestado de alto prestígio. Jackson, contudo, formulou como condição um encontro com o físico e dissidente Andrei Sakharov, pedido que inviabilizou a visita. Por duas vezes, em 1972 e 1976, ele se apresentou como candidato presidencial às primárias democratas, apenas para descobrir que seu perfil não se ajustava à visão média de nenhum dos dois grandes partidos americanos.

Em torno de Jackson, reuniram-se jovens brilhantes, oriundos da esquerda democrata, que lamentavam o retraimento americano após a Guerra do Vietnã e rejeitavam os gestos de conciliação com a URSS. Richard Perle e Paul Wolfowitz, ambos nascidos em famílias judias de Nova York, estudantes de pós-graduação, pupilos do influente estrategista nuclear Albert Wohlstetter, se encontraram com o senador em 1969 para entrevistá-lo e preparar um relatório acadêmico.

"Foi amor à primeira vista", rememorou Perle: "Ali estávamos nós dois, sentados no chão do gabinete de Scoop no Senado, diante de gráficos e análises das defesas contra mísseis balísticos, registrando suas opiniões sobre o assunto."[245] Durante a entrevista, eles ouviram o convite para assessorar "Scoop", naquilo que seria o início de uma longa colaboração. Mais tarde, na campanha para as primárias democratas de 1976, juntou-se ao time Elliott Abrams, mais um nova-iorquino de origem judaica, jovem advogado que participara de grupos da esquerda socialista nos tempos de estudante em Harvard.

A dissidência de Jackson se tornou irremediável em 1972, quando o Partido Democrata entregou a candidatura presidencial a George McGovern, o porta-bandeira da esquerda democrata, que flertava abertamente com o movimento pacifista. A cisão se aprofundaria ainda mais durante o governo Carter e eclodiria na forma de uma ruptura na hora do triunfo de Reagan. "Scoop", política e emocionalmente ligado aos programas do *welfare state*, não podia transitar para o campo republicano por mais que concordasse com a orientação de política externa de Reagan. Seus assessores internacionalistas, menos interessados nos temas sociais, não enfrentavam o mesmo dilema — e cruzaram a fronteira partidária. Nas palavras de Wolfowitz, que se aplicam aos outros:

---

245  PBS — Think Tank with Ben Wattenberg. Richard Perle: The Making of a Neoconservative.

"Eu tinha sido um democrata Scoop Jackson por bastante tempo e decidi me transformar num republicano Scoop Jackson. As duas coisas têm muito em comum."[246]

Os jovens neoconservadores, ainda na casa dos 40 anos de idade, desempenharam papéis de formulação política no segundo escalão do governo Reagan. Wolfowitz tornou-se diretor de planejamento político no Departamento de Estado, entrou em conflito com o secretário de Estado Alexander Haig sobre as relações com a China e, após a renúncia do superior, foi promovido a secretário assistente encarregado da Ásia Oriental e Pacífico. Perle foi nomeado secretário assistente de Defesa. Abrams ocupou os cargos de secretário assistente de Estado para Direitos Humanos e, depois, para as Américas. A linha mestra de política externa, contudo, derivava da veterana Jeane Kirkpatrick, nomeada embaixadora nas Nações Unidas.

Kirkpatrick não era uma neoconservadora, mas uma pensadora da tradição realista que divergia da estratégia da *détente* de Kissinger e, mais ainda, da visão de política externa predominante no governo Carter. No seu célebre artigo de 1979, ela formulou uma crítica doutrinária ao "humanismo racional" de Zbigniew Brzezinski, o poderoso conselheiro de Segurança Nacional do antecessor de Reagan. Brzezinski enxergava, para além da Guerra Fria, "um bravo novo mundo de política global e interdependência" no qual as inseguranças estratégicas e as preocupações com o poder nacional dariam lugar a perspectivas mundiais compartilhadas.

Na base dessa crença se encontrava uma concepção liberal sobre o progresso. Conduzida por forças estruturais, a história se articulava como um processo de modernização, que destruía os arcaísmos reais e teóricos, inclusive os antigos conceitos de soberania, conflitos nacionais, esferas de influência e alianças militares. Sob tal perspectiva, a URSS e o comunismo não eram ameaças verdadeiras, perigosas, mas resquícios do passado, que desapareceriam com o passar do tempo.

O paradigma da modernização representava, para Kirkpatrick, uma versão reescrita das teses marxistas sobre a história, pois "encoraja o ponto de vista segundo o qual os eventos são manifestações de forças históricas profun-

---

246 "Ronald Reagan dies." CNN, 5 de junho de 2004.

A perda do apoio americano durante o governo Carter enfraqueceu a ditadura de Anastasio Somoza e facilitou a vitória da Frente Sandinista, na Nicarágua, em 1979. Mas, com Ronald Reagan as coisas seriam diferentes e Washington voltaria a atuar ostensivamente — inclusive por meios ilegais — para impedir que o novo governo revolucionário permanecesse no poder.

das, que não podem ser controladas". O porto de chegada dos marxistas era o paraíso comunista. O "humanismo racional" apenas o substituía pelas economias de mercado ocidentais, temperadas por garantias e seguranças oriundas do *welfare state*. Na moldura do "otimismo" liberal, "o máximo que o governo pode fazer é funcionar como 'parteiro' da história, ajudando os eventos a evoluir numa direção para a qual já estavam destinados".[247]

O problema central, derivado do equívoco teórico determinista, era que a visão de Brzezinski condenava o governo à passividade — e a fracassos como

---

247 KIRKPATRICK, Jeane. "Dictatorships & double standards." *Commentary*, novembro de 1979.

os do Irã e da Nicarágua. Pior ainda: no plano tático, a crença na "modernização" empurrava Carter a forçar mudanças em regimes autoritários aliados de Washington, enquanto praticamente nada se fazia em relação às ditaduras comunistas da esfera de influência soviética. Os Estados Unidos condenavam claramente o regime branco na África do Sul e cortavam relações com Taiwan, mas se comprometiam com o princípio da autodeterminação no Vietnã e no Camboja e silenciavam sobre a ditadura totalitária chinesa. "Não apenas há ideologia e duplos critérios em funcionamento nesses casos, mas também a ideologia não se ajusta à realidade ou a explica, e os duplos critérios envolvem o governo em contradições absolutas com seus princípios."[248]

A política mundial de Reagan, fortemente inspirada pelo artigo de Kirkpatrick, combinaria elementos do realismo conservador clássico com proclamações de valores características dos neoconservadores. A Guerra Fria ingressava no seu estágio derradeiro e os Estados Unidos pareciam curados das inibições produzidas pelo trauma do Vietnã.

## "Império do mal"

O pano de fundo do triunfo eleitoral de Reagan foi pintado pelos operários dos estaleiros poloneses do Báltico, na onda de greves do verão de 1980 que resultou na criação do sindicato Solidariedade. Num discurso de junho de 1982, diante do Parlamento britânico, o presidente americano mencionou a Polônia para profetizar o desmantelamento do comunismo soviético: "A força do movimento Solidariedade na Polônia demonstra a verdade contida na piada subterrânea que se conta na URSS. É que a URSS continuaria a ser uma nação de partido único mesmo se fosse permitida a existência de um partido oposicionista, porque todos adeririam a tal partido."

O discurso ficou conhecido por uma expressão que ele não continha, cunhada no ano seguinte: "império do mal." Mas ele continha uma análise aguda sobre a longa trajetória de declínio da economia soviética e um vaticínio expresso em termos familiares a ouvidos marxistas:

---

248 KIRKPATRICK, Jeane. "Dictatorships & double standards." Op. cit.

*Num sentido irônico, Karl Marx tinha razão. Assistimos hoje a uma grande crise revolucionária — uma crise na qual as demandas da ordem econômica conflitam diretamente com as da ordem política. Mas a crise não está ocorrendo no Ocidente livre, não marxista, mas no lar do marxismo-leninismo, a URSS.*[249]

A História, com a inicial maiúscula típica dos marxistas, emergia como personagem do discurso. A URSS, disse Reagan, "rema contra a maré da História", pois sua "estrutura política não mais corresponde à sua base econômica" e "as forças produtivas são estorvadas pelas forças políticas". Parafraseando Leon Trotski, o presidente americano profetizou que a "marcha rumo à liberdade e à democracia" conduzida pelos Estados Unidos remeteria o marxismo-leninismo para "o monte de cinzas da História".

Como explicou Kissinger, "a retórica do primeiro mandato de Reagan marcou o fim formal do período da *détente*", pois a meta americana "não era mais o relaxamento das tensões mas a cruzada e a conversão".[250] Desde a proclamação da Doutrina Truman, em 1947, a política mundial dos Estados Unidos estava organizada em torno do conceito de "contenção" da URSS. Reagan estava convencido, anos antes de atravessar o portão da Casa Branca, de que era chegada a hora de mudar a antiga orientação. Em janeiro de 1977, numa longa conversa com o amigo e assessor Richard V. Allen, explicou: "Minha ideia de política americana em relação à URSS é simples e, alguns diriam, simplista. É a seguinte: nós ganhamos e eles perdem. O que você acha disso?".[251]

O calcanhar de aquiles do "império do mal" se encontrava numa economia combalida, que vergava sob o peso da ineficiência e de baixos índices de produtividade. Por meio de uma série de diretivas de segurança nacional adotadas no amanhecer de seu governo, Reagan cutucava a ferida aberta. Elas impunham um severo embargo à transferência de tecnologias para a URSS e ampliavam os gastos militares americanos em ritmo inédito em tempos de paz, pressionando Moscou a se engajar numa nova corrida armamentista.

---

249  REAGAN, Ronald. "The Evil Empire." Speech to the House of Commons, 8 de junho de 1982.

250  KISSINGER, Henry. *Diplomacia*. Rio de Janeiro, Francisco Alves, 1997, p. 914.

251  ALLEN, Richard V. "The man who won the Cold War." *Hoover Digest*, n. 1, 30 de janeiro de 2000.

Financiadas por déficits públicos crescentes, as despesas militares saltaram de 142,6 bilhões de dólares em 1980 para 286,8 bilhões de dólares em 1985. A Marinha ganhou 46 novos navios de combate e centenas de caças F-14 Tomcat. O Exército estreou o helicóptero Apache e adquiriu milhares de tanques Abrams, blindados pesados Bradley e blindados ligeiros Humvee. A Força Aérea foi reequipada com os caças F-15 Eagle e o caça "furtivo" F-117 entrou em produção. O arsenal nuclear foi modernizado pela introdução dos mísseis intercontinentais MX, dos submarinos Trident e dos bombardeiros B-1B.

Crucialmente, o governo aprovou em 1983 a Iniciativa de Defesa Estratégica, programa que ganhou a alcunha de "Guerra nas Estrelas", de desenvolvimento de sistemas orbitais de defesa contra mísseis balísticos. O programa, baseado em mísseis interceptadores e armas de raios laser, poria um ponto final na doutrina da Mútua Destruição Assegurada (MAD), que era o fundamento do equilíbrio de poder na era nuclear. Mesmo considerado tecnicamente inviável pela maioria dos cientistas e engenheiros especializados, ele impunha à URSS as alternativas de tentar erguer uma defesa estratégica similar ou de ampliar ainda mais seu arsenal de mísseis de longo alcance com ogivas múltiplas. Os custos envolvidos na corrida às tecnologias militares de ponta ultrapassavam as capacidades de financiamento da economia soviética. Caspar Weinberger, o secretário americano de Defesa, não vacilou em diagnosticar, de modo excessivamente simplista, que Reagan "foi a causa da queda da URSS".[252]

Muitos registraram que Reagan tinha um conhecimento meramente superficial de política internacional e quase nada sabia de história. Contudo, tinha um profundo senso intuitivo das fontes de motivação dos americanos e acreditava, mais que qualquer um, no excepcionalismo dos Estados Unidos. "Como Woodrow Wilson, Reagan entendia que o povo americano [...] encontraria sua inspiração básica em seus ideais históricos, e não na análise geopolítica", escreveu Kissinger.[253] O método e a retórica de seu governo talvez não funcionassem em outras circunstâncias, como as que cercaram o governo Nixon, mas se revelaram muito eficazes na conjuntura de declínio do poder soviético.

---

252 BOWMAN, Tom. "Reagan guided huge buildup in arms race." *The Baltimore Sun*, 8 de junho de 2004.

253 KISSINGER, Henry. *Diplomacia*. Op. cit., p. 913.

A ofensiva no tabuleiro global da Guerra Fria se estendeu para os conflitos regionais. De acordo com a Doutrina Reagan, formulada essencialmente por Kirkpatrick, a meta consistia em promover a "reversão" dos avanços soviéticos na América Central, na África e na Ásia Central. O governo de El Salvador, sob ameaça da guerrilha esquerdista da Frente Farabundo Martí de Libertação Nacional (FMLN), passou a receber substancial ajuda americana. Na Nicarágua, para impedir a estabilização do regime sandinista, sob os auspícios da CIA e com fundos secretos americanos, organizaram-se os grupos de guerrilha dos "contra". Em 1983, na primeira grande operação ofensiva desde a retirada do Vietnã, forças americanas invadiram a ilha caribenha de Granada, eliminando um regime alinhado a Cuba.

A política de "reversão" se inscrevia numa estratégia de multiplicação dos teatros de conflito. Em Angola, para desestabilizar o regime pró-soviético, Washington articulou junto com a África do Sul e a China o apoio à guerrilha étnica de Jonas Savimbi. Mas, acima de tudo, a URSS foi atingida duramente pelo financiamento e armamento das forças guerrilheiras *mujahedin* que transformaram as montanhas e vales do Afeganistão nos cenários de um "Vietnã soviético". A operação afegã se organizou por meio de uma estreita cooperação com a China, que fornecia armas para os rebeldes, e com o Paquistão, que fazia chegar ao destino os armamentos e suprimentos destinados à resistência antissoviética.

Perante uma plateia de evangélicos, em 1983, Reagan evocou a crença em Deus para conclamar o apoio à sua política de modernização do arsenal nuclear americano. Naquele discurso, surgiu a expressão "império do mal". O presidente falou do pecado e do mal no mundo, associando-os ao comunismo soviético, e citou a célebre frase de Thomas Jefferson segundo a qual "o Deus que nos deu a vida, deu-nos ao mesmo tempo a liberdade".[254] Contudo, apesar de sua retórica apocalíptica, Reagan procurou caminhos para o diálogo com os líderes soviéticos e acalentou a ingênua esperança de seduzi-los e mesmo fazê-los admirar o sistema político e econômico americano.

Reagan falava numa "revolução democrática" e acreditava, de fato, naquilo que afirmou no discurso sobre o estado da União de 1984: "Os governos

---

254 REAGAN, Ronald. "Evil Empire Speech", 8 de março de 1983.

Em 1981, John Hinckley Jr., um jovem fã perturbado que desenvolvera uma obsessão pela atriz Jodie Foster, resolveu repetir uma cena do filme *Taxi Driver*, no qual ela trabalhou, com o objetivo de chamar a sua atenção. Se o protagonista do filme atirava contra um senador, Hinckley escolheu como alvo o recém-empossado Ronald Reagan. O fato de ter sido o primeiro presidente americano a sobreviver a um atentado alimentou a mística de que sua vida havia sido salva porque Deus lhe reservara uma missão. Sua popularidade foi às alturas, enquanto o atirador foi condenado a cumprir pena em hospital psiquiátrico.

que se apoiam no consentimento dos governados não fazem guerras com seus vizinhos. Apenas quando as pessoas tomam decisões sobre seus destinos, aceitando os riscos dessas decisões, elas criam sociedades prósperas, progressistas e livres."[255] Kirkpatrick criticara Carter pelas pressões exercidas contra regimes autoritários aliados. Reagan redirecionou o discurso americano sobre a liberdade para os países do bloco soviético, mas não deixou de insistir em reformas nas ditaduras do "mundo livre". Washington tomou distância do ditador filipino Ferdinand Marcos em 1984 e ofereceu apoio discreto ao movimento popular que o derrubou dois anos mais tarde. Augusto Pinochet foi empurrado a realizar, em 1988, um referendo sobre um novo mandato presidencial. A derrota precipitou a transição chilena para a democracia.

---

255 REAGAN, Ronald. "State of the Union 1984", 25 de janeiro de 1984.

# "O governo é o problema"

No auge da campanha eleitoral contra Carter, em setembro de 1980, Reagan sintetizou, para uma plateia de homens de negócios, as metas de sua plataforma de governo: redução de impostos, fortalecimento militar, equilíbrio orçamentário. O terceiro objetivo conflitava com os dois primeiros — e foi sacrificado desde o início.

Não se completara o primeiro mês de mandato quando Reagan anunciou no Capitólio seu "programa de recuperação econômica", que previa cortes de 41 bilhões de dólares no orçamento de Carter. Os cortes ocorreriam principalmente em programas herdados da "Grande Sociedade" de Johnson. A faca só pouparia a rede de proteção aos mais pobres, aos idosos e aos incapacitados. A *reaganomics*, como ficou conhecida a política econômica de Reagan, assentava-se na ideia de que o crescimento seria retomado pela remoção de barreiras ao investimento produtivo. Do conceito, derivaram reduções de impostos sobre lucros empresariais e sobre a renda pessoal, além da flexibilização de regulações de negócios e do mercado de trabalho. O corte geral de impostos aprovado em 1981 transferiu cerca de 750 bilhões de dólares do governo federal para os contribuintes, ao longo de um período de cinco anos.

"Na crise atual, o governo não é a solução para nosso problema; o governo é o próprio problema", disse Reagan no discurso inaugural. E prosseguiu, entoando a nota mais cara aos liberais radicais:

> *De tempos em tempos, caímos na tentação de acreditar que a sociedade se tornou complexa em demasia para ser administrada por autogoverno, que o governo de um grupo de elite é superior ao governo pelo, para e do povo. Mas, se ninguém é capaz de governar a si mesmo, quem entre nós tem a capacidade de governar o outro? [...] Não é coincidência que nossas dificuldades atuais surgiram paralelamente e são proporcionais à intervenção e intrusão em nossas vidas decorrentes do desnecessário e excessivo crescimento do governo.*[256]

A recessão dos dois primeiros anos do mandato, um reflexo da elevação

---

256 REAGAN, Ronald. "First inaugural adress", 20 de janeiro de 1981.

UMA NOVA ESTRATÉGIA E UMA REVOLUÇÃO ECONÔMICA

nas taxas de juros, se expressou na queda livre das taxas de aprovação do presidente, que não passavam de 35% em janeiro de 1983. Contudo, depois disso, a desaceleração deu lugar a um forte ciclo de expansão econômica, que assegurou a estrondosa vitória do presidente na campanha de reeleição. No início do ano do novo desafio eleitoral, Reagan pronunciou um discurso triunfante, mas não partidário. Embalado pela retomada da economia e por altos índices de popularidade, ele falou como se as suas crenças tivessem sido absorvidas até mesmo por muitos dos adversários — o que era verdade. Seu tema, mais uma vez, era o Estado:

> *Os problemas que estamos superando não são a herança de uma pessoa, um partido ou mesmo uma geração. Trata-se, apenas, da tendência do governo de crescer, a tendência de hábitos e programas se converterem na coisa mais próxima da vida eterna que jamais veremos na Terra. E sempre existe aquele bem intencionado coro de vozes dizendo: "Com um pouco mais de poder e de dinheiro, poderíamos fazer tanto pelo povo." Por algum tempo, esquecemos que o sonho americano não é o de fazer crescer o governo; é o de conservar a fé no espírito poderoso de pessoas livres que vivem sob o olhar de Deus.*[257]

A "tendência do governo de crescer" sintetizava mais de meio século de evolução do Estado de Bem-Estar. Na moldura da democracia de massas, os representantes eleitos pelo povo têm a compreensível inclinação de intercambiar votos por programas sociais. Tais programas beneficiam setores definidos da população, que se entrincheiram na defesa de seu prolongamento, constituindo grupos de interesse com forte influência eleitoral. A revolução que Reagan acreditava estar conduzindo consistia na ruptura dessa trajetória inercial, que representaria a maior ameaça ao "sonho americano".

Dois anos de recuperação econômica espetacular assinalaram o auge do prestígio do presidente. O PIB americano cresceu 3,6% em 1983 e nada menos que 6,8% em 1984. Naqueles dois anos, a inflação cedeu para 3,2% e 4,3%. Paralelamente, o desemprego retrocedia de quase 10% em 1982 para pouco mais de 7% em 1985. A "magia" de Reagan ganhou imitadores na Europa, com

---

257 REAGAN, Ronald. "State of the Union 1984." Op. cit.

uma progressiva substituição da crença no estatismo pela aposta em mercados flexíveis e competitivos.

Entretanto, o sucesso inicial da *reaganomics* não produziu nada como um consenso doutrinário. Os economistas monetaristas e os keynesianos, partindo de bases teóricas diferentes, chegaram a conclusões similares. Eles rejeitaram o diagnóstico de que a expansão se devia aos cortes de impostos de 1981, apontando o controle da inflação e a subsequente redução moderada dos juros, no final do verão de 1982, como razões para a retomada. Os críticos mais ferozes crismaram a *reaganomics* como "economia de vudu" e Paul Krugman usou a expressão "prosperidade fútil" para condenar um ciclo de expansão que produzia fortes desequilíbrios internos e externos.

O déficit orçamentário, que não preocupava o keynesiano Krugman mas assustava os monetaristas, foi interpretado por Martin Feldstein, presidente do Conselho de Assessores Econômicos, como principal causa das altas taxas de juros. Os juros elevados, por sua vez, desviaram fluxos de capitais para os Estados Unidos, provocando apreciação do dólar. Como efeito do dólar forte, reduziram-se as exportações e cresceram as importações. A balança comercial americana entrou em queda livre em 1982, atingindo o fundo do poço em 1987, com saldo negativo superior a 150 bilhões de dólares.

A demanda crescente por importações nos Estados Unidos certamente produziu um efeito positivo na Europa Ocidental, no Japão e nas novas economias industriais asiáticas, contribuindo para uma retomada econômica global. As taxas de juros, porém, se mantiveram em patamares elevados mesmo após o relaxamento de 1982, gerando ondas de choque devastadoras em países endividados da América Latina e, do lado de lá da Cortina de Ferro, na Polônia. Entre 1981 e 1983, os ingressos líquidos de capital na América Latina diminuíram em mais de 33 bilhões de dólares, enquanto os pagamentos externos de lucros e juros aumentaram em quase 7 bilhões de dólares.[258]

O resultado mais aparente foi a crise das dívidas externas deflagrada pela declaração da moratória mexicana, em agosto de 1982, que logo se estendeu para o Brasil e a Argentina. Atrás do colapso financeiro, ocorria uma surda

---

258 SUNKEL, Osvaldo & GRIFFITH-JONES, Stephany. *O fim de uma ilusão: as crises da dívida e do desenvolvimento na América Latina*. São Paulo, Brasiliense, 1986, p. 124.

Os regimes militares da América Latina vinham perdendo sustentação externa no quadro da *détente*, mas a explosão inflacionária dos anos 1980 – a chamada "década perdida" – foi decisiva para minar seu apoio interno. No Brasil, a campanha das "Diretas Já", em 1984, trouxe a sociedade civil para as ruas e levou os líderes do PMDB a apoiarem as novas forças políticas e sociais que emergiam desde 1979.

erosão da competitividade das economias atingidas, em decorrência da diminuição da capacidade de importação. A estagnação econômica, agravada por episódios de hiperinflação, acelerou a dissolução dos regimes autoritários. Na Argentina, sob o impacto adicional da derrota na Guerra das Malvinas, a ditadura militar ruiu em 1983. No Uruguai, eleições gerais promoveram o retorno à democracia, em 1984. No mesmo ano, no Brasil, uma campanha política por eleições presidenciais livres e diretas provocou a transição para o poder civil. De certo modo, involuntariamente, Reagan ajudou a patrocinar a "revolução democrática" no Cone Sul das Américas.

# O leme travado

No centro da recessão do início de 1983, Reagan aparecia como presidente de mandato único — um Carter republicano, condenado a preencher um interregno. O orçamento fiscal do ano seguinte apresentado ao Congresso exibia um déficit recordista de 189 bilhões de dólares, filho do retrocesso econômico, dos cortes de impostos e dos gastos com a Defesa. Assessores em pânico suplicaram por uma elevação de impostos ou uma redução nos dispêndios militares. O presidente retrucou dizendo que conservaria o curso traçado. O leme reaganiano, amarrado com os cabos de uma convicção inabalável, não se moveria ao sabor das pesquisas de opinião.

Milton Friedman, de sua cátedra em Chicago, celebrou a firmeza da crença de Reagan no mercado, na competição e no Estado mínimo. Num debate da campanha presidencial contra o democrata Walter Mondale, de 56 anos, o presidente, aos 73, o mais idoso pretendente à Casa Branca na história, rebateu do seguinte modo uma pergunta sobre o assunto: "Não farei da idade um tema dessa campanha. Não explorarei com finalidades políticas a juventude e inexperiência de meu oponente."[259] Em 1986, ele realizou a mais ampla reforma tributária do pós-guerra, simplificando regras, reduzindo tributos sobre pessoas físicas e aumentando a taxação sobre as empresas. A reforma, copatrocinada por influentes representantes democratas na Câmara e no Senado, alcançou um estatuto próximo do quase impossível consenso bipartidário.

Mas o sucesso da *reaganomics* cobrou um alto preço do sistema monetário internacional. A "revolução econômica" americana provocou um desvio da liquidez mundial na direção de Wall Street e uma exagerada apreciação do dólar. Em termos reais, o dólar de 1985 estava 40% acima dos níveis de 1980.[260] No início do segundo mandato de Reagan, o leme travado da política econômica dos Estados Unidos exigia uma nova mudança fundamental nas taxas de câmbio, em escala global.

Na sua versão original, o edifício erguido na Conferência de Bretton

---

259 "The second 1984 presidential debate: 28 de outubro de 1984." PBS — Debating our destiny.

260 NAU, Henry R. *O mito da decadência dos Estados Unidos*. Rio de Janeiro, Zahar, 1992, p. 288.

Woods excluía a necessidade de interferência política no sistema monetário internacional. O dólar refletia o ouro, que lhe servia de lastro nominal, e uma coleção de moedas orbitava em torno do dólar segundo um mecanismo de paridades quase fixas. As fundações do edifício estavam assentadas na rocha da escassez de dólares, num tempo em que os Estados Unidos funcionavam como credores do mundo. Quando desapareceu a escassez, premido pelo financiamento da Guerra do Vietnã, Richard Nixon levantou a âncora da paridade com o ouro. O "segundo Bretton Woods", de fevereiro de 1973, não resultou de uma conferência, mas do gesto unilateral do gerente do sistema: a retomada da prerrogativa soberana de imprimir moeda.

Nos anos 1970, sob o regime de flutuação, o dólar atravessou uma longa desvalorização, que difundiu para o mundo as pressões inflacionárias geradas no interior da economia americana. A inversão da tendência, provocada pela *reaganomics*, pôs a "moeda do mundo" em um patamar incompatível com os equilíbrios econômicos de base. Os fluxos intensificados de mercadorias e capitais na direção dos Estados Unidos não poderiam ser mantidos indefinidamente. Mas, daquela vez, um novo realinhamento cambial dependia crucialmente da intervenção coordenada das grandes potências. O Acordo do Plaza, um "terceiro Bretton Woods", moveu a montanha.

Bem à frente do Hotel Plaza, em Nova York, está fincada a estátua de Pomona, a deusa romana dos pomares, símbolo da abundância. No luxuoso, tradicional hotel, em setembro de 1985, representantes do G-5 (Estados Unidos, Japão, Alemanha Ocidental, Grã-Bretanha e França), antecessor do G-7, decidiram desvalorizar o dólar em 50% em relação ao marco e ao iene. A iniciativa não foi de Reagan, que rejeitava a ideia de intervenção nos mercados de câmbio, mas de seu secretário do Tesouro, James A. Baker. O secretário negociou o acerto com as potências sem nada comunicar ao presidente, explicando-lhe seu plano apenas dias antes da reunião decisiva. Segundo algumas interpretações, Reagan não entendeu que aquilo representava uma brusca mudança de política.

O compromisso, cumprido em um ano e meio, contribuiu para uma depreciação do dólar que já estava em curso, em função do relaxamento da política monetária americana e de uma prévia intervenção do Bundesbank, o banco central da República Federal da Alemanha, nos mercados de câmbio. De qualquer modo, a desvalorização acelerada não trouxe os resultados esperados por Baker. O déficit comercial com a Europa Ocidental conheceu significativa redução, mas a balança geral de comércio continuou a exibir elevados saldos negativos, como decorrência dos intercâmbios com o Japão e os chamados Tigres Asiáticos. No fundo, os Estados Unidos enfrentavam um problema estrutural de competitividade industrial, agravado pela *reaganomics*.

A Alemanha Ocidental passou bem pelo teste da apreciação de sua moeda, mas o Japão sofreu consequências devastadoras. A valorização do iene impulsionou um ciclo de especulação financeira doméstica que já estava em marcha e assinalava o esgotamento do modelo econômico adotado no pós-guerra. O excesso de liquidez coagulou-se em imensas bolhas de ativos supervalorizados nos mercados de imóveis e ações. No elegante distrito de Ginza, em Tóquio, o metro quadrado dos melhores imóveis atingiu preços superiores a 1 milhão de dólares em 1989. A Bolsa de Tóquio viveu seu recorde histórico a 29 de dezembro de 1989, antes de começar a despencar em câmara lenta. A crise desaguou na "década perdida" japonesa, entre 1991 e 2000, quando a expansão média anual do PIB *per capita* ficou em 0,5%, contra 2,6% para os Estados Unidos. No mesmo intervalo, o preço médio das propriedades no Japão caiu mais de 60%.

Seis meses antes do Acordo do Plaza, Mikhail Gorbatchov fora nomeado secretário-geral do Partido Comunista da URSS. Contra o pano de fundo do turbilhão da *perestroika*, os rearranjos no sistema monetário internacional pareciam luzes urbanas acesas num dia ensolarado. A história se desenrolava atrás da Cortina de Ferro, que começava a desabar.

Reagan encontrou-se com Gorbatchov em cinco reuniões de cúpula, que marcaram o ritmo da etapa derradeira da Guerra Fria. Em Genebra, em 1985, eles concordaram em divergir. Um ano depois, em Reikjavik, na Islândia, o fracasso aparente escondia avanços decisivos no rumo de um tratado sobre mísseis intermediários. Nos últimos encontros, em 1988, em Moscou e Nova York, a URSS já retirava suas forças do Afeganistão e o líder soviético se preparava para anunciar o abandono da Doutrina Brejnev.

## Os cem anos da morte de Karl Marx

No centenário da morte de Karl Marx, em 1983, a URSS cunhou uma moeda de um rublo com a esfinge do profeta da transformação comunista da humanidade. Menos de uma década depois, a "pátria do socialismo" deixaria de existir e sua bandeira vermelha, adornada com os símbolos da foice e do martelo, seria substituída pela antiga bandeira da "Rússia eterna", pré-revolucionária.

Marx foi enterrado no cemitério Highgate, em Londres, a 17 de março de 1883. Diante de sua sepultura, Friedrich Engels pronunciou o discurso de adeus. "No dia 14 de março, à tarde, faltando quinze para as três, o maior pensador vivo parou de pensar", disse o companheiro de ideias e colaborador permanente. Prosseguiu:

> A morte desse homem é uma perda imensurável tanto para o proletariado militante da Europa e da América quanto para a ciência da história. [...] Assim como Darwin descobriu a lei de desenvolvimento da natureza orgânica, Marx descobriu a lei de desenvolvimento da história humana.[261]

---

261 ENGELS, Friedrich. "Speech at the Grave of Karl Marx", Londres, 17 de março de 1883.

Túmulo de Karl Marx, no cemitério Highgate, Londres. Ponto de peregrinação da militância de esquerda por um século, onde todos rezavam a oração escrita na base da lápide: "os filósofos têm se contentado em interpretar o mundo; a questão, entretanto, é mudá-lo".

Mas, enfatizou Engels, Marx não era um pensador convencional. O "Darwin da história humana" não separava o pensamento da ação. Marx "era um revolucionário" e "sua real missão na vida era contribuir, de um modo ou de outro, para a derrubada da sociedade capitalista e das instituições de Estado que ela criou".

O ponto de partida da obra revolucionária de Marx é o *Manifesto comunista* de 1848, base da fundação da Primeira Internacional. Em 1937, de seu exílio no México, Trotski escreveu um prefácio à primeira edição do *Manifesto* publicada na África do Sul. No texto, o revolucionário banido da URSS apontou, entre as passagens envelhecidas do panfleto clássico, a profecia da transformação da revolução alemã de 1848 em revolução socialista. Contudo, assegurava Trotski, "a concepção materialista da história [...] resistiu absolutamente ao teste dos eventos históricos e aos golpes da crítica hostil", de tal modo que "todas as demais interpretações do processo histórico perderam qualquer significado científico".[262]

De Engels a Trotski, a insistência na conexão entre "história" e "ciência" sustentava uma postulação tão ousada quanto dificilmente refutável. Ela pode ser resumida da seguinte forma: Marx estava certo, mesmo se suas profecias verificáveis não se realizavam, pois ele descobrira a chave da dinâmica histórica. Se o presente resistia em dar razão ao profeta, o futuro sem nenhuma dúvida o faria.

Quatro décadas e meia depois do texto de Trotski, no centenário da morte de Marx, as coisas pareciam muito mais confusas. Numa conferência acadêmica, o sociólogo Charles Tilly registrou que "hoje [...], a maioria da população do mundo vive sob alguma das autoproclamadas versões do socialismo" mas, "sem a menor dúvida, um Marx ressuscitado ficaria espantado, ou mesmo indignado, com muitas das ideias e práticas atualmente conduzidas em seu nome". E ajuntou: "o preço de ser um pensador seminal é o de criar uma semente que gera inumeráveis mutações".[263]

Segundo a "concepção materialista da história", o socialismo seria obra do proletariado e, portanto, deitaria raízes primeiro nos países industriais mais desenvolvidos. A história foi cruel com essa projeção. No centenário de 1983, as versões de socialismo sob as quais viviam a maior parte dos seres humanos tinham como pátrias países pobres, essencialmente rurais, formados por uma maioria de camponeses e proletários do campo. Na África, os regimes que se abrigavam sob aquele rótulo eram ditaduras clânicas que governavam sociedades quase destituídas de proletariado industrial. A China, maior potência demográfica socialista, também era um país de trabalhadores agrícolas, mas submetidos a uma modalidade coletivista de servidão. A semente mutante do "socialismo chinês" experimentava uma nova mutação, ainda embrionária, que produziria um capitalismo de Estado profundamente integrado ao mercado mundial. O "socialismo vietnamita" se embrenharia por um caminho paralelo.

---

262 TROTSKI, Leon. "Ninety years of the Communist Manifesto." In: *Fourth International*. Nova York, vol. IX, n. 1, janeiro/fevereiro 1948.

263 TILLY, Charles. "Karl Marx, historian." Adress to the Karl Marx Centennial Conference. Universidade de Michigan, 16-17 de março de 1983, p. 2.

## "Eu não calculo; eu sinto"

Por um desses notáveis acasos, o centenário da morte de Marx coincidiu com os centenários de nascimento de John Maynard Keynes e Joseph Schumpeter. O alvoroço entre os economistas tinha fundamento óbvio: a *Teoria geral*, de Keynes, figura ao lado de *O capital*, de Marx, como duas das três mais importantes obras na história do pensamento econômico, cabendo o posto restante à *Riqueza das nações*, de Adam Smith. O liberal Schumpeter, apesar de sua inegável criatividade, não deixou uma obra com influência comparável às dos colegas de centenário. Não é fortuito que exista uma "economia marxista" e uma "economia keynesiana", mas nada que se possa nomear como uma "economia schumpeteriana".

As celebrações a Keynes foram ainda mais ruidosas que as dedicadas a Marx. Na Europa, os partidos comunistas conheciam acentuado declínio e a social-democracia, completando um longo percurso evolutivo, renunciava aos últimos resquícios da tradição marxista. O keynesianismo, por outro lado, constituía a doutrina econômica predominante desde o pós-guerra e, de um modo ou de outro, continuava a servir como guia da maior parte dos governos europeus. Contudo, depois da estagflação dos anos 1970, o consenso keynesiano se diluía e aumentava o interesse pelos temas de Schumpeter, arauto da inovação tecnológica e da competitividade das grandes corporações.

Na Europa continental, sob o impacto combinado das revoluções de Thatcher e Reagan, as prioridades de política econômica se deslocavam na direção da desinflação, da flexibilização dos mercados e de uma maior liberdade de comércio. Uma reviravolta aconteceu no governo do social-democrata Helmut Schmidt, na Alemanha Ocidental. Depois de alguma hesitação, ele se voltou para as propostas do Bundesbank (o banco central) e dos institutos econômicos liberais, tomando iniciativas de desregulamentação, buscando equilibrar o orçamento e pedindo moderação dos trabalhadores nas campanhas salariais. O choque com as alas mais à esquerda de seu partido e com os sindicatos, no meio de uma recessão, provocou a dissolução da coalizão governista. O gabinete seguinte, liderado pelo democrata-cristão Helmut Kohl, mesmo sem tocar no cerne do modelo social alemão, prosseguiu as grandes linhas da política do antecessor.

Uma versão aguada do marxismo, diluída em volumosas doses de keynesianismo, animava os partidos social-democratas europeus dos anos 1970. Na França, a mistura adquiriu densidade em 1981, com o triunfo eleitoral do Partido Socialista Francês (PSF) de François Mitterrand e a formação de uma aliança de governo com o Partido Comunista (PCF) de Georges Marchais. A social-democracia francesa, ao contrário da alemã, não mantinha continuidade com a tradição da Segunda Internacional, e Mitterrand, o recriador do partido socialista, evoluíra pessoalmente a partir da direita católica e nacionalista. Contudo, a plataforma do novo governo era surpreendentemente radical e se baseava num Programa Comum formulado quase uma década antes pelo PSF junto com o PCF e o pequeno Partido Radical de Esquerda. A efêmera aventura estatizante dos franceses assinalou o canto de cisne do antigo socialismo europeu.

A noite de 11 de maio de 1981, em Paris, prenunciava uma nova era. No segundo turno das eleições presidenciais, Mitterrand derrotara o presidente Valéry Giscard d'Estaing por uma diferença de mais de três pontos percentuais, larga para padrões franceses. As buzinas dos carros soaram por toda a noite, enquanto multidões celebravam na praça da Bastilha, o lugar tradicional das manifestações de esquerda. Era a primeira vez, desde a fundação da Quinta República por Charles De Gaulle, em 1958, que os partidos conservadores cediam o poder central no país.

O candidato socialista concentrara sua campanha nas promessas de nacionalização dos bancos ainda em mãos da iniciativa privada e de 11 grandes empresas industriais, redução da jornada de semanal de trabalho para 35 horas, aumento imediato de 25% no valor do salário mínimo e criação de 1,5 milhão de empregos, dos quais 210 mil financiados pelo Estado. Nos dias seguintes à vitória, a Bolsa de Paris experimentou queda de 20%, enquanto economistas qualificavam as promessas como um receituário para a produção de inflação, déficits orçamentários e externos, enfraquecimento do franco.

Mitterrand obteve uma sólida maioria parlamentar nas eleições legislativas antecipadas de junho de 1981, nas quais o PSF conseguiu sozinho 49% dos votos populares, que se somaram aos 7% do PCF. Por meio de um gabinete liderado por Pierre Mauroy, um veterano da social-democracia histórica francesa, os compromissos sociais e estatizantes avançaram a passos rápidos.

No momento em que as reformas liberais ganhavam força, a população francesa reagiu votando no Partido Socialista e na manutenção do Estado de Bem-Estar. Mas o sonho duraria pouco: sentimentos não bastavam, os cálculos frios se impunham. Em poucos anos, em todo o mundo, as diferenças entre direita e esquerda tornariam-se muito tênues.

O setor público expandiu-se de 46,4% do PIB em 1980 para 52% em 1983. A inflação continuou rondando a casa dos 10%, em contraste com o panorama dos demais países industrializados, e os críticos tinham razão também quanto

UMA NOVA ESTRATÉGIA E UMA REVOLUÇÃO ECONÔMICA

ao resto: o desemprego continuava a crescer, o déficit público fugia ao controle e o franco despencava. "Eu não calculo; eu sinto", explicara o novo presidente na hora da vitória.[264] Menos de dois anos mais tarde, ele calculou que seu poder duraria muito pouco se não abandonasse o programa da grande transformação.

A reviravolta começou, silenciosamente, no verão de 1982, mas se concluiu em março do ano seguinte. No final daquele mês, Mitterrand dirigiu-se à nação, em rede de televisão, para explicar a terceira desvalorização do franco em 22 meses de governo. Ele insistiu numa defesa retórica de sua fracassada política econômica, mas admitiu que não havia alternativa senão combater a inflação e o déficit comercial. Um pacote de austeridade, com cortes profundos em gastos públicos, fora anunciado dias antes, e todos perceberam que o presidente socialista retomava o antigo curso seguido por Giscard d'Estaing.

O experimento socialista conduzira a uma encruzilhada. Àquela altura, a França tinha de optar entre duas estradas radicalmente distintas. A primeira passava pelo abandono do Sistema Monetário Europeu e pela edificação de paliçadas protecionistas em torno do mercado interno, conduzindo a uma economia de comando central. A segunda equivalia a uma marcha a ré e ao alinhamento com as políticas mais liberais que predominavam na Alemanha Ocidental. Mitterrand confiou a Mauroy a correção de rumo, mas o primeiro-ministro da ousada aventura estatizante só durou mais um ano, até ser substituído por Laurent Fabius, que se tornaria um símbolo da conversão completa do PSF aos preceitos da economia de mercado. A mudança de gabinete também assinalou a saída dos comunistas do governo.

O colapso francês provavelmente ocorreria de qualquer forma, mas foi acelerado pela existência da Comunidade Europeia. A política fiscal conservadora do alemão Kohl evidenciou muito rápido a perda de competitividade externa da França. Mitterrand e seu círculo tentaram se iludir falando no "problema do marco alemão" e pedindo, insistentemente, que o parceiro apreciasse sua própria moeda para dar fôlego às exportações francesas. Mas os alemães só tinham olhos para enxergar um "problema do franco francês",

---

264 BURTON, Sandra, PAINTON, Frederick & MULLER, Henry. "France — Mitterrand: a socialist victory". *Time*, 18 de maio de 1981.

causado pelos gastos públicos exagerados do gabinete de Mauroy. No fim, a Alemanha ainda fez uma concessão derradeira, apreciando o marco enquanto a França depreciava o franco.

O jogo, porém, já tinha sido jogado. Quando Mitterrand obteve uma tranquila reeleição, em 1988, os social-democratas franceses já não prometiam nenhum "assalto ao Céu", a praça da Bastilha permaneceu plácida e a bolsa de valores retomou as transações na mais perfeita calma.

# Um adeus a Marx

"Assalto ao Céu" foi como Marx se referiu à Comuna de Paris de 1871, quando uma revolta popular liderada pela Guarda Nacional pôs o governo da capital francesa nas mãos de um Conselho Comunal formado por socialistas e anarquistas. Contudo, por mais que Marx tenha feito inúmeras referências à revolução proletária, inclusive saudando a Comuna como um primeiro ensaio da tomada do poder pelos trabalhadores, a ideia de uma insurreição revolucionária não constitui um elemento necessário da doutrina marxista.

A publicação do volume inicial de *O Capital* em inglês só ocorreu três anos depois da morte de Marx. O prefácio daquela edição, escrito por Engels, se encerrava com uma frase que não causou comoção entre os contemporâneos, mas provocaria certo alarido muito mais tarde. Nela, o prefaciador informava que a teoria de Marx decorria do "estudo de toda uma vida sobre a história econômica e as condições da Inglaterra". Acrescentava que, como produto de tal estudo, figurava a seguinte conclusão: "Ao menos na Europa, a Inglaterra é o único país onde a inevitável revolução social pode ser realizada inteiramente por meios pacíficos e legais."[265]

O Movimento Cartista inglês exigiu, entre 1838 e 1850, a generalização dos direitos políticos e a edição de leis sociais. Nos seus textos de apoio aos cartistas, Marx escreveu, ingenuamente, que o advento do sufrágio universal equivaleria, de modo quase automático, à passagem do poder político para

---

265 ENGELS, Friedrich. "Preface to the English Edition", 1886. In: *Capital, Volume One.* Marx/Engels Internet Archive, 1999.

a classe trabalhadora. Uma insurreição, imaginava, seria inevitável em países ditatoriais ou nos diversos tipos de regimes liberais elitistas vigentes na Europa, mas não numa democracia parlamentar de massas. Em seu discurso no Congresso de Haia da Primeira Internacional, em 1872, Marx falou da possibilidade de transição pacífica ao socialismo na Inglaterra, nos Estados Unidos e talvez também na Holanda.[266] A frase de Engels no prefácio de 1886 não causou nenhuma comoção pois não estava em conflito com o curso geral do pensamento político do autor de O Capital.

Não surgiu da mente de Marx, mas na do socialista radical francês Louis-Auguste Blanqui, a expressão "ditadura do proletariado". Blanqui criou a Liga dos Justos, que tentou promover um levante revolucionário em Paris em 1839. Ele saiu da prisão durante a revolução de 1848, fundou uma Sociedade Republicana Central e pregou a necessidade de um novo levante violento. Sentenciado mais uma vez à prisão, escreveu um panfleto pedindo o "armamento e a organização revolucionária de todos os trabalhadores". O texto ganhou uma nota introdutória de Marx — que, por um curto período, parece ter se impressionado positivamente com o voluntarismo blanquista.[267]

Entretanto, antes e depois do efêmero intervalo blanquista, Marx enxergou a futura sociedade socialista como uma república democrática que ampliaria as liberdades públicas e respeitaria os direitos políticos dos não proletários. Na acepção original marxista, a república constitucional era uma "ditadura da burguesia", pois seu conteúdo social expressava o sistema de propriedade privada dos meios de produção. Simetricamente, a "ditadura do proletariado" estaria assentada no sistema de propriedade comum dos meios de produção, mas seu regime político asseguraria o pluralismo de ideias e de partidos. Todos esses conceitos, razoavelmente claros nos textos de Marx e Engels, adquiriram significados diferentes depois da Revolução Russa.

Em Marx, a "ditadura do proletariado" derivava das engrenagens de sua dialética, montada sobre paradoxos hegelianos. A expressão exprimiria a "essência" (isto é, a "verdade econômica") da democracia socialista, etapa

---

266 MARX, Karl. "La Liberté Speech", 8 de setembro de 1872. Marx/Engels Internet Archive.

267 MARX, Karl. "Introduction to the leaflet of L. A. Blanqui's toast sent to the Refugee Committee", 1851. Marx/Engels Internet Archive.

transitória rumo à sociedade sem classes do comunismo, tanto quanto a "ditadura da burguesia" indicaria o conteúdo essencial da democracia liberal. Tudo mudou depois de 1917. Sob Lenin, "ditadura do proletariado" se transformou na licença para o governo de partido único e, mais tarde, com a consolidação do stalinismo, no rótulo da ditadura de um grupo de dirigentes supostamente infalíveis. No centenário da morte de Marx, já tinha se convertido, um tanto injustamente, em sentença irrecorrível contra o marxismo.

Social-democracia é o nome que os marxistas deram a si mesmos na hora da fundação da Segunda Internacional, cujo programa foi preparado por Engels. O termo "democracia" não aparecia por acaso no rótulo dos partidos marxistas, entre os quais se contava o Partido Social-Democrata Russo, que depois se dividiria nas correntes dos mencheviques e dos bolcheviques. Os bolcheviques de Lenin romperam o quadro político da Segunda Internacional para formar a Internacional comunista. Os mencheviques permaneceram na velha organização, leito comum da social-democracia europeia do pós-guerra.

Os social-democratas repudiaram a ditadura bolchevique na Rússia, argumentando que ela representava uma afronta aos princípios do marxismo e acusando Lenin de "blanquismo". Depois, segundo os ritmos diversos dos partidos nacionais, abandonaram a fórmula envenenada da ditadura do proletariado. O passo seguinte, muito mais difícil e demorado, foi a renúncia ao núcleo doutrinário do marxismo: a ideia da propriedade coletiva dos meios de produção.

O Partido Social-Democrata da Alemanha (SPD), mais antiga organização partidária do país, surgiu à sombra direta de Marx e Engels. O congresso inaugural, na cidade de Gotha, em 1875, fundiu as correntes socialistas de Auguste Bebel e Wilhelm Liebknecht, aliados de Marx, e de Ferdinand Lassalle, um arauto do cooperativismo. O programa adotado em Gotha sofreu críticas virulentas de Marx e Engels. Um novo programa, adotado no Congresso de Erfurt, em 1891, conferiu ao partido um caráter marxista. O Programa de Erfurt também recebeu críticas de Engels, mas o colaborador de Marx reconheceu nele uma ruptura crucial com as teses lassallianas originais. No plano programático, a ruptura com a ruptura só se consumaria, realmente, no Congresso de Godesberg, em 1959.

O Programa de Godesberg representou um adeus a Marx. Os "valores fundamentais" do socialismo passaram a ser a "liberdade, a justiça e a solidariedade". O marxismo desapareceu das fontes doutrinárias do partido: "O socialismo democrático, que na Europa está enraizado na ética cristã, no humanismo e na filosofia clássica, não proclama verdades absolutas [...]." A condenação aos partidos comunistas assumiu uma forma definitiva: "Os comunistas não têm o direito de invocar tradições socialistas. De fato, eles falsificaram as ideias socialistas. Os socialistas lutam pela realização da liberdade e da justiça enquanto os comunistas exploram os conflitos sociais para estabelecer a ditadura de seu partido." Mas, sobretudo, o partido assinou um compromisso formal com a economia de mercado:

> Livre escolha de bens de consumo e serviços, livre escolha do lugar de trabalho, liberdade para os empregadores exercerem a sua iniciativa assim como livre concorrência são condições essenciais para uma política econômica social-democrata. A autonomia dos sindicatos e associações empresariais em negociações coletivas é um traço importante de uma sociedade livre. O controle totalitário da economia destrói a liberdade. O Partido Social-Democrata, portanto, favorece o livre mercado sempre que a livre concorrência exista de fato. Nos mercados dominados por monopólios ou oligopólios, todas as medidas devem ser adotadas para proteger a liberdade na esfera econômica. Tanta concorrência quanto possível — tanto planejamento quanto necessário.[268]

O adeus do SPD a Marx produziu uma mudança de narrativa sobre a história do partido. Antes de Godesberg, celebrava-se a transição programática de Gotha para Erfurt, conduzida por Karl Kautsky sob o olhar de Engels, como a verdadeira origem doutrinária da social-democracia. Depois, Erfurt passou a ser interpretado como um desvio circunstancial na trajetória que conecta Gotha ao cauteloso reformismo adotado, na prática, pelo SPD desde 1914. Na nova narrativa, o nome de Eduard Bernstein consolidou-se como uma espécie de "pai fundador" do partido.

---

268 Social Democratic Party of Germany. "Godesberg Program of the SPD", novembro de 1959.

As voltas da História: Eduard Bernstein, de "traidor" do proletariado a "homem de visão".

Bernstein participara da redação dos dois programas, de Gotha e Erfurt, mas entre 1896 e 1899 escrevera uma série de artigos que deflagraram a polêmica sobre o reformismo gradualista na Segunda Internacional. Em 1977, Willy Brandt dirigiu-se aos participantes de um seminário comemorativo dos trinta anos da reabertura da Casa de Karl Marx, um museu integrado à Fundação Friedrich Ebert, do SPD. Brandt deixara três anos antes a chefia do governo da Alemanha Ocidental e continuava a dirigir o SPD. Em seu discurso, apontou o "conflito" entre o Programa de Erfurt e a "realidade política" do partido, celebrou a "notável modernidade do trabalho de Bernstein" e registrou que sua "compreensão do socialismo democrático" prenunciava as teses aprovadas no Programa de Godesberg.

Quanto a Marx, Brandt reservou-lhe uma homenagem destinada a separá-lo do marxismo:

> Faz-se a maior justiça a Marx, tanto positiva quanto negativamente, removendo-o do pedestal de intocabilidade. Seu nome terá que

*perder a auréola, mas também que ser resgatado da zona de generalizada difamação, a fim de propiciar espaço para um debate racional sobre as realizações históricas. E esta é a maior honraria à memória de um homem cujo principal princípio científico era a crítica implacável.*[269]

---

269 BRANDT, Willy. "Marx of change". Trier, Karl Marx House, 4 de maio de 1977.

# V
## O MURO CAIU!
## 1989-2000

# Mikhail Gorbatchov: vitória na derrota

Zinaida (Zina) nasceu na Sibéria, num dia gelado do início da primavera de 1901. Ela era a primeira filha dos jovens exilados russos Leon Trotski e Aleksandra Sokolovskaia. Após a Revolução de 1917, Zina casou-se duas vezes: com Zakhar Moglin, teve uma filha, Aleksandra (Sacha); com Platon Volkov, teve um filho, Vsevolod (Seva). Acusados de trotskismo e tragados pelos grandes expurgos de Stalin, Moglin e Volkov morreriam em meados dos anos 1930, mas a tragédia de Zina começara antes, acompanhando a derrota política e o exílio do pai.

Trotski foi exilado em Alma Ata, no Cazaquistão, em 1928, antes de ser deportado da URSS. Naquele ano, por três meses, Zina cuidou de sua irmã mais nova, Nina Nevelson, que estava morrendo de tuberculose. Em 1931, ela conseguiu permissão do regime para deixar o país e se juntar ao seu pai. Contudo, havia uma condição: Zina só poderia levar um de seus dois filhos, pois Stalin decidira reter o outro na URSS, para utilizá-lo como refém na disputa que travava com Trotski. Na encruzilhada, ela escolheu Seva, de 5 anos, deixando Sacha, com 7, aos cuidados da avó, que logo também desapareceria nos campos do Gulag.

A tragédia continuaria a se desenrolar. Tuberculosa, longe do pai, sem notícias de Sacha, Zina se suicidou em Berlim, em 1933. Seva acabou se reunindo ao avô no exílio mexicano, quatro anos depois. Em Coyoacán, subúrbio da Cidade do México, o adolescente adotaria o nome de Esteban e seria testemunha do assassinato de Trotski por um agente do serviço secreto soviético. Quase meio século mais tarde, em 1989, Esteban recebeu um telefonema do historiador francês Pierre Broué com a notícia de que sua meia-irmã Sacha estava viva, mas muito doente, em Moscou. O neto de Trotski, com 63 anos, viajou à URSS e se encontrou pela última vez com a irmã, que atravessava o estágio terminal de um câncer. Eles conversaram com a ajuda de um intérprete, pois Sacha só falava russo, língua que Esteban esquecera.

Os dois netos de Trotski foram separados por uma das maiores calamidades do século XX, o totalitarismo stalinista. O visto que propiciou a visita de Esteban não seria emitido alguns anos antes — e, de qualquer modo, antes de 1986 um historiador ocidental não teria como saber que Sacha sobrevivera ao Gulag. O breve reencontro só foi possível porque o Estado soviético desmoronava. Mikhail Gorbatchov, último líder soviético, pilotou a nau comunista nos anos em que ela se destroçava. Seu notável mérito histórico consistiu em evitar um final convulsivo do Leviatã totalitário.

Gorbatchov ascendeu ao poder com apenas 54 anos, no rastro das mortes sucessivas de Leonid Brejnev, em 1982, Yuri Andropov, em 1984, e Konstantin Tchernenko, em março de 1985. Seu trunfo era a juventude, na hora em que o Estado soviético era desafiado pela crise sucessória dos anciãos. Ele foi o primeiro — e o único — líder da URSS nascido após a Revolução de Outubro. Também era o mais jovem dos integrantes do Politburo do Partido Comunista da URSS (PCUS) quando selecionado para ocupar a secretaria-geral, cargo que equivalia à chefia do governo no sistema de partido único. Um ano depois, no 27º Congresso do PCUS, o novo líder anunciou seu programa de reformas econômicas (*perestroika*) e políticas (*glasnost*).

Não há traço de dissidência na carreira política de Gorbatchov. Ele ingressou no PCUS nos tempos de universidade e galgou todos os degraus da hierarquia partidária até chegar ao Politburo, em 1980, como protegido do veterano Mikhail Suslov, poderoso ideólogo do partido único e um conservador à toda prova. Seu impulso reformista só se manifestou após a ascensão ao posto de número um — e como uma iniciativa estratégica destinada a circundar a crise latente que minava o sistema soviético. Contudo, as reformas adquiriram

O novo secretário-geral da URSS foi testado logo no início de seu mandato, na Conferência de Genebra, em 1985, quando encontrou-se com Ronald Reagan para negociar um tratado sobre limitação de armas nucleares. Em comum, os dois líderes manifestaram a confiança em conversas diretas, olhos nos olhos, mantendo encontros bem mais longos do que os normalmente realizados nesse tipo de conferência.

vida própria e sua lógica inexorável acelerou a erosão das bases políticas, econômicas e sociais da URSS.

Por um breve período inicial, Gorbatchov foi encarado com desconcerto e desconfiança no Ocidente. Depois, a partir do segundo ano da *perestroika*, adquiriu a aura de santo reformista, convertendo-se em ícone midiático e alvo das atenções mundiais. Quando, em meio aos tumultos políticos do último ano do Estado soviético, foi apeado do poder por um fracassado golpe restauracionista, já era um herói fora da URSS. No seu país em dissolução, porém, o brilho do líder da abertura política se apagara. Sob o peso do declínio econômico e geopolítico, os russos se voltavam para novas lideranças eleitas, como Boris Yeltsin, ou experimentavam a nostalgia dos velhos tempos de cinzenta, opaca estabilidade.

A aventura das reformas durou apenas pouco mais de meia década. No ano mágico de 1989, Gorbatchov conferiu sua tácita aprovação ao desmantelamento do bloco soviético no Leste Europeu: o Muro de Berlim não ruiria sem copioso derramamento de sangue de outra forma. Um ano depois, o líder soviético colocou um selo formal no acordo de reunificação da Alemanha, encerrando efetivamente a Segunda Guerra Mundial. No fim de 1991, aturdido, ele assistiu impotente à dissolução da URSS, decidida sem a sua participação por um acordo entre os presidentes das principais repúblicas constitutivas do Estado soviético. Na curiosa condição de presidente de um Estado que já não existia, sem outra opção, ele se retirou em silêncio.

A seleção de Gorbatchov para o lugar de Tchernenko foi uma obra do acaso, que refletia o estado de putrefação da cúpula soviética. A morte súbita do líder pegou a todos de surpresa. O Politburo se reuniu sem a presença de três adversários ferrenhos de Gorbatchov. A votação se deu durante a madrugada e o novo líder venceu pela margem mais estreita possível: cinco a quatro.

Há algum mistério, uma conspiração palaciana, nessa curiosa história sucessória? Talvez. O fato é que o substituto de Chernenko não pretendia, nem de longe, abalar os fundamentos do poder soviético: as suas reformas almejavam a restauração de uma estabilidade comprometida. Mas, levado por uma lógica que não controlava, ele adaptou suas ideias às circunstâncias em mutação, transformando-se em iconoclasta. No fim, conduziu o desmantelamento pacífico do "império vermelho", afastando os espectros muito concretos da guerra civil e de uma catástrofe de repercussões mundiais.

## "Eles estão roubando tudo"

Um espírito realista — isso Gorbatchov sempre foi. Todos os seus passos iniciais na chefia do Kremlin se organizavam em torno de uma obsessão: desativar a nova corrida armamentista deflagrada pelos Estados Unidos. Em outubro de 1985, ele se dirigiu a uma plateia de líderes comunistas do Pacto de Varsóvia em Sófia (Bulgária), abordando o tema do desarmamento nuclear. A linguagem que utilizou guardava todas as marcas características do discurso soviético tradicional.

O líder soviético denunciou a corrida armamentista reativada por Ronald Reagan, o "gigantesco programa de armas espaciais" e a implantação de mísseis nucleares na Europa Ocidental. Quatro décadas antes, Stalin dera de ombros para a primeira detonação nuclear americana, fazendo pouco da nova arma de destruição em massa. Gorbatchov adotou postura oposta, evidenciando o profundo impacto causado na URSS pelo programa bélico da Casa Branca. "Eles planejam vencer o socialismo por meio da guerra ou da chantagem militar", acusou, para afirmar que "atualmente, apenas nossa comunidade de Estados socialistas pode evitar a guerra nuclear". O termo "imperialismo" constava do discurso: "Nós precisamos forçar o imperialismo a adotar passos concretos na direção do desarmamento e da normalização da situação no mundo."

No mesmo discurso, sob uma fina película de desafio, ocultava-se precariamente um reconhecimento das dificuldades estruturais da economia da URSS:

> No fim dos anos 1970 e início dos anos 1980, os altos escalões americanos começaram a nutrir a esperança de que conseguiriam utilizar suas consideráveis vantagens técnicas e tecnológicas contra as economias socialistas. As conclusões de Washington sobre os problemas do desenvolvimento econômico em nossos países tiveram peso na adoção dessa linha de conduta.[270]

Na parte final do longo governo de Brejnev, a URSS oferecia a imagem de um dinossauro lerdo, mas sólido como rocha. A proverbial ineficiência do sistema econômico soviético alcançara um zênite. Em 1980, a economia soviética consumia 2,1 vezes mais energia e 1,6 vez mais matérias-primas na produção de um bem final do que os Estados Unidos. O tempo médio de construção de uma fábrica superava dez anos, contra menos de dois nos Estados Unidos. A produção soviética de colheitadeiras de grãos era 16 vezes superior à americana, mas o país colhia menos grãos e se tornara dependente da importação de cereais. Contudo, a ineficiência e o desperdício de recursos pareciam a todos, tanto aos especialistas ocidentais quanto aos raros analistas soviéticos independentes, apenas um traço característico de um regime destinado a perdurar.

O sistema de controle central da produção e da mão de obra não criava incentivos capazes de aumentar a produtividade. À disciplina no trabalho, conservada à custa do terror na era stalinista, começou a declinar com a morte do

---

270 GORBATCHOV, Mikhail. "Speech of the General Secretary of the CPSU (Gorbatchov) at the Sofia Political Consultative Committee Meeting." 22 de outubro de 1985.

ditador. Após uma visita à região carbonífera e industrial de Donbass, Nikita Kruschev descreveu a situação ao Comitê Central do PCUS por meio de uma frase esclarecedora: "Ele estão roubando tudo."[271] O alcoolismo generalizado se tornara uma moléstia nacional, a ponto de a expectativa de vida masculina começar a diminuir desde meados da década de 1960, fenômeno inédito nas modernas economias industriais.

Yegor Gaidar, notável economista soviético que ocuparia brevemente a chefia de governo da Rússia logo após a implosão da URSS, ajudou a desfazer a imagem predominante de uma economia organizada sob um efetivo planejamento central. No lugar disso, existia de fato um "sistema de acordos hierárquicos" no qual as diversas camadas da vasta burocracia se protegiam umas às outras por meio de incessantes conflitos e reconciliações que terminavam por ocultar as informações do escalão supremo. Todos mentiam sobre o estado das empresas industriais e das fazendas coletivas sob seu comando direto — e os superiores imediatos acomodavam as mentiras dos subordinados. As estatísticas oficiais soviéticas eram falseadas desde a origem, escondendo o caos sob um espesso manto de números imaginários.

Kruschev montara sua estratégia de "coexistência pacífica" em torno da crença, que realmente nutria, no dinamismo superior da economia soviética. Repetidamente, ele assegurara que a URSS alcançaria e ultrapassaria as principais economias capitalistas num intervalo de poucas décadas. O diagnóstico provara-se desastrosamente equivocado: em termos comparativos, a "pátria do socialismo" retrocedia em quase todos os setores. Crucialmente, do ponto de vista social, a oferta de alimentos crescia menos que a demanda de um país em rápida urbanização, como consequência do retumbante fracasso da agricultura coletivizada.

Um relatório oficial apresentado ao Politburo no governo Gorbatchov oferecia um amplo panorama da crise de longo prazo. Depois do oitavo plano quinquenal (1966-71), o desenvolvimento econômico piorara "rápida e inexoravelmente". Segundo o texto: "Os dois planos quinquenais seguintes [...] fracassaram. De tempos em tempos, o estado da economia foi sustentado por

---

271 GAIDAR, Yegor. *Collapse of an empire: Lessons for modern Russia*. Washington, Brookings Institution Press, 2007, p. 77.

altos preços internacionais de combustíveis, energia e matérias-primas. Apenas um setor da economia prosperou firmemente — o complexo industrial militar. O país cambaleava sob o peso das despesas militares."[272]

Incapaz de aumentar a produtividade do trabalho pela incorporação de novas tecnologias, a URSS se tornava cada vez mais dependente de suas exportações de petróleo e de minérios. O lançamento pelos Estados Unidos do programa IDE ("Guerra nas Estrelas"), de sistemas orbitais contra mísseis balísticos, impôs um aumento dos gastos bélicos soviéticos dedicados à multiplicação dos mísseis e ogivas nucleares disponíveis. As despesas com a Defesa saltaram para algo em torno de 15% do PIB, drenando recursos escassos e provocando cortes em gastos sociais. Nesse cenário, a deterioração final decorreu de uma combinação entre a retração acentuada dos preços internacionais do petróleo e o esforço de guerra no Afeganistão.

O mercado mundial de petróleo, extremamente dependente das decisões da Arábia Saudita, reflete mais as circunstâncias geopolíticas do que as flutuações da oferta e procura. A invasão soviética do Afeganistão, em 1979, pôs a monarquia saudita em rota de colisão com Moscou. Os sauditas se engajaram, ao lado dos Estados Unidos e da China, no apoio às forças guerrilheiras *mujahedin*, que combatiam o governo pró-soviético instalado no Afeganistão. Além disso, acertaram uma ampliação da ajuda militar americana aos Estados do Conselho de Cooperação do Golfo Pérsico, que derivava também da nova ameaça representada pela república islâmica xiita iraniana. Em contrapartida, aceitaram promover uma drástica redução nos preços do petróleo, reivindicada por Washington.

Richard Pipes, um especialista acadêmico em assuntos soviéticos que liderava um grupo de análise da CIA, produziu um relatório para a Casa Branca delineando a estratégia destinada a usar o petróleo com a finalidade de fazer sangrar a economia da URSS. Pouco depois, em abril de 1981, o diretor da CIA William Casey visitou Riad, esboçando em nome do governo Reagan os acordos entre os Estados Unidos e a Arábia Saudita. Em novembro do ano seguinte, o presidente americano assinou a NSDT-66, uma diretiva secreta de segurança nacional que oficializava o objetivo de golpear a enfraquecida economia soviética.

---

[272] GAIDAR, Yegor. *Collapse of an empire: Lessons for modern Russia.* Op. cit., p. 79.

A intervenção no Afeganistão – que o Império Russo tentara controlar desde o século XIX sem sucesso – impôs uma guerra prolongada e infrutífera que traria terríveis consequências às duas superpotências: a URSS amargaria a derrota e seria obrigada a reconhecer suas dificuldades econômicas, agravadas pelo conflito, e os EUA, que deram suporte aos guerrilheiros *mujahedin*, ajudaram a alimentar um novo tipo de fervor islâmico que se revelaria muito mais ameaçador do que aquele representado pela Revolução Iraniana.

Desde 1981, a Arábia Saudita intensificava sua extração de petróleo, inundando o mercado mundial e provocando quedas de preços. Em outubro, acuados, os parceiros dos sauditas na Organização dos Países Exportadores de Petróleo (Opep) aceitaram rebaixar o preço de referência para 32 dólares por barril. Em 1982, sob uma contínua desvalorização, a Opep perdeu o controle do mercado. No início de 1983, o cartel tentou recuperar seu poder, reduzindo as cotas de produção, mas mesmo assim foi obrigado a fixar preços em torno de 29 dólares por barril. No ano seguinte, Noruega e Grã-Bretanha reduziram os preços de seu petróleo, extraído no Mar do Norte, enquanto a Opep se dividia, incapaz de oferecer uma resposta organizada à conjuntura de mercado.

Quando Gorbatchov foi escolhido como sucessor de Tchernenko, uma guerra de preços havia se instalado no interior da Opep. Apesar dos cortes na produção promovidos pelos países do cartel, o petróleo do Mar do Norte assegurava uma oferta abundante. O ano decisivo foi 1986, durante o qual os preços do barril caíram em mais de 50%. Em julho, o barril do petróleo Brent desabou para a faixa dos 9 dólares. Em dezembro, a Opep tentava um acordo interno destinado a elevar os preços para o patamar mínimo de 18 dólares. A URSS perdia rendas de exportação essenciais para financiar suas importações de cereais e sustentar o esforço crescente da guerra no Afeganistão.

## "Democracia é liberdade de escolha"

A reunião plenária do Comitê Central de junho de 1987 lançou oficialmente o programa da *perestroika* com as seguintes, oníricas palavras: "A reestruturação que se desenvolve na nação é uma continuação direta da causa da Revolução de Outubro, a implementação coerente dos ideais inscritos no estandarte da revolução." No seu relatório, Gorbatchov definiu a "tarefa primária" e a "obrigação moral" das reformas como uma "continuação das ideias e práticas do leninismo".[273] A linguagem perdera o sentido de um modo absoluto. As palavras careciam de significado, movendo-se num universo ritualístico completamente apartado da realidade. Aquilo só poderia terminar num fracasso desolador.

Leonid Abálkin, economista e assessor de Gorbatchov, era o espírito irrequieto que formulava o programa da *perestroika*. Num texto da época, ele expôs o conceito de diversificação das formas de propriedade pública. No lugar de um sistema monolítico composto por enormes corporações estatais, seria preciso criar diferentes tipos de empresas, especialmente cooperativas, e um ambiente de concorrência entre elas. No novo "mercado socialista", os preços dos bens e do trabalho refletiriam a demanda, estimulando a eficiência na gestão, a criatividade e a inovação tecnológica. Não havia novidade verdadeira naquilo, que apenas refletia a experiência da Iugoslávia de Tito. Contudo, as metas da reforma se chocavam diretamente com o poder dos escalões intermediários da burocracia soviética, encastelados no comando das corporações industriais e das fazendas coletivas.

---

273 ABÁLKIN, Leonid. "Restructuring the management of the economy – A continuation of the work of the October Revolution." In: JONES, Anthony & MOSKOFF, William. *Perestroika and the economy: new thinking in soviet economics*. Armonk, M. E. Sharpe, 1989, p. 3.

As pressões sobre o sistema político e econômico soviético haviam se intensificado com o desastre nuclear de Chernobyl, na Ucrânia, em abril de 1986. Em outubro, enquanto o reator destruído era encapsulado num sarcófago de concreto, Gorbatchov reuniu-se com Reagan em Reikjavik, na Islândia, para uma conferência de cúpula centrada na redução dos arsenais nucleares. O presidente americano temia, sinceramente, o Armagedom e, contra as expectativas dos assessores, ensaiou a proposta de corte pela metade de todos os mísseis intercontinentais, sob uma perspectiva de eliminação completa das armas nucleares.

O líder soviético e seu ministro do Exterior, Eduard Chevardnadze, tinham um acordo perfeito à disposição, mas desperdiçaram-no tentando forçar Washington a desistir do programa IDE. Confrontado com a insistência de Gorbatchov, Reagan reagiu intempestivamente abandonando a sala de reuniões. Nem tudo foi perdido, pois se retomou o acordo de redução de mísseis de longa distância e, no final de 1987, firmou-se um tratado de eliminação de mísseis intermediários na Europa. O líder soviético, contudo, teve que se acostumar à ideia de longas negociações sobre um tema complexo, com pesadas implicações financeiras.

A frente interna punha desafios tão formidáveis quanto a frente externa. A ideia da *glasnost* emanou do historiador e diplomata Alexander Yakovlev, um veterano reformista afastado do núcleo de poder do PCUS em 1972 devido a um artigo em que criticara o antissemitismo chauvinista da cúpula soviética. Yakovlev aproximara-se de Gorbatchov em 1982 e, três anos depois, se convertera no principal assessor político do novo líder soviético. Numa mensagem pessoal de dezembro de 1985, ele desenhou ao amigo os contornos da proposta de liberalização:

> *Hoje, a questão não é apenas econômica — essa é a base material do processo. A chave é o sistema político [...]. Daí a necessidade [...] de uma consistente e completa (de acordo com as possibilidades históricas em cada estágio) democratização [...]. Democracia é, antes de tudo, liberdade de escolha. Nós temos uma carência de alternativas, temos centralização [...].*[274]

---

274 GAIDAR, Yegor. *Collapse of an empire: lessons for modern Russia*. Op. cit., p. 155.

A rua Arbat aparece nos registros da cidade a partir do século XV, ligada a uma importante rota comercial que levava a Moscou. Depois da Revolução de 1917, o local manteve seu prestígio como área residencial e até meados dos anos 1920 os artistas concentravam-se ali. Depois, vieram as prisões de dissidentes e a migração rural impondo a divisão dos apartamentos entre famílias, as *kommunalkas*, nas quais viviam os personagens do livro de Rybakov.

Yakovlev imaginou a *glasnost* como um instrumento de conquista de apoio para a reforma econômica, que atingiria os múltiplos interesses do polvo burocrático enraizado nas empresas estatais. Na primavera de 1986, a União dos Cineastas adiantou-se aos cronogramas oficiais e elegeu líderes sem submeter os nomes à aprovação do PCUS. O Politburo discutiu hipóteses sobre a libertação de prisioneiros políticos no outono. A censura à imprensa foi relaxada aos poucos e os jornais literários começaram a publicar textos há muito banidos. No início de dezembro, o físico dissidente Andrei Sakharov recebeu um telefonema pessoal de Gorbatchov anunciando o encerramento do exílio interno na cidade fechada de Górki e convidando-o a retornar a Moscou.

Os novos ares de liberdade propiciaram a emersão de uma vasta literatura suprimida. Romances e ensaios políticos proibidos nunca deixaram de circular na URSS. Desde a década de 1960, a literatura vetada pelas autoridades aparecia, em pequenos círculos, sob a forma dos *samizdat*, cópias manuscritas distribuídas subterraneamente, de mão em mão. Em 1987, o célebre romance *Os filhos da rua Arbat*, de Anatoli Ribakov, só disponível na forma de *samizdat*, começou a ser publicado numa série de encartes jornalísticos. A narrativa, de traços autobiográficos, rememorava o período do Congresso dos Vencedores e as circunstâncias do assassinato de Sergei Kirov que preparou os grandes expurgos stalinistas dos anos 1930.

Entretanto, o cálculo estratégico de Gorbatchov não levava em conta a rigidez de um sistema irreformável. Por que o PCUS apoiaria uma abertura política que, no limite, ameaçaria seu monopólio de poder? Como ampliar as liberdades públicas e, simultaneamente, conservar o sistema de partido único? Kruschev não tentara ir além de uma reforma interna do PCUS, pois pretendia apenas derrotar uma facção rival na cúpula do Estado. A *glasnost* nutria ambições muito maiores, que se revelariam inviáveis. Abálkin alertava para a "resistência das forças conservadoras", que enxergavam na *perestroika* "uma ameaça a seus interesses e objetivos egoístas".[275] As tais "forças conservadoras", porém, eram o próprio partido único e a pervasiva burocracia estatal. Elas queriam perpetuar a centralização, não propiciar a "liberdade de escolha".

A *glasnost* produziu alguns dos efeitos políticos almejados por Gorbatchov. Nas principais cidades, especialmente entre os jovens e os profissionais qualificados, configurava-se uma base de apoio para a abertura. Entretanto, a queda simultânea da produção interna e dos preços internacionais do petróleo restringia a capacidade soviética de importar, provocando carência aguda de bens de consumo nos armazéns e lojas estatais. A confiança nas reformas sofria uma erosão crescente, que não podia ser amenizada por discursos sobre o futuro.

Nas cidades provinciais, a escassez era ainda mais aguda que em Moscou ou São Petersburgo. Cartas de pessoas comuns dirigidas ao Comitê Central oferecem lampejos da exasperante situação. "O que ocorre com os suprimentos para a população? [...] As coisas pioram dia a dia. Queremos uma explicação sobre as razões para a redução da cota de açúcar de 2 quilos para 1,5 quilo por pessoa", escreveram cidadãos de Pavlovsk em 1989. De Alexandrov, no mesmo ano, chegou uma carta reclamando da ausência de sabonete e sabão em pó nas lojas da cidade: "Expliquem-nos, por favor, quem é o culpado pelo desaparecimento de todos esses produtos de higiene." Uma carta postada num vilarejo do

---

275 ABÁLKIN, Leonid. "Restructuring the management of the economy – A continuation of the work of the October Revolution." Op. cit., p. 18.

Alexander Yakolev, membro do Politburo e sustentáculo intelectual de Gorbatchov na condução da *glasnost* e da *perestroika*. Defendeu a abertura de investigação para comprovar se havia ou não existido o pacto germano-soviético de 1939. Ficou provado oficialmente que sim.

ártico, próximo a Murmansk, evidenciava desespero: "Não tenho nada com o que alimentar meu filho Yegor, de cinco meses. Não há sucos para nenês, purês de fruta ou fórmulas infantis na cidade."[276]

A justaposição de um sistema econômico de comando central com as iniciativas de descentralização da *perestroika* amplificou o caos que contaminava toda a economia soviética. Criaram-se conselhos de trabalhadores com influência sobre a gestão de empresas estatais declaradas autônomas. Logo, as empresas decidiram aumentar os salários, que subiram 8% em 1988 e mais 13% em 1989, enquanto crescia a indisciplina no trabalho. A lei das cooperativas, de maio de 1988, abriu caminho para a formação de cooperativas de funcionários no interior das empresas estatais. Esses curiosos empreendimentos privados adquiriam produtos das estatais a preços controlados e, depois de processá-los, revendiam-nos a preços de mercado. Em muitos casos, a etapa do reprocessamento era circundada, de tal modo que as cooperativas operavam como meros intermediários, fazendo fortuna rápida.

---

276 GAIDAR, Yegor. *Collapse of an empire: Lessons for modern Russia*. Op. cit., p. 142.

As cooperativas abrangiam quase 5 milhões de trabalhadores em 1989 e continuavam a se expandir. Uma nova lei, daquele ano, permitiu-lhes adquirir propriedades estatais que utilizavam por meio de aluguel. O expediente gerou uma acelerada transferência de patrimônios públicos, vendidos a preços insignificantes que refletiam as condições peculiares da economia soviética. A formação de um "mercado socialista" no universo da economia estatizada abriu oportunidades inimagináveis. Entre os administradores e altos funcionários das cooperativas, começaram a surgir os novos milionários soviéticos, que se juntariam em redes mafiosas nos anos seguintes. Na sua maioria, esses personagens eram os antigos burocratas do escalão superior das corporações estatais.

## O império em desintegração

A URSS era a sucessora do Império Russo. A Revolução Russa impedira que o império dos czares seguisse o destino dos demais impérios europeus, que entraram em colapso durante a Primeira Guerra Mundial. Na guerra civil que se seguiu à tomada do poder pelos bolcheviques, as forças centrífugas dos nacionalismos se misturaram à reação antibolchevique, compartilhando sua derrota. Sob o novo regime comunista, a Grande Rússia vestiu as roupagens do Estado soviético. Debaixo de uma ilusória organização federativa, as repúblicas soviéticas foram subordinadas ao centro de poder russo corporificado no PCUS.

Em tese, o Estado soviético derivava de uma união voluntária de repúblicas soberanas. Os "direitos das nacionalidades" figuravam com destaque no texto constitucional e na literatura política stalinista. Contudo, o regime de partido único convertia a soberania das repúblicas numa proclamação vazia. A facção bolchevique assumiu o nome de Partido Comunista Russo em 1918 e, em 1925, logo após a fundação da URSS, rebatizou-se como Partido Comunista de Toda a União. O nome definitivo surgiu em 1952. O PCUS incorporou na sua estrutura os partidos comunistas de 14 das 15 repúblicas soviéticas. A notável exceção era a Rússia, pois não existia um partido comunista russo — ou, dito de outra forma, o lugar de tal partido estava ocupado pelo próprio PCUS.

O centralismo grão-russo do Estado soviético tinha uma aparência paradoxal, pois a própria Rússia carecia de instituições estatais, que também se confundiam com as da URSS. O paradoxo refletia um projeto político e ideológico:

> Esta identificação Rússia/URSS não era [...] fruto do acaso, mas resultava de um propósito definido: fazer da Rússia, privada de uma identidade própria, o modelo para a integração futura dos Estados e dos povos numa comunidade histórica de um tipo novo, o Estado de uma nação soviética reunida em torno do comunismo, tendo renunciado a todas as diferenças culturais em benefício da unidade enfim realizada. A Rússia servia de modelo e de instrumento de tal projeto, em primeiro lugar pela expansão, em detrimento das línguas particulares, da língua comum que veiculava os valores e uma cultura supostamente compartilhados.[277]

Os czares impuseram a língua russa aos povos conquistados, em nome da glória da Grande Rússia. Os bolcheviques estabeleceram o ensino obrigatório do russo em toda a URSS, em nome da glória do comunismo. Os czares estimularam a transferência de russos para as províncias do império com o propósito de soldar o território imperial disparatado em torno de seu núcleo russo, eslavo e cristão. Os bolcheviques prosseguiram a "russificação" com o intuito de prender as repúblicas ao núcleo de poder comunista. O antigo Império Russo repousava sobre o trono e a dinastia. A URSS repousava sobre a estrutura monolítica, mas tentacular, do PCUS. Quando essa estrutura entrou em crise, fraturas e fissuras se abriram em todo o edifício do Estado.

A URSS não era uma realidade nacional, mas apenas uma realidade ideológica. Como sustentar a unidade do Estado soviético quando se afirmava o valor da pluralidade política? As novas liberdades da *glasnost* abriram caminho para a passagem dos movimentos nacionalistas nas repúblicas soviéticas. Em setembro de 1988, enquanto as forças soviéticas empreendiam uma penosa retirada do Afeganistão, mais de 300 mil manifestantes saíram às ruas de Talin, a capital da Estônia, exigindo a independência. Dois meses depois, o parlamento estoniano emitiu uma declaração de soberania, atiçando a fogueira do separatismo nos dois outros países bálticos.

---

277 CARRÈRE D'ENCAUSSE, Hélène. *La Russie inachevée*. Paris, Fayard, 2000, p. 14.

Estônia, Letônia e Lituânia separaram-se da Grande Rússia logo após a Revolução Russa, mas foram incorporadas pela força à URSS como decorrência do Pacto Molotov-Ribbentrop firmado por Stalin e Hitler. Os nacionalismos bálticos se ancoravam naquela história recente de soberania e na memória fresca da invasão militar soviética de 1939. A Declaração de Soberania da Estônia invocava os artigos sobre a soberania das repúblicas da Constituição soviética para estabelecer uma cláusula de supremacia do governo local sobre o governo federal. "O ânimo dos líderes democráticos era: se não temos outros meios à disposição, temos a legalidade. Isso significava que a justificativa e a argumentação jurídicas se tornaram temas centrais nas discussões populares e na política cotidiana."[278]

Moscou reagiu invocando as cláusulas federais da mesma Constituição para amparar sua negativa em reconhecer a declaração. O conflito, contudo, só era uma polêmica constitucional na sua superfície. No fundo, tratava-se de uma disputa filosófica sobre o significado das leis. A constituição não escrita inglesa se baseia em alguns documentos históricos e na tradição da *common law*, que evolui continuamente em virtude das opiniões emitidas pelos tribunais. A Declaração dos Direitos do Homem da Revolução Francesa de 1789 proclamou que os direitos constitucionais dos indivíduos só poderiam ser assegurados pela separação de poderes. Na URSS, não existia separação de poderes — nem, portanto, independência do parlamento ou dos tribunais. A declaração estoniana emanava do parlamento, subvertendo os fundamentos da ordem política soviética.

A demanda de soberania tinha indiscutíveis raízes populares nos países bálticos. Nas demais repúblicas soviéticas, as águas eram mais turvas e diferenciadas. Entretanto, as cúpulas comunistas locais começaram a usar a ordem em mutação da *glasnost* para reivindicar uma crescente margem de autonomia. A elite política das repúblicas queria romper a dependência de Moscou, formando centros de poder não sujeitos à vigilância federal. No embalo delirante das estranhas privatizações da *perestroika*, a bandeira de autonomia para as repúblicas era um passaporte rumo à riqueza fácil e rápida.

---

278 GRAZIN, Igor. "A new old Constitution for Estonia (Genetic aspects of the Constitution and parliamentarianism versus presidentialism)." In: FRANKOWSKI, Stanislaw & STEPHAN III, Paul B. (ed.). *Legal reform in post-communist Europe: the view from within.* Dordrecht, Martinus Nijhoff, 1995, p. 72.

Sob pressão, Gorbatchov imaginou um programa de reorganização institucional do Estado soviético destinado a contrabalançar o poder do PCUS com órgão de soberania popular. Uma emenda constitucional de 1988 criou o Congresso de Deputados dos Povos da URSS. O novo parlamento, uma invenção monstruosa, seria composto por três corpos de deputados, eleitos respectivamente por toda a população, pela população de cada uma das entidades políticas da federação e por "organizações públicas" como o PCUS, os sindicatos e o Komsomol (União da Juventude). Na ausência de pluralidade partidária, não havia soberania popular efetiva. Contudo, em meio à dilacerante crise do PCUS, o órgão nasceu como caixa de ressonância dos múltiplos centros de poder que se configuravam no país convulsionado.

Na primavera de 1989, teve lugar a primeira, e única, eleição da curta história do arremedo de parlamento da *glasnost*. Os candidatos endossados pelo PCUS formaram uma larga maioria, mas cerca de três centenas de candidatos independentes obtiveram cadeiras, derrotando os postulantes oficiais. Entre os dissidentes, estava Boris Yeltsin, antigo líder do PCUS em Moscou e ardente reformista.

Yeltsin colidira com Gorbatchov dois anos antes, acusando-o de retardar a abertura política, e fora afastado do Politburo. Sua popularidade na Rússia crescia a olhos vistos, no compasso da desorganização da economia soviética — e ele converteu o Congresso numa tribuna de pregação do autonomismo das repúblicas. Logo, formou o Grupo Interregional de Deputados, uma coalizão parlamentar de nacionalistas e liberais russos que reclamava a eleição direta dos governantes das repúblicas soviéticas. O tecido geopolítico da URSS se desmanchava.

A ascensão de Yeltsin pontua a dissolução da URSS. Todo o processo decorreu da criação de instituições estatais próprias na Rússia. Em maio de 1990, com o apoio combinado de reformistas e conservadores do Soviete Supremo da Rússia, ele se tornou primeiro-ministro da república. Em junho, o Congresso de Deputados dos Povos da Rússia, um parlamento organizado nos moldes do novo parlamento da URSS, adotou uma declaração de soberania russa e convocou eleições diretas para a presidência da república. As eleições, livres e multipartidárias, se realizaram em junho de 1991. Yeltsin, que deixara o PCUS, venceu-as à frente do Partido Democrático da Rússia, obtendo 57% dos votos e batendo fragorosamente o candidato de Gorbatchov, Nikolai Ryzkhov. Com a legitimidade proporcionada pelos votos populares, o novo presidente da Rússia passou a dispor de um poder real maior que o do presidente da URSS.

A declaração de soberania russa foi seguida, em julho, por declarações similares das principais repúblicas, notadamente Ucrânia, Bielorrússia e Cazaquistão. O poder de Gorbatchov se transformava numa ficção: apenas o reflexo de uma ordem política e jurídica em vias de extinção. Tentando salvar alguma coisa do Estado soviético, ele costurou um Novo Tratado da União, que transformaria a URSS numa União de Estados Soberanos — ou seja, numa confederação de nações independentes. A cerimônia de assinatura, marcada para 20 de agosto, foi impedida por um golpe dos remanescentes conservadores do Politburo e da KGB.

Três dias antes da data de assinatura do tratado, os golpistas se reuniram com Gorbatchov, que descansava numa casa de praia na Crimeia, exigindo a decretação do estado de emergência ou a renúncia. O presidente rejeitou o ultimato e ouviu a voz de prisão domiciliar. De volta ao Kremlin, no dia 19,

De repente, os russos tinham um líder para chamar de seu. Era Boris Yeltsin (na foto, segurando papéis) e foi sob seu comando que o povo de Moscou saiu às ruas para contestar a ação golpista do exército soviético e dar apoio à continuidade das reformas iniciadas por Gorbatchov.

os conspiradores anunciaram ao país que o governo passava às mãos de um Comitê do Estado de Emergência.

O golpe fracassou em menos de três dias. Os chefes militares hesitaram desde o início, temendo deflagrar uma guerra civil. À frente de manifestações populares em Moscou, Yeltsin convocou as forças armadas a prender os conspiradores — e foi atendido. Gorbatchov retornou à capital em meio a explosões de júbilo popular. O herói, contudo, não era ele, mas Yeltsin.

## "Derrube esse muro, Sr. Gorbatchov"

Reagan visitou Berlim em junho de 1987 e, prosseguindo uma tradição iniciada por John Kennedy, discursou ao lado do muro, nas proximidades do Portão de Brandemburgo. Dirigindo-se aos cidadãos dos países do bloco soviético na Europa Oriental, reafirmou "esta firme, inalterável crença: *Es gibt nur ein Berlin* (Só existe uma Berlim)". Prosseguiu: "De pé, diante do Portão de Brandemburgo, todo homem é um alemão, separado de seus companheiros e todo homem é um berlinense, forçado a olhar para uma cicatriz. [...] Enquanto esse portão estiver fechado, não apenas a questão alemã, mas a questão da liberdade para toda a humanidade permanecerá aberta."

Não havia, até aquele ponto, novidade no discurso. Mas, quando abordou a *glasnost*, o presidente americano deu um passo inusitado, de largas implicações:

> *Escutamos muitas coisas vindas de Moscou sobre uma nova política de reforma e abertura. (...) Damos boas-vindas à mudança e à abertura, pois acreditamos que a liberdade e a segurança andam juntas, que o avanço da liberdade humana só pode fortalecer a causa da paz mundial. Há um sinal inequívoco que os soviéticos podem dar que avançaria drasticamente a causa da liberdade e da paz. Secretário-Geral Gorbatchov, se você busca a paz, se busca a prosperidade para a URSS e a Europa Oriental, se busca a liberalização, venha a esse portão! Sr. Gorbatchov, abra esse portão! Sr. Gorbatchov, derrube esse muro!*[279]

---

279 REAGAN, Ronald. "Tear down this wall." 12 de junho de 1987.

O desafio direto de Reagan não era consenso entre seus assessores diretos. "As pessoas temiam as consequências daquilo que Reagan diria", rememorou seu secretário de Estado George Shultz.[280] As famosas palavras estavam no discurso preparado de antemão, mas foram riscadas a pedido do Departamento de Estado e do Conselho de Segurança Nacional, que enxergaram nelas um pretexto para a linha-dura de Moscou atacar a *glasnost*. A decisão de reinseri-las foi do próprio presidente, na limusine que o conduzia ao lugar do discurso.

A agência soviética TASS qualificou o discurso como "abertamente provocativo, belicista". Gorbatchov não pensava, ainda, na hipótese da eliminação do Muro de Berlim. Ele esboçava a ideia da Casa Comum Europeia, um espaço político e jurídico ideologicamente plural, isento de alianças militares, compartilhado pela URSS com todos os países europeus. Mas a meta de supressão simultânea das alianças militares rivais na Europa não poderia prosperar: no fim das contas, ao contrário do Pacto de Varsóvia, a Otan era fruto de compromissos assumidos entre nações democráticas.

O Muro de Berlim não foi derrubado por iniciativa de Gorbatchov, mas pela força dos movimentos populares que derrotaram os regimes comunistas da Europa Oriental em 1989. O líder soviético tentou, até os meses finais, reformar por dentro aqueles regimes, evitando a ruína completa do edifício comunista erguido no pós-guerra. Também nisso ele fracassou, pois não havia nada que merecesse ser salvo na ordem política do Leste Europeu.

Shultz e os demais conselheiros não estavam de todo errados. Se o discurso de Reagan não forneceu munição suficiente para os inimigos da *glasnost*, a destruição da esfera de influência do império vermelho desempenhou um papel quase determinante na cisão final entre Gorbatchov e o PCUS. O frustrado golpe de agosto de 1991 tinha algumas de suas raízes mais importantes fincadas no desenlace do 9 de novembro de 1989, quando o Muro de Berlim deixou de existir.

Logo depois de retornar a Moscou, enquanto os golpistas eram presos, Gorbatchov renunciou à secretaria-geral do PCUS. Entre agosto e setembro de 1991, todas as repúblicas soviéticas declararam a intenção de abandonar a URSS. Yeltsin ordenou a cessação de atividades do PCUS em território russo e ergueu a bandeira da Rússia ao lado da bandeira soviética, no Kremlin. No

---

280 "20 years after 'Tear down this wall.'" *Time*, 11 de junho de 1987.

Gorbatchov anuncia sua renúncia no dia 25 de dezembro de 1991. Ele conquistou seu lugar de Grande Homem na História ao compreender que a força política que representava tinha sido dissolvida pela própria lógica de suas reformas, aceitando a perda do poder sem resistência.

primeiro dia de dezembro, em referendo popular, os ucranianos votaram pela independência. Uma semana depois, os presidentes da Rússia, Ucrânia e Bielorrússia se reuniram em Brest, declararam a dissolução da URSS e fundaram uma Comunidade de Estados Independentes.

Um devastado Gorbatchov esvaziou suas gavetas e deixou o Kremlin no dia de Natal de 1991. As suas grandes apostas e esperanças já eram, então, notas secundárias nos manuais históricos. Mas havia vitória na derrota monumental. O Muro de Berlim caíra, junto com as ditaduras da Europa Oriental, sem uma temida catástrofe humanitária. O império totalitário da Grande Rússia desaparecera sem cobrar o preço de uma guerra civil — ou de uma nova, aterradora guerra mundial. "Nós fomos capazes de conduzir o país até o ponto de não retorno", diagnosticou Gorbatchov com precisão muitos anos mais tarde.[281] O gerente da transição sem sangue merece mais crédito do que recebeu.

---

281 MYERS, Steven Lee. "Aleksander N. Yakovlev, 81, dies; helped shape perestroika and glasnost in the 80's." *The New York Times*, 19 de outubro de 2005.

# Nós, o povo

O relato é de Christian Führer, à época pastor luterano da Igreja de São Nicolau em Leipzig:

*Recebemos entre 6 e 8 mil pessoas nas igrejas do centro da cidade, mais do que isso não cabia, mas 70 mil pessoas haviam comparecido. Não era possível sair da igreja, todo o pátio ao redor da igreja estava lotado! Todos com velas nas mãos. Velas simbolizam o "não" à violência, pois para segurar uma vela você precisa das duas mãos, senão a vela se apaga. Nessa situação, você não pode ainda segurar uma pedra ou um cassetete. Mais tarde, um membro do comitê central do SED disse, em retrospectiva: "Tínhamos planejado tudo, estávamos preparados para tudo, exceto para velas e orações."*

A tática surtiu o efeito desejado:

*Para uma situação como essa, a polícia não tinha uma ordem de como agir. Se tivessem sido atiradas pedras ou se os manifestantes tivessem atacado os policiais, aí eles teriam uma opção, aí teria acontecido o mesmo de sempre. Mas naquela situação os tanques se retiraram e quando pararam novamente lá em cima, diante do prédio da Orquestra Gewandhaus, sem disparar um tiro, soubemos que a Alemanha Oriental não era mais a mesma. Pressentíamos — mais do que realmente sabíamos — que algo extraordinário havia acontecido. Só mais tarde compreenderíamos de fato o que acontecera.*[282]

Após dois séculos de associação entre revolução e violência, a palavra revolução ganhou, em 1989, nos países do Leste Europeu, um novo sentido. Ela continuava a ser — como observara um mensageiro de Luis XVI no dia em que o povo de Paris ocupou a Bastilha — uma força irresistível decorrente da agitação popular. Mas, ao ser empregado aquele vocábulo para descrever os fatos, o sentido original da palavra acabou subvertido para sempre.

Revolução vem do latim *revolvere* e indica uma volta, um giro, ou seja, o retorno ao ponto de partida. A astronomia tornara clássico o seu uso para descrever o movimento dos astros em suas órbitas. Ao identificar a ação incontrolável do povo nas ruas de Paris à força do movimento das estrelas, o mensageiro do rei deu à palavra revolução o sentido de uma subversão radical da ordem — ou seja, o oposto do sentido original. A sucessão de levantes contra o Antigo Regime na primeira metade do século XIX contribuiu para fixar aquela associação. E também a ideia de que revoluções são fenômenos violentos porque esse seria o único caminho para mudar radicalmente o *status quo*. Com Bakunin, Marx e ainda mais com Lenin, a violência ganhou a legitimidade da luta de classes.

No quadro da Guerra Fria, porém, com a tecnologia bélica cada vez mais letal e o Estado cada vez mais policial, o pacifismo começou a surgir como opção para denunciar a desigualdade na relação de forças entre povos e Estados e a apropriação da ideia de representação política por aparelhos burocráticos agindo em nome de sua própria sobrevivência. Para os integrantes do Pacto de Varsóvia, havia a tensão extra representada pela Doutrina Brejnev, que, desde 1968, impedia qualquer reforma nos países do Leste Europeu sem o consentimento de Moscou, sob pena de intervenção militar. Portanto, se revoluções subvertiam a ordem e, para realizá-la, era necessário apelar à violência, as coisas corriam o risco de permanecer inalteradas naqueles países por muito tempo.

Apatia e hipocrisia eram os grandes males infligidos às sociedades pelo

---

282 "Nós somos o povo! — Os protestos em Leipizg e a queda do Muro." Entrevista com Christian Führer, ex-pastor luterano da Igreja de São Nicolau. *Deutsche Welle*. 15.01.2009.

Contra armas nucleares e Estados policiais, velas, paz e amor... O tempo dos *hippies* ia longe, mas o pacifismo acabou incorporado à esfera da política como estratégia de ação em um jogo de forças muito desiguais.

comunismo, segundo mais de um crítico. A maioria das pessoas simplesmente se acomodava como podia à falta de liberdade. O tcheco Vaclav Havel escreveu *O poder dos impotentes* com a finalidade de chamar a atenção das pessoas para a armadilha de que cada uma delas se tornava um posto avançado do regime ao aceitar alienadamente sua existência. Mas aqueles que continuavam a lutar haviam aprendido que o caminho do enfrentamento estava fadado à derrota pela completa disparidade de forças, já que ninguém contava com a intervenção direta dos países ocidentais nos assuntos internos do bloco soviético. Para esses homens e mulheres, uma nova perspectiva de ação política se abriu a partir do verão de 1975. Sua senha era Helsinque.

A assinatura do Ato Final da Conferência de Helsinque comprometeu, ao menos em tese, os regimes comunistas com o respeito aos direitos humanos e a liberdades fundamentais nomeadas: as liberdades de pensamento, consciência, religião ou crença. O tratado também mencionava os direitos civis e políticos, criando um ponto de pressão internacional sobre os governos do Leste Europeu. Internamente, os grupos de oposição reivindicariam apenas o cumprimento dos direitos já inscritos nas constituições nacionais, mas nunca respeitados. O novo enfoque conferia às oposições um caráter moderado, quase conservador, esboçando um tipo de enfrentamento para o qual os velhos líderes stalinistas não estavam preparados. As articulações entre dissidentes, observadores nomeados pela ONU e a recém-criada Helsinque Watch (mais tarde rebatizada Humans Right Watch) foram decisivas para pôr aqueles governantes na defensiva.

Não que homens como o alemão Erich Honecker ou o tcheco János Kádár tivessem se tornado sensíveis aos direitos civis ou aos clamores da opinião pública: a eficácia da pressão internacional sobre os países comunistas foi diretamente proporcional ao aumento da dependência de empréstimos ocidentais para equilibrar as próprias contas. As deficiências do sistema de planejamento econômico estatal tiveram que ser minimamente reconhecidas pelos governantes em nome da manutenção do próprio poder, pois o apelo ao radiante futuro socialista já não convencia mais. Para manter a ordem social, os Estados do Leste se endividavam a fim de pagar pela crescente importação de insumos e bens de consumo ocidentais.

A questão foi claramente abordada por Vasil Bilak, representante da linha dura na Tchecoslováquia, que se dirigiu à Comissão de Ideologia do Partido nos seguintes termos, em outubro de 1970: "[Em 1948] tínhamos cartazes nas vitrines das lojas prenunciando o socialismo, e as pessoas reagiam favoravelmente. Era um tipo diferente de entusiasmo e um momento histórico diferente; hoje não podemos pregar cartazes prenunciando o socialismo, mas as vitrines têm que estar repletas de mercadorias, para podermos provar que estamos no caminho do socialismo e que temos socialismo por aqui."[283] A fórmula reinventada do Novo Homem comunista era o consumidor feliz, mas não o cidadão detentor de direitos.

Marx qualificou certa vez os "direitos do homem" como promessa "burguesa". A luta por direitos individuais representaria uma abordagem de classe, de valor circunscrito ao tempo histórico do capitalismo. Sob sua perspectiva, as "leis da História" impunham ao proletariado a missão de libertar a humanidade coletivamente, encerrando a era aberta pela Revolução Francesa. A pecha

---

283 JUDT, Tony. *Pós-Guerra. Uma história da Europa desde 1945*. Rio de Janeiro, Objetiva, 2008, p. 579.

imposta pelo pai do socialismo científico serviu como justificativa para a esquerda ocidental fechar os olhos às violações de direitos individuais e humanos nos países comunistas, bem como para endossar as intervenções armadas em Budapeste e Praga. Mas, em meados dos anos 1970, a difusão no Direito Internacional do conceito de direitos humanos vinculados à Carta da ONU, de 1948, contribuiu para a revalorização das liberdades individuais. No novo quadro de Helsinque, a "necessidade histórica" ou os "interesses do proletariado" já não podiam ser invocados com tanta ligeireza por nenhuma corrente política relevante.

A crítica intelectual ao marxismo conduzia a reavaliações do passado — e, em particular, da Revolução Francesa. O historiador François Furet, um ex-comunista, publicara nos anos 1960 o clássico *La Révolution Française* e, em 1978, o *Penser la Révolution Française*, dois passos sucessivos de revisão radical das interpretações marxistas estabelecidas. A França, concluiu, percorrera o caminho entre uma revolução pela liberdade e pela igualdade, em 1789, e o golpe autoritário de Napoleão, em 1799. No trajeto, emergiram os conceitos e os argumentos totalitários que ressurgiriam com o advento da esquerda marxista: o apelo à Razão ou à Necessidade da História. Furet e outros intelectuais reliam o passado com um olhar treinado pelos totalitarismos do século XX e desnudavam o rei ao declarar que os crimes de Stalin, Mao ou Pol Pot não podiam ser justificados pelo recurso ao futuro.

A ruptura com os paradigmas herdados da filosofia romântica alemã lançaria a esquerda ocidental em um grande buraco negro, tanto pelo enfraquecimento de seu papel como intelectuais que analisam o "processo histórico" quanto pela falta de uma ideia mestra alternativa que guiasse a ação política. Não foi, portanto, a partir de uma crítica interna ao pensamento de esquerda que nasceu o impulso para as revoluções de 1989. Ele surgiu do entrelaçamento do pacifismo com a Declaração Universal dos Direitos Humanos. E, sobretudo, ele subvertia o sentido da seta da História definido pelo marxismo:

> *O movimento a favor dos direitos ("direitos humanos"), conforme admitia o jovem teórico húngaro Miklos Haraszti, era um reconhecimento de que o corretivo necessário para os defeitos do comunismo não era um comunismo melhorado, mas a constituição — ou recons-*

*tituição — da sociedade civil (isto é, "burguesa"). A ironia da inversão da agenda do marxismo e da tentativa de substituir o Estado socialista por uma sociedade burguesa não escapava aos intelectuais em Praga e Budapeste. Mas, conforme explicou Mihaly Vajda, colega húngaro de Haraszti, a supremacia do burguês era decididamente preferível à "insuportável experiência histórica da tirania do cidadão".[284]*

As circunstâncias geopolíticas mais amplas também tiveram um peso inegável. Com os anos 1980, chegaram Thatcher, Reagan e uma segunda corrida armamentista. Eles empurraram Gorbatchov e uma URSS atolada no Afeganistão para o caminho da *glasnost* e para a renúncia à Doutrina Brejnev. A rejeição a novas intervenções externas por parte de Moscou enfraqueceu as capacidades repressivas nos Estados satélites, onde nem mesmo os chefes comunistas acreditavam mais na ordem social que diziam construir, enquanto se deparavam com números cada vez mais inviáveis de administração das contas públicas. Confrontados por manifestações pacíficas que começaram a reunir centenas, milhares de pessoas gritando "Nós somos o povo!" e sem bons argumentos que lhes servissem como arma para rechaçar os críticos, só lhes restou reconhecer que havia uma revolução imprevista em curso e que não seria possível conter sua marcha.

## Uma nova palavra — Solidariedade!

"Quarenta anos de socialismo e ainda não tem papel higiênico!", declarou um grevista do estaleiro de Gdansk ao historiador britânico Timothy Garton Ash, que esteve presente em alguns países do Leste Europeu no ano de 1989.[285]

Os enfrentamentos entre trabalhadores e governantes na Polônia comunista não eram novos e o agravamento da situação econômica e o do custo de vida conseguiam provocar grandes mobilizações. A violenta repressão a ações grevistas deflagradas em 1976 em algumas cidades polonesas encorajou um grupo de intelectuais reunidos em torno de Jacek Kurón e Adam Michnik a

---

284 JUDT, Tony. *Pós-Guerra. Uma história da Europa desde 1945.* Op. cit., pp. 566-7.

285 Timothy Garton Ash. *Nós, o povo.* São Paulo, Companhia das Letras, 1989, p. 18.

formar o Comitê de Defesa dos Trabalhadores (KOR) para dar apoio aos que estavam sendo demitidos por participar das manifestações.

A aliança entre intelectuais e operários conferia à oposição polonesa uma coloração singular, ausente da paisagem dos demais países do bloco soviético. Três anos mais tarde, com o agravamento da crise econômica, multiplicavam-se pequenos sindicatos independentes, obviamente ilegais. Todos apoiaram a "Carta dos Direitos dos Trabalhadores" lançada pelo KOR, reivindicando direito à livre organização sindical, autonomia em relação ao partido e direito à greve. Mais uma vez o governo reagiu com uma onda de prisões contra ativistas, intelectuais e operários.

Havia, porém, um elemento inesperado no cenário. Quando, no dia 2 de junho de 1979, Karol Wojtyla, arcebispo de Cracóvia e recém-eleito papa João Paulo II, chegou à Polônia para sua primeira viagem internacional, os sinos das igrejas repicaram por todo o país, com direito a transmissão televisiva internacional. Os poloneses ouviram pregações bastante claras contra o comunismo e sua oposição à verdade — do espírito, da alma. Naquelas circunstâncias, não havia nada que os aparatos de segurança do Estado pudessem fazer para impedir a difusão de uma condenação direta do regime.

O papado, desdenhado no passado por Stalin por não ter divisões armadas, evidenciava o significado, e a força, de ser uma instituição de quase 2 mil anos. A Igreja Católica polonesa — que afinal de contas resistira a cristãos ortodoxos e protestantes por um tempo muito superior à idade do regime comunista — cederia seus espaços e aglutinaria a dissidência. As igrejas se convertiam em santuários políticos, propiciando a reunião de pessoas que temiam se envolver em atividades subversivas mas estavam prontas a expressar sua rejeição a um regime no qual a mentira e a duplicidade figuravam como regra de normalidade.

A opção do Vaticano por Karol Wojtyla pôs em movimento uma série de engrenagens políticas. Na Polônia, onde a fé católica sempre fora um elemento crucial da identidade nacional, o surgimento de João Paulo II, um papa explicitamente mobilizado contra o comunismo, fez a Igreja se converter em ponte entre o Ocidente e as organizações clandestinas ou semiclandestinas que se multiplicavam nos países do Leste Europeu. Muitas dessas organizações, por seu turno, tiveram que deixar de lado tendências anticlericais arraigadas para se abrigar sob o manto protetor da Igreja.

Os sinais eram todos favoráveis — e os trabalhadores poloneses foram à luta mais uma vez em julho de 1980, quando o governo anunciou um forte reajuste no preço da carne. Os operários começaram a paralisar as principais indústrias do país e o KOR declarou-se uma "agência de informação da greve". Foi na histórica cidade de Gdansk — a velha Danzig alemã, uma das causas da invasão da Polônia em 1939 e da submissão do país às forças soviéticas, no fim da guerra — que nasceu o Solidariedade, o primeiro sindicato independente em um país comunista. No Estaleiro Lenin, em meados de agosto, representantes dos diversos grupos operários decidiram somar forças criando o Comitê de Greve Inter Fábricas. Entre outros líderes, destacava-se Lech Walesa, um eletricista, veterano de mobilizações, que fora demitido e preso diversas vezes desde 1976 por participar de ações grevistas. Ele pulara o muro do estaleiro para se juntar aos companheiros no início da paralisação e acabou escolhido para chefiar o comitê de negociações.

Ocupado pelos grevistas e cercado pelas forças de segurança, o estaleiro converteu-se em ponto de romaria da população da região, que se juntava em número crescente na frente dos portões para trazer comida, roupas e, sobre-

Jacek Kurón (esq.) recebe Lech Walesa em sua casa, em Gdansk, em setembro de 1980. A aliança entre intelectuais e operários foi uma característica distintiva do movimento polonês, bem como o apoio da Igreja Católica sob o papado de João Paulo II.

tudo, apoio moral, mostrando ao governo que aqueles subversivos não estavam sós. Temendo a propagação do movimento, pressionado por Moscou para controlar a situação, o regime aceitou negociar com os grevistas no final do mês. Surgia o Acordo de Gdansk, pelo qual o governo reconheceu o direito dos trabalhadores de formar sindicatos livres, independentes do Partido.

Pouco depois, em 17 de setembro, comitês de todo o país se reuniram em Gdansk para fundar o sindicato Solidariedade, na forma de uma federação. Aquilo não era exatamente um sindicato ou uma central sindical, mas a forma de expressão de um movimento nacional de rejeição do regime de partido único. Em semanas, a organização contava quase 10 milhões de filiados. Lech Walesa foi eleito presidente e, rapidamente, alcançou enorme prestígio internacional, tornando-se o símbolo da luta por liberdades civis nos países comunistas, pelo que recebeu o Nobel da Paz de 1983.

A situação na Polônia ameaçava desestabilizar todo o bloco soviético. O acordo não melhorou em nada a situação econômica, pelo contrário. A solução de praxe foi a remoção de Edward Gierek da liderança do Partido Operário Unificado da Polônia. O ministro da Defesa, general Wojciech Jaruzelsky, tornou-se o novo homem forte do Estado. Em dezembro de 1981, agindo para evitar uma intervenção soviética, Jaruzelsky fez exatamente o que Moscou esperava. No dia 13, a Polônia acordou sob Lei Marcial. O Solidariedade foi proscrito e centenas de pessoas, a começar por Lech Walesa, foram presas.

O sindicato sobreviveria na clandestinidade com subsídios vindos dos Estados Unidos, por intermédio do Vaticano. Em 1983, libertado no ano anterior, Walesa decidiu enviar sua esposa para receber o Nobel da Paz, temendo que o impedissem de voltar. Ao mesmo tempo, sob os holofotes, o governo polonês substituía a Lei Marcial pelo mais ameno "estado de guerra", que congelaria a situação política no país até 1989. Enquanto isso, começava o degelo em Moscou.

Força nenhuma, porém, conseguia resolver a caótica situação econômica na Polônia e, em 1988, os preços subiram em média 60%, levando o país novamente às greves. O governo acabou sendo empurrado para a curiosa necessidade de buscar um diálogo informal com representantes da organização oficialmente proscrita, e o próprio Walesa intercedeu para pacificar os grevistas. Em troca, em fevereiro de 1989, o Solidariedade retornou à legalidade. O regime descia a ladeira. Dois meses de novas negociações resultaram no Acordo da

Mesa Redonda, que representou uma revolução institucional completa, com a abolição do sistema de partido único. Pelo acordo, o Solidariedade ganhava o direito de concorrer a 99 de cem cadeiras da Câmara Alta (Senado) e a um número limitado de vagas na Câmara Baixa.

Uma era chegava ao fim, por meio de uma transição indolor. Os candidatos do Solidariedade não apenas venceram triunfalmente as eleições de junho como, mais surpreendente, o Partido Operário admitiu de imediato os resultados. Para o novo governo, indicado em setembro, o Solidariedade emplacou o primeiro chanceler não comunista da Polônia desde o encerramento da guerra mundial: o jornalista e apoiador de primeira hora do Solidariedade, Tadeusz Mazowiecki. Em janeiro de 1990, o Partido Operário Unificado da Polônia se dissolveu. Meses depois Lech Walesa disputou as primeiras eleições da Polônia pós-comunista e foi eleito, por ampla maioria, à presidência da República.

## O efeito dominó

*A televisão, disse Kurón, deveria ser "pública e não governamental". Deveria ser como a BBC! Ele então citou uma reveladora observação feita por um veterano membro do Partido, durante as conversações da Mesa Redonda: "Nós lhes daremos a Zomo (tropa de choque), antes de dar-lhes a televisão." "E ele tem toda a razão", comentou Kurón, "eu preferia ficar com a televisão".[286]*

Se o controle da informação é decisivo para a manutenção do poder nos Estados ditatoriais, a difusão dos meios de comunicação de massa nos países comunistas acabou servindo, em 1989, para conectar as pessoas, mostrando-lhes que outros reagiam e que as coisas estavam mudando sem descambarem para a repressão, estimulando novas adesões e novas revoluções. A ruptura do monopólio informativo era a meta mais importante dos dissidentes: não por acaso, todos os grupos de oposição tinham suas próprias publicações e organizavam redes independentes para fazer frente ao oficialismo informativo.

---

286 Timothy Garton Ash. *Nós, o povo*. Op. cit., p. 30.

Na Hungria, a segunda pedra do dominó da Cortina de Ferro a cair, a velhice de János Kádár facilitou a articulação da direção do partido para substituí-lo por Károly Grósz, então com 57 anos (a faixa etária de Gorbatchov), saudado como jovem e inovador. Kádár, que subira traindo o líder da Revolução Húngara de 1956, Imre Nagy, ao entregá-lo para os soviéticos, amargaria assistir ao espetáculo do enterro oficial de Nagy, cujo corpo fora colocado em vala comum por sua ordem. No dia 16 de junho de 1989, os familiares e amigos das vítimas de 1956, parte dos quais havia formado o Comitê pela Justiça Histórica, se reuniram no cemitério e comemoraram a reviravolta. Kádár morreu três semanas depois, no mesmo dia em que a Suprema Corte votou pela reabilitação integral de Nagy.

Sob a liderança de Grósz, no elétrico ambiente de 1989, o Partido começou a recuar em todas as frentes, aceitando as liberdades de manifestação, oposição e associação. Rapidamente vieram à luz vários grupos políticos, que se organizaram para a transição. Em abril, o Partido votou pelo fim do centralismo democrático. Em seguida foram organizadas as primeiras eleições multipartidárias daquele ano revolucionário no Leste Europeu. Ao meio-dia de 23 de outubro, Matyas Szuros proclamou formalmente a República. Era o aniversário da Revolução de 1956. Agora, sem traumas, o comunismo, o Partido, o Pacto de Varsóvia, tudo que era sólido se desmanchava no ar. Semanas depois, o novo governo húngaro ajudaria a derrubar o Muro de Berlim.

Moscou não reagia. No que restava de cálculo estratégico a Gorbatchov, o bloco geopolítico estava perdido. A inação incentivou novos grupos nos demais países do bloco soviético, que se desintegrava velozmente. Na Tchecoslováquia foram os estudantes universitários que iniciaram as agitações. Em 17 de novembro, os jovens obtiveram autorização para celebrar o aniversário de meio século da morte do estudante Jean Opletal, assassinado cruelmente pelos nazistas. Mas a atividade começou a reunir muita gente, transformando-se em manifestação contra o governo. As pessoas rumaram para a praça Wenceslas, centro cívico de Praga, onde eram aguardadas pelas forças de segurança, que investiram furiosamente, deixando muitos feridos.

No dia seguinte os estudantes convocaram uma greve, rapidamente apoiada por outras escolas, em repúdio à violência estatal. As notícias mobilizaram a população, que começou a aderir à paralisação. Então, Václav Havel reuniu-se no teatro Lanterna Mágica com as forças de oposição e criou o Fórum Cívico para, em nome da sociedade civil, repudiar a violência e pedir a demissão dos responsáveis. O teatrólogo Havel fora o mentor da "Carta 77", que denunciava o não cumprimento dos acordos de Helsinque pelo governo tchecoslovaco, e se tornaria o principal responsável pelo que viria a ser batizado como a Revolução de Veludo, dada a rapidez e suavidade que marcaram a transição para a democracia.

As manifestações se tornaram gigantescas, com expansão de uma curiosa greve nacional, circunscrita ao horário do almoço e ao fim do expediente, para não agravar a situação econômica, como ocorrera na Polônia. O governo renunciou em 24 de novembro, dando lugar a um último gabinete comunista, encabeçado por Ladislas Adamec. No dia seguinte, quase meio milhão de pessoas, concentradas na praça Wenceslas, foram surpreendidas pela aparição de Alexander Dubcek, que retornava à cidade pela primeira vez desde 1968, ao lado de Havel e dos membros do Fórum Cívico. Em júbilo, no final da mani-

Vaclav Havel, diretor do teatro Lanterna Mágica. Daquelas coxias veio a luz que iluminou outras realidades.

festação todos chacoalharam seus chaveiros produzindo um instante mágico, de sinos de vento.

Uma semana depois, coincidentemente, Gorbatchov reuniu-se em Malta com os representantes de um Pacto de Varsóvia em estágio terminal. Os chefes de governo do bloco que desaparecia repudiaram oficialmente a invasão da Tchecoslováquia de 1968, enviando um recado óbvio para os que ainda resistiam às mudanças. No início de dezembro, Ladislas Adamec renunciou ao cargo de primeiro-ministro. A manutenção e a extensão das greves e manifestações empurraram o Partido para a mesa de negociações com o Fórum Cívico. Havel acabou indicado presidente da República, enquanto Dubcek (que não deixara de ser comunista, apesar de tudo) presidiria a Assembleia Federal do país. O caminho conciliador adotado pelo Fórum Cívico impediu o surgimento de revanchismos, inclusive com o reconhecimento de que as pessoas que representavam a velha ordem não poderiam simplesmente ser removidas, pois eram fundamentais para o funcionamento da máquina pública. A proximidade com as festas de final de ano acentuou ainda mais o caráter pacífico da Revolução de Veludo.

O contraste com os acontecimentos na Romênia, onde a população passou o Natal comemorando o fuzilamento do ditador Nicolau Ceausescu, não poderia ser maior. O líder romeno figurava como único homem a desafiar Moscou e permanecer governando um país do Pacto de Varsóvia, depois de rejeitar a participação na invasão da Tchecoslováquia, em 1968. O jogo perigoso do tirano se baseava num exercício de equilibrismo geopolítico, com acenos para o Ocidente que lhe permitiam financiar um sistema de poder personalista e violento. Na Romênia, a camarilha de aduladores de Ceausescu controlava o Partido de modo absoluto, assegurando-lhe uma autonomia em relação a Moscou que não tinha paralelo no bloco soviético. A *glasnost* de Gorbatchov passava longe da paisagem política romena. Lá, não havia espaço para negociações com dissidentes dispersos e selvagemente perseguidos.

A Romênia só se levantou após a queda do Muro de Berlim. Quando, finalmente, em meados de dezembro de 1989, a população tomou coragem para sair às ruas, manifestando-se contra as perseguições que sofria um pastor, todos sabiam que não haveria nenhuma ponte. Ceausescu jamais admitiria articular uma transição pacífica. Ele deu ordens para que se abrisse fogo contra a multidão, mas não podia reprimir o país inteiro. Vaiado ruidosamente na sacada do castelo em 19 de dezembro, ele se calou, estupefato. Três dias depois, decidiu fugir com sua esposa. Enquanto as notícias sensacionais começavam a circular, as forças de segurança do regime agiam em desespero, sem rumo, em nome apenas da própria sobrevivência. No vácuo de poder, os agentes decidiram capturar o casal em fuga, improvisar um julgamento sumário e fuzilar ambos dias mais tarde.

Nada foi tão dramático, entretanto, como a transição na Iugoslávia, um Estado comunista realmente desligado de Moscou, desde a ruptura entre Stalin e Tito no início da Guerra Fria. O titoísmo, com seu ativo neutralismo e suas iniciativas terceiro-mundistas, funcionou como um superficial verniz nacionalista para os iugoslavos enquanto o velho marechal esteve vivo. Mas a sua morte, em 1980, seguida da crise do comunismo, representou o dobre de finados da própria Iugoslávia.

O apelo inicial às liberdades civis encontrou algum eco, mas foi logo sufocado pela retomada das antigas conclamações nacionalistas, que se alimentavam das divisões étnicas do século XIX e das memórias dos conflitos internos da Segunda Guerra Mundial. A guerra civil que destroçaria o país nos anos 1990 faria a Europa confrontar-se novamente com os horrores da "limpeza étnica". Também recordaria a todos que a Iugoslávia nada mais era do que uma invenção dos governos das potências vencedoras da Primeira Guerra Mundial, sobre as ruínas dos impérios Austro-Húngaro e Turco-Otomano.

Um simbolismo histórico agudo, mas amargo, emanou da guerra civil iugoslava. Enquanto sérvios, croatas e bósnios se matavam nos Bálcãs, descobria-se que a história europeia do século XX começara e terminava no mesmo lugar. De certo modo, restaurando o sentido original da palavra, aquilo não deixava de ser uma revolução.

## O ato final da Segunda Guerra Mundial

A metade geopolítica da Europa que ruía naquele ano de 1989 nascera das negociações entre os Aliados em Ialta e Potsdam, em 1945. A divisão da Alemanha era a expressão mais evidente daquelas negociações, assim como a queda do Muro de Berlim seria o sinal indiscutível de que uma era na história da Europa chegava ao fim.

A Alemanha Oriental não se parecia com os demais países do bloco soviético. Aquele fragmento da Alemanha se singularizava por ser um Estado tão artificial a ponto de depender da presença perene das forças do Pacto de Varsóvia no interior de suas fronteiras para existir. O Muro de Berlim, uma barreira física, funcionava como garantia indispensável de sobrevivência do Estado, evitando um demolidor êxodo demográfico. A singularidade conferiu aos eventos na República Democrática Alemã um duplo caráter: a luta pelas liberdades políticas se confundia, inapelavelmente, com a meta da unidade nacional.

Desde Willy Brandt e sua *Ostpolitik*, o governo da Alemanha Ocidental normalizara as relações com a República Democrática Alemã. Num horizonte de curto prazo, a mudança fora muito favorável a Honecker, que passou a ser descrito como interlocutor legítimo, representante de uma nação soberana. A *Ostpolitik* deu ao governo comunista acesso a empréstimos cada vez maiores em moeda forte ocidental, além de uma fonte de renda imoral, mas muito utilizada, que decorria da venda de prisioneiros políticos para o Ocidente.

A aproximação entre Bonn e Berlim enfraqueceu os grupos de oposição na Alemanha Oriental, debilitando as teias que os conectavam ao Ocidente. Na RDA, como na Polônia, foram as igrejas — no caso, majoritariamente protestantes — que abriram suas portas para que as vozes descontentes pudessem falar. Até os *punks* eram recebidos pelos pastores, que cediam o espaço para as reuniões daquelas estranhas figuras. O Estado comunista era visceralmente avesso aos *punks*: aqueles jovens não eram apenas perturbadores da ordem, mas exprimiam uma descrença no futuro incompatível com as promessas do comunismo. Reprimi-los não significava unicamente zelar pela ordem pública, mas quebrar um desconcertante espelho de bruxa.

Honecker era, antes de tudo, teimoso. Contudo, mais que isso, era um líder experimentado o suficiente para temer as repercussões revolucionárias de qualquer tipo de reforma política. As mudanças em curso na Polônia e na Hungria, tanto quanto a paralisia de Moscou, indicavam claramente um giro de direção na seta da História. O líder alemão estava disposto a resistir à avalanche. Mas quem poderia imaginar um país se esvaziando de repente porque seus habitantes cruzavam a fronteira rumo ao país vizinho?

Foi exatamente isso que começou a acontecer em maio de 1989, quando o novo governo húngaro decidiu retirar as cercas elétricas na fronteira com a Áustria. Então, os alemães orientais tiraram proveito da liberdade de circulação no interior do bloco soviético e, em número crescente, lotaram trens e ônibus destinados à Hungria, a fim de aguardar a oportunidade para atravessar uma fronteira que se tornara porosa. Os emigrantes já eram 60 mil no início de setembro. Sob pressão, o governo de Budapeste não ofereceu nenhuma resposta à indagação inevitável: como as autoridades reagiriam se aquelas pessoas resolvessem passar para o Ocidente? O silêncio oficial animou 25 mil alemães orientais a saltar para a Áustria nas 72 horas seguintes.

Budapeste e Viena eram atalhos, mas a estrada da revolução passava por Berlim Oriental. Semanas antes do 7 de outubro, data das comemorações do quadragésimo aniversário da República Democrática Alemã, a dissidência se organizou no Novo Fórum e no Democracia Agora, que exigiam uma *glasnost* na Alemanha Oriental. Grandes expectativas cercavam as celebrações oficiais, para as quais Honecker convidara Gorbatchov, cuja presença deveria simbolizar a bênção de Moscou à liderança da República Democrática Alemã. Surpreendentemente, porém, dias antes da chegada do convidado soviético, 10 mil pessoas se reuniram na igreja de Leipzig, na maior mobilização de protesto no país desde 1953. O golpe final foi assestado pelo líder soviético. No seu discurso, Gorbatchov se dirigiu diretamente a Honecker e pronunciou, de modo claro e pausado, uma frase cortante: "A vida pune aqueles que se atrasam." Os alemães orientais — tanto quanto os ocidentais — entenderam o recado.

"Nós somos o povo", gritava a multidão reunida na frente da Igreja de São Nicolau, em Leipzig, e nas igrejas de outras cidades. Seguindo a bula, o Partido se livrou do obstinado Honecker por meio de um golpe palaciano, em 18 de outubro. No seu lugar, emergiu Egon Krenze, com um programa improvisado de reformas para conter a agitação. Era pouco — e tarde. Meio milhão de berlinenses orientais tomaram as ruas no dia 4 de novembro, o mesmo dia em que a Tchecoslováquia abriu suas fronteiras, propiciando a emigração de 30 mil alemães orientais no intervalo de 48 horas. Cinco dias depois, sem um plano ou uma bússola, o Partido modificou a legislação de viagem, suprimindo a exigência de autorização prévia. A informação, coberta por uma multidão de jornalistas ocidentais, foi fornecida pelo porta-voz Gunter Schabowski. Ele balbuciou um "imediatamente", ao ser inquirido sobre a data de início de aplicação da nova norma, e um "sim", diante da indagação sobre a passagem livre pelos postos de controle fronteiriços do Muro de Berlim.

Os guardas do Muro de Berlim ficaram bastante apreensivos naquela noite de 9 de novembro, quando milhares de pessoas começaram a se reunir em frente aos *checkpoints* para verificar, na prática, o significado da notícia. Eles ainda consultaram seus superiores — e receberam ordens para deixar as pessoas passarem. Em poucas horas, numa atmosfera elétrica, 50 mil pessoas cruzaram os postos de controle que separavam Berlim Oriental de Berlim Ocidental. O muro, erguido em 1961, começou a ser demolido a marretadas naquela mesma noite por gente embriagada de cerveja ou alegria, de ambos os lados da barreira.

No período de um mês, o Parlamento da República Democrática Alemã votou pelo fim da cláusula que obrigava o Estado a seguir a orientação política do Partido. O SED mudou seu nome para Partido do Socialismo Democrático e abriu conversações com o Novo Fórum e o Democracia Agora. Mas as novas forças políticas alemãs orientais, responsáveis pelo apogeu das revoluções de

Nunca a afirmação "tudo que é sólido desmancha no ar" foi tão inteligível como no dia em que Muro de Berlim veio abaixo.

1989, estavam condenadas a desaparecer tão rapidamente quanto surgiram. Os dissidentes queriam experimentar uma Alemanha Oriental democrática. Muitos deles temiam a restauração de uma Alemanha unificada, o chão no qual brotara o nazismo. A reunificação alemã, contudo, tornara-se tão inevitável quanto a rotação da Terra .

No lugar do "Nós somos o povo", um novo grito surgiu nas ruas no início de 1990: "Nós somos um povo." O apelo nacional logo foi captado pela inteligência política de Helmut Kohl, o chanceler democrata-cristão da República Federal da Alemanha, que precisava dar uma resposta ao incontrolável fluxo de pessoas do leste para o oeste. "Para evitar que alemães orientais deixassem o país, o líder da Alemanha Ocidental empenhou-se em aboli-lo", sugeriu com simplicidade o historiador Tony Judt.[287] A abolição da República Democrática Alemã, contudo, estava implícita na Lei Fundamental de Bonn, que fazia da reunificação alemã a meta existencial da República Democrática Alemã. Kohl certamente tinha uma emergência nas mãos, mas sua resposta expressava um compromisso de quatro décadas.

Enquanto se discutia em Bonn a complexa operação de integração de uma República Democrática Alemã em frangalhos e de uma população com níveis de renda muito inferiores, o CDU se organizava na Alemanha Oriental em torno da bandeira da reunificação. Nas eleições, em março, os democrata-cristãos obtiveram um triunfo maiúsculo, obtendo 48% dos votos, contra 22% para os social-democratas, que oscilavam sem cessar diante do tema decisivo da unidade nacional. Os ex-comunistas do Partido do Socialismo Democrático conseguiram apenas 16% dos votos, porém o mais chocante foi o resultado desolador da campanha do Novo Fórum: apenas 2,8% dos eleitores deram seus votos para a coalizão de dissidentes que insistia na reinvenção democrática da República Democrática Alemã.

O gesto final para a reunificação não aconteceu nas ruas ou nas urnas, mas no gabinete de Kohl, na forma de um ato de solene desprezo pelas prerrogativas oficiais do Bundesbank, o banco central alemão. O Bundesbank pretendia converter marcos orientais em marcos ocidentais segundo as taxas de câmbio do mercado, petrificando o abismo de renda entre os habitantes das

---

287 JUDT, Tony. *Pós-guerra. Uma história da Europa desde 1945*. Op. cit., p. 632.

duas Alemanhas. O chanceler retrucou que o banco central tinha independência em relação ao governo, não em relação à nação — e bancou a conversão na paridade de um para um. Na segunda quinzena de maio, firmava-se a "união monetária econômica e social" entre os dois Estados alemães. Em agosto, assinou-se o Tratado da Unificação. A República Democrática Alemã desapareceu oficialmente em 3 de outubro de 1990.

A reunificação, porém, não dependia apenas da vontade dos alemães. Havia Potsdam — e os direitos das potências ocupantes. Entre as eleições na Alemanha Oriental e o Tratado da Unificação, a República Federal da Alemanha e a República Democrática Alemã negociaram freneticamente com Washington, Moscou, Londres e Paris. A primeira reunião ganhou o nome de "4 + 2" mas, a pedido de Kohl, as seguintes foram batizadas como "2 + 4": a vontade alemã deveria, ao menos aparentemente, ter precedência sobre a geopolítica. No fim, Gorbatchov ofereceu pouca resistência, ao contrário de François Mitterrand, que vestiu os trajes do finado De Gaulle e invocou sem parar o espectro de Hitler.

A solução consistiu na promessa de um novo salto na aventura da fusão europeia de soberanias. O Tratado de Maastricht, origem do euro, começou a ser costurado naqueles meses plenos de drama e dúvidas. "A Alemanha inteira para Kohl, metade do marco alemão para Mitterrand", explicaram espirituosamente os cínicos. Potsdam, de qualquer modo, saía de cena. A Segunda Guerra Mundial chegava ao fim, 45 anos depois da rendição nazista.

É um engano imaginar, porém, que a reunificação foi o fruto de um irresistível impulso nacionalista. Os alemães do Leste queriam o marco ocidental e as garantias sociais oferecidas pela República Federal da Alemanha, mas sobretudo almejavam a "Alemanha europeia" erguida no Ocidente do pós-guerra. "O antônimo de comunismo não era capitalismo, mas Europa", constatou Tony Judt.[288] Europa significava, para eles, liberdade e direitos civis — e também uma paz alcançada à custa da renúncia aos nacionalismos desenfreados.

---

288 JUDT, Tony. *Pós-Guerra. Uma história da Europa desde 1945*. Op. cit., p. 626.

# Estátuas derrubadas:
# O fim da história?

O verão boreal de 1989 foi anunciado, a 4 de junho, pelo massacre dos estudantes e populares que pediam democracia na praça da Paz Celestial, em Pequim, e pela vitória do movimento Solidariedade nas primeiras eleições livres na Polônia. No dia 16, 250 mil pessoas ocuparam a praça dos Heróis, em Budapeste, para a cerimônia de reenterro de Imre Nagy, o primeiro-ministro da Revolução Húngara de 1956, executado em 1958. No 14 de julho, celebrou-se o bicentenário da Revolução Francesa. Em agosto, a Hungria cortou as cercas e removeu os controles na sua fronteira com a Áustria. Naquelas semanas, a revista americana de política internacional *The National Interest* saltou repentinamente da obscuridade para a fama pela publicação de um artigo do pouco conhecido cientista político Francis Fukuyama.

"O fim da história?" — o título expunha a mais ambiciosa das indagações, para a qual o autor oferecia uma resposta direta.

> *[...] o século que começou cheio da autoconfiança no triunfo definitivo da democracia liberal ocidental parece próximo de se encerrar com um círculo completo que o leva de volta ao início: não para o "fim das ideologias" ou a convergência entre capitalismo e socialismo, como antes se profetizou, mas para a incontestável vitória do liberalismo político e econômico.*

Fukuyama não estava produzindo um diagnóstico do século, na hora confortável do colapso do comunismo. Ele sugeria que, num sentido forte e preciso, o rio da própria História desaguava no mar plácido da eternidade:

> *O que podemos estar testemunhando não é apenas o fim da Guerra Fria, ou a passagem de um período singular da história do pósguerra, mas o fim da história como tal: isto é, o ponto final da evolução ideológica da humanidade e a universalização da democracia liberal ocidental como a forma definitiva de governo humano.*[289]

O artigo se tornou um livro e, numa introdução a uma edição bem posterior, o autor reafirmava a ideia original, explicando que as injustiças e problemas sociais presentes nas "democracias estáveis" do Ocidente derivam unicamente da "realização incompleta dos princípios gêmeos da liberdade e da igualdade". O fim da História, enfatizou, não significava a interrupção da marcha dos eventos nem a abolição dos conflitos de interesses. Os países continuariam, é claro, sujeitos a retroceder para ditaduras militares ou teocráticas, mas "o ideal da democracia liberal não pode ser aperfeiçoado".[290]

Há algo importante em comum entre Fukuyama e Karl Marx: a invocação de Hegel. "As mudanças que acontecem na Natureza", escreveu Hegel, "exibem apenas um ciclo de perpétua repetição". A História, "região do Espírito", pelo contrário, exibe "uma real capacidade de mudança", "um impulso de aperfeiçoamento".[291] O filósofo do idealismo absoluto imaginou uma "História do Mundo" como "teatro" ou "esfera de realização" do espírito humano. A História evoluiria pelos caminhos tortuosos da dialética, mas tenderia à plena realização das elevadas potencialidades humanas. Marx pretendeu conferir uma "base material" — as forças produtivas e as relações de produção — ao pensamento hegeliano. A perfeição final seria o comunismo: a sociedade sem classes e sem Estado. Fukuyama aceitou o idealismo hegeliano, rejeitou a correção filosófica marxista e enxergou o ponto de chegada da História na "democracia liberal do Ocidente".

---

289 FUKUYAMA, Francis. "The end of History?" *The National Interest*, Summer, 1989.

290 FUKUYAMA, Francis. *The end of history and the last man*. Nova York, Free Press, 2006, p. xi.

291 HEGEL, G. W. Friedrich. *The philosophy of history*. Kitchener, Batoche Books, 2001, p. 70.

Monumento a Friedrich Hegel, em Berlim. Marxistas ou liberais-democratas, todos embarcaram no "trem da História" do principal filósofo do idealismo ocidental – cada qual, porém, acredita que a última estação lhe pertence.

O "trem da História" tantas vezes mencionado pelos marxistas é uma metáfora simplificadora, que praticamente exclui do cenário as idas e vindas da dialética hegeliana, mas sintetiza bem a ideia principal. A História ruma para um lugar definido, num movimento progressivo de realização da perfeição. Fukuyama embarcou no "trem da História", apenas revisando o mapa das estações. No seu ponto de vista, o fim da linha chegara na hora da derrocada da URSS e do comunismo.

## A "CORRUPÇÃO DE NOSSOS SENTIMENTOS MORAIS"

A derrota do comunismo não pode ser circunscrita a um evento geopolítico. No dia 6 de outubro de 1993, às quatro horas da tarde, os turistas reunidos diante do Mausoléu de Lenin, na praça Vermelha, não puderam assistir ao venerável ritual da troca de guarda. No lugar dos elaborados passos de ganso, os dois guardas militares simplesmente caminharam para o interior do mausoléu. Boris Yeltsin, presidente da Rússia pós-comunista, acabava de desativar o Posto Número Um, estabelecido pelo comando da guarnição de Moscou em janeiro de 1924, cinco dias após a morte de Lenin. Os militares em uniforme de gala, empunhando rifles, imóveis mesmo sob temperaturas inferiores a zero grau, foram substituídos por policiais comuns. A interrupção do ritual de 69 anos simbolizou o fim de uma era.

Lenin, em seu testamento, pedira que seu corpo fosse enterrado em São Petersburgo, junto aos da mãe e da irmã. Yeltsin chegou a sugerir, pateticamente, que era hora de dar "um enterro cristão" ao líder ateu do comunismo soviético. Enquanto se fechava o Posto Número Um, prosseguia em todo o vasto território da antiga URSS a tarefa de remoção das milhares de estátuas de Lenin cravadas em parques, praças, avenidas, escolas e instituições públicas. Uma doutrina que se sedimentara como religião laica se retirava da cena queimando a sua iconografia sagrada.

A derrota assumiu a forma de uma renúncia política extensiva. Nos países do Leste Europeu, os partidos comunistas já haviam renunciado a seus nomes originais. O partido da República Democrática Alemã rebatizou-se evocando o "socialismo democrático". O partido húngaro se partiu em dois e a maioria formou uma organização social-democrata. O partido polonês se autodissolveu em congresso, em 1990, também dando lugar a uma agremiação social-democrata. No congresso final, um cartaz colado à parede pedia: "Trabalhadores de todo o mundo, perdoem-nos."

A reinvenção dos partidos comunistas não ficou circunscrita ao antigo bloco soviético. O Partido Comunista Italiano, a mais poderosa corrente ligada à URSS no Ocidente, começou a se afastar da ortodoxia soviética ainda no final da década de 1960, mas continuou a receber financiamento de Moscou até 1984. A queda do Muro de Berlim, entretanto, encerrou sua longa trajetória. Em 1991, a maioria, liderada por Achille Ochetto, declarou a dissolução e fundou o Partido Democrático de Esquerda, cujo nome nem mesmo faz menção ao socialismo. A minoria, por sua vez, criou o Partido de Refundação Comunista.[292]

---

292 Divisões segundo as linhas italianas eclodiram, fora da Europa, em diversos partidos comunistas. No Brasil, Roberto Freire, então presidente do Partido Comunista Brasileiro (PCB), conduziu em 1992 a ruptura que gerou o Partido Popular Socialista (PPS). O antigo PCB, muito enfraquecido, foi reorganizado por uma facção ortodoxa marxista-leninista.

O MURO CAIU!

George H. Bush, o presidente americano que assistiu à queda do Muro de Berlim, proclamou, antes mesmo da dissolução da URSS, a aurora de "um novo mundo", "um mundo no qual existe a perspectiva muito real de uma nova ordem mundial".[293] Aquilo tinha sentido, no plano geopolítico, ainda que a "nova ordem" viesse a se revelar muito menos pacífica — e, também, menos unipolar — do que almejava Washington. Contudo, o desastre final do comunismo soviético provocou repercussões política e ideológicas mais amplas, que atingiram o delicado equilíbrio entre os princípios da liberdade e da igualdade construído no Ocidente do pós-guerra.

O comunismo soviético era uma caricatura macabra do princípio da igualdade. Seu desmantelamento, porém, feriu em profundidade o próprio princípio. Como fruto da derrota política e simbólica do Estado erguido por Lenin em 1917, iniciou-se uma celebração incontida da mágica do livre mercado. A melhor apreciação do novo ânimo produzido pelo desenlace do longo conflito ideológico foi oferecida pelo historiador britânico Tony Judt numa das últimas conferências que pronunciou, durante a etapa derradeira de sua terrível doença degenerativa. Na Universidade de Nova York, um ano após a eleição presidencial de Barack Obama, ele denunciou o desprezo pela ideia de igualdade que atravessava as nações ricas:

> Esta "disposição para admirar, e quase venerar, os ricos e os poderosos, e para menosprezar ou, no mínimo, negligenciar pessoas de condições médias ou pobres [...] é [...] a grande e mais universal causa da corrupção de nossos sentimentos morais". Tais palavras não são minhas. Foram escritas por Adam Smith, que considerava a probabilidade de chegarmos a admirar a riqueza e a desprezar a pobreza, admirar o sucesso e fazer escárnio do fracasso, o grande risco com que nos defrontaríamos na sociedade empresarial cujo advento ele previu. Isso está, agora, conosco.[294]

---

293 BUSH, George H. "Adress before a joint session of Congress on the end of the Gulf War", 6 de março de 1991.

294 JUDT, Tony. "What is living and what is dead in social democracy." The New York Review of Books, 17 de dezembro de 2009.

Os vinte anos que separam a queda do Muro de Berlim da conferência de Judt correspondem à globalização — ou melhor, a uma "segunda globalização", pois a primeira se desenrolou durante a metade final do século XIX. A integração do mercado mundial, tecida pela introdução de novas tecnologias e por fluxos intensificados de mercadorias e investimentos, teve impactos distintos sobre os países desenvolvidos e os países em desenvolvimento.

A China, a Índia e amplas áreas da Ásia, bem como alguns países da América Latina, conheceram crescimento econômico acelerado, ainda que desigual, e grande redução da miséria. Nos Estados Unidos e na Europa Ocidental, contudo, interrompeu-se a dinâmica do pós-guerra de aumento da renda real da maioria da população. Desde o início do século XXI, os Estados Unidos experimentaram uma surpreendente ampliação das desigualdades sociais, que foi disfarçada a golpes de expansão do crédito e do endividamento familiar. O colapso financeiro global de 2008 evidenciou o esgotamento dessa estratégia de crescimento baseada no crédito e na dívida.

A crítica liberal ao Estado de Bem-Estar converteu-se em política oficial no governo Reagan, mas experimentou uma renovada radicalização após a dissolução do comunismo soviético. O Estado de Bem-Estar não foi removido, ao contrário do que assevera uma lenda sobre o "neoliberalismo". Contudo, uma facção decisiva do Partido Republicano adotou um programa que praticamente reduz o exercício da política a um combate contra as inclinações distributivistas da tributação moderna. Nas eleições parlamentares de 1994, sob a liderança de Newt Gingrich, os republicanos obtiveram maioria no Congresso e, em seguida, impuseram ao presidente democrata Bill Clinton um acordo de equilíbrio orçamentário baseado em cortes profundos nos gastos em previdência e saúde pública. Três anos depois, conseguiram aprovar a maior redução de tributos em ganhos de capital na história americana.

No governo Clinton, os Estados Unidos alcançaram o equilíbrio orçamentário e, além disso, começaram a produzir saldos positivos nas contas públicas. A situação se inverteu no governo seguinte, de George W. Bush, como decorrência principalmente do aumento dos gastos militares. As guerras no Afeganistão e no Iraque elevaram brutalmente os dispêndios, mas o presidente republicano conclamou os americanos a consumir e promoveu novos cortes

O furacão Katrina atingiu o sul dos EUA em agosto de 2005 provocando o "mais caro desastre natural" na história do país. A vasta destruição da cidade de New Orleans, onde diques arrebentaram e alarmes não soaram, tornou-se emblemática da administração de George W. Bush: enquanto o governo federal despejava bilhões de dólares na Guerra do Iraque, cortava recursos internos para custeio de obras de infraestrutura e defesa civil, que em momentos de calamidade expunham especialmente os mais pobres.

de impostos. Entre 2001 e 2003, enquanto as forças americanas se engajavam nos dois teatros de guerra, implantaram-se reduções tributárias para todos os contribuintes que beneficiaram principalmente os mais ricos.

"O fato é que a desigualdade de renda é real — e está crescendo há mais de 25 anos", reconheceu Bush perante uma plateia de investidores de Wall Street. As estatísticas eram inclementes. Em 1979, o quinto superior da pirâmide de renda do país apropriava-se de pouco mais de 45% da renda, mas em 2004 já ficava com mais de 53,5% de toda a renda do trabalho. No mesmo período, a parcela da renda do quinto inferior da pirâmide retrocedeu de quase 6% para perto de 4%. "O motivo é claro", explicou Bush: "Temos uma economia que crescentemente remunera a educação e as qualificações oriundas dela."[295]

O conceito, banal, não estava incorreto. A globalização e a aceleração das inovações tecnológicas de fato premiam a qualificação e tendem a acen-

---

[295] "Bush adresses income inequality." *The Washington Post*, 1 de fevereiro de 2007.

tuar as desigualdades de renda. Contudo, por meio dessa verdade evidente, com a qual tentava inscrever na normalidade os aumentos generalizados das remunerações nababescas de altos executivos, o presidente também ocultava que as reformas tributárias regressivas promovidas pelos republicanos desde o governo Reagan alargavam o abismo social americano. O coeficiente de Gini é uma medida de desigualdade de renda que varia de zero (igualdade absoluta) a um (desigualdade absoluta). Na metade da primeira década do século XXI, o coeficiente de Gini dos Estados Unidos atingiu 0,46, aproximando-se do da China, de 0,47 — o maior da Ásia com exclusão do Nepal. Tal similaridade entre um país democrático que é a maior potência do mundo com uma autocracia de partido único evidencia a presença de uma moléstia social indisfarçável.

## "É BOM TER AMIGOS EM ALTAS POSIÇÕES"

A "disposição para admirar, e quase venerar, os ricos e os poderosos" manifestou-se politicamente com especial clareza num debate entre pré-candidatos republicanos à presidência dos Estados Unidos em 2011. O Partido Republicano vencera as eleições para o Congresso no ano anterior, suprimindo a maioria do presidente Barack Obama, e se encontrava sob forte influência do Tea Party, uma rede de lideranças cristãs e ultraliberais que reclamavam a herança de Reagan. Em meio à crise fiscal, o país debatia estratégias para a redução do déficit público, enquanto a economia oscilava no limite de uma nova recessão. Naquele debate, a deputada Michele Bachmann, do Tea Party, conclamou os demais pré-candidatos a se pronunciar contra qualquer elevação de impostos — mesmo se para cada dólar adicional em tributos correspondesse um corte de dez dólares nos gastos públicos. Todos os presentes, com uma solitária exceção, ergueram o braço numa espécie de juramento de fidelidade ao dogma ultraliberal.

O "mercado", essa entidade sem rosto, tem múltiplas utilidades explicativas. "Em algum momento, na década de 1970, o mercado se voltou ferozmente contra os menos qualificados e com menor nível educacional", diagnosticou Alan S. Blinder, um antigo vice-presidente do conselho do banco central americano.[296] Ele não disse, porém, que a elite política americana nada fez para reverter a marcha acelerada do aumento da desigualdade e, pelo contrário, remodelou o sistema tributário de forma a espelhar as tendências anti-igualitárias do mercado.

Um curioso protesto emergiu pela pena do investidor Warren Buffett, classificado como o homem mais rico do mundo em 2008 e o terceiro mais rico em 2011:

> *Nossos líderes pediram um "sacrifício compartilhado". Mas, quando o fizeram, pouparam a mim. Perguntei a meus amigos super-ricos qual sofrimento aguardavam — mas eles também não foram atingidos. Enquanto os pobres e a classe média combatem por nós no Afeganistão, e enquanto a maioria dos americanos lutam para chegar ao fim do mês, os super-ricos continuamos a nos beneficiar de incentivos tributários extraordinários.*[297]

A mão visível da política, não a célebre "mão invisível" do mercado, fazia o serviço. Segundo Buffett, no mesmo artigo: "Essas e outras bênçãos são derramadas sobre nós por legisladores em Washington que se sentem compelidos a nos proteger como se fôssemos corujas-pintadas ou alguma outra espécie ameaçada. É bom ter amigos em altas posições."

Lenin escreveu *O Estado e a revolução* em 1917, nos meses que antecederam a tomada do poder pelos bolcheviques. O pequeno livro, recheado de citações de Marx e Engels, era uma justificativa teórica para a criação de um Estado revolucionário dirigido pelo seu partido. Nele, o líder comunista definia o Estado como "um órgão de governo de classe, um órgão de opressão de uma classe pela outra [...] que legaliza e perpetua essa opressão por meio da moderação do conflito entre classes".[298] O Estado seria algo como um "Comitê Central da burguesia" — que a História substituiria por um "Comitê Central do proletariado". Nenhum Estado moderno, nem mesmo o mais simples

---

296 "Bush adresses income inequality." *The Washington Post*, 1 de fevereiro de 2007. Op. cit.

297 BUFFETT, Warren E. "Stop coddling the super-rich." *The New York Times*, 14 de agosto de 2011.

298 LENIN, Vladimir I. *The state and revolution*. Collected Works, Vol. 25. Lenin Internet Archive, 1999.

ou tirânico, pode ser descrito assim, pois sempre existe uma distinção entre a elite política e a elite econômica. Contudo, a menção irônica de Buffett aos "amigos em altas posições" deixa entrever o risco real de captura das instituições políticas pelos interesses exclusivos dos que detêm o poder econômico.

Desde as "revoluções" de Thatcher e Reagan, no início da década de 1980, registra-se um entusiasmo crescente pela privatização. Os Estados se desfizeram primeiro de empresas industriais que operam em mercados concorrenciais e, como regra, a iniciativa incrementou a produtividade econômica geral e a eficiência dos antigos conglomerados estatais. Em seguida, porém, no marco das ideias de Milton Friedman, engajaram-se em leilões de empresas consagradas a serviços de utilidade pública que, por sua natureza, operam em regime monopolista — como os transportes urbanos, os serviços de saúde, o fornecimento de água e até mesmo os presídios. A lógica da eficiência não é capaz de justificar essa nova fronteira do grande projeto privatizante.

Na teoria, a eficiência deriva da busca pelo lucro, em cenários de acirrada concorrência empresarial. Os serviços tipicamente públicos, porém, não configuram terrenos propícios ao lucro. Eles se destinam a assegurar o exercício de direitos de cidadania que, por definição, não devem discriminar as pessoas segundo critérios de renda. São, portanto, inerentemente deficitários e seus custos precisam ser cobertos, no todo ou em parte, pelos impostos. Não por acaso, os programas de privatização de tais serviços abrangem o compromisso do poder público de garantir uma remuneração mínima sobre o capital dos investidores — isto é, um lucro que emana de contrato, não dos mecanismos da livre concorrência.

Só existe concorrência em mercados nos quais operam diversos atores empresariais, todos potencialmente capazes de ameaçar as posições dos demais. A administração de linhas do metrô, de uma fornecedora de água encanada para residências ou de um estabelecimento carcerário não se enquadra na economia concorrencial. Na falta de competição, a busca de rentabilidade não se realiza por melhorias de qualidade mas, quase exclusivamente, por cortes de despesas que degradam os serviços. Daí, a criação de agências reguladoras estatais com a missão de controlar as concessionárias privadas de serviços públicos.

O venerável metrô de Londres, uma instituição nacional e serviço público essencial, foi privatizado nos anos 1980. Mas, ao contrário do que diziam os privatistas, o serviço não só não foi recuperado como sofreu uma degradação ainda maior, o que deixou várias linhas quase inutilizáveis. Determinados serviços públicos não podem se subordinar à estrita lógica do capital.

A falha fundamental do programa de privatização de serviços públicos não se circunscreve à sua lógica econômica. Quando o Estado deserta de funções cruciais para o exercício dos direitos de cidadania, há consequências políticas bem definidas:

> [...] eviscerando o Estado de suas responsabilidades e capacidades, nós reduzimos a sua posição pública. O resultado são "comunidades muradas", no sentido preciso da palavra: subseções da sociedade que, ingenuamente, imaginam a si mesmas como funcionalmente independentes da coletividade e dos servidores públicos. Se tratamos apenas ou quase sempre com agências privadas, com o tempo diluímos nossa responsabilidade perante um setor público que não tem utilidade aparente. Não importa muito se o setor privado faz as mesmas coisas melhor ou pior, a maior ou menor custo. Em qualquer hipótese, reduzimos nossa fidelidade ao Estado

*e perdemos algo vital que devemos compartilhar — e, em muitos casos, costumávamos compartilhar — com os demais cidadãos.*[299]

Um mundo de "comunidades muradas" não representaria a extinção do Estado, como almejava Marx quando falava do comunismo, mas a abolição do espaço público. Seria a destruição do principal traço definidor da modernidade — e um melancólico desenlace da revolução popular que derrubou o Muro de Berlim.

---

299 JUDT, Tony. "What is living and what is dead in social democracy". Op. cit.

# VI
## É MEIA-NOITE NO SÉCULO
### 2001

# Onze de Setembro

O celular do egípcio Mohammed Atta tocou às 6:52. Do outro lado da linha, mas fisicamente bem próximo, num terminal distinto do mesmo aeroporto de Logan, em Boston, estava seu antigo companheiro Marwan Shehhi, solicitando uma confirmação do plano que seria executado nas horas seguintes. Atta desligou o telefone e, junto com o saudita Abdulaziz Omari, embarcou na classe executiva do voo 11 da American Airlines que decolaria rumo a Los Angeles. O Boeing 767 decolou às 7:59, com 14 minutos de atraso. Separados, haviam embarcado três associados de Atta e Omari.

Dois minutos após a decolagem do voo AA11, um outro Boeing 767, da United Airlines, fechou as portas no aeroporto de Newark (Nova Jersey). O voo UAL93, com destino a São Francisco, ficaria preso na fila de decolagem por mais quarenta minutos. Entre os passageiros da classe executiva, estavam o libanês Ziad Jarrah, piloto comercial certificado meses antes na Flórida, e mais três integrantes do plano secreto em curso naquela manhã. Enquanto isso, no aeroporto Dulles, em Washington, completava-se o embarque de passageiros do voo AA77, um Boeing 757 com destino a Los Angeles. Cinco deles participavam do plano, inclusive o saudita Hani Hanjour, que cursara uma escola de aeronáutica no Arizona. O certificado de Hanjour tinha pouco mais de dois anos. Como ele, Atta e Shehhi possuíam certificados de pilotos comerciais, obtidos na Flórida no ano anterior.

Uma comunicação rotineira entre o voo AA11 e o controle de tráfego aéreo em Boston realizou-se às 8:13. Um minuto depois, porém, a cabine do avião não respondeu à orientação da torre para subir até a altitude de cruzeiro de 35 mil pés. Naquele exato instante, os pneus de mais um Boeing 767, fazendo o voo UAL175, se desprendiam do asfalto do Logan. Ele também tinha Los Angeles como destino e transportava apenas 56 passageiros, além de nove tripulantes. Shehhi, um cidadão dos Emirados Árabes Unidos, estava a bordo, bem como outros quatro conspiradores.

Uma comissária do voo AA11 chamou os supervisores de sua companhia aérea, por meio de um radiotelefone, às 8:19. Os pilotos, ela disse, não respondiam a tentativas de comunicação. Alguém fora esfaqueado no setor da classe executiva e gás lacrimogêneo parecia se espalhar pela aeronave. Dois minutos depois, o *transponder* do avião foi desligado e os radares passaram a registrá-lo apenas como um sinal não identificado. Às 8:24, quando já se imaginava, em terra, que o avião estivesse em poder de sequestradores, o piloto do voo UAL175 ouviu uma transmissão de rádio com a voz de Atta ordenando aos passageiros que ficassem calmos. A aeronave retornaria ao aeroporto, disse o sequestrador, que provavelmente acionou por engano o botão do rádio, no lugar do comunicador com a cabine.

O NORAD, comando de defesa aérea dos Estados Unidos, recebeu a informação sobre o sequestro do voo AA11 às 8:37 e ordenou a preparação de dois caças F-15 para realizar uma interceptação. Cinco ou seis minutos depois, no instante em que decolou com atraso o Boeing que faria o voo UAL93, os sequestradores assumiram o controle do voo UAL175. Apenas dois minutos mais tarde, um supervisor da American Airlines em Dallas (Texas) recebeu um chamado dramático, por radiotelefone, de uma comissária do voo AA11. A aeronave sobrevoava, a baixa altitude, o rio Hudson, ao lado de Manhattan. Ela disse que via água e edifícios, muito perto. Então, sua voz foi substituída por um prolongado ruído de estática. Passados trinta segundos das 8:46, o avião colidiu à velocidade de 790 quilômetros por hora com a torre norte do World Trade Center, entre os andares 93 e 99. Os caças de interceptação haviam decolado menos de um minuto antes de uma base em Massachusetts.

Às 9:03, a torre sul foi atingida, entre os andares 77 e 85, pelo Boeing UAL175, que voava a 950 quilômetros por hora. O Boeing AA77 arrebentou-se

O impacto do ataque e destruição de algo tão grandioso como as Torres Gêmeas, por obra de vontade de uns poucos indivíduos, arrancou a política para fora do seu espaço natural, que é o da palavra negociada, levando-a para o campo do puro terror e arbitrariedade. Nesse caso, não há consenso possível pois apenas a aniquilação do inimigo interessa, em uma espiral de violência sem fim.

contra a seção oeste do Pentágono, em Washington, às 9:38. Às 9:57 os passageiros do voo UAL93 começaram uma revolta contra os sequestradores. O levante desesperado decorreu da informação, recebida por meio de radiotelefones e celulares, sobre as colisões em Nova York. Seis minutos mais tarde, acuados na cabine de comando, os sequestradores arremessaram o avião contra o solo, cerca de 130 quilômetros a sudeste de Pittsburgh, desistindo do alvo planejado, que era o Capitólio ou a Casa Branca. Durante a revolta, iniciou-se o colapso do World Trade Center, com o desabamento da torre sul, que foi acompanhado por uma audiência global de televisão.

Nos dias seguintes, o presidente George W. Bush declarou uma guerra global contra o terror. A operação militar contra o Afeganistão e a derrubada do regime fundamentalista islâmico do Talibã, que dava santuário a Osama Bin Laden e ao comando da rede terrorista al-Qaeda, figuraram como primeiro ato da "guerra ao terror". A sequência conduziu as forças dos Estados Unidos ao Iraque de Saddam Hussein, que não tinha relações com o terror jihadista, num projeto de reordenamento geopolítico de todo o Grande Oriente Médio.

A Doutrina Bush, como ficou conhecida, inspirava-se no conceito de "choque de civilizações", mesclando-o com uma interpretação triunfalista do "excepcionalismo americano". Da série de eventos devastadores do dia 11 de setembro de 2001, emergiu um programa de política externa dedicado à reforma do mundo e legitimado pelo estandarte da liberdade. No núcleo desse programa encontravam-se os neoconservadores.

## Atravessando o espectro político

Os dois grandes partidos políticos americanos representam amplas, diversificadas correntes de opinião. Nenhum deles tem uma vocação doutrinária claramente definida, o que lhes assegura acesso às opiniões médias do público — e, portanto, ao poder político. Pelo leito de ambos, fluem diversas correntes minoritárias, que contam com a força da coesão ideológica mas sofrem das fraquezas inerentes à coerência. Raramente alguma dessas correntes é capaz de exercer influência decisiva na política do partido ao qual pertence e, menos ainda, nas decisões estratégicas da Casa Branca. Mas o Onze de Setembro criou condições para a ruptura dessa regra: diante das ruínas fumegantes das torres gêmeas, Bush falou como um representante da corrente republicana dos neoconservadores.

Entre o início da operação militar no Afeganistão, no final de 2001, e o ataque ao Iraque, em 2003, Bush condecorou Irving Kristol com a Medalha da Liberdade. O intelectual homenageado, então com 82 anos, foi descrito como o "avô do movimento neoconservador". Na sua trajetória, concentram-se os dilemas e as escolhas que configuraram a facção republicana tão influente no período aberto pelos atentados.

Nascido numa família de judeus do Brooklyn oriundos da Europa Central, Kristol transitou, ao longo de três décadas, da extrema esquerda para a direita liberal internacionalista. Ele sempre se enxergou como intelectual dedicado à educação política da opinião pública. De certo modo, jamais esqueceu algumas lições aprendidas nos tempos de juventude, quando acalentava o sonho da revolução socialista. Segundo ele mesmo,

> *[...] na busca do caminho para a sabedoria política, as pessoas necessitam de livros, revistas, ensaios e artigos para ler. É preciso vontade de trabalhar incansavelmente para produzir todos esses livros e artigos até que o clima da opinião pública lentamente se modifique. O que estou descrevendo é, de fato, uma fórmula de sucesso delineada por Lenin, da qual ainda recordo e que aprendi nos meus tempos de jovem trotskista. Primeiro, publica-se um órgão teórico; então, avança-se para livros e panfletos e, finalmente, se cria um jornal. Quando dispõe de um jornal que aplica as teorias elaboradas em publicações mais sofisticadas à política cotidiana, você entrou no negócio.[300]*

Ele "entrou no negócio" muito cedo, em 1942, com a fundação da *Enquiry*, cujo subtítulo era "uma revista do pensamento radical independente". Os jovens egressos do City College de Nova York que participavam do empreendimento eram anticapitalistas mas francamente antistalinistas. No City College, eles usavam nomes de guerra. Kristol era "William Ferry", uma referência irônica, quase clandestina, em circulação entre os jovens radicais, a um líder trotskista americano que, sem formação superior, não conseguia pronunciar corretamente a palavra "periferia".[301] A revista durou apenas oito edições. Um dos ensaios de Kristol era um ataque à participação americana na Segunda Guerra Mundial. Os Estados Unidos, escreveu então, estavam engajados numa cruzada imperialista e racista contra o Japão.

---

300 KRISTOL, Irving. "On the political stupidity of the jews." *Azure*, n. 5760, outono de 1999.

301 BERMAN, Paul. "Irving Kristol's brute reason." *The New York Times*, 27 de janeiro de 2011.

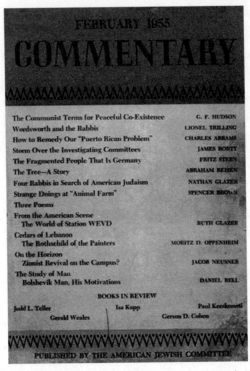

A revista *Commentary* foi o berço do pensamento neoconservador. Segundo Irving Kristol, todo movimento político que pretende exercer influência real deve ter seu próprio órgão de comunicação.

Mas, tanto quanto outros intelectuais da sua geração, Kristol logo desistiu do esquerdismo. No ambiente do início da Guerra Fria, ele concluiu que o totalitarismo soviético era o verdadeiro inimigo e iniciou uma profunda revisão de suas próprias concepções originais. Diante do Estado stalinista, a democracia liberal aparecia como um norte político desejável ou, pelo menos, como o menor dos males. Então, ele se alinhou com a Doutrina Truman e com o Plano Marshall, mas criticou duramente a perseguição macartista contra intelectuais e artistas de esquerda nos Estados Unidos.

A revista *Commentary*, publicada pelo Comitê Judaico Americano e editada por Elliot E. Cohen, serviu como palco para os artigos de um Kristol em transformação. Naquela publicação, mais tarde, brilhou o nome de Norman Podhoretz, outra figura que fundaria o movimento neoconservador. Podhoretz era, igualmente, um filho de judeus pobres do Brooklyn. Seus pais se transferiram da Galícia, na atual Ucrânia, para Nova York, durante a grande onda de imigração dos anos 1920. Na Universidade Columbia, ele se revelou um extraordinário estudante de literatura. Em 1960, com apenas trinta anos, foi convidado para substituir Cohen na direção da revista.

"Com uma circulação de poucas centenas de exemplares, pode-se mudar o mundo", explicou certa vez Kristol.[302] Podhoretz queria mais que centenas. No comando da *Commentary*, reduziu o espaço dedicado a temas judaicos e a transformou na mais influente publicação da esquerda liberal americana. O editor não se identificava mais com a esquerda radical, mas seu universalismo liberal pouco tinha em comum com o da corrente majoritária dos liberais americanos, que tendiam ao multiculturalismo e ao relativismo cultural. A revista que editava publicava artigos de estrelas da New Left, como Herbert Marcuse e Paul Goodman. Contudo, já era possível vislumbrar as fontes de uma ruptura.

Um artigo escrito por Podhoretz se destaca na paisagem da *Commentary* como um objeto brilhante. O tema, abordado no ano da Marcha sobre Washington de Martin Luther King, era a incomensurável dificuldade de integração social entre brancos e negros. O ponto de partida eram suas memórias das violentas relações entre brancos, judeus ou italianos, e negros nas ruas do Brooklyn da Grande Depressão. O ponto de chegada decorria de uma pergunta decisiva, que colocava judeus e negros em paralelo:

> *Pensando nos judeus, frequentemente me perguntei se sua sobrevivência como grupo singular vale um fio de cabelo na cabeça de uma única criança. Tinham os judeus que sobreviver de modo que, um dia, 6 milhões de inocentes devessem ser queimados nos fornos de Auschwitz? É uma questão terrível e ninguém, nem mesmo Deus, jamais poderia respondê-la de modo satisfatório para mim. E quando penso nos negros nos Estados Unidos e sobre a imagem da integração como uma situação na qual os negros terão seu lugar de direito como mais uma minoria protegida numa sociedade pluralista, pergunto-me se eles realmente creem que tal situação possa ser alcançada e, se isso for possível, por que devem sobreviver como um grupo singular.[303]*

---

302 GEWEN, Barry. "Irving Kristol, godfather of modern conservatism, dies at 89." *The New York Times*, 18 de setembro de 2009.

303 PODHORETZ, Norman. "My negro problem — and ours." *Commentary*, fevereiro de 1986, p. 102.

Aquela não era uma pergunta admissível para os liberais de esquerda nos Estados Unidos. A integração, pensava Podhoretz, não continha uma solução pois, no contexto político americano, significava a produção de "mais uma minoria protegida numa sociedade pluralista" — ou seja, a continuidade do gueto social e cultural. A solução estaria em reduzir a cor a "algo irrelevante", fazendo-a desaparecer das consciências. Esse ideal não seria atingido pela integração, mas pela assimilação: "deixemos a palavra brutal vir à tona — miscigenação".[304]

O desenvolvimento da New Left teve um impacto decisivo em Podhoretz e Kristol, então vice-presidente da editora Basic Books. A confusa retórica anti-autoritária da nova esquerda americana, sua oposição ao governo de Lyndon Johnson e à Guerra do Vietnã, seu entusiasmo pelos protestos nas universidades e pela contracultura lhes pareciam provas incontestáveis da degeneração do universalismo liberal. Ambos se assustaram com o antissemitismo latente no movimento do Black Power e com a saraivada de condenações a Israel que acompanhou a Guerra dos Seis Dias, de 1967. Israel representava, na ótica deles, os valores democráticos e liberais do Ocidente, enquanto os árabes, sob a liderança do Egito nasserista, eram aliados da URSS. Além disso, a esquerda do Partido Democrata abraçava o isolacionismo e eles seguiam firmes nas suas antigas convicções internacionalistas.

Dois anos antes da Guerra dos Seis Dias, Kristol ajudou a criar *The Public Interest*, a revista na qual se configuraria a corrente neoconservadora. O termo só surgiu em 1973, cunhado como insulto pelo social-democrata Michael Harrington mas adotado por Kristol, que definiu um neoconservador como "um liberal assaltado pela realidade".[305] A "realidade", no caso, seria formada por duas conclusões paralelas. A primeira: os liberais americanos extraíam os dentes da política externa dos Estados Unidos, curvando-se à crítica de esquerda e renunciando à difusão dos valores americanos. A segunda: a extensão desmesurada das políticas sociais, ilustrada pela Grande Sociedade de Johnson, gerava frutos indesejáveis, como a redução do dinamismo da economia americana e uma permanente dependência dos pobres em relação ao Estado.

---

304 PODHORETZ, Norman. "My negro problem — and ours." Op. cit., p. 102.

305 GEWEN, Barry. "Irving Kristol, godfather of modern conservatism, dies at 89." Op. cit.

No ponto intermediário de sua travessia do espectro político americano, os neoconservadores se aliaram com o senador democrata Henry "Scoop" Jackson. Ao lado de Jackson, criticaram a *détente* de Nixon e se envolveram em tentativas frustradas de alçá-lo à condição de candidato presidencial do Partido Democrata. Depois, desencantados com o governo Carter, identificaram o Partido Republicano como o melhor cenário para a pregação de um ativo internacionalismo anticomunista e de inflexível apoio às posições israelenses.

## Os radicais de Bush

Os caminhos de Kristol e Podhoretz só se cruzaram esporadicamente. Kristol, com sua nova revista, exerceu ampla influência intelectual. Podhoretz continuou a editar a *Commentary* mas a inclinou no rumo de uma defesa tão intransigente das políticas de Israel que, aos poucos, a publicação adquiriu os tons de um catecismo sectário. Envolto numa concha ideológica cada vez mais espessa, ele deplorou no governo Reagan, uma disposição excessiva para a conciliação com a URSS e proporcionou a um destacado conservador republicano a oportunidade de acusar os neoconservadores de "tomar Tel Aviv como a capital dos Estados Unidos".[306]

O "assalto ao Céu" dos neoconservadores começou no segundo mandato de Clinton, quando a corrente se articulou para exercer uma influência determinante sobre o Partido Republicano. Em junho de 1997, William Kristol, filho e herdeiro intelectual de Irving, e Robert Kagan, antigo assessor do Departamento de Estado no governo Reagan, fundaram o Projeto para o Novo Século Americano (PNAC). A Declaração de Princípios do instituto contava, entre seus signatários, com o nome de Podhoretz. Lá estava também Francis Fukuyama, o profeta do "fim da História", além de figuras que viriam a formar o círculo íntimo do presidente Bush: o futuro vice-presidente Richard "Dick" Cheney, o líder republicano na Flórida e "primeiro-irmão" John "Jeb" Bush, os futuros secretário de Estado Donald Rumsfeld e vice-secretário da Defesa Paul Wolfowitz.

---

306 KIRK, Russell. "Neoconservatives: an endangered species." The Heritage Lectures, 6 de outubro de 1988.

Irving Kristol e Norman Podhoretz – os pilares da Doutrina Bush. Da esquerda radical à direita radical, os neoconservadores criticam tanto o Partido Democrata quanto o Republicano.

O vulto de Reagan pairava sobre o texto. "Parece que esquecemos os elementos essenciais do sucesso do governo Reagan: forças armadas poderosas e prontas para enfrentar os desafios presentes e futuros, uma política externa que promova corajosa e nitidamente os princípios americanos no exterior e uma liderança nacional que aceite as responsabilidades globais dos Estados Unidos", dizia a Declaração do PNAC. A mensagem era a seguinte: depois de Reagan, os republicanos haviam perdido o rumo e aberto espaço para o florescimento das políticas multilateralistas e conciliatórias de Clinton.

Duas linhas, em especial, continham as marcas da proposta neoconservadora: "Precisamos fortalecer nossos laços com aliados democráticos e desafiar os regimes hostis a nossos interesses e valores" e "Precisamos promover a causa da liberdade política e econômica no exterior".[307] Meses antes, enquanto Clinton iniciava seu segundo mandato, Yasser Arafat retornara a Hebron após mais de três décadas, juntando-se às celebrações pela entrega da cidade ao controle da Autoridade Palestina, no quadro do processo de paz com Israel. Tony Blair, à frente dos trabalhistas, acabava de assumir a chefia do governo britânico, encerrando a longa era do thatcherismo. O internacionalismo de Clinton se encontrava num ápice, e a liderança americana se exercia por meios mais ou menos indiretos, através do Conselho de Segurança da ONU e da Otan. Os neoconservadores interpretavam tudo aquilo como uma renúncia à hegemonia conquistada na hora do triunfo sobre a URSS.

No texto oculto sobre o qual se ergue a Declaração do PNAC, se encontram as marcas do pensamento do filósofo Leo Strauss, que lecionou na Universidade de Chicago durante duas décadas e inspirou algumas figuras destacadas do movimento neoconservador. Judeu alemão, Strauss se transferiu de Berlim para Paris aos 33 anos, meses antes da ascensão de Hitler e, em 1937, após uma passagem por Cambridge, estabeleceu-se nos Estados Unidos. Especialista na filosofia política clássica e antiga, ele formulou uma crítica radical do liberalismo contemporâneo. Segundo sua interpretação, o pensamento liberal se tornara, desde Hobbes, presa de um relativismo moral que o incapacitava a discernir o bem do mal. Seria preciso retomar os filósofos antigos, especialmente Platão, para recuperar as distinções absolutas perdidas com o advento da modernidade. A plataforma política dos neoconservadores sintetizava a demanda de uma política mundial americana baseada em escolhas morais absolutas.

Strauss encarava a filosofia política como o cenário de uma tensão explosiva, pois a política é o terreno da opinião, enquanto a filosofia almeja a

---

307 Project for the New American Century. Statement of Principles, 3 de junho de 1997.

verdade, que ameaça e subverte a opinião. A única solução possível para a filosofia seria ocultar-se, adotando os disfarces da linguagem política com a finalidade de influenciar os intelectuais públicos. Os filósofos devem convencer os cidadãos de que não são subversivos, mesmo se pretendem derrubar os artigos de fé mais sagrados. Por essa via, se tiverem sucesso, conduzirão os destinos de uma nação utilizando as regras da soberania popular e da democracia. Os neoconservadores mencionavam Reagan para provar que uma política externa apoiada em princípios morais inegociáveis podia alcançar o respaldo de uma maioria do eleitorado.

Em Strauss, há a certeza de que as sociedades modernas caminham em direção à tirania. A educação pública, a difusão geral da ciência e da tecnologia, a democracia de massas conduziriam à adoção universal de regimes de tirania da maioria. O pós-modernismo, o relativismo moral e o multiculturalismo figurariam como tentações quase incontornáveis para tais ditaduras das maiorias — e como caldeirões de diluição das diferenças entre o bem e o mal, o certo e o errado. Os neoconservadores enxergaram na crítica a tais inclinações do liberalismo de esquerda uma de suas missões mais importantes.

As conexões entre Strauss e os neoconservadores são complexas e indiretas. O filósofo morreu em 1973 e, mesmo que as redes acadêmicas que criou tenham continuado a funcionar, ele mesmo jamais escreveu textos sobre a política externa dos Estados Unidos. Contudo, suas noções de fundo e até elementos de seu jargão característico estão presentes no receituário da corrente republicana. Um exemplo significativo é o termo "regime", que assomou nos discursos governamentais da "guerra ao terror" sob a forma da "mudança de regime" preconizada no Iraque e em outros países do Oriente Médio.

Strauss traduzia a *politeia* de Aristóteles como "regime". Em Aristóteles, existem *politeias* de diversos tipos — como as democracias, as aristocracias e as oligarquias — e cada uma delas configura a essência de seus cidadãos. Por isso, Strauss escreveu que "uma mudança de regime transforma determinada cidade em outra cidade".[308] Nas ousadas proclamações do governo Bush, a "mudança de regime" não se resumiria à mera substituição de um tipo de

---

308 XENOS, Nicholas. "Leo Strauss and the rhetoric of the War on Terror." *Logos* 3.2, primavera de 2004.

governo por outro. Os Estados Unidos se engajavam em verdadeiros atos de engenharia social, prometendo transformar a substância política das nações que encarnavam o mal.

Uma avaliação muito difundida, mas grosseiramente inexata, assevera que os neoconservadores moldaram a política externa de Reagan. A influência que exerceram sobre a Casa Branca nos anos 1980 foi equilibrada por um realismo e uma prudência presidenciais que decorriam do cenário geopolítico bipolar da Guerra Fria. Quase duas décadas depois, a corrente estava mais organizada, pronta para formular as diretrizes estratégicas de política mundial do governo Bush. Mesmo assim, seu papel determinante decorreu da comoção nacional provocada pelos atentados do Onze de Setembro.

## Guerra sem fim

Um "nacionalismo cristão" figura com destaque na tradição histórica americana. As Treze Colônias surgiram, em parte, como fruto da perseguição religiosa na Inglaterra, e a liberdade de expressão se tornou um pilar da Constituição americana pois o princípio significava, antes de tudo, a liberdade de crença religiosa. Contudo, religião e política provavelmente jamais se cruzaram com tanta intensidade como no governo Bush.

Pesquisas de opinião revelaram um crescimento substancial, no intervalo entre 1965 e 2003, no número de americanos que "concordam fortemente" com elementos cruciais do dogma cristão. Mais ainda: enquanto, nos anos 1960, mais de metade dos eleitores discordavam do envolvimento das igrejas na política, no início da primeira década do século XXI mais de metade avaliava como positiva a ação política das organizações religiosas. Os partidos políticos se adaptaram à nova polarização de fundo religioso, engajando-se naquilo que foi batizado como "guerra de valores". Os cristãos conservadores, bem como expressiva parcela dos católicos praticantes, se inclinaram na direção dos republicanos, enquanto os liberais secularistas tenderam a se identificar com os democratas.

Bush, pessoalmente, não pode ser descrito como mais religioso que alguns de seus predecessores. Clinton citava as Escrituras com incomum maestria, tanto em igrejas batistas do Harlem quanto na católica Notre Dame. Carter se declarou evangélico, cristão renascido, como outros 20 milhões de americanos, mas ele era um democrata e provinha de uma longa tradição batista de separação entre Igreja e Estado. Bush também se apresentava como cristão renascido — mas, ao contrário de Carter, entrelaçou religião e política desde os tempos de governador do Texas, apoiando programas baseados na fé e assegurando subsídios para iniciativas de evangelização.

O eleitorado religioso tradicionalista, de todas as igrejas e denominações, teve papéis destacados nos dois triunfos eleitorais de Bush. Mais importante que isso, organizações cristãs militantes ajudaram a configurar a maioria republicana que sustentou a sua pré-candidatura presidencial. A cooperação se estreitou ainda mais na campanha da reeleição, em 2004.

Todas as semanas, o comitê político da campanha trocava longos telefonemas com líderes evangélicos de grupos como o Foco na Família, a Coalizão Cristã e a Convenção Batista do Sul. As igrejas saíram em campo, registrando eleitores, distribuindo material, convocando os cidadãos às urnas. Em 2000, numa eleição amargamente contestada, decidida por margem insignificante, votaram 15 milhões de evangélicos, 71% dos quais sufragram o candidato republicano. Quatro anos depois, 78% dos eleitores evangélicos ajudaram a formar a estreita maioria de Bush.

A coalizão republicana forjada por Bush entre neoconservadores internacionalistas e religiosos tradicionalistas era uma estranha, improvável mistura. Os primeiros encarnam valores sociais liberais, inclinam-se na direção de políticas de mercado, criticam regulações excessivas e, sobretudo, querem uma forte projeção externa dos Estados Unidos. As opiniões dos segundos apresentam fortes disparidades, que refletem diferenças de renda e de afiliações religiosas. De modo geral, porém, são profundamente conservadores na esfera dos valores e favorecem programas de combate à pobreza, bem como a extensão das redes de proteção social. Crucialmente, embora com significativas exceções, o eleitorado religioso tradicionalista tende ao isolacionismo e desconfia das proclamações wilsonianas de "reforma do mundo".

A distância e as diferenças entre os dois componentes centrais da coalizão de Bush foram suprimidas num único dia, por iniciativa do jihadismo global. O impacto dos atentados, o primeiro ataque estrangeiro em território america-

A reeleição de George W. Bush, em 2004, foi resultado da estranha aproximação entre os neoconservadores, que defendem a liderança política e moral dos EUA sobre o mundo, e grupos fundamentalistas cristãos, que tendem ao isolacionismo. Sob diferentes perspectivas, eles se uniram em torno da ideia do "choque de civilizações".

no desde Pearl Harbor, dissolveu as inclinações isolacionistas entranhadas na base política do governo. Depois do Onze de Setembro, Bush tinha uma plataforma de política mundial que traduzia a visão dos neoconservadores mas contava com o apoio das organizações religiosas militantes. A onda de patriotismo que varreu o país abriu caminho para diversas iniciativas de segurança interna antes impensáveis. Igualmente, assegurou apoio bipartidário a uma "guerra ao terror" que se desdobrava em objetivos muito amplos, estranhos à liquidação da al-Qaeda.

No dia 20 de setembro, o presidente se dirigiu a uma sessão conjunta do Congresso para declarar a "guerra ao terror". Ele agradeceu ao mundo pela solidariedade e disse que o país jamais esqueceria "os sons do nosso Hino Nacional executado no Palácio de Buckingham, nas ruas de Paris e no Portão de Brandemburgo, em Berlim". Em seguida, lançou as sementes da destruição da solidariedade global aos Estados Unidos, definindo não a al-Qaeda ou o jihadismo, mas o "terrorismo" em geral como inimigo estratégico e prometendo uma guerra sem fronteiras no espaço ou no tempo: "Nossa guerra ao terror começa com a al-Qaeda, mas não termina nela. Ela não terminará até que todos os grupos terroristas com alcance global tenham sido identificados, paralisados e derrotados."

A guerra, no sentido clássico, é o conflito entre Estados. A guerra de Bush não era isso. O terrorismo é uma tática, não um inimigo definível. A guerra de Bush não se circunscrevia ao combate militar à rede da *jihad* e ao regime do Talibã, no Afeganistão, que dava guarida ao centro político da al-Qaeda, mas abrangia ações de inteligência em escala mundial e operações secretas internacionais com repercussões sobre países aliados e hostis. Não se tratava de um programa multilateral contra o terrorismo, mas de uma guerra declarada pelos Estados Unidos e levada a cabo em teatros mutáveis, distribuídos por todo o globo.

Havia um problema de legitimidade na declaração de uma guerra de amplitude indefinida. O discurso presidencial o solucionava recorrendo aos temas do perigo e da liberdade:

> *Esta noite, somos um país despertado para o perigo e chamado a defender a liberdade. [...] Os americanos se perguntam: por que eles nos odeiam? Eles odeiam aquilo que veem aqui nessa câmara: um governo eleito democraticamente. [...] Eles odeiam nossas liberdades: nossa liberdade de religião, nossa liberdade de expressão, nossas liberdades de voto, de reunião e de discordar uns dos outros.*[309]

A "guerra ao terror" precisava encontrar uma base de legitimidade nos valores americanos. Essa necessidade conduziu o presidente a fabricar um inimigo imaginário, destituído de história e circunstância. Os jihadistas, disse Bush naquela noite, eram "os herdeiros de todas as ideologias assassinas do século XX" e prosseguiam "na trilha do fascismo, do nazismo e do totalitarismo". A nova guerra se apresentava, portanto, como nada menos que a continuação da Segunda Guerra Mundial e da Guerra Fria.

Um discurso, entretanto, não é capaz, por si mesmo, de gerar legitimidade. Obviamente, o jihadismo não pode ser descrito como herdeiro do nazismo ou dos fascismos. Além disso, apesar das dimensões dos atentados de Onze de

---

309 BUSH, George W. "Adress to a joint session of Congress and the american people", 20 de setembro de 2001.

Setembro, era difícil aceitar a ideia de que o Ocidente enfrentasse uma ameaça similar às postas pela Alemanha de Hitler ou a URSS de Stalin. Rapidamente, um fosso se abriu entre os Estados Unidos e a Europa.

Na operação militar no Afeganistão, etapa inicial da "guerra ao terror", os aliados europeus seguiram a liderança americana, mesmo depois de Washington deixar claro que não compartilharia com a Otan a responsabilidade pelas decisões estratégicas. Na etapa seguinte, que foi a invasão do Iraque, os Estados Unidos perderam o apoio da França e da Alemanha. A ruptura dos dois tradicionais aliados, mesmo amenizada pela resolução do líder britânico Tony Blair de participar da guerra no Oriente Médio, assinalou uma aguda crise de legitimidade. Aos olhos de uma vasta maioria da opinião pública europeia, não eram os valores do Ocidente que estavam em jogo na grande estratégia de Bush, mas apenas um impulso hegemonista da superpotência remanescente no mundo pós-Guerra Fria.

Robert Kagan, um dos fundadores do PNAC, reconheceu o problema num artigo de 2004, quando a crise iraquiana ameaçava destruir a aliança entre Estados Unidos e Europa. Ele escreveu que a exigência europeia de aprovação da invasão do Iraque no Conselho de Segurança (CS) da ONU carecia de precedentes. Durante a Guerra Fria, quando o CS permanecera paralisado pelos vetos mútuos de Washington e Moscou, os europeus haviam aceitado a liderança americana. Depois, em 1999, a operação militar na antiga Iugoslávia não teve o selo da ONU, mas os europeus participaram da ação de guerra e a justificaram com argumentos humanitários. No caso do Iraque, os europeus invocavam a necessidade de um mandato do CS para, de fato, veicular sua demanda de um condomínio transatlântico na tomada de decisões estratégicas.

A novidade, explicou Kagan, assinalava uma mudança de fundo nas relações entre Estados Unidos e Europa, derivada da extinção da URSS. O desaparecimento do "império vermelho" teria provocado, junto com a queda do Muro de Berlim e a remoção das estátuas de Lenin, um "colapso" dos "pilares da legitimidade americana". O espectro do Estado soviético não estava mais lá, do outro lado da Cortina de Ferro, e "há pouco com o que substituí-lo":

> *O islamismo radical, militante, mesmo se potente ao se manifestar na forma de terrorismo, não substituiu o comunismo como ameaça ideo-*

*lógica à democracia liberal do Ocidente. Da mesma forma, os perigos mais difusos e opacos da era pós-Guerra Fria não tomaram o lugar da maciça ameaça soviética como fonte de legitimidade para o poder americano. [...] Hoje, a frase "líder do mundo livre" soa remotamente absurda — mesmo para ouvidos americanos.*[310]

# O "fogo da liberdade"

Em 1656, três anos depois da nomeação de Oliver Cromwell como Lorde Protetor, no auge da revolução antimonárquica inglesa, James Harrington publicou *Oceana*. O tratado político delineava o projeto de uma república aristocrática e igualitária de proprietários de terra e, repercutindo os anseios do radicalismo protestante, clamava pela exportação da revolução. Em sua passagem decisiva, encontra-se a ideia de uma Commonwealth universal:

*[...] se teu irmão clama por ti em aflição, não o ouvirás? Essa é uma Commonwealth tecida com os ouvidos abertos e um compromisso público; não foi feita para si mesma apenas, mas oferecida como magistratura de Deus à humanidade, para a proteção do direito comum e da lei da natureza.*[311]

O dever moral dos revolucionários ingleses era espalhar a semente da liberdade entre as nações oprimidas pela tirania das monarquias católicas. A Commonwealth tinha a missão de colocar o "mundo desamparado" à "sombra de suas asas", propiciando aos homens "o domingo de tantos anos, o repouso de tantos trabalhos". O Lorde Protetor não se curvou ao apelo de Harrington e de tantos outros radicais, preferindo o caminho da conciliação e do comércio com as monarquias europeias. Contudo, o sentido de missão e predestinação dos radicais ingleses, perseguidos após a restauração monárquica, atravessou o Atlântico e fincou raízes nas Treze Colônias.

---

310 KAGAN, Robert. "America's crisis of legitimacy." *Foreign Affairs*, vol. 83, n. 2, março/ abril de 2004, p. 68-69.

311 HARRINGTON, James. *The Commonwealth of Oceana*. Project Gutenberg, 2008.

*Oceana* está entre as fontes filosóficas da Declaração de Independência e da Constituição americana. Entre os primeiros imigrantes para as Treze Colônias, muitos provinham das fileiras da New Model Army de Cromwell e compartilhavam a convicção de que aquele exército nascera, como espada de Deus, dedicado à instauração da virtude e da equidade na Terra. A revolução, imaginavam, seria retomada no Novo Mundo e, um dia, a Commonwealth se estabeleceria dos dois lados do Atlântico. A identidade política dos Estados Unidos traz, até hoje, as marcas dessa crença.

Na origem nacional dos Estados Unidos, se encontra a noção de excepcionalismo. Todas as nações são excepcionais, no sentido de que cada uma é o fruto de uma narrativa fundadora singular, mas nenhuma outra proclama incessantemente essa condição. Dez anos após a viagem fundadora dos peregrinos do *Mayflower*, John Winthrop liderou um grupo de puritanos que estabeleceria uma colônia na Nova Inglaterra. Em 1630, a bordo do navio *Arbella*, ele pronunciou um sermão que se tornaria célebre pela passagem: "Nós devemos ser como uma cidade brilhante no alto da colina."[312] Os puritanos perseguidos julgavam que sua pátria perecera moralmente por ter rompido o pacto com Deus e prometiam começar tudo de novo na América do Norte, oferecendo aos cristãos da Europa um exemplo de pureza. Não demorou para que a metáfora da cidade-farol fosse preenchida com significados ausentes do sermão original: democracia, liberdade, oportunidade.

"Desde o início mesmo de sua vida nacional, os americanos professaram uma forte crença naquilo que consideravam seu destino: estender, por meio do exemplo, a liberdade e a justiça social para todos e desviar a humanidade do mau caminho, conduzindo-a até a Nova Jerusalém terrestre."[313] De fato, um a um, os presidentes americanos, democratas ou republicanos, retomaram a nota do excepcionalismo e reafirmaram o compromisso com a reforma do mundo. Em sua declaração de guerra, em 1917, Woodrow Wilson assegurou que os Estados Unidos não desejavam "nenhuma conquista, nenhum domínio" ou "compensação material pelos sacrifícios que devemos fazer alegremen-

---

312 WINTHROP, John. "A model of christian charity", 1630.

313 SPANIER, John. *La politica exterior norteamericana a partir de la Segunda Guerra Mundial*. Buenos Aires, Grupo Editor Latinoamericano, 1991, p. 18.

te", pois agiam como "um dos campeões dos direitos da humanidade".[314] Seis décadas depois, no seu discurso de despedida, Reagan mencionou a cidade encarapitada na colina e a jornada de Winthrop "à procura de um lar que seria livre" para falar da missão singular americana.[315]

O segundo discurso inaugural de Bush, proferido no ápice da "guerra ao terror", retomou a antiga tecla do excepcionalismo. "O grande objetivo de exterminar a tirania solicita o trabalho concentrado de gerações", disse o presidente. "A influência dos Estados Unidos não é ilimitada mas, afortunadamente para os oprimidos, é considerável — e a usaremos com confiança em prol da causa da liberdade." Tudo isso era conhecido. Contudo, havia uma novidade: não se tratava de indicar o caminho da Nova Jerusalém pelo exemplo, mas de emitir uma inaudita convocação missionária, que se dirigia diretamente aos povos:

> [...] a sobrevivência da liberdade em nossa terra depende cada vez mais do sucesso da liberdade em outras terras. A melhor esperança de paz em nosso mundo é a expansão da liberdade em todo o planeta. Os interesses vitais dos Estados Unidos e as nossas mais profundas crenças agora se confundem. [...] Hoje, os Estados Unidos falam novamente aos povos do mundo. Todos os que vivem sob tirania e desespero devem saber que os Estados Unidos não ignorarão sua opressão ou perdoarão os opressores. Quando vocês se erguerem pela liberdade, nos ergueremos com vocês.[316]

O discurso de Bush remetia ao *Oceana*, formando um manifesto revolucionário. Na peça retórica, a palavra liberdade aparecia 42 vezes. Havia, ali, imagens próprias a um profeta armado — como a visão de um "fogo da liberdade", aceso pelos esforços americanos, que um dia "se estenderá pelos quatro cantos da Terra".

Temas e ênfases caros à filosofia política de Leo Strauss emanaram no discurso governamental americano da "guerra ao terror". A noção de "clareza moral" — isto é, da nítida separação entre bem e mal — se converteu numa

---

314 WILSON, Woodrow. "War message", 2 de abril de 1917.

315 REAGAN, Ronald. "Farewell address to the nation", 11 de janeiro de 1989.

316 BUSH, George W. "Second inaugural address", 20 de janeiro de 2005.

tecla dominante das proclamações de Washington. No aniversário do primeiro ano dos atentados, William Bennett, antigo ministro da Educação de Reagan e ex-diretor da política de combate às drogas no governo Bush, publicou um artigo que ilustra a emergência de uma linguagem oficial pontilhada de conceitos absolutos e ancorada nas noções pré-modernas de "coragem, honra e sacrifício". Sob o título "Ensinando o Onze de Setembro", ele escreveu:

> *Uma resposta apropriada ao Onze de Setembro começa com um tipo de clareza moral — uma clareza que nomeia o mal pelo seu verdadeiro nome, na qual termos como mal, falsidade e podridão foram corretamente reinseridos no léxico comum. O Onze de Setembro também exige que apontemos aquilo que é bom, certo e verdadeiro. O dia sombrio foi perfurado por raios de coragem, honra e sacrifício — e eles devem ser acolhidos para que todos os vejam, pois são, igualmente, lições duradouras.*[317]

---

317 XENOS, Nicholas. "Leo Strauss and the rhetoric of the War on Terror". Op. cit.

# Um "choque de civilizações"?

Jamal Ismail, um jovem jornalista palestino, conheceu Osama Bin Laden na sede da revista *Jihad*, em Peshawar, Paquistão, em 1984. O futuro líder da al-Qaeda tinha apenas 27 anos e não causou nenhuma forte impressão. O jornalista registrou que seu interlocutor não aceitava refrigerantes americanos, "Pepsi, Coca-Cola, Sprite, 7-Up". "Ele estava tentando boicotar todos os produtos americanos pois acreditava que, sem os americanos, Israel não existiria."[318]

A guerra contra os soviéticos no Afeganistão já completara seu quarto ano e, pela primeira vez, antes ou depois do encontro com Ismail, Bin Laden aventurou-se no país que o celebrizaria. De acordo com um depoimento que prestou a um jornalista sírio, ele decidiu fazer seu batismo de fogo movido por um profundo sentimento de culpa: "Eu me sentia muito culpado por seguir os conselhos de meus amigos e daqueles a quem amo, de não vir para cá e ficar em casa, por razões de segurança, e senti que esse atraso de quatro anos requeria meu próprio martírio, em nome de Deus."[319]

A al-Qaeda surgiu nas montanhas do Afeganistão e em Peshawar, a partir do grupo de militantes árabes recrutado por Bin Laden para participar

---

[318] BERGEN, Peter. *The Osama Bin Laden I know: An oral history of Al Qaeda's leader*. Nova York, Free Press, 2006, p. 39.

[319] BERGEN, Peter. *The Osama Bin Laden I know: An oral history of Al Qaeda's leader*. Op. cit., p. 39.

O Passo Khyber fica na fronteira entre o Paquistão e o Afeganistão e desde a Antiguidade foi a principal rota para cruzar as altas montanhas do Hindu Kush, que separam a Ásia Central do subcontinente indiano. Na época da guerra contra a URSS, foi o caminho seguido pelos *muhajedin* árabes que se uniram aos afegãos. Quando os EUA iniciaram a guerra contra o Talibã, eles tentaram controlar o Passo Khyber, sem nunca conseguir dominá-lo completamente.

da "guerra santa" contra as forças soviéticas que ocuparam o país entre 1979 e 1989. Os "*mujahedin* árabes" desempenharam um papel marginal no conflito afegão, mas emergiram da guerra saudados pela imprensa saudita como heroicos vencedores de uma *jihad* épica. A organização foi fundada em 1988, como fruto da ruptura entre Bin Laden e seu mentor, o teólogo islâmico palestino Abdullah Azzam.

Azzam nasceu em 1941 perto de Jenin, na atual Cisjordânia, e exilou-se na Jordânia após a ocupação israelense de 1967. Inicialmente, ingressou na Organização de Libertação da Palestina de Arafat, mas logo se desiludiu com o nacionalismo. No Egito, onde estudou teologia, aderiu à Irmandade Muçulmana e se aproximou de Ayman Zawahiri e outros seguidores de Sayyd Qutb, o inspirador da noção contemporânea da *jihad*. Do Cairo, transferiu-se para Jeddah, na Arábia Saudita, e passou a proferir conferências na Universidade Rei Abdul Aziz. Foi lá, quando estudante, que Bin Laden o conheceu.

O ano-chave é 1979. A tomada da Grande Mesquita de Meca, em novembro, por militantes radicais Wahabi e a subsequente repressão provocaram a expulsão de Azzam da universidade. A quase simultânea invasão soviética do Afeganistão e o início da resistência afegã criaram um polo de atração para o jihadismo. Azzam publicou uma *fatwa* (conclamação islâmica) de apoio aos guerrilheiros *mujahedin* afegãos, que contou com a aprovação do Grande Mufti saudita, a maior autoridade religiosa do reino. Em seguida, foi para Peshawar e estabeleceu um centro de apoio logístico destinado a voluntários árabes que se engajavam na *jihad* afegã. Bin Laden juntou-se a ele e colaborou com o empreendimento, até a amarga ruptura de 1988.

O jihadismo de Azzam tinha limites políticos e geográficos definidos. Ele queria a retomada de territórios muçulmanos sob controle de governos não muçulmanos em áreas como a Palestina, o Afeganistão, a Ásia Central soviética e mesmo a Espanha meridional. Bin Laden achava que isso era pouco: ele e seus associados da organização egípcia de Zawahiri almejavam a deposição de governos "apóstatas" em todo o mundo muçulmano e, no fim, a restauração do califado islâmico. Em novembro de 1989, um ano após a fundação da al-Qaeda, Azzam morreu vítima de um atentado à bomba contra o automóvel que dirigia, em Peshawar. A CIA, o Mossad israelense e a al-Qaeda figuram no alto da lista de suspeitos.

## A "Doutrina Lewis"

Nos dez anos da Guerra do Afeganistão, as forças soviéticas e o governo de Cabul, obediente a Moscou, enfrentaram os *mujahedin* afegãos, que contaram com a assistência financeira e material dos Estados Unidos, da Grã-Bretanha, da China e do Paquistão. Os chamados *mujahedin* árabes, provenientes de diversos países, desempenharam apenas papéis periféricos no conflito. Durante todo o período do conflito, no máximo 35 mil voluntários árabes entraram em combate. Contudo, essa participação secundária conferiu a seus líderes uma aura heroica, os convertendo em pontos luminosos no céu do jihadismo.

Uma narrativa popular quase lendária, tecida sobre vagos indícios, assevera que Bin Laden e seus *mujahedin* estabeleceram conexões com a CIA, que lhes teria fornecido armas e treinamento. Não existe nenhuma prova material dessa suposta cooperação. Muito mais provável é que os serviços de inteligência ocidentais tenham se circunscrito a ajudar os *mujahedin* afegãos. O certo é que setores do ISI, serviço secreto paquistanês fragmentado em correntes internas rivais, colaborou com os guerrilheiros jihadistas de Bin Laden.

Dois anos depois do triunfo da *jihad* afegã, a primeira Guerra do Golfo serviu como cenário para a cooperação militar entre os Estados Unidos e a Arábia Saudita. Em terras sauditas, Washington instalou uma grande base aérea, que funcionou como ponto de partida de ondas de bombardeios contra o Iraque. Então, Bin Laden transferiu-se para o Sudão, governado por um partido fundamentalista islâmico, montou em Cartum o centro político da al-Qaeda e pôs em marcha a nova "guerra santa". Os jihadistas eram inimigos do regime secularista de Saddam Hussein, mas interpretavam a colaboração entre a monarquia saudita e o governo americano como a prova definitiva de que o Islã se rendera ao Ocidente. A presença dos soldados ocidentais no Estado protetor dos lugares mais santos do Islã equivaleria a uma ocupação.

A segunda *jihad* de Bin Laden se apresentava como a continuação da guerra santa travada no Afeganistão. Ela deveria ferir mortalmente o "império americano" e erguer as massas muçulmanas contra os regimes "apóstatas" sustentados pelo Ocidente. No fim de uma longa estrada, os jihadistas entreviam a miragem da restauração do califado — isto é, da unidade política e religiosa dos povos muçulmanos, que desaparecera junto com a extinção do Império Turco-Otomano.

O "choque de civilizações" está na base ideológica do jihadismo. Mas o conceito figurava, literalmente, no título de um célebre artigo do cientista político americano Samuel Huntington, publicado em 1993, ano de um primeiro atentado da al-Qaeda, com um caminhão carregado de explosivos, ao World Trade Center. Uma resposta à proposição do "fim da História", de Fukuyama, o artigo sugeria que a história do confronto ideológico não se encerrara, mas mudava de forma, convertendo-se numa longa guerra entre conjuntos civilizatórios separados por valores contrastantes:

> *Durante um século e meio depois da emergência do moderno sistema internacional com a Paz da Westfália, os conflitos no mundo ocidental eram essencialmente entre príncipes — imperadores, monarcas absolutos e constitucionais [...]. No processo, eles criaram Estados*

*nacionais e, começando com a Revolução Francesa, as principais linhas de conflito eram entre nações, no lugar de príncipes. [...] O padrão do século XIX perdurou até o final da Primeira Guerra Mundial. Então, como resultado da Revolução Russa e da reação a ela, o conflito entre nações deu lugar ao conflito de ideologias [...]. Tais conflitos entre príncipes, nações e ideologias eram basicamente conflitos internos à civilização ocidental, "guerras civis ocidentais" [...]. Com o fim da Guerra Fria, a política internacional se move adiante de sua fase ocidental e seu centro dinâmico se torna a interação entre o Ocidente e as civilizações não ocidentais [...].*[320]

Uma fronteira de conflito entre Ocidente e Islã, com idade superior a um milênio, estaria se tornando mais virulenta, como decorrência das aberturas políticas em alguns países árabes que favoreciam a emergência de movimentos islamistas. No fundo, nesse fenômeno se encontrariam as fontes do principal eixo do "choque de civilizações".

Huntington encontrou inspiração nas teses do britânico Bernard Lewis, um especialista na história islâmica que mergulhou nos arquivos do Império Otomano e deles extraiu a convicção de uma incompatibilidade fundamental entre a cultura muçulmana e a modernidade. Lewis é o "príncipe dos orientalistas" e moldou o ponto de vista predominante nos meios acadêmicos ocidentais sobre o Islã. Segundo ele, há algo de irreparavelmente anacrônico numa cultura que não sofreu os impactos diretos do Renascimento e das Luzes: uma resistência visceral ao confronto de ideias, à crítica e à mudança.

O historiador opera com categorias fixas, que desafiam a história. Na sua visão, Ocidente e Islã são entidades claramente definíveis, sempre iguais a si mesmas, que atravessam o tempo como cometas viajam pelo Universo. A introdução de seu livro mais conhecido, publicado originalmente em 1950, alerta para as dificuldades de exprimir, em inglês, os conceitos mais relevantes da cultura árabe-muçulmana. Ele explica que binômios como Igreja e Estado, espiritual e temporal, eclesiástico e laico "não tinham verdadeiramente correspondência em árabe até os tempos modernos" e que "a comunidade do Islã

---

320 HUNTINGTON, Samuel P. "The clash of civilizations?". *Foreign Affairs*, vol. 72, n. 3, maio/junho 1993, p. 23.

era simultaneamente Igreja e Estado, num todo, indistintamente interligados".[321] Cada uma dessas observações é obviamente verdadeira, mas não são acompanhadas nem por uma apreciação sobre a cristandade medieval, também definida nos termos do fundamentalismo religioso, nem por uma análise mais cuidadosa dos extensos debates filosóficos que produziram amplas diversidades no tecido histórico do Islã.

A chave interpretativa original de Lewis não leva nada disso em consideração. Tudo se passa como se a civilização muçulmana fosse uma singularidade absoluta, sempre, inapelavelmente, distinta do Ocidente. Em 1990, o orientalista continuava a insistir na tecla do confronto irremediável entre Ocidente e Islã. Num ensaio publicado naquele ano, aparecia a expressão "choque de civilizações". O argumento central do texto repousa numa distinção radical entre o cristianismo e o Islã. Embora a separação legal entre política e religião seja um princípio relativamente recente no Ocidente, escreve Lewis, ela se inscreve na tradição cristã expressa nas Escrituras pela ordem de "entregar a César o que pertence a César e a Deus o que pertence a Deus". O Islã, pelo contrário, seria intrinsecamente incapaz de abrigar a separação entre o poder de Estado e o poder da fé. O fundamentalismo, portanto, figuraria como traço essencial das sociedades muçulmanas.

O impulso fundamentalista não se circunscreveria à ordem interna nas sociedades muçulmanas, mas conduziria, de tempos em tempos, a um reavivamento da fogueira da *jihad*: a "guerra santa" entre a "Casa do Islã" e a "Casa dos Infiéis". Assim, de acordo com Lewis, a linguagem radical de algumas lideranças islâmicas dirigida contra o Ocidente deriva da própria natureza do Islã, não de um conjunto de circunstâncias políticas contemporâneas. O Irã dos aiatolás e os jihadistas da al-Qaeda representariam efetivamente, cada um a seu modo, o "Islã clássico":

> *Já deveria estar claro que nos defrontamos com um estado de espírito e um movimento que transcende em muito o nível de propostas e políticas, bem como os governos que as conduzem. Isto não é nada menos que um choque de civilizações — a talvez irracional, mas certamente histórica, reação de um antigo rival contra nossa*

---

321 LEWIS, Bernard. *Os árabes na história*. Lisboa, Estampa, 1982, p. 25.

Mustafá Kemal Ataturk (1881-1938), líder militar, fundador e primeiro presidente da República da Turquia. Para ele, a separação entre religião e Estado e a secularização da sociedade eram o único caminho para afirmação e desenvolvimento da nação turca contemporânea.

*herança judaico-cristã, nosso presente secular e a expansão mundial de ambos.*[322]

Sob as lentes de Lewis, Islã e Ocidente configuram entidades definidas pela cultura — e a salvação do primeiro residiria na negação de sua "essência", por meio da adoção dos valores do segundo. Numa obra sobre o colapso do Império Turco-Otomano, a abolição do califado e o surgimento da Turquia republicana, o orientalista sugere que um caminho evolutivo geral poderia reproduzir a trajetória turca deflagrada com a revolução de Mustafá Kemal Ataturk, um ardente modernizador "ocidentalista".

Os neoconservadores adotaram como suas as teses e as prescrições implícitas de Lewis sobre o mundo muçulmano. Quando Bush reagiu aos atentados

---

322 LEWIS, Bernard. "The roots of muslim rage." *Atlantic Monthly*, setembro de 1990.

do Onze de Setembro anunciando a "guerra ao terror", ele disse que o Ocidente não estava em guerra com o Islã. Contudo, o sentido da nova estratégia global americana logo desmentiu a afirmação. Não por acaso, na hora da invasão americana do Iraque, o então subsecretário da Defesa Wolfowitz invocou o espectro de Ataturk para apresentar a Turquia como um modelo exemplar da reforma geopolítica almejada por Washington no conjunto do Oriente Médio. Uma espécie de "Doutrina Lewis" assumia a forma de política oficial de Washington.

## Cavaleiros sob a bandeira do Profeta

Segundo Lewis, a doutrina ocidental do direito de resistir a um mau governo é estranha ao "pensamento islâmico". A fórmula, que supõe a existência de um singular "pensamento islâmico", concentra a tese principal do orientalista: a contraposição entre modernidade e mudança, atributos ocidentais, e arcaísmo e permanência, atributos muçulmanos. Contudo, a doutrina do direito de resistir não emanou magicamente das Luzes, pois já estava contida tanto na tradição do primeiro cristianismo quanto, por exemplo, no Islã original, que expressou a legitimidade da revolta contra os clãs guerreiros da península arábica.

A cultura muçulmana jamais foi um monolito impermeável à crítica e à mudança, como sugere Lewis. Pensadores como Avicena (980-1037) e Ibn Khaldun (1332-1406), desenrolando os fios de uma tradição enraizada na cultura helenística, ensaiaram deflagrar uma revolução científica muito antes do advento das Luzes na Europa. Avicena procurou situar as concepções do Islã nos termos da lógica aristotélica e da filosofia neoplatônica. Ibn Khaldun delineou um método de análise histórica que não dependia de intervenções metafísicas.

Bem mais tarde, durante a expansão imperial europeia, modernistas muçulmanos desafiaram a tradição e seus dogmas. Na Índia, o erudito Syed Ahmed Khan (1817-98) impulsionava a educação científica e tentava encaixar a tradição islâmica na moldura do pensamento liberal. No Irã, Mulkhum Khan (1833-1908) e Aqa Khan Kirmani (1853-96) pretendiam substituir a Sharia, código legal islâmico, por um código civil secular. A revolução constitucional

# É MEIA-NOITE NO SÉCULO

iraniana de 1906 não foi um raio no céu claro, mas fruto de um reformismo disseminado na Pérsia xiita, cuja herança ecoa hoje entre os opositores do regime teocrático dos aiatolás.

As ideias reformistas fizeram seu curso também nas sociedades árabes. O intelectual egípcio Muhammad Abduh (1849-1905) queria "liberar o pensamento dos grilhões da imitação" e fazer da "razão humana" um contrapeso "para prevenir excessos ou adulteração na religião".[323] Décadas depois, seu discípulo sírio Rashid Rida (1865-1935) pregou a distinção entre as doutrinas religiosas imutáveis e as leis sociais, que deveriam se amoldar às circunstâncias. Sob o impacto do reencontro com as ideias ocidentais, intelectuais e líderes políticos muçulmanos exploraram caminhos de conciliação entre a tradição islâmica e o liberalismo político.

Nada disso interessa realmente a Lewis, que trabalha com supostos essencialismos imutáveis, não com o fluxo complexo da história. Cinco semanas após o Onze de Setembro, ele escreveu um artigo que, sob as vestimentas do saber acadêmico, configurava uma orientação política prática. Nele, mais uma vez, o Islã emerge como um personagem unívoco — e como uma ameaça concreta:

> A civilização do Islã [...] era tão ecumênica na sua perspectiva quanto explícita nas suas aspirações. Uma das tarefas básicas requeridas dos muçulmanos pelo Profeta era a jihad. Essa palavra, que literalmente significa "esforço", usualmente citada na frase corânica "esforçando-se no caminho de Deus", foi interpretada como a luta armada pela defesa ou avanço do poder muçulmano. Por princípio, o mundo foi dividido em duas "casas": a Casa do Islã, na qual prevalece o governo e a lei muçulmanos, e a Casa da Guerra, o resto do mundo, [...] governada por infiéis. Entre as duas, existiria um perpétuo estado de guerra até que o mundo inteiro abraçasse o Islã ou se submetesse ao governo do Estado muçulmano.[324]

---

323 HOURANI, Albert. *Uma história dos povos árabes*. São Paulo, Companhia das Letras, 1994, p. 312.

324 LEWIS, Bernard. "The revolt of Islam." *The New Yorker*, 19 de novembro de 2001.

"Osama Bin Laden e seus seguidores da al-Qaeda podem não representar o Islã", admitia Lewis no mesmo artigo, "mas eles se originam do interior da civilização muçulmana, assim como Hitler e os nazistas se originaram do interior da civilização cristã, de modo que devem ser vistos no seu próprio contexto cultural, religioso e histórico". A presença dos qualificativos "cultural", "religioso" e "histórico", tanto quanto a notável ausência do qualificativo "político" são as chaves para decifrar o método do orientalista: trata-se de procurar as raízes "essenciais" do jihadismo nas profundezas insondáveis da "civilização islâmica", não nas circunstâncias políticas do presente.

O paralelo com Hitler evidencia um caos metodológico. No fim das contas, a interpretação do nazismo pode até tentar situar o movimento hitlerista no "contexto cultural, religioso e histórico da civilização cristã", mas ela fracassará se não se concentrar no impacto da formulação de um nacionalismo racial nas circunstâncias políticas geradas pelo Tratado de Versalhes e pela devastadora crise econômica e política alemã do período entre as guerras. Lewis, porém, estava determinado a girar os holofotes da análise para a "civilização islâmica", de modo a deixar no escuro as fontes contemporâneas do jihadismo de Bin Laden. Seu funcionalismo abomina a história e substitui a complexidade da política por um jogo maniqueísta de "essências" em confronto. Entretanto, um exame dos textos emanados da própria al-Qaeda fornece indícios da imensa distância que separa o jihadismo da tradição islâmica.

No final de 2004, pousou na redação do diário árabe *Al-Sharq al-Awsat*, publicado em Londres, uma cópia de *Cavaleiros sob a bandeira do Profeta*, escrito por Zawahiri nas cavernas de Tora Bora ou em algum esconderijo da região de Kandahar, no Afeganistão, em 2001. O livro é a mais completa exposição da política do movimento jihadista e, ainda, uma prova do fracasso da interpretação dominante no Ocidente sobre a natureza do desafio apresentado pelos "guerreiros da fé".

A tese central de Zawahiri era que o alvo da *jihad* deveria ser transferido do "inimigo próximo" para o "inimigo distante", pois a confrontação adquirira caráter global. A guerra santa necessitaria de uma liderança capaz de "extirpar a religião das complexidades da terminologia", aproximar-se das massas muçulmanas e "romper o cerco imposto pela mídia ao movimento da *jihad*".[325] As ferramentas conceituais culturalistas de Lewis são inadequadas à apreensão dessa linguagem. O orientalista interpreta o Islã como uma síntese cultural e, sobre tal alicerce, elabora uma narrativa que, mesmo recheada de fatos históricos, descreve o desenvolvimento das sociedades muçulmanas como um desdobramento infinito de suas origens religiosas. E, no entanto, o manifesto de Zawahiri não se articula nos termos de alguma venerável tradição islâmica, mas na linguagem característica dos movimentos terceiro-mundistas.

Logo depois do Onze de Setembro, Lewis retomou sua antiga tese de que os povos árabes "podem tentar voltar as costas ao Ocidente e às suas realizações, perseguindo a miragem de um retorno ao ideal teocrático perdido".[326] *Cavaleiros sob a bandeira do Profeta* pode ser lido como uma arenga antissemita vulgar, que enxerga a mão onipresente do Judeu atrás da campanha de Napoleão Bonaparte no Egito, da Declaração Balfour de 1917 e da primeira Guerra do Golfo, em 1991. Mas as passagens cruciais do manifesto evidenciam realismo político e consciência estratégica.

Zawahiri lamenta, por exemplo, que os jihadistas cedam o palco do discurso sobre a Palestina aos nacionalistas e conclama seus seguidores a assumir a linha de frente na luta por Jerusalém. O tema da Palestina, escreve, "inflama os sentimentos da nação muçulmana, do Marrocos à Indonésia" e funciona como "foco de unidade para todos os árabes, sejam crentes ou não crentes, bons ou maus".[327] Como pretender que estas sejam as palavras de um fanático religioso na perseguição de uma idade de ouro desaparecida nas brumas do passado?

O livro-manifesto não é um exemplo isolado. No final de 2005, atentados contra três hotéis americanos na Jordânia deixaram quase sessenta mortos, em sua maioria árabes que celebravam um casamento. O cérebro atrás da ação era Abu Musa Zarqawi, um fundamentalista jordaniano que conheceu Bin Laden no Afeganistão e, mais tarde, criou a al-Qaeda no Iraque. Os atentados e outras ações violentas contra muçulmanos no Iraque ocupado mancharam a reputação de Zarqawi e ajudaram a destruir a alian-

---

325 "Khights under the Prophet's banner". *Al-Sharq al-Awsat*, 2004.

326 LEWIS, Bernard. *Os árabes na história*. Op. cit., p. 200.

327 "Khights under the Prophet's banner." *Al-Sharq al-Awsat*, Op. cit.

As montanhas de Tora Bora, no Afeganistão, serviam de esconderijo ao alto-comando da al-Qaeda e, provavelmente, foi lá que o egípcio Zawahiri escreveu *Cavaleiros sob a bandeira do Profeta*. Mas, do mesmo modo que o sentido da obra escapou à compreensão imediata dos americanos, os líderes da organização terrorista também conseguiram escapar dos ataques promovidos pelos EUA. Foi necessária uma década para que Osama Bin Laden fosse finalmente encontrado e eliminado.

ça entre insurgentes sunitas iraquianos e os jihadistas. O egípcio Zawahiri tentou, sem sucesso, fazê-lo mudar de rumo. Meses antes dos ataques na Jordânia, enviou-lhe uma carta de admoestação que revelava muito sobre a natureza do jihadismo.

A mensagem começava com uma série de referências retóricas a Deus, à religião, ao Livro, à Suna e ao Profeta. Em seguida, numa brusca ruptura de linguagem, Zawahiri passava ao terreno da política insurrecional, chamando a atenção de Zarqawi para a necessidade da obtenção de apoio popular de massas, "mesmo se o movimento jihadista adota o método da derrubada violenta" dos "governantes apóstatas". E prosseguia:

> [...] se o movimento jihadista for obrigado a adotar outros métodos, como uma guerra popular de jihad ou uma intifada popular, então o apoio popular será o fator decisivo para a vitória ou a derrota. [...] Portanto, nosso planejamento deve buscar envolver as massas muçul-

*manas na batalha, levar o movimento mujahedin às massas e não conduzir a luta longe delas.*[328]

"Massas muçulmanas", "guerra popular", "intifada popular" — a linguagem da carta estava pontilhada pelas senhas de uma tradição discursiva bem conhecida, que é a das lutas anti-imperialistas do século XX. O movimento jihadista que se coagulou na al-Qaeda não é um fruto da "civilização islâmica", a não ser no sentido genérico de que o nazismo é, como uma torrente de fenômenos políticos distintos, fruto da "civilização ocidental". A *jihad* de Bin Laden não é nem mesmo uma derivação legítima do salafismo saudita do qual emanou a seita Wahab, mas apenas um ramo singular dessa seita que se organizou no cenário da guerra afegã.

A principal corrente dos Wahab se acomodou como doutrina quietista e se adaptou à cooperação estratégica entre a monarquia saudita e Washington. O jihadismo representa, de certo modo, uma dissidência do fundamentalismo Wahabi. Bin Laden e Zawahiri incorporaram à sua guerra santa a linguagem anti-imperialista e rejeitaram o monopólio dos sábios corânicos sobre a interpretação do Islã. Os fundamentalistas sauditas são pré-modernos; os neofundamentalistas da al-Qaeda são pós-modernos.

# O Islã diante do pluralismo

O teólogo e filósofo Mohammad Khatami serviu como presidente do Irã entre 1997 e 2005, posição a partir da qual tentou enfrentar o poder do Líder Supremo Ali Khamenei e encetar reformas democratizantes no Estado islâmico. Depois, uniu-se aos oposicionistas do chamado Movimento Verde iraniano e entrou em conflito aberto com o regime teocrático dos aiatolás.

Khatami está entre os herdeiros intelectuais do reformismo persa que se expressou na revolução constitucional de 1906. Seu pensamento constitui uma busca de conciliação entre o Islã e a modernidade — o que significa, basicamente, a adoção de uma perspectiva política pluralista. Em 2000, na Conferência do Diálogo entre Civilizações, patrocinada pela ONU, ele proferiu um discurso no

---

328 ZAWAHIRI, Ayman. "Letter from al-Zawairi to al-Zarqawi", 9 de julho de 2005.

qual mencionava a emergência de uma "cultura global". O tema do evento se inscrevia na moldura de Lewis e Huntington: o "diálogo" seria a resposta para o "choque" de civilizações. O conferencista, porém, se insurgia contra aquela moldura, insistindo não nas barreiras entre civilizações, mas nos intercâmbios e fusões que moldam a modernidade. O Irã, explicou, situado sobre o eixo de contatos entre a Europa, de um lado, e o Oriente, o Oriente Médio, a Ásia Central e o Subcontinente Indiano, encontrou-se "no caminho de furacões políticos, tanto quanto de agradáveis brisas de trocas culturais". Além disso, uma "capacidade persa para integrar" derivaria das sínteses entre a "antiga sabedoria persa", o "racionalismo grego" e o "conhecimento islâmico intuitivo".[329]

Quase exatamente um ano após a conferência de Khatami, as Torres Gêmeas ruíram sob o impacto dos aviões sequestrados pelos terroristas da al-Qaeda. O fundamentalismo islâmico do qual derivou o jihadismo é, antes de tudo, uma rejeição absoluta do pluralismo. Mas não há, na "essência" do Islã, nada que impeça a modernização pluralista das sociedades muçulmanas. Perto do quinto aniversário dos atentados, Khatami voltou aos Estados Unidos para proferir uma nova conferência, dessa vez perante a Sociedade Islâmica da América do Norte, em Chicago. Ele criticou uma figuração midiática fabricada pela tese do "choque de civilizações":

> *A imagem política do Islã que é apresentada consiste apenas numa visão imaginária de um Islã vazio de compaixão, estranho à modernidade e hostil ao diálogo. É um Islã que busca a morte e combate a vida. [...] A consequência desse desentendimento crônico é a emergência e a renovação de um ciclo fechado de violência, cujo resultado é o massacre por vingança e a vingança pelo massacre.*[330]

As sociedades árabes e muçulmanas foram tragadas pelo turbilhão da modernidade desde os tempos do declínio do Império Turco-Otomano. O colapso do califado, a expansão imperial europeia, a fundação de Israel e a projeção do poder dos Estados Unidos no pós-guerra devastaram as antigas certezas e destruíram as paliçadas mentais que circundavam o mundo do Islã. Os na-

---

329 KHATAMI, Mohammad. "Empathy & compassion." *The Iranian*, 8 de setembro de 2000.

330 KHATAMI, Mohammad. "Speech at ISNA", 3 de setembro de 2006.

cionalismos e o pan-arabismo surgiram como tentativas de ajuste a um cenário em transformação, mas fracassaram na guerra e na paz. O fundamentalismo tomou um lugar vazio, prometendo restaurar uma glória perdida e as certezas esquecidas. O neofundamentalismo jihadista, radicalização degenerada dessa alternativa, propõe a recuperação integral, imediata, de uma mítica idade de ouro pelo recurso à "guerra santa".

O som e a fúria deflagrados pelos atentados do Onze de Setembro encobriram uma cadeia de eventos que atestam o progresso da ideia de pluralismo nas sociedades muçulmanas. Lewis imaginou a Turquia de Ataturk e dos militares nacionalistas como modelo de reforma do mundo do Islã. Ironicamente, contudo, o regime autoritário turco começou a se dissolver com a ascensão de um partido islâmico — que, por sua vez, reformou a si mesmo enquanto se transformava em alternativa viável de governo.

As raízes remotas do partido islâmico turco se encontram no manifesto da Visão Nacional, publicado por Necmettin Erbakan em 1969. O texto, uma rejeição radical do secularismo, explicava o declínio do mundo muçulmano como resultado da adesão aos valores e tecnologias ocidentais. Ele classificava a Comunidade Europeia como um projeto católico e sionista. A Turquia, alertava, seria privada do Islã se apresentasse sua candidatura ao ingresso no bloco europeu. No lugar disso, o país deveria revalorizar o passado otomano e proteger sua independência econômica, política e cultural.

A Visão Nacional inspirou um movimento de renascimento islâmico entre comunidades de imigrantes turcos na Europa, especialmente na Alemanha. Erbakan e seus seguidores fundaram um partido na Turquia, logo proibido pelo regime militar implantado em 1971. O partido original mudou de nome, procurando circundar o veto constitucional a atividades políticas contrárias ao laicismo. Um novo golpe militar, em 1980, provocou mais um banimento. Contudo, ele ressurgiu como o Partido do Welfare e, no curso da abertura política turca, triunfou nas eleições de 1996.

O governo de Erbakan durou apenas um ano. Sob pressão militar, o primeiro-ministro renunciou e, em seguida, a corte constitucional baniu seu partido. A peça de acusação sustentava que o Partido do Welfare promovia uma agenda fundamentalista. A decisão, que acabou referendada por um polêmico veredicto da Corte Europeia de Justiça, abriu um novo ciclo na trajetória do

A ponte sobre o Bósforo, na Turquia, conecta a Europa à Ásia. Poderá, a Turquia, servir de ponte entre as concepções políticas do Ocidente e os valores islâmicos, fornecendo um modelo autônomo aceitável para os demais países muçulmanos?

islamismo político turco. Erbakan criou o Partido da Virtude, que seria banido judicialmente em 2001 mas originaria uma corrente reformista e, a partir dela, o Partido da Justiça e Desenvolvimento (AKP).

O AKP não é mais uma das criaturas do incansável Erbakan, que morreu meses antes da fundação do partido. A nova organização surgiu sob a liderança de Recep Tayyp Erdogan, destacado jovem militante dos partidos islâmicos banidos que alcançou notoriedade como um pragmático, inovador e eficiente prefeito de Istambul, nos anos 1990. Pouco antes do fim do mandato, Erdogan foi condenado a uma curta pena de prisão pelo crime de incitamento religioso, decorrente da leitura pública de um poema pan-turco com fortes traços islâmicos. Daquela experiência, ele emergiu como principal figura da política turca contemporânea.

O partido de Erdogan triunfou amplamente na sua primeira prova eleitoral, em 2002. Dali em diante, formou os gabinetes de governo que promoveram a democratização da Turquia. Foi abrandada a Lei Antiterror, fundamento jurídico do autoritarismo militar, e levantaram-se as restrições à expressão política e cultural da minoria curda. Aboliu-se a pena de morte e a Corte Europeia de Direitos Humanos ganhou precedência sobre os tribunais turcos. Em 2005, ao lado do primeiro-ministro espanhol José Luis Zapatero, Erdogan fundou a Aliança de Civilizações, uma iniciativa destinada a combater, no terreno ideológico, o extremismo religioso.

Uma guerra civil se desenvolve no interior do Islã. As ideias de pluralismo e democracia ganham adeptos em países com distintas tradições. Além da Turquia, correntes políticas democráticas, avessas ao fundamentalismo islâmico, se destacam no Egito, na Argélia, no Paquistão, na Palestina, no Líbano e no Irã. A trajetória evolutiva da Irmandade Muçulmana egípcia é o indício mais forte de que uma muralha desmorona no castelo do fundamentalismo.

Desde a partida para o exílio saudita dos seguidores de Sayyd Qutb, a organização prometeu renunciar à violência e passou a condenar sistematicamente atentados terroristas cometidos no Egito em nome do Islã. Sob a ditadura de Hosni Mubarak, o sucessor de Sadat, a organização enfrentou perseguições e prisões mas apresentou candidaturas a eleições parlamentares eivadas de irregularidades. Rotulados como independentes para circundar as proibições legais, os candidatos da Irmandade Muçulmana conseguiram 17 das 454 cadeiras na Assembleia do Povo nas eleições de 1970 e nada menos que 88 cadeiras em 2005. Nesse caminho, estabeleceram alianças com partidos liberais e social-democratas da oposição legal e articularam campanhas ao lado de ativistas secularistas.

Depois das eleições de 2005, numa entrevista a um jornalista americano, um dos principais líderes da Irmandade egípcia foi indagado sobre a reação da organização diante da hipotética aprovação parlamentar de leis contrárias à Sharia. Sua resposta contém todas as marcas de uma adesão legítima ao princípio do pluralismo:

> *A Assembleia do Povo tem a prerrogativa absoluta nessa situação, desde que seja escolhida numa eleição livre e justa, que expresse a vontade do povo. O Parlamento poderia ouvir as opiniões de sábios religiosos, mas não tem a obrigação de concordar com elas.*[331]

---

331 TRAUB, James. "Islamic democrats?". *The New York Times*, 29 de abril de 2007.

A conversão da grande organização islâmica do Egito não se completa com a resposta a uma questão apresentada pela imprensa ocidental. Mas, junto com a experiência de governo do partido islâmico turco, é sinal inegável de uma ruptura histórica com o pensamento de Qutb — e com a ideia envenenada do "choque de civilizações".

## Terror global: a liberdade e a segurança

Com idade para casar, Asif Iqbal, 20 anos, tinha ido ao Paquistão em setembro de 2001 para encontrar seus familiares e conhecer a noiva que haviam acabado de lhe arranjar. No início de outubro, o jovem avisou aos pais que viajaria até Karachi para encontrar com amigos e retornaria em uma semana. Depois de telefonar avisando que já estava em Karachi, Asif desapareceu. Rhuhel Ahmed, mesma idade e amigo de escola de Iqbal, foi para o Paquistão ajudá-lo com os preparativos para o casamento. Ele também sumiu. Quase quatro meses depois, a família foi notificada de sua prisão na base americana de Guantánamo, em Cuba. Shafiq Rasul, com 24 anos, conhecia Asif e Rhuhel de Tipton, Inglaterra, onde os três nasceram. Ele tinha ido ao Paquistão em setembro a fim de visitar parentes e aproveitar para matricular-se em um curso de informática mais barato do que os oferecidos na Grã-Bretanha. Seu último contato com a família ocorreu no início de outubro.

Os três se encontravam no Afeganistão quando as forças da Aliança do Norte desencadearam a grande ofensiva contra o Talibã respaldadas pelo bombardeio aéreo lançado pelo exército americano, em retaliação ao governo que abrigava Osama Bin Laden. De acordo com o que disseram posteriormente os jovens britânicos, eles tinham ido até lá para "estar no lugar onde as coisas estavam acontecendo" e tentar prestar alguma ajuda humanitária aos afegãos, como tantos outros jovens paquistaneses fizeram, mas acabaram capturados como inimigos por integrantes da Aliança do Norte e entregues às forças americanas mediante pagamento de recompensa (estímulo que resultou na captura aleatória de muitos estrangeiros no Afeganistão e Paquistão).

No início de 2002, os "três de Tipton", como passaram a ser conhecidos na imprensa britânica, foram transferidos para Guantánamo e mantidos incomunicáveis durante dois anos e meio, sofrendo torturas físicas e psicológicas, sem direito a falar com advogados, sem saber qual era a acusação, sem julgamento e, portanto, sem perspectiva de ser libertados, de rever seus familiares e, de modos muito profundos e dolorosos, de voltarem a ser gente.

Sem nenhum indício de alguma remota ligação com redes terroristas, grupos fundamentalistas radicais ou congêneres que justificasse a prisão dos três rapazes, a imprensa e a opinião pública britânica foram constatando a existência de casos similares envolvendo outros cidadãos britânicos originários de ex-colônias. O governo de Tony Blair manifestava preocupação com os acontecimentos e pedia à Washington atenção no cumprimento dos acordos e tratados referentes ao tratamento de presos. Enquanto isso, agentes do MI-5 participavam dos interrogatórios em Guantánamo e estavam absolutamente cientes do que ocorria. Mais tarde, Rasul, Iqbal e Ahmed contariam que, logo depois de terem sido entregues aos americanos e identificados como ingleses, eles falaram com funcionários militares e civis britânicos imaginando que logo seriam libertados, mas não obtiveram nenhuma ajuda, nem mais tarde, em Guantánamo.[332]

## DE VOLTA AO ESTADO DE NATUREZA?

As liberdades civis nos Estados Unidos conheceram arranhões no mês seguinte aos atentados, pela edição da Lei Patriota — acrônimo para Providenciando Ferramentas Apropriadas Necessárias para Interceptar e Obstruir o Terrorismo. Aprovada por ampla maioria bipartidária, a lei fazia perigosas permutas

---

332 RASUL, Shafiq, IQBAL, Asif, AHMED, Rhuhel (statement). *Detention in Afghanistan and Guantanamo Bay.* 26 de julho de 2004.

entre liberdade e segurança, permitindo a detenção de suspeitos de terrorismo por tempo indefinido e revistas policiais de domicílios sem autorização ou conhecimento do ocupante. Além disso, infringindo as normas democráticas de privacidade, conferia ao FBI extensas prerrogativas de coleta de dados confidenciais em correspondências, telefonemas e correio eletrônico.

A promessa de George W. Bush de espalhar o "fogo da liberdade pelos quatro cantos da Terra" não resistia ao escrutínio das decisões efetivas de política externa dos Estados Unidos. Iraque, Irã e Coreia do Norte foram rotulados como "Eixo do Mal", mas Washington incrementou sua cooperação com uma coleção de regimes ditatoriais envolvidos na "guerra ao terror". A monarquia absoluta saudita, enraizada na seita fundamentalista Wahabi, continuou a figurar como aliada crucial na região do golfo Pérsico. A ajuda financeira ao Egito de Hosni Mubarak foi ampliada, em nome do combate à Irmandade Muçulmana. Os serviços secretos americanos estabeleceram redes de colaboração oculta com seus similares na Síria de Bashar Assad e na Líbia de Muhammar Kadafi, intercambiando informações e introduzindo a prática das "entregas extraordinárias" de suspeitos de terrorismo que sofreriam torturas nas prisões dessas tiranias árabes.

As guerras entre Estados são regidas por leis de guerra, inscritas nos quatro tratados das Convenções de Genebra. Mas a "guerra ao terror" foi definida como um conflito de novo tipo, não subordinada às leis de guerra. No início de 2002, o governo Bush inaugurou o centro de detenção de Guantánamo, na base americana situada em Cuba, que se destinava ao internamento de suspeitos de terrorismo capturados no Afeganistão e, mais tarde, no Iraque. Quase oito centenas de prisioneiros foram transferidos para o centro de detenção, provenientes de mais de quatro dezenas de países; no entanto, a maioria dos presos eram combatentes de baixo escalão, como depois admitiu o governo americano. Na prisão *offshore*, os detidos careciam tanto da proteção das Convenções de Genebra quanto dos direitos assegurados pela lei penal dos Estados Unidos. Uma série de relatos evidenciaram a prática sistemática de torturas e maus-tratos contra suspeitos que não respondiam a processo formal.

Guantánamo era a face mais visível de uma rede internacional de centros de detenção, alguns dos quais secretos, operados pela CIA e por outras agências de inteligência. Na base aérea americana de Bagram, no Afeganistão,

As fotos que chocaram o mundo: prisão de Abu Ghraib, Iraque. O evidente sadismo dos soldados, que se divertiam humilhando os prisioneiros, ia muito além da já inaceitável prática de tortura contra "combatentes inimigos ilegais". Quem eram mesmo os defensores da democracia e dos direitos humanos?

uma prisão provisória foi convertida em centro permanente de detenção de suspeitos. Às várias centenas de detidos, também não se concedeu o estatuto de prisioneiros de guerra. Num limbo jurídico similar ao dos presos de Guantánamo, muitos deles sofreram abusos e torturas. Segundo relatos de alguns, que passaram temporadas no centro de detenção em Cuba, as condições de Bagram eram bem piores.

No Iraque, na Prisão Central de Bagdá (Abu Ghraib), um antigo presídio do regime de Saddam Hussein, as forças de ocupação americana instalaram um centro de detenção que chegou a abrigar quase 7,5 mil prisioneiros. Os maus-tratos e torturas de detidos em Abu Ghraib vieram à luz a partir de abril de 2004, pelo vazamento de relatórios de investigações militares, no momento em que a Corte Suprema americana julgava as primeiras apelações contra o governo Bush derivadas da "guerra ao terror". Na sequência, o secretário da Defesa Donald Rumsfeld ofereceu desculpas formais, diagnosticando os eventos como fruto da ação isolada de soldados e carcereiros. No Senado, Al Gore, candidato à presidência derrotado por Bush em 2000, replicou duramente: "O que aconteceu na prisão, hoje está claro, não foi o resultado dos atos de 'algumas maçãs estragadas', mas a consequência natural da política do governo Bush [...], que declarou guerra ao sistema de equilíbrios legais dos Estados Unidos."[333]

Gore tinha razão: sob a "guerra ao terror", os Estados Unidos se engajaram na legalização da tortura. Ao longo do primeiro mandato de Bush, o advogado da Casa Branca Alberto Gonzalez, que seria nomeado ministro da Justiça no final de 2004, elaborou a doutrina governamental destinada a reger as relações entre a "guerra ao terror" e os direitos humanos. A doutrina se apoiava em dois memorandos. O primeiro fabricou a figura jurídica do "combatente inimigo ilegal", instrumento para pôr os suspeitos de terrorismo à margem das garantias das leis de guerra. O segundo redefiniu o significado de tortura de modo a tornar inócua a Convenção das Nações Unidas contra a Tortura. No texto, tortura era definida como, exclusivamente, "o equivalente em intensidade à dor que acompanha um dano físico sério, como a falência de um órgão, o colapso de funções do corpo ou mesmo a morte".[334]

O memorando infame sustentava que o presidente, na qualidade de comandante em chefe, dispõe de autoridade ilimitada em tempo de guerra, inclusive sobre métodos de interrogatório, e que tal autoridade não poderia ser reduzida pela legislação criminal. O texto excluía dos domínios da tortura atos como o estupro, a aplicação de choques elétricos ou queimaduras, o afogamento controlado e a supressão do sono. Também cercou os torturadores com proteções jurídicas extraordinárias, argumentando que subordinados do presidente acusados de tortura só podem ser condenados mediante prova de intenção de infligir dor, não de apenas extrair informações relevantes.

Críticas na imprensa a tais medidas e alertas de entidades civis como a União Americana para as Liberdades Civis (ACLU) levaram a polarização para dentro do país: liberdade ou segurança? Parcelas expressivas da população americana incorporavam a ideologia do "choque de civilizações", replicando o discurso dos neoconservadores, estridentemente disseminado por canais como a Fox News. Foi decisiva na campanha eleitoral de 2004, que reelegeu Bush, a militância

---

333 GORE JR., Albert. "Remarks by Al Gore", 26 de maio de 2004.

334 YOO, John. "U. S. Dept. of Justice Memo from Deputy Assistant Attorney General John Yoo to Alberto R. Gonzalez, White House Counsel", 1º de agosto de 2002.

política das várias igrejas para inscrever eleitores junto ao Partido Republicano e assegurar a continuidade daquela cruzada. Os que se atreveram a levantar a voz contra Washington, sobretudo após a decisão de atacar o Iraque em 2003, registraram um clima de ameaças e intimidações tão preocupantes para as liberdades civis e para a democracia quanto a possibilidade de um novo atentado.

O sindicato dos artistas de Hollywood (Screen Actors Guild) alertou para o neomacartismo que tomava conta do país, como no início dos anos 1950, quando o senador republicano Joseph McCarthy liderou um comitê que investigava atividades antiamericanas e, em nome da segurança nacional, desencadeou perseguições parlamentares que violavam os princípios da democracia e os direitos civis. Agora, denunciava o sindicato, jornais e apresentadores de rádio e TV conclamavam leitores e ouvintes a escrever para redes de comuni-

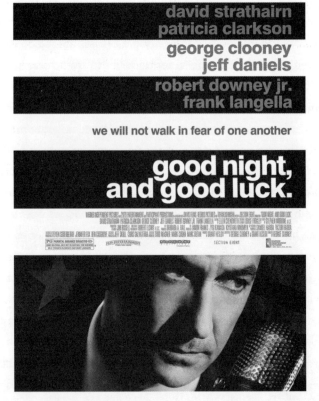

George Clooney coescreveu e dirigiu o filme *Good night, and good luck*, lançado em 2005, para lembrar ao público americano o que havia sido o macartismo e suas práticas nocivas à sociedade civil e à democracia.

cação e anunciantes em geral pedindo o cancelamento de programas ou de financiamento para atividades culturais que contassem com a participação de críticos do governo Bush, como Martin Sheen, Susan Sarandon, Sean Penn, Tim Robbins, Laurence Fishburne e muitos outros. Ameaçados com frequência crescente, esses artistas externaram sua preocupação com a violência dos conteúdos e observaram que o debate dava lugar à força.

## MEDO E SEGURANÇA

A teoria política que constitui o esteio do Estado Contemporâneo, de Aristóteles a Hobbes, Locke, Montesquieu ou Marx, mostra, por diferentes caminhos, que o Estado é uma instituição que busca viabilizar uma ordem pública e política emanada das experiências coletivas que constituem o patrimônio das diferentes sociedades, mas que, invariavelmente, pensam a política como caminho para o bem-estar humano. Hobbes, associado ao conceito de Estado absolutista, foi o primeiro a discutir o papel do que hoje chamamos "psicologia social" na constituição de um governo centralizado, ao qual um número imenso de pessoas aceita se submeter.

Para o filósofo, o medo era o sentimento seminal, sobretudo o medo da morte violenta. Em nome da segurança, os indivíduos abriam mão da total liberdade que caracteriza o estado de natureza, isto é o império do princípio da "guerra de todos contra todos", aceitando submeter-se a uma única e mesma fonte de autoridade. No entanto, a segurança envolve vida e liberdade de ir e vir, já que "vida e liberdade engatam-se, pois vive inseguro quem não é livre de mover-se".[335] Mesmo para Hobbes, o arauto do príncipe absoluto, havia portanto uma precondição para a constituição do Estado, consagrada na liberdade de agir de acordo com a letra da lei, que deveria ser igual para todos. Não por acaso, Hobbes condenava a escravidão humana como essencialmente contrária à manutenção da paz social.

Já para a filosofia iluminista, a defesa da vida e das liberdades individuais estaria mais bem assegurada com a tripartição dos poderes do Estado, que

---

335 RIBEIRO, Renato Janine. *Ao leitor sem medo.* São Paulo, Brasiliense, 1984, p. 84.

evitariam a tendência dos governantes à tirania. Particularmente nos Estados Unidos, onde a Constituição representou o primeiro experimento de construção dessa nova ordem política baseada na separação e independência entre os poderes para assegurar o direito à divergência e a busca pelo consenso, o Executivo foi visto desde o início como o principal símbolo desse ideal pelo bem comum. Talvez esse simbolismo se deva a alguns indivíduos especialmente dotados de visão e liderança, que exerceram a função presidencial e souberam evitar que as paixões políticas pudessem comprometer os interesses nacionais. Já nos primeiros tempos da nova república, George Washington alertava: "A nação que se entrega a sentimentos habituais de amor ou de ódio por outro se torna de certa forma escrava. Ela é escrava de seu ódio ou de seu amor."[336]

Na primeira metade do século XIX, analisando a ordem política e constitucional dos Estados Unidos, o arguto Alexis de Tocqueville pressentiu o risco de um governo democrático ser consumido pelas paixões:

> *A propensão que leva a democracia a obedecer, em política, mais a sentimentos do que a raciocínios, e a abandonar um projeto longamente amadurecido pela satisfação de uma paixão momentânea, fez-se ver claramente na América quando estourou a Revolução Francesa. As mais simples luzes da razão bastavam então, como hoje, para fazer os americanos entenderem que não era de seu interesse envolver-se na luta que ia ensanguentar a Europa e com a qual os Estados Unidos não podiam sofrer nenhum prejuízo.*

> *As simpatias do povo pela França se declararam porém com tamanha violência, que foi necessário nada menos que o caráter inflexível de Washington e a imensa popularidade de que desfrutava para impedir que se declarasse guerra à Inglaterra. [...] Se a Constituição e o favor público não tivessem dado a Washington a direção dos negócios externos do Estado, é certo que a nação teria feito precisamente o que condena hoje.*[337]

---

336 TOCQUEVILLE, Alexis de. *A democracia na América*. São Paulo, Martins Fontes, 1998, p. 265.

337 TOCQUEVILLE, Alexis de. *A democracia na América*. Op. cit., p. 267.

No alvorecer da nação independente, o presidente Washington usou as atribuições conferidas ao Executivo pela recém-criada Constituição para evitar que as paixões da hora prejudicassem os interesses nacionais, mesmo que à custa de muitas críticas e perda de prestígio. Muito depois, no momento mais crítico da história americana até então, o recém-eleito Franklin D. Roosevelt declarava, em seu discurso de posse: "A única coisa que devemos temer é o próprio medo sem nome, irracional, o terror injustificado que paralisa os esforços necessários para converter recuos em avanços." Cheio de coragem, ele então iniciou a reviravolta econômica, social e política que recomporia o pacto social abalado pela crise de 1929.[338]

Bush, o filho, não era Washington nem Roosevelt. No dia 11 de setembro de 2001, uma nação mergulhada no pânico se voltou para o presidente e descobriu que ele voava em segurança pelos céus do país. A comparação entre esses homens faz gritar a diferença existente entre chefes e líderes. Bush, que iniciara seu mandato com déficit de legitimidade em decorrência do conturbado processo eleitoral que o levou à presidência, encontrou na excitação dos medos, ódios e desejos de vingança a matéria-prima capaz de plasmar a ideia algo abstrata de um "choque de civilizações". Por meio do medo — do "medo sem nome, irracional" —, conquistou o apoio e a liderança de que carecia.

Com a política da "guerra ao terror", os pilares da própria república sofreram abalos. Denúncias vindas de porões protegidos por leis de segurança militar atestaram que uma fronteira decisiva estava sendo transposta. O Executivo americano atropelava direitos fundamentais das pessoas e infringia as mais solenes convenções internacionais de proteção dos direitos humanos em nome da segurança nacional — e, pior ainda, de um projeto geopolítico de reforma do mundo.

---

338 ROOSEVELT, Franklin D. "Inaugural Adress, March 4, 1933." *The public papers of Franklin D. Roosevelt, Volume two: The year of crisis, 1933.* New York, Random House, 1938.

## Restabelecendo o "espírito das leis"

Reagindo às ações cada vez mais arbitrárias adotadas pelos Estados em nome da segurança coletiva, inclusive com o abuso do conceito de terrorismo para avançar sobre grupos de oposição interna a governos ditatoriais ou pouco democráticos, pessoas e instituições desencadearam batalhas judiciais com o objetivo de assegurar os direitos dos presos. O primeiro deles era o direito ao *habeas corpus* para aqueles sobre os quais não pesasse nenhuma acusação formal.

A circunstância de os prisioneiros estarem internados em Guantánamo permitiu ao governo alegar que, como a base não se encontrava em território nacional americano, estava fora do alcance da atuação do Judiciário. Juízes estaduais na corte de Colúmbia aceitaram a explicação e se declararam incompetentes para emitir aqueles pedidos de *habeas corpus*. Mas recursos diversos começaram a chegar à Suprema Corte, incluindo um atinente ao caso *Rasul vs. Bush*, movido por Shafiq Rasul e Asif Iqbal, dois dos rapazes de Tipton.

Entre os *amici curiae* que endossavam a parte dos presos, estavam 175 membros das duas câmaras do parlamento britânico, signatários de uma petição que invocava a responsabilidade compartilhada da Grã-Bretanha e dos Estados Unidos no desenvolvimento e difusão do conceito de direitos naturais e direitos humanos na defesa dos indivíduos contra o arbítrio do Estado.[339] Recorrendo à história das revoluções inglesa e americana — incluindo a criação do *habeas corpus*, em 1679, para proteger os cidadãos das prisões ilegais —, o documento reafirmava a importância da separação dos poderes e da necessidade de o Judiciário restabelecer aquele princípio que estava sendo perigosamente ameaçado. Refutando a invocação da excepcionalidade das ameaças terroristas, o texto recordava passagens cruciais da história recente das duas nações: o confinamento de japoneses e nipo-americanos durante a Segunda Guerra Mundial, nos Estados Unidos, e a luta contra o Exército Republicano Irlandês (IRA). Era um alerta contra a reprodução de excessos do passado e uma conclamação a não sucumbir ao medo. As cortes de justiça de-

---

339 A petição dos parlamentares britânicos, que mencionava presos de 42 países, abrangia outros nove casos de cidadãos igualmente desaparecidos e presos em Guantánamo sem acusação formal.

veriam afrontar o Executivo, restaurando direitos fundamentais violados pelos agentes públicos em nome da segurança nacional.

A petição concluía rememorando um evento de repercussões tremendas para o mundo do pós-1945: a oposição do governo americano diante de um Winston Churchill desejoso de fuzilar os oficiais nazistas capturados. Na época, o relatório do juiz assistente da Suprema Corte, Robert H. Jackson, foi convertido em declaração oficial da Casa Branca e divulgado para a imprensa. Numa passagem, ele sintetizava a posição de princípio:

> *Poderíamos executá-los ou puni-los de formas diversas sem nenhum interrogatório. Mas execuções ou punições indiscriminadas sem provas definitivas de culpa obtidas por meios justos violariam compromissos repetidamente afirmados e não se assentariam facilmente na consciência americana nem seriam lembradas com orgulho por nossos filhos. O único caminho alternativo é determinar a inocência ou culpa dos acusados após julgamentos tão desapaixonados quanto permitam o tempo e os horrores com os quais lidamos, e sobre a base de registros que esclareçam nossas razões e motivos.*[340]

Foi a firme convicção no poder de leis justas e equilibradas, aplicadas sem o calor das paixões, lembrava a petição britânica, que originou o Tribunal de Nuremberg. Todos aqueles procedimentos jurídicos, mesmo se realizados fora de território protegido pelas leis americanas, refletiram a vontade dos Estados Unidos de agir segundo os princípios proclamados pelas democracias.

A Suprema Corte se reuniu para julgar a apelação no final de abril de 2004 e decidiu que, sim, os tribunais americanos eram competentes para emitir *habeas corpus* em favor de presos cuja detenção extrapolava meses e anos sem acusação formal. Foi uma vitória crucial para o restabelecimento do império da lei, sobretudo no que diz respeito aos direitos fundamentais da pessoa humana. Shafiq Rasul, Rhuhel Ahmed e Asif Iqbal, entre outros, foram libertados e repatriados para a Grã-Bretanha, onde iniciaram a elaboração de um relatório detalhado sobre suas experiências em Guantánamo.

---

340 Brief of 175 members of both houses or parliament of United Kingdom of Great Britain and Northern Ireland as amici curiae in support of petitioners. January-14, 2004 (nᵒˢ. 03-343, 04-334 in Supreme Cort of United States).

Prisioneiros na base de Guantánamo. O abuso da força e a violação dos direitos fundamentais da pessoa humana, mesmo que em nome da segurança, jamais terão razão.

O texto, dado a público pouco depois, mencionava socos, pontapés, simulações de afogamento, privação de sono, exposição a música altíssima, chuvas torrenciais, sol inclemente e cães ferozes, ameaças de morte e tortura psicológica, humilhações de ordem sexual e religiosa, incluindo imprecações contra o Corão e impedimento de realização das orações diárias. A história dos "Três de Tipton" inspirou a realização do docudrama *Caminho para Guantánamo*, lançado em 2006 com grande repercussão internacional, por expor aos olhos do grande público — e diz-se que aquilo que os olhos não veem, o coração não sente — o significado de uma política baseada no medo: nem segurança, nem liberdade.

# Bibliografia

ABÁLKIN, Leonid. "Restructuring the management of the economy — A continuation of the work of the October Revolution." In: JONES, Anthony & MOSKOFF, William. *Perestroika and the economy: new thinking in soviet economics*. Armonk, M. E. Sharpe, 1989.

ALLEN, Richard V. "The man who won the Cold War." *Hoover Digest*, n. 1, 30 de janeiro de 2000. http://www.hoover.org/publications/hoover-digest/article/7398

ANDREW, Christopher & GORDIEVSKY, Oleg. *KGB — La historia interior de sus operaciones desde Lenin a Gorbatchov*. Barcelona, Plaza & Janes, 1991.

ANÔNIMO [Klaus Hulbrock]. "Buback — Um obituário." *Göttinger Studentenzeitung*, 25 de abril de 1977 (Trad. Allison Brown). http://germanhistorydocs.ghi-dc.org/docpage.cfm?docpage_id=1637

APPIAH, Kwame Anthony. *Na casa de meu pai*. Rio de Janeiro, Contraponto, 1997.

ARIÈS, Philippe. *História social da criança e da família*. Rio de Janeiro, Zahar, 1981.

ARMS, Thomas, "Cold War Encyclopaedia", Nova York, 1994. http://library.thinkquest.org/C001155/noframes/summary_spring.htm

ARMSTRONG, Karen. *O Islã*. Rio de Janeiro, Objetiva, 2001.

ARON, Raymond. *Memórias*. Rio de Janeiro, Nova Fronteira, 1986.

_____. *Paz e guerra entre as nações*. Brasília, UnB, 1986.

_____. *Os últimos anos do século*. Rio de Janeiro, Guanabara, 1987.

ASH, Timothy Garton. *Nós, o povo*. São Paulo, Companhia das Letras, 1989.

AZCÁRATE, Manuel. "What is Eurocommunism." In: *Euroccomunism*. London, G. R. Durban, 1978. http://www.marxists.org/reference/subject/philosophy/works/it/eurocommunism.htm#azcarate

BEAUVOIR, Simone de. *O segundo sexo*. São Paulo, Difel, 1967, 2 volumes.

BERGEN, Peter. *The Osama Bin Laden I know: an oral history of Al Qaeda's leader*. Nova York, Free Press, 2006.

BERMAN, Paul. "Irving Kristol's brute reason." *The New York Times*, 27 de janeiro de 2011. http://www.nytimes.com/2011/01/30/books/review/Berman-t.html?pagewanted=all

BESCHLOSS, Michael R. *The conquerors — Roosevelt, Truman and the destruction of Hitler's Germany, 1941-1945*. Nova York, Simon & Schuster, 2002.

BOBBIO, Norberto, MATTEUCCI, Nicola, PASQUINO, Gianfranco. *Dicionário de política*. Brasília, UnB, 1998, p. 452.

BRADEN, Thomas W. "I'm glad the CIA is 'immoral.'" *The Saturday Evening Post*, 20 de maio de 1967. http://www.cambridgeclarion.org/press_cuttings/braden_20may1967.html

BRANDT, Willy. "Marx of change." Trier, Karl Marx House, 4 de maio de 1977 http://homepage2.nifty.com/socialist-consort/SDforeign/SI/Philosophy/Brandt77.html

BRIEF of 175 members of both houses or parliament of United Kingdom of Great Britain and Northern Ireland as amici curiae in support of petitioners. January-14, 2004 (nᵒˢ. 03-343, 04-334 in Supreme Cort of United States). http://www.jenner.com/files/tbl_s69NewsDocumentOrder/FileUpload500/79/AmiciCuriae_175_Members_Parliament_United_Kingdom_Northern_Ireland.pdf

BRIGATE ROSSE. "Risoluzione della Direzione Strategica", abril de 1975. Brigate Rosse http://www.brigaterosse.org/brigaterosse/prima.htm

BRITISH WAR CABINET, JOINT PLANNING STAFF. "Operation Unthinkable: Russia, threat to western civilization", 22 de maio de 1945. Public Record Office, 2004. http://www.history.neu.edu/PRO2/pages/002.htm

BUFFETT, Warren E. "Stop coddling the super-rich." *The New York Times*, 14 de agosto de 2011. http://www.nytimes.com/2011/08/15/opinion/stop-coddling-the-super-rich.html?_r=1&src=ISMR_AP_LO_MST_FB

BUSH, George H. "Address before a joint session of Congress on the end of the Gulf War", 6 de março de 1991. Miller Center. University of Virginia. http://millercenter.org/scripps/archive/speeches/detail/3430

BUSH, George W. "Address to a joint session of Congress and the american people", 20 de setembro de 2001. The White House Archives. http://georgewbush-whitehouse.archives.gov/news/releases/2001/09/print/20010920-8.html

_____. "Second inaugural address", 20 de janeiro de 2005. American Rhetoric. http://www.americanrhetoric.com/speeches/gwbushsecondinaugural.htm

BUTLER, Susan (org.). *Prezado sr. Stalin*. Rio de Janeiro, Jorge Zahar, 2008.

CALDWELL, Bruce. "The publication history of *the road to serfdom*." University of Chicago Press. http://www.press.uchicago.edu/Misc/Chicago/320553.html

CARRÈRE D'ENCAUSSE, Hélène. *La Russie inachevée*. Paris, Fayard, 2000.

CASTELLS, Manuel & INCE, Martin. *Conversations with Manuel Castells*. Oxford, Blackwell, 2003.

CHANG, Jung. *Cisnes selvagens — Três filhas da China*. São Paulo, Companhia das Letras, 1999.

_____ & HALLIDAY, Jon. *Mao. A história desconhecida*. São Paulo, Companhia das Letras, 2006.

CHATTERJEE, Partha. "Empire and nation revisited: Fifty years after Bandung." *Inter-Asia Cultural Studies: Movements*, dezembro de 2005. http://www.globalcult.org.ve/doc/Partha/Partha_2.pdf

CHURCHILL, Winston. "The Sinews of Peace", 5 de março de 1946. http://www.americanrhetoric.com/speeches/winstonchurchillsinewsofpeace.htm

COMMINS, David. *The Wahhabi mission and Saudi Arabia*. Londres, I. B. Tauris & Co., 2006.

CONDORCET, Nicolas de. *Esquisse d'un tableau historique des progrès de l'esprit humain*. Paris, Agasse, 1798.

CRAVER, Earlene et al (Interviewers). *Nobel Prize-Winning Economist Friedrich A. von Haiek*. Los Angeles, University of California, 1983.

DALLAS, Gregor. *1945: The war that never ended*. New Haven, Yale University Press, 2005.

DE GAULLE, Charles. "Discours de Mostaganem", 6 de junho de 1958. Fondation Charles De Gaulle. http://www.charles-de-gaulle.org/pages/l-homme/accueil/discours/le-president-de-la-cinquieme-republique-1958-1969/discours-de-mostaganem-6-juin-1958.php

DU BOIS, W. E. B. *The conservation of races*. The American Academy Occasional Papers, 1897. http://www.gutenberg.org/etext/5685

DUBCEK, Alexander. *Hope Dies Last: The autobiography of Alexander Dubcek*. New York, Kodansha International, 1992. http://www.spartacus.schoolnet.co.uk/COLDprague.htm

DUNAYEVSKAYA, Raya. "Jean-Paul Sartre outsider looking in." In: DUNAYEVSKAYA, Raya. Philosophy and revolution. Nova York, Columbia University Press, 1989. Raya Dunayevskaya Archive. Marxists Internet Archive. http://www.marxists.org/archive/dunayevskaya/works/phil-rev/dunayev6.htm

EHRMAN, John. *The rise of neoconservatism: intellectual and foreign affairs, 1945-1994*. New Haven, Yale University Press, 1995.

ENGELS, Friedrich. "Speech at the Grave of Karl Marx", Londres, 17 de março de 1883. Marx/Engels Archive. Marxists Internet Archive. http://www.marxists.org/archive/marx/works/1883/death/burial.htm

_____. "Preface to the English Edition", 1886. In: *Capital, Volume One.* Marx/Engels Internet Archive, 1999. Marxists Internet Archive. http://www.marxists.org/archive/marx/works/1867-c1/p6.htm

ENSSLIN, Gudrun. "Build up the Red Army!", 5 de junho de 1970 (Trad. Allison Brown). http://germanhistorydocs.ghi-dc.org/sub_document.cfm?document_id=897

EORSI, István. "The Petofi-circle." In: HAVEN, Alexander van der et al. (org.). *Intellectuele kringen in de twintigste eeuw.* Studium Generale/Universiteit Utrecht, 1995. http://igitur-archive.library.uu.nl/sg/2007-1206-204003/c6.pdf

FERGUSON, Niall. *A ascensão do dinheiro.* São Paulo, Planeta do Brasil, 2009.

FONTAINE, André. *History of the Cold War — From the Korean War to the present.* New York, Pantheon Books, 1969.

FORD, Peter. *Rock around the clock and me.* http://www.peterford.com/ratc.html

FOUREST, Caroline. *La derniére utopie — Menaces sur l'universalisme.* Paris, Bernard Grasset, 2009.

FRANKOWSKI, Stanislaw & STEPHAN III, Paul B. (orgs.). *Legal reform in post-communist Europe: the view from within.* Dordrecht, Martinus Nijhoff, 1995.

FRIEDAN, Betty. *A mística feminina.* Petrópolis, Vozes, 1971.

FRIEDMAN, Milton. *Capitalism and freedom.* Chicago, The University of Chicago Press, 2002.

FROLIC, Michael B. *Le peuple de Mao. Scenes de la vie en Chine révolutionnaire.* Paris, Gallimard, 1982.

FRYER, Peter. *Hungarian Tragedy.* Londres, New Park Publications, 1986. Peter Fryer Archive. Marxists Internet Archive. http://www.marxists.org/archive/fryer/1956/dec/index.htm

FÜHRER, Christian (entrevista). "Nós somos o povo! — Os protestos em Leipizg e a queda do Muro." *Deutsche Welle.* 15.01.2009. http://www.dw-world.de/dw/article/0,,3881944,00.html

FUKUYAMA, Francis. "The end of History?". *The National Interest,* Summer, 1989. http://courses.essex.ac.uk/GV/GV905/IR%20Media%202010-11/W4%20Readings/Fukuyama%20End%20of%20History.pdf

_____. *The end of history and the last man.* Nova York, Free Press, 2006, p. xi.

FUNABASHI, Yoichi. *Managing the dollar: From the Plaza to the Louvre.* Washington, Institute for International Economics, 1988.

BIBLIOGRAFIA

GADDIS, John Lewis. *We now know — rethinking Cold War history*. Oxford, Clarendon Press, 1997.

GAIDAR, Yegor. *Collapse of an empire: Lessons for modern Russia*. Washington, Brookings Institution Press, 2007.

GALBRAITH, John Kenneth. *Economics and the public purpose*. Boston, Houghton Mifflin, 1973.

GANNON, Frank. "Ping pong diplomacy: a primer." The new Nixon blog. The Richard Nixon Foundation. http://blog.nixonfoundation.org/2011/07/ping-pong-diplomacy-a-primer/

GEWEN, Barry. "Irving Kristol, godfather of modern conservatism, dies at 89." *The New York Times*, 18 de setembro de 2009. http://www.nytimes.com/2009/09/19/us/politics/19kristol.html?pagewanted=all

GIANGRECO, D. M. & GRIFFIN, Robert E. *Airbridge to Berlin. The Berlin Crisis of 1948 — its origins and aftermath*. Harry S. Truman Library & Museum, 1988. http://www.trumanlibrary.org/whistlestop/BERLIN_A/PAGE_11.HTM

Gorbatchov, Mikhail. "Speech of the General Secretary of the CPSU (Gorbatchov) at the Sofia Political Consultative Committee Meeting", 22 de outubro de 1985. Bulgarian Central State Archives. http://sfr-21.org/sources/Gorbatchov1985.html

GORE JR., Albert. "Remarks by Al Gore", 26 de maio de 2004. MoveOn PAC. http://pol.moveon.org/goreremarks052604.html

GRAY, William Glenn. *Germany's Cold War — The global campaign to isolate East Germany, 1949-1969*. Chapel Hill, The University of North Carolina Press, 2003.

GROSE, Peter. "The Marshall Plan — then and now." *Foreign Affairs*, vol. 76, n. 3, maio/junho 1997.

HANSON, Victor Davis. *Por que o Ocidente venceu*. Rio de Janeiro, Ediouro, 2002.

HARRINGTON, James. *The Commonwealth of Oceana*. Project Gutenberg, 2008. http://www.gutenberg.org/files/2801/2801-h/2801-h.htm

HAYEK, Friedrich A. *The road to serfdom*. Londres, Routledge, 2001.

_____. *The Constitution of liberty*. Chicago, The University of Chicago Press, 1978.

HAYEK, Friedrich A. et al. "Spending and saving public works from rates — To the Editor of *The Times*." *The Times*, 19 de outubro de 1932. The Cobden Centre. The Battle of Letters: Keynes v Hayek 1932, Skidelsky v Besley 2010.

http://www.cobdencentre.org/2010/07/the-battle-of-the-letters/

HEGEL, G. W. Friedrich. *The Philosophy of History*. Kitchener, Batoche Books, 2001.

HENREKSON, Magnus & JAKOBSSON, Ulf. "Where Schumpeter was nearly right — the Swedish Model and *Capitalism, socialism and democracy*." Scandinavian Working Papers in Economics, 3 de abril de 2000. http://swopec.hhs.se/iuiwop/papers/iuiwop0533.pdf

HOBSBAWM, Eric. *Era dos extremos*. São Paulo, Companhia das Letras, 1996.

HOURANI, Albert. *Uma história dos povos árabes*. São Paulo, Companhia das Letras, 1994.

HUNTINGTON, Samuel P. "The clash of civilizations?". *Foreign Affairs*, vol. 72, n. 3, maio/junho 1993.

IRWIN, Douglas & MAVROIDIS, Petros C. "The WTO's difficulties in light of the GATT's history." Vox, 29 de julho de 2008. http://www.voxeu.org/index.php?q=node/1474

JUDD, Denis. *Empire — The British imperial experience from 1765 to the present*. Londres, HarperCollins, 1996.

JUDT, Tony. *Pós-guerra. Uma história da Europa desde 1945*. Rio de Janeiro, Objetiva, 2008.

_____. "What is living and what is dead in social democracy." *The New York Review of Books*, 17 de dezembro de 2009. http://www.nybooks.com/articles/archives/2009/dec/17/what-is-living-and-what-is-dead-in-social-democrac/?page=1

KAGAN, Robert. "America's crisis of legitimacy." *Foreign Affairs*, vol. 83, n. 2, março/abril 2004.

KENNAN, George Frost. *Las fuentes de la conducta soviética y otros escritos*. Buenos Aires, Grupo Editor Latinoamericano, 1991.

KENNEDY, John. "Ich bin ein Berliner", 26 de junho de 1963. http://www.americanrhetoric.com/speeches/jfkberliner.html

KENNEDY, Robert F. "Remarks on the Assassination of Martin Luther King Jr.", 4 de abril de 1968. American Rhetoric. http://www.americanrhetoric.com/speeches/rfkonmlkdeath.html

KEPEL, Gilles. *The war for muslim minds: Islam and the West*. Cambridge, Belknap Press of Harvard University Press, 2004.

KEYNES, John M. *The means to prosperity*. Londres, Macmillan, 1933. http://www.gutenberg.ca/ebooks/keynes-means/keynes-means-00-h.html#

_____. *The end of laissez-faire*. Londres, Hogarth Press, 1926. http://www.panarchy.org/keynes/laissezfaire.1926.html

KHATAMI, Mohammad. "Empathy & compassion." *The Iranian*, 8 de setembro de 2000. http://www.iranian.com/Opinion/2000/September/Khatami/

_____. "Speech at ISNA", 3 de setembro de 2006. http://m-khatami.blogspot.com/2006/09/mohammad-khatami-speech-at-isna.html

KIRK, Russell. "Neoconservatives: an endangered species." The Heritage Lectures, 6 de outubro de 1988. http://thf_media.s3.amazonaws.com/1988/pdf/hl178.pdf

KIRKPATRICK, Jeane. "Dictatorships & double standards." *Commentary*, novembro de 1979. http://www.commentarymagazine.com/article/dictatorships-double-standards/

KISSINGER, Henry. *Diplomacia*. Rio de Janeiro, Francisco Alves, 1997.

_____. *Years of renewal*. Nova York, Touchstone, 1999.

KOLAKOWSKI, Leszek. *Main currents of marxism: its rise, growth and dissolution*. Vol. 3: The Breakdown. Oxford, Clarendon Press, 1978.

_____. "My correct views on everything." *Socialist Register*, vol. 11, 1974. http://socialistregister.com/index.php/srv/article/view/5323

_____. "What the past is for?". Library of Congress Information Bulletin, vol. 62, n. 12, dezembro de 2003. http://www.loc.gov/loc/lcib/0312/kluge3.html

KRISTOL, Irving. "On the political stupidity of the jews." *Azure*, n. 5760, outono de 1999. Jewish Agency for Israel. http://www.jewishagency.org/JewishAgency/English/Jewish+Education/Educational+Resources/More+Educational+Resources/Azure/8/8-kristol.html.htm

KRUSCHEV, Nikita S. "Special report to the 20th Congress of the Communist Party of the Soviet Union." In: KRUSCHEV, Nikita S. & NICOLAEVSKY, Boris I. *Crimes of the Stalin Era*. Nova York, New Leader, 1956.

_____. "Of what freedom are you speaking?". Kruschev Reference Archive. Marxists Internet Archive. http://www.marxists.org/archive/khrushchev/1961/04/22.htm

KURÓN, Jacek & MODZELEWSKI, Karol. "An open Letter to the Party." In: JACOBSON, Julius (ed.). *Soviet communism and the socialist vision*. New Brunswick, Rutgers University, 1972.

LAFER, Celso. "Declaração universal dos direitos humanos (1948)." In: MAGNOLI, Demétrio (org.). *História da paz*. São Paulo, Contexto, 2008.

LAURENS, Henry. *Le royaume impossible — La France et la genèse du monde arabe*. Paris, Armand Colin, 1990.

LENIN, Vladimir I. *The state and revolution*. Collected Works, Vol. 25. Lenin Internet Archive, 1999. Marxists Internet Archive. http://www.marxists.org/archive/lenin/works/1917/staterev/

LEWIS, Bernard. *Os árabes na história*. Lisboa, Estampa, 1982.

_____. "The roots of muslim rage." Atlantic Monthly, setembro de 1990. http://www.theatlantic.com/magazine/archive/1990/09/the-roots-of-muslim-rage/4643/

_____. "The revolt of Islam." *The New Yorker*, 19 de novembro de 2001. http://www.newyorker.com/archive/2001/11/19/011119fa_FACT2?current Page=all

MAGNOLI, Demétrio. *Uma gota de sangue — História do pensamento racial*. São Paulo, Contexto, 2009.

_____. "Guerras da Indochina." In: MAGNOLI, Demétrio (org.). *História das guerras*. São Paulo, Contexto, 2006.

MAILLARD, Pierre. *De Gaulle et l'Allemagne*. Paris, Plon, 1990.

MARCUSE, Herbert. *Eros e civilização. Uma interpretação filosófica da obra de Freud*. Rio de Janeiro, Zahar, 1975.

_____. "Repressive tolerance", 1965. Herbert Marcuse Official Home Page. http://www.marcuse.org/herbert/pubs/60spubs/65repressivetolerance.htm

_____."Vietnam — Analyse eines Exempels" (Trad. Allison Brown). *Neue Kritik* 7, n. 36-37, julho/agosto 1966. http://germanhistorydocs.ghi-dc.org/sub_document.cfm?document_id=890

MARSHALL, George C. "The Harvard Address." *Foreign Affairs*, vol. 76, n. 3, maio/junho 1997.

MARX, Karl. "Introduction to the leaflet of L. A. Blanqui's toast sent to the Refugee Committee", 1851. Marx/Engels Internet Archive. Marxists Internet Archive. http://www.marxists.org/archive/marx/works/1851/02/10.htm

_____. "La Liberté Speech", 8 de setembro de 1872. Marx/Engels Internet Archive. Marxists Internet Archive. http://www.marxists.org/archive/marx/works/1872/09/08.htm

MASSON, Philippe. *A Segunda Guerra Mundial. Histórias e estratégias*. São Paulo, Editora Contexto, 2010.

MEINHOF, Ulrike. "From protest to resistance." Konkret, n. 5, maio de 1968 (Trad. Allison Brown). http://germanhistorydocs.ghidc.org/sub_document.cfm?document_id=895

# BIBLIOGRAFIA

_____. "The urban guerilla concept", abril de 1971. http://www.german-guerilla.com/red-army-faction/documents/71_04.html

MEZZETTI, Fernando. *De Mao a Deng*. Brasília, UnB, 2000.

MINOGUE, Kenneth. "Giants Refreshed II: The escape from serfdom: Friedrich von Hayek and the restoration of liberty." *Times Literary Supplement*, 14 de janeiro de 2000.

MISES, Ludwig von. "Profit and loss." Ludwig von Mises Institute, 7 de outubro de 2006. http://mises.org/daily/2321

MONNET, Jean. *Memórias — A construção da unidade europeia*. Brasília, UnB, 1986.

MONTEFIORE, Simon S. *Stalin, a corte do czar vermelho*. São Paulo, Companhia das Letras, 2006.

MORAVIA, Alberto. *A revolução cultural chinesa*. Braga, Europa-América, 1970.

MORGENTHAU, Henry. "Suggested Post-Surrender Program for Germany", setembro de 1944. German Diplomatic Files, Box 31. Franklin D. Roosevelt Presidential Library and Museum. http://docs.fdrlibrary.marist.edu/psf/box31/a297a01.html

MYERS, Steven Lee. "Aleksandr N. Yakovlev, 81, dies; helped shape perestroika and glasnost in the 80's." *The New York Times*, 19 de outubro de 2005. http://www.nytimes.com/2005/10/19/international/europe/19yakovlev.html

NAU, Henry R. *O mito da decadência dos Estados Unidos*. Rio de Janeiro, Zahar, 1992.

OBAMA, Barack. "President-Elect Victory Speech", 4 de novembro de 2008. http://www.americanrhetoric.com/speeches/convention2008/barackobama-victoryspeech.htm

PAINE, Thomas. *Common sense*. Forgotten Books, 2010. http://www.forgotten-books.org/info/9781606209035

PEREIRA, Carlos Alberto M. *O que é contracultura*. São Paulo, Brasiliense, 1986.

PHILLIPS, Dominic. *Análise: Ódio e reconhecimento a Thatcher*. Folha.com, 3 de maio de 2009. http://www1.folha.uol.com.br/folha/mundo/ult94u559191.shtml

PIOVESAN, Flávia. *Direitos humanos e justiça internacional: um estudo comparativo dos sistemas regionais europeu, interamericano e africano*. São Paulo, Saraiva, 2006.

PODHORETZ, Norman. "My negro problem — and ours." *Commentary*, fevereiro de 1986.

PROJECT FOR THE NEW AMERICAN CENTURY (PNAC). Statement of Principles, 3 de junho de 1997. http://newamericancentury.org/statemento-fprinciples.htm

PROST, Antoine & VINCENT, Gérard (org.). *História da vida privada: da Primeira Guerra a nossos dias*. São Paulo, Companhia das Letras, 1992.

QUTB, Sayyd. *Milestones*. Young Muslims Canada. http://web.youngmuslims.ca/online_library/books/milestones/hold/index_2.htm

RASUL, Shafiq, IQBAL, Asif, AHMED, Rhuhel (statement). *Detention in Afghanistan and Guantanamo Bay*. 26 de julho de 2004. http://humanrights.ucdavis.edu/resources/library/documents-and-reports/tipton_report.pdf

REAGAN, Ronald. "To restore America", 31 de março de 1976. PBS — American Experience: Reagan. http://www.pbs.org/wgbh/americanexperience/features/primary-resources/reagan-america/

_____. "A time for choosing", 27 de outubro de 1964. American Rhetoric. http://www.americanrhetoric.com/speeches/ronaldreaganatimefor-choosing.htm

_____. "First inaugural adress", 20 de janeiro de 1981. American Rhetoric. http://www.americanrhetoric.com/speeches/ronaldreagandfirstinau-gural.html

_____. "The Evil Empire." Speech to the House of Commons, 8 de junho de 1982. Teaching American History. http://teachingamericanhistory.org/library/index.asp?document=449

_____. "Evil Empire Speech", 8 de março de 1983. The National Center for Public Policy Research. http://www.nationalcenter.org/ReaganEvilEmpi-re1983.html

_____. "State of the Union 1984", 25 de janeiro de 1984. Reagan 2020. http://reagan2020.us/speeches/state_of_the_union_1984.asp

_____. "Tear down this wall", 12 de junho de 1987. The History Place. http://www.historyplace.com/speeches/reagan-tear-down.htm

_____. "Farewell address to the nation", 11 de janeiro de 1989. American Rhetoric. http://www.americanrhetoric.com/speeches/ronaldreaganfa-rewelladdress.html

REYNOLDS, David. "The european response — primacy of politics." *Foreign Affairs*, vol. 76, n. 3, maio/junho 1997.

RIBEIRO, Renato Janine. *Ao leitor sem medo*. São Paulo, Brasiliense, 1984.

RIDLEY REPORT — Report of nationalised industries policy group, 30 de junho de 1977. Margaret Thatcher Foundation. http://www.margaretthatcher.org/document/110795

ROOSEVELT, Eleanor. "Making human rights come alive." Franklin and Eleanor Roosevelt Institute. Speech to the Second National Conference on Unesco, Cleveland, 1º de abril de 1949. http://www.udhr.org/history/frbioer.htm

_____. "Adoption of the declaration of human rights", 9 de dezembro de 1948. Department of State. "Human Rights and Genocide: Selected Statements; United Nations Resolution Declarations and Conventions", 1949. http://www.udhr.org/history/frbioer.htm

ROOSEVELT, Franklin D. "Inaugural address, March 4, 1933." *The public papers of Franklin D. Roosevelt, Volume two: The year of crisis, 1933.* Nova York, Random House, 1938. http://historymatters.gmu.edu/d/5057/

ROOSEVELT, Franklin D. & CHURCHILL, Winston S. "Atlantic Charter", 14 de agosto de 1941. Yale Law School. The Avalon Project. http://avalon.law.yale.edu/wwii/atlantic.asp

RUBIN, Barry (ed.). *Guide to islamist movements.* Nova York, M. E. Sharpe, 2010.

SACRISTÁN, Manuel. "Cuando empieza la vista." In: GRUTZBACH, Frank (org.). *Heinrich Boll: garantía para Ulrike Meinhof.* Barcelona, Seix Barral, 1976.

SANDMARK, Bjorn. "Jutta Ditfurth: Ulrike Meinhof, The Biography." *Goteborgs-Posten,* 10 de novembro de 2007 (Trad. Kristoffer Larsson & Ron Rindenour). Tlaxcala — The Translator's Network for Cultural Diversity. http://www.tlaxcala.es/pp.asp?lg=en&reference=4240

SAUNDERS, Frances Stonor. "How the CIA plotted against us." *New Statesmen,* 12 de julho de 1999. http://www.newstatesman.com/199907120022

SCHUMPETER, Joseph A. *Capitalism, socialism & democracy.* Londres, Routledge, 1994.

SHERWOOD, Robert E. *Roosevelt e Hopkins — Uma história da Segunda Guerra Mundial.* Rio de Janeiro-Brasília, Nova Fronteira/UnB/Faculdade da Cidade, 1998.

SIK, Ota. "Socialism — Theory and practice." *Socialism today? The changing meaning of socialism.* Nova York, MacMillan, 1991. http://www.marxists.org/archive/sik/1989/socialism.htm

SKIDELSKY, Robert. "Ideas and the world." *The Economist,* vol. 357, n. 8198, 25 de novembro de 2000.

SLÁDEK, Frantisek. "A bomb made of simple words." http://www.praha.eu/jnp/en/extra/Year_68/two_thousand_words/index.html

SPENCE, Jonathan D. *Em busca da China moderna*. São Paulo, Companhia das Letras, 1996.

SOLJENÍTSIN, Alexander. *The Gulag Archipelago, 1918-1956: An experiment in literary investigation*. Nova York, Harper&Row, 1985.

SOWULA, Timothy. "The Helsinki process and the death of communism." Open Democracy, 31 de julho de 2005. http://www.opendemocracy.net/democracy-protest/helsinki_2716.jsp

SPANIER, John. *La política exterior norteamericana a partir de la Segunda Guerra Mundial*. Buenos Aires, Grupo Editor Latinoamericano, 1991.

STRAUSS, Leo. *On tiranny*. Chicago, University of Chicago Press, 2000.

_____. *Liberalism ancient and modern*. Chicago, University of Chicago Press, 1995.

SUNKEL, Osvaldo & GRIFFITH-JONES, Stephany. *O fim de uma ilusão: As crises da dívida e do desenvolvimento na América Latina*. São Paulo, Brasiliense, 1986.

TAYLOR, Frederick. *Muro de Berlim: Um mundo dividido 1961-1989*. Rio de Janeiro, Record, 2009.

TEODORI, Massimo. *Las nuevas izquierdas europeas (1956-1976)*. Barcelona, Blume, 1978.

THATCHER, Margaret. "Interview." *Woman's Own*. 23 de setembro de 1987. http://www.margaretthatcher.org/document/106689

TILLY, Charles. *Coerção, capital e Estados europeus*. São Paulo, Edusp, 1996.

_____. "Karl Marx, historian." Adress to the Karl Marx Centennial Conference. Universidade de Michigan, 16-17 de março de 1983.

TOCQUEVILLE, Alexis de. *A democracia na América*. São Paulo, Martins Fontes, 1998.

TRAUB, James. "Islamic democrats?". *The New York Times*, 29 de abril de 2007. http://www.nytimes.com/2007/04/29/magazine/29Brotherhood.t.html

TROTSKI, Leon. "Ninety years of the Communist Manifesto." In: *Fourth International*. Nova York, vol. IX, n. 1, janeiro/fevereiro 1948. http://www.marxists.org/archive/trotsky/1937/10/90manifesto.htm

TRUMAN, Harry. President Harry S. Truman's address before a joint session of Congress, 12 de março de 1947. The Avalon Project. http://avalon.law.yale.edu/20th_century/trudoc.asp

U. S. DEPARTMENT OF STATE. Foreign Relations of the United States. The Conference at Quebec, 1944. U. S. Government Printing Office, 1972. http://

digicoll.library.wisc.edu/cgi-bin/FRUS/FRUS-idx?type=article&did=FRUS.
FRUS1944.i0002&id=FRUS.FRUS1944&isize=M

_____. Foreign Relations of the United States: diplomatic papers, 1945. European Advisory Comission, Austria, Germany. U. S. Government Printing Office, 1945. http://digicoll.library.wisc.edu/cgi-bin/FRUS/FRUS-idx?type=header&id=FRUS.FRUS1945v03&isize=M

_____. Foreign Relations of the United States. Conferences at Malta and Yalta, 1945. U. S. Government Printing Office, 1945. http://digicoll.library.wisc.edu/cgi-bin/FRUS/FRUS-idx?type=header&id=FRUS.FRUS1945&isize=M

_____. U. S. Department of State Bulletin. President Truman's address to opening session of United Nations Conference on international organization at San Francisco, 25 de abril de 1945. http://www.ibiblio.org/pha/policy/1945/450425a.html

_____. U. S. Initial Post-Surrender Policy for Japan. U. S. National Archives & Records Administration, 12 de abril de 1945. http://www.ndl.go.jp/constitution/e/shiryo/01/022shoshi.html

VACULIK, Ludvik. *2000 Words Belonging to Workers, Farmers, Officials, Scientists, Artists and Everybody*. Literární Listy, n. 18/68, 27- 6-1968, p. 3. http://www.praha.eu/jnp/en/extra/Year_68/two_thousand_words/text_and_its_signatories.html

WALA, Michael. *The Council on Foreign Relations and american foreign policy in the early Cold War*. Providence, Berghahn Books, 1994.

WALLACE, George. "The 1963 Inaugural Adress", 14 de janeiro de 1963. Alabama Department of Archives & History. http://www.archives.state.al.us/govs_list/inauguralspeech.html

WILFORD, Hugh. *The CIA, the British left and the Cold War*. Londres, Frank Cass Publishers, 2003.

WILSON, Woodrow. U. S. Declaration of Neutrality, 19 de agosto de 1914. The World War I Document Archive. http://www.gwpda.org/index.html

_____. *War message*, 2 de abril de 1917. American Rhetoric. http://www.americanrhetoric.com/speeches/wilsonwarmessage.htm

WINTHROP, John. "A model of christian charity", 1630. http://religiousfreedom.lib.virginia.edu/sacred/charity.html

XENOS, Nicholas. "Leo Strauss and the rhetoric of the War on Terror." *Logos* 3.2, primavera de 2004. http://www.logosjournal.com/issue_3.2/xenos.htm

XINRAN. *Testemunhos da China: Vozes de uma geração silenciosa.* São Paulo, Companhia das Letras, 2009.

YOO, John. "U. S. Dept. of Justice Memo from Deputy Assistant Attorney General John Yoo to Alberto R. Gonzalez, White House Counsel", 1º de agosto de 2002. FindLaw. http://news.findlaw.com/hdocs/docs/doj/bybee80102ltr.html

ZAWAHIRI, Ayman. "Letter from al-Zawairi to al-Zarqawi", 9 de julho de 2005. GlobalSecurity.org. http://www.globalsecurity.org/security/library/report/2005/zawahiri-zarqawi-letter_9jul2005.htm

# Créditos das imagens

P. 20: From Time Magazine, january 4 © 1943 Time Inc. Used under license.

P. 25: Gamma-Keystone via Getty Images

P. 31: International Monetary Fund. Domínio Público.

P. 34: Time & Life Pictures/Getty Images

P. 40: Album / akg-images/Akg-Images/Latinstock

P. 45: Latinstock/Raymond S. Kleboe/Corbis

P. 49: Getty Images

P. 51: Latinstock//Corbis

P. 55: Time & Life Pictures/Getty Images

P. 59: Latinstock/Kurt Hutton/Corbis

P. 62: Latinstock/Michael Nicholson/Corbis

P. 64: Latinstock//Corbis

P. 69: Domínio Público.

P. 74: Latinstock//Corbis

P. 78: Time & Life Pictures/Getty Images

P. 82: © International Labour Organization

P. 86: Time & Life Pictures/Getty Images

P. 93: Central Intelligence Agency. Domínio Público.

P. 99: Gamma-Keystone via Getty Images

P. 105: Getty Images

P. 107: Getty Images

P. 111: AFP/Getty Images

P. 115: Getty Images

P. 124: Latinstock/Archives Barrat-Bartoll/Corbis

P. 125: Gamma-Keystone via Getty Images

P. 130: RIA Novosti

P. 134: RIA Novosti

P. 136: Latinstock//Corbis

P. 146: Getty Images

P. 150: WalterFilm.com

P. 155: Getty Images

P. 158: Time & Life Pictures/Getty Images

P. 165: Underwood Archives/Getty Images

P. 169: Time & Life Pictures/Getty Images

P. 173: AFP/Getty Images

P. 177: Getty Images

P. 181: Gamma-Keystone via Getty Images

P. 185: Popperfoto/Getty Images

P. 191: Mondadori via Getty Images

P. 196: AP Photo/Hillebrecht

P. 200: Latinstock/Franco Origlia/ Corbis

P. 203: Time & Life Pictures/Getty Images

P. 208: Getty Images

P. 212: © Jiří Jirásek

P. 216: AFP/Getty Images

P. 220: Latinstock/Alain Keler/Corbis

P. 225: Courtesy Everett Colletion/ Everett/Latinstock

P. 229: Latinstock//Corbis

P. 233: Everett Collection / Grupo Keystone

P. 240: Getty Images

P. 248: Latinstock//Corbis

P. 251: AP Photo

P. 255: Latinstock/Fincher/Corbis

P. 258: AP Photo

P. 263: Latinstock/Amar Grover/ Corbis

P. 266: Getty Images

P. 270: Wikimedia Commons

P. 274: AFP/Getty Images

P. 278: /Corbis (DC)/Latinstock

P. 284: © Edison Electric, 1965

P. 286: Latinstock/JP Laffont/Corbis

P. 293: Latinstock//Corbis

P. 298: Domínio público

P. 304: Latinstock//Corbis

P. 305: Sakharov Archives. Sakharov Center. Property of Andrei Sakharov's family (December 25th, 1986)

P. 310: AFP/Getty Images

P. 313: From Time Magazine, april 26 © 1971 Time Inc. Used under license.

P. 318: AFP/Getty Images

P. 322: © The Andy Warhol Foundation for the Visual Arts, Inc./ licenciado por AUTVIS, Brasil, 2012

P. 329: Courtesy: Jimmy Carter Presidential Library.

P. 333: Latinstock//Corbis

P. 338: Latinstock//Corbis

P. 342: Time & Life Pictures/Getty Images

P. 346: AFP/Getty Images

P. 354: Getty Images

P. 356: Getty Images

P. 359: SSPL via Getty Images

P. 363: Latinstock/Adam Woolfitt/ Corbis

P. 368: Licensed by: Warner Bros. Entertainment Inc. All rights reserved.

P. 371: Time & Life Pictures/Getty Images

P. 374: Latinstock/Patrick Chauvel/ Corbis

# CRÉDITOS DAS IMAGENS

P. 379: Latinstock//Corbis

P. 383: Orlando Brito/Editora Abril

P. 388: Latinstock/Jon Arnold/Corbis

P. 392: Gamma-Keystone via Getty Images

P. 398: Getty Images

P. 405: Courtesy of Ronald Reagan Library

P. 410: Mikhail Evstafiev

P. 413: © Fine Art Images/Archive Photos

P. 415: Latinstock/Peter Turnley/ Corbis

P. 420: RIA Novosti

P. 423: AFP/Getty Images

P. 427: Latinstock/Peter Turnley/ Corbis

P. 432: Gamma-Rapho via Getty Images

P. 436: Latinstock/Robert Maass/ Corbis

P. 441: Gamma-Rapho via Getty Images

P. 447: Bundesarchiv

P. 451: AFP/Getty Images

P. 455: Redferns

P. 461: © Jeffmock, 2001

P. 464: Reprinted from COMMENTARY, February 1955, by permission; copyright © 1955 by Commentary, Inc.

P. 468: Latinstock/Corbis (foto de cima); Time & Life Pictures/ Getty Images (foto de baixo)

P. 473: Carley Margolis/FilmMagic

P. 482: Latinstock/Earl Kowall/Corbis

P. 487: Leemage

P. 492: © Sgt. Jeremy T. Lock

P. 496: Latinstock/Ali Kabas/Corbis

P. 502: AP Photo

P. 504: Licensed By: Warner Bros.

P. 510: Entertainment Inc. All Rights Reserved.

# Índice onomástico

ABÁLKIN, Leonid — 411, 414

ABDUH, Muhammad — 489

ABRAMS, Elliott — 372, 373, 377

ACHESON, Dean — 29, 46, 106, 115

ADAMEC, Ladislas — 436, 437

ADENAUER, Konrad — 71, 73, 111-2, 113, 115, 116, 118-9, 127, 295

ADORNO, Theodor — 186

AFLAQ, Michel —253, 254

AHMED, Rhuhel — 499, 509

ALLEN, Richard V. — 376

ALLENDE, Salvador — 220, 345, 346

AMIN, Samir — 248

ANDREOTTI, Giulio — 199-200

ANDROPOV, Yuri — 404

AQUINO, Tomás de (santo) — 77

ARAFAT, Yasser — 253, 469, 482

ARENDT, Hannah — 82, 156, 225

ARIÈS, Phillipe — 151

ARISTÓTELES — 470, 505

ARON, Raymond — 92, 94, 119, 120, 121, 124, 125-7, 249

ASH, Thimothy Garton — 430

ASSAD, Bashar — 501

ASSAD, Hafez — 254

ATATURK, Mustafá Kemal — 487-8, 495

ATTA, Mohammed — 459, 460

ATTLEE, Clement — 55, 58, 100-1, 352

AUDEN, W. H. — 94

AVICENA (Abu Ali ibn Sina) — 488

AWOLOWO, Obafemi — 257

AZIKIWE, Benjamin — 257

AZZAM, Abdullah — 482-3

BAADER, Andreas — 192

BACHMANN, Josef — 185, 186

BACHMANN, Michele — 452

BAHR, Egon — 296

BALL, George — 116

BALOGH, Elemér — 145

BAKER, James A. — 385-6

BAKUNIN, Mikhail — 426

BANDA, Hastings — 257

BANNA, Hassan — 268, 269, 272

BARNES, Debra — 277

BATISTA, Fulgencio — 309

BEAUVOIR, Simone de — 280, 281, 282

BEBEL, Auguste — 396

BENES, Edvard — 53, 62-3, 206, 210, 217

BENNETT, William — 479

BENSAID, Daniel — 202

BERIA, Laurenti — 72, 74, 75, 132, 133-5

BERLIN, Isaiah — 94, 334

BERLINGUER, Enrico — 198

BERMAN, Pandro — 149

BERNSTEIN, Carl — 178

BERNSTEIN, Eduard — 397-8

BERRY, Chuck — 154

BEVIN, Ernest — 54-5, 100-1, 117

BIAO, Dodo — 320-321

BIAO, Li-guo — 320-1

BIAO, Lin — 227, 230, 235, 236, 237, 238, 241, 320-2, 324

BIERUT, Boleslaw — 137

BILAK, Vasil — 428

BIN LADEN, Osama — 272, 273, 275, 462, 481-4, 490-3, 499

BISMARCK, Otto von — 118

BISSELL JR., Richard M. — 92

BITAR, Salah — 253, 254

BLAIR, Tony — 364, 469, 475, 500

BLANQUI, Louis Auguste — 395

BLINDER, Alan S. — 452

BO-DA, Chen — 320

BOETTIGER, John — 37

BOGRA, Mohammed Ali — 245

BONAPARTE, Napoleão — 126, 429, 491

BORGES, Jorge Luis — 94

BRADEN, Thomas W. — 93, 94

BRANDT, Willy — 292, 295-8, 398, 439

BREJNEV, Leonid — 207-10, 213-5, 294, 300, 372, 404, 407,

BRIAND, Aristide — 113

BROOKS, Richard — 149

BROUÉ, Pierre — 404

BROWN, Gordon — 364

BRZEZINSKI, Zbigniew — 373-4

BUBACK, Siegfried — 200

BUFFETT, Warren — 453-4

BULGANIN, Nikolai A. — 60

BUSH, George H. — 449

BUSH, George W. — 450-1, 462, 467, 471-5, 478-9, 501-3, 507

BUSH, John "Jeb" — 467

BYKOV, Oleg — 308

BYRD, Harry — 168

CALDWELL, Bruce — 334

CALLAGHAN, James — 353-4

CAMUS, Albert — 124-5

CARDOSO, Fernando Henrique — 189

CARTER, Jimmy — 10, 170, 199, 304-9, 328, 370, 375, 379, 380, 384, 472

CASEY, William — 409

CASSIN, René — 77

CASTELLS, Manuel — 188-9

CASTRO, Fidel — 147, 247-8

CASTRO, Sergio — 346

# ÍNDICE ONOMÁSTICO

CAUAS, Jorge — 346

CEAUSESCU, Nicolau — 437

CHANG, Jung — 315

CHENEY, Richard "Dick" — 467

CHERNENKO, Konstantin — 406

CHEVARDNADZE, Eduard — 412

CHUN-QIAO, Zhang — 323, 324

CHURCHILL, Winston — 17-24, 37, 39, 41, 42, 44, 45, 50, 52-54, 59, 62, 84, 95, 109-10, 112-3, 172, 357, 509

CLAY, Lucius D. — 46, 67, 68, 70-1

CLINTON, Bill — 450, 467, 469, 471

COHEN, Elliot E. — 464-5

COHN-BENDIT, Daniel — 186, 188-9, 191, 201-3

CONDORCET, Nicolas de — 123

CONFÚCIO (Kung Fu Tsé) — 235

COOPER, Ann Louise Nixon — 163

COOPER, Richard — 3

COSSIGA, Francesco — 199-200

COTY, René — 126

COWAN, Glenn — 311-2, 316

COX, Mary J. — 165

CROCE, Benedetto — 92

CROMWELL, Oliver — 476-7

CRUMMELL, Alexander — 256

CURCIO, Renato — 197, 200

DAVIS, Jefferson — 169-70

DE, Zhu — 227

DE GASPERI, Alcide — 54

DE GAULLE, Charles — 54, 67, 109-11, 112, 115-6, 117-8, 122, 126-7, 172, 186, 190-1, 391, 443

DE-HUAI, Peng — 237, 234-5, 238

DEAN, James — 154

DEBRÉ, Michel — 124

D'ESTAING, Valery Giscard — 391, 393

DEWEY, John — 92

DEWEY, Thomas — 23, 168

DI VITTORIO, Giuseppe — 146

DIMITROV, Georgi — 61, 65

DOBRYNIN, Anatoly — 371

DOS PASSOS, John — 24

DREES, Willem — 101

DU BOIS, W. E. B. — 256-7

DUBCEK, Alexander — 205, 208, 210-1, 213-5, 216-7, 436-7

DULLES, Allen W. — 46

DULLES, John Foster — 78, 143, 459

DUTSCHKE, Rudi — 183, 185-7, 190, 192-3, 201-4

EISENHOWER, Dwight — 117, 143, 168, 181, 301, 369, 371

ELLSBERG, Daniel — 176

EN-LAI, Chou — 227, 229-30, 241, 246, 312, 318, 321-2

ENGELS, Friedrich — 387-9, 394-7, 453

ENSSLIN, Gudrun — 192-5, 197

EORSI, István — 141

ERBAKAN, Necmettin — 495-6

ERDOGAN, Recep Tayyp — 496-7

ERHARD, Ludwig — 96

FABIUS, Laurent — 393

FARAJ, Muhammad Salaam — 274-5

FAROUK I (rei) — 252

FAURE, Edgar — 123

FELDSTEIN, Martin — 382

FISCHER, Joschka — 201-3

FISHBURNE, Laurence — 505

FORD, Gerald — 298, 370

FORD, Glenn — 149-50

FORD, Peter —149

FORD II, Henry — 92

FRANCESCHINI, Alberto — 197

FRANK, André Gunder — 248

FRIEDAN, Betty — 280, 282, 283, 285-7

FRIEDMAN, Milton — 335, 343-7

FRYER, Peter — 147

FÜHRER, Christian — 425

FUKUYAMA, Francis — 445-7, 467, 484

FURET, François — 429

GADDIS, John Lewis — 105, 135,

GAIDAR, Yegor — 408

GALBRAITH, John Kenneth — 341-3, 361

GANDHI, Mahatma — 245

GEORGE, Pierre — 248

GERHARDSEN, Einar — 101

GERO, Erno — 141

GIAP, Nguyen Van — 176

GIEREK, Edward — 138, 433

GINGRICH, Newt — 450

GINSBERG, Allen — 158

GOEBBELS, Paul Joseph — 236

GOLDMAN, Emma — 279

GOLDWATER, Barry — 170, 369

GOMULKA, Wladislaw — 63, 137-8, 141-2, 144

GONZALEZ, Alberto — 503

GOODMAN, Paul — 465

GORBATCHOV, Mikhail — 10, 136, 358, 386, 403-6, 408, 410, 411-4, 419-23, 430, 435, 437, 440, 443

GORE JR, Albert Arnold "Al"— 503

GOTTWALD, Klement — 53, 63, 206, 210, 213

GRANT, Ulysses — 301

GREWE, Wilhelm — 295

GRÓSZ, Károly — 435

GROTEWOHL, Otto — 66

GUANG-MEI, Wang — 240

GUEVARA, Ernesto Che — 184

GUILHERME II (imperador da Alemanha) — 44

GUOFENG, Hua — 324-7

HABERMAS, Jurgen — 187

HAIG, Alexander — 373

## ÍNDICE ONOMÁSTICO

HALÉVY, Elie — 336

HALEY, Bill — 149-50

HALLIDAY, Jon — 315

HALLSTEIN, Walter — 295

HANBAL, Ahmed Ibn — 262-3

HANJOUR, Hani — 459

HANSON, Victor Davis — 180

HARASZTI, Miklos — 429-30

HARLAN, John Marshall — 166

HARRIMAN, W. Averell — 47

HARRINGTON, James — 476

HARRINGTON, Michael — 466

HAVEL, Vaclav — 227, 427, 435-7

HAYEK, Friedrich von — 13, 331-4, 334-7, 339-343, 343-4, 347, 351, 355

HEATH, Edward — 201, 353, 355

HEGEL, Georg Wilhelm Friedrich — 446

HEMINGWAY, Ernest — 369

HIROHITO (imperador do Japão) — 104

HIRSCH, Étienne — 114

HITLER, Adolf — 183, 186, 225, 296, 332, 418, 443, 469, 475, 490

HO CHI MINH (Nguyen Sinh Cung) — 172-3, 179, 180, 184

HOBBES, Thomas — 80, 84, 469, 505

HOFFMAN, Paul G. — 92

HOOVER, Herbert — 56

HONECKER, Erich — 428, 439-40

HONG-WEN, Wang — 324

HOPKINS, Harry — 18, 22

HOXHA, Enver — 62

HULBROCK, Klaus — 201

HULL, Cordell — 28, 39, 42

HUMPHREY, Hubert —170, 175

HUMPHREY, John P. — 77

HUNTINGTON, Samuel — 484-5, 494

HUSSEIN, Saddam — 254-5, 462, 484, 502

IBSEN, Henrik — 134

IL-SUNG, Kim — 105-7

IQBAL, Asif — 499-500, 508-9

ISLAMBOULI, Khalid — 274-5

ISMAIL, Jamal — 481

JACKSON, Henry "Scoop" — 301, 370-3, 467,

JACKSON, Peter — 370

JACKSON, Robert H. — 509

JAMES, Cyril L. R. — 257

JARRAH, Ziad — 459

JARUZELSKY, Wojciech — 433

JASPERS, Karl — 92

JDANOV, Andrei A. — 60, 64-5

JEFFERSON, Thomas — 164, 169

JETER, Mildred — 171

JOÃO PAULO II (papa) — 10, 431-2

JOHNSON, Lyndon B. — 169

JOSSELSON, Michael — 92, 95

JUDT, Tony — 442, 443, 449-50

KADAFI, Muhammar — 248, 253-4, 501

KÁDÁR, János — 143, 248, 435

KAGAN, Robert — 467, 475

KAI-SHEK, Chiang — 21, 103, 107, 226, 309

KANT, Immanuel — 81, 84

KAST, Miguel — 346

KAUTSKY, Karl — 397

KELLY, Petra — 202-3

KENNAN, George Frost — 10, 21, 48, 53, 98, 119-121,299, 310

KENNEDY, Edward — 171

KENNEDY, John F. — 95, 147, 168-70, 173, 181, 285-6, 294, 296, 341,

KENNEDY, Robert F. — 171, 174

KENYATTA, Jomo — 244, 257

KERENSKY, Alexander — 129

KERENSKY, Fiódor — 129, 131

KEYNES, John M. — 101

KHALDUN (Abu Zayd Ibn) — 488

KHAMENEI, Ali — 493

KHAN, Mulkhum — 488

KHAN, Syed Ahmed — 488

KHATAMI, Mohammad — 493-4

KHOMEINI, Ruhollah — 274, 308

KIESINGER, Kurt Georg — 184

KIRKPATRICK, Jeane — 307-9, 373, 375, 378-9

KIRMANI, Aqa Khan —488

KISSINGER, Henry — 24, 118, 176, 178-9, 199, 294, 298, 299-301, 302-4, 308, 312, 314-8, 371, 373, 376-7

KOESTLER, Arthur — 92

KOHL, Helmut — 297, 390, 393, 442-3

KOLAKOWSKI, Leszek — 9, 11, 14, 135, 138-9, 140, 219

KOLLONTAI, Alexandra — 279

KOPÁCSI, Sándor — 140-1

KOSÁRY, Domokos — 145

KOSSYGUINE, Alexis — 207-8

KRENZE, Egon — 440

KRISTOL, Irving — 462-6, 467-8

KRISTOL, William — 467

KRUGMAN, Paul — 382

KRUSCHEV, Nikita — 12, 72, 73, 75, 131-5, 136, 141, 143, 145, 146-7, 187, 206-7, 219, 227, 229-30, 235-6, 247, 294, 408, 414

KURÓN, Jacek — 137-8, 140, 430, 434

KURRAS, Karl-Heinz — 184

LACOSTE, Yves — 248

LAKATOS, István — 141

LASSALLE, Ferdinand — 396

LEFEBVRE, Henri — 189

LENIN (Vladimir Ilich Ulyanov) — 102, 129, 131, 133, 135, 235, 426, 432, 447, 448, 449, 453, 463, 475

LEWIS, Bernard — 485-8, 489-91, 494, 495

LIEBKNECHT, Wilhelm — 396

# ÍNDICE ONOMÁSTICO

LINCOLN, Abraham — 168, 170

LIPPMANN, Walter — 174, 334

LOCKE, John — 505

LOSONCZY, Géza — 146

LOVING, Richard — 171

LOWENTHAL, Richard — 187-8

LUÍS XVI (rei da França) — 426

LUKÁCS, Georg — 141, 145

LUTHER KING JR., Martin — 12, 164, 166, 169,-71, 181, 202, 286, 465

MACARTHUR, Douglas — 104

MACGREGOR, Ian — 359

MAJOR, John — 364

MALENKOV, Georgiy — 72, 132

MALÉTER, Pál — 142-3

MALIK, Charles — 77

MALRAUX, André — 124

MAMUN, Abu Jafar — 262-3

MAOMÉ (profeta) — 123, 262-3, 268, 270-1

MARCHAIS, Georges — 391

MARCOS, Ferdinand — 379

MARCUSE, Herbert — 156-7, 184, 187-8, 190, 204

MARIGHELLA, Carlos — 195

MARITAIN, Jacques — 92

MARSHALL, George C. — 53, 63, 95, 97, 98, 99, 117

MARVIN, Lee — 369

MARX, Karl — 12, 133, 157, 231, 235, 281, 376, 387-9, 390, 394-8, 426, 446, 453, 456, 505

MASARYK, Jan — 96

MASSU, Jacques — 190

MAUROY, Pierre — 391, 393-4

MAZOWIECKI, Tadeusz — 434

MCCARTHY, Eugene — 175

MCCARTHY, Joseph — 504

MCCLOY, John J. — 37, 38, 92

MCCREA, John — 21

MCGOVERN, George — 300, 372

MCLUHAN, Marshall - 153

MCNAMARA, Robert S. — 174-5

MEANS, Gardiner — 335

MEINHOF, Ulrike Marie — 12, 192-6, 197, 203

MENDÈS-FRANCE, Pierre — 118

MICHNIK, Adam — 430

MIGUEL I (rei da Romênia) — 61

MISES, Ludwig von — 96-7, 331, 332

MITTERRAND, François — 391, 393-4, 443

MODZELEWSKI, Karol — 137-8

MOGLIN, Alexandra (Sacha) — 403

MOGLIN, Zakhar — 403

MOLLET, Guy — 101, 123

MOLOTOV, Vyacheslav — 20, 22, 42, 45-6, 47, 65, 72, 73, 96, 132, 243,

MONDALE, Walter — 384

MONNET, Jean — 97, 112-3, 114, 116-7, 118, 127

MONTEFIORE, Simon Sebag — 58

MONTESQUIEU, Charles-Louis de Secon- datt — 505

MORAVIA, Alberto — 237

MORETTI, Mario — 197, 199, 200

MORGENTHAU, Henry — 28, 38

MORO, Aldo — 198

MUBARAK, Hosni — 497, 501

MUDO, Assaat Datuk — 250

MUNDI, Billy —155

NABOKOV, Vladimir — 94

NAGY, Imre — 435, 445

NAPOLEÃO III (imperador da França)

— 123, 126

NAPOLITANO, Giorgio —146

NASSER, Gamal Abdel — 146, 246-7, 249, 252-3, 254, 255, 267, 269, 271-2

NAU, Henry — 28

NEHRU, Jawaharlal — 245-7

NENNI, Pietro — 146

NEVELSON, Nina — 403

NIXON, Richard — 170, 175, 176, 177-9, 292, 298, 299-301, 302, 305, 308, 312-3, 315, 316-7, 319, 321, 323, 350, 369, 371, 377, 385, 467

NKRUMAH, Kwame — 247, 255, 257, 258, 259-60

NOVIKOV, Nikolai — 95

NOVOTNY, Antonin — 210

OBAMA, Barack — 163, 171, 449, 452

OCHETTO, Achille — 448

OHNESORG, Benno — 184, 192

OLLENHAUER, Erich — 119

OMARI, Abdulaziz — 459

OPLETAL, Jean — 435

OSWALD, Lee Harvey — 170

OTAIBI, Juhaiman — 273

PACE, Tony — 165

PADMORE, James — 257

PAHLEVI, Mohammed Reza — 184, 273, 307, 308,

PAINE, Thomas — 26, 28

PARKS, Rosa — 164, 166

PAUL, Alice — 285

PAULO VI (papa) — 199

PENG-CHUN, Chang — 77

PENN, Sean — 505

PERLE, Richard — 372, 373

PETOFI, Sandor — 141

PIECK, Wilhelm — 66

PIECZENIK, Steve — 199-200

PIÑERA, José — 346-7

PINOCHET, Augusto — 306, 345, 346-7, 379,

PIPES, Richard — 409

PLATÃO — 469

PLESSY, Homer — 166

PLEVEN, René — 116-7

# ÍNDICE ONOMÁSTICO

PODHORETZ, Norman — 464-6, 467

POITIER, Sidney — 150

POL POT (Saloth Sar) — 182, 429

POLLARD, Robert — 28

POMPIDOU, Georges — 190, 191

PRESLEY, Elvis — 154

QING, Jiang — 238, 241, 323, 324

QUTB, Muhammad — 272

QUTB, Sayyd — 14, 255, 267, 269-71, 272, 274, 482, 497, 498

RÁKOSI, Mátyás — 62, 141, 142, 146

RASUL, Shafiq — 499, 500, 508, 509

REAGAN, Nancy (Nancy Davis) — 368

REAGAN, Ronald — 10, 13, 302, 303, 304, 305, 308, 310, 334, 347, 357, 358, 367, 368-70, 372, 373, 375, 376, 377, 378-9, 380-1, 383, 384, 385, 386, 390, 406, 409, 412, 421, 422, 430, 452, 454, 468-9, 470, 471, 478-9

RETTIE, John — 135

REUTER, Paul — 114

REYNAUD, Paul — 110, 112

RHEE, Syngman — 105

RIDA, Rashid — 489

RIEMECK, Renate —193

ROBBINS, Tim — 505

ROOSEVELT, Eleanor — 285,

ROOSEVELT, Elliott — 172

ROOSEVELT, Franklin D. — 168, 172, 181, 243, 291, 293, 507,

ROOSEVELT, Theodore — 308, 319

ROPKE, Wilhelm — 96, 97

ROSENBERG, Julius — 91

RUI, Hai — 238

RUMSFELD, Donald — 300, 302, 467 502

RUSSELL, Bertrand — 91, 92

RYBAKOV, Anatoli — 413

RYZKHOV, Nikolai — 420

SACRISTÁN, Manuel — 193, 203, 204

SADAT, Anuar 254, 271, 274, 307,

SAINT-SIMON (Claude Henri de Rou- vroy) — 336

SAKHAROV, Andrei — 305, 306, 372, 413

SANTA CRUZ, Hernán — 77

SARANDON, Susan — 505

SARTRE, Jean-Paul — 147, 189

SAUD, Abdul Aziz Ibn — 264

SAUD, Faisal — 264

SAUD, Muhammad Ibn — 261, 262, 263

SAVIMBI, Jonas — 378

SCARGILL, Arthur — 359, 360

SCHABOWSKI, Gunter — 440

SCHILY, Otto — 196

SCHLESINGER, James — 300, 302

SCHLEYER, Hanns Martin — 196

SCHMIDT, Helmut — 192, 195, 298, 390

SCHROEDER, Gerhard — 197

SCHUMACHER, Kurt — 118, 119

SCHUMAN, Robert — 113, 115, 116, 117

SCHUMPETER, Joseph — 102, 103, 390

SCOWCROFT, Brent — 300

SEROV, Ivan — 65, 66, 140-1

SHAO-CHI, Liu — 224, 227, 228, 229, 230, 234, 235, 236, 240, 241, 320, 322

SHEEN, Martin — 505

SHEHHI, Marwan — 459-60

SHULTZ, George P. — 422

SILONE, Ignazio — 92

SIK, Ota — 361

SMITH, Adam —335, 390, 449,

SMITH, Howard W. — 287

SOBELL, Morton — 91

SOKOLOVSKAIA, Aleksandra — 403

SOKOLOVSKY, Vassily — 67, 68

SOLJENÍTSIN, Alexander — 144, 293

SOMOZA, Anastasio — 306, 307, 308, 374, 418

SPAAK, Paul-Henri — 101

STALIN, Josef — 12, 19, 20, 21, 22, 40, 41, 42, 44, 46, 48-9, 54, 57-8, 59, 60, 61, 62-6, 70, 72-3, 75, 91, 95-6, 103, 106, 107, 131-5, 136, 138, 141-2, 145, 206-7, 225, 227, 234, 247 371, 403, 406, 418, 429, 431, 438, 471

STRAUSS, Leo — 469, 470, 478,

STETTINIUS JR., Edward — 40

STIMSON, Henry L. — 37, 39

STROESSNER, Alfredo — 306

SUHARTO, Mohamed — 251

SUKARNO, Ahmed — 246-51

SUSLOV, Mikhail — 404

SVOBODA, Ludvik — 210, 213, 214

SYLVESTER-WILLIAMS, Henry — 256

SZUROS, Matyas — 435

THATCHER, Margaret — 13, 334, 347, 349, 354-8, 361, 362, 363-4, 365, 366, 370, 390, 430, 454

THOMPSON, Edward P. — 139

THOREZ, Maurice — 54

THURMOND, Strom — 168

TILLY, Charles — 389

TITO, Josip Broz — 54, 61

TOCQUEVILLE, Alexis de — 334, 506

TOGLIATTI, Palmiro — 54, 146, 198

TOURAINE, Alain — 189

TOYNBEE, Arnold — 94

TROTSKI, Leon — 235, 376, 388, 389, 403-4

TRUMAN, Harry — 34, 38, 43, 45, 47, 51, 54, 56, 58, 70, 98, 103, 104, 107, 120, 168, 170, 172, 181, 243

TSÉ-TUNG, Mao — 103, 106, 107, 184, 194, 224, 240, 314, 315, 317, 320, 321

TSÉ-TUNG, Zhuang — 311

ULBRICHT, Walter — 66, 72, 73-4, 75, 207,

# ÍNDICE ONOMÁSTICO

VACULIK, Ludvik — 208, 209, 211

VAJDA, Mihaly — 430

VANCE, Cyrus — 306

VICHINSKI, Andréi Y. — 60

VIDELA, Jorge Rafael — 306

VINER, Jacob — 343

VOLKOV, Esteban (Vsevolod) — 403

VOLKOV, Platon — 403

VOLKOV, Zinaida (Zina) — 403

VOROSHILOV, Kliment Y. — 60

XIAO-PING, Deng — 227, 235, 241, 323, 324, 329

WACHUKU, Jaja — 257

WAHAB, Muhammad — 262, 263

WALESA, Lech — 432, 433-4

WALLACE, George — 169

WASHINGTON, George — 27, 506

WEINBERGER, Caspar — 377

WEN-YUAN, Yao —324

WESTMORELAND, William — 179, 180

WHITE, Harry D. — 28, 31, 32, 33

WIESER, Friedrich von — 331-2

WILLIAMS, Tennessee — 92

WILSON, Harold — 353

WILSON, Henry — 301

WILSON, Woodrow — 18, 164, 377, 477

WINTHROP, John — 477-8

WOHLSTETTER, Albert — 372

WOJTYLA, Karol — [ver JOÃO PAULO II] — 10, 431,

WOLFOWITZ, Paul — 467, 488

WOOD, Sam — 367

WOODWARD, Bob — 178

YAKOVLEV, Alexander — 412, 413

YAOBANG, Hu — 325, 327

YELTSIN, Boris — 10, 405, 419, 420, 421, 422, 488

YUN, Chen — 227, 236

ZAPATERO, José Luis —497

ZAPPA, Frank — 155

ZARQAWI, Abu Musa —491, 492

ZAWAHIRI, Ayman — 273, 274, 275, 482, 483, 490-3

ZETKIN, Clara — 279

ZHEN, Peng — 227, 238

ZHU, Tao — 241

Este livro foi composto em Minion e Avenir
e impresso em papel of-white 80g/m² em Abril de 2013
na Markgraph.